Transition – Erosion – Reaktion

GESELLSCHAFTEN UND STAATEN IM EPOCHENWANDEL

Herausgegeben von
Klaus Meyer / Dittmar Schorkowitz
Stefan Troebst

Mitbegründet von
René Ahlberg / Lawrence Krader

Band 8

PETER LANG
Frankfurt am Main · Berlin · Bern · Bruxelles · New York · Oxford · Wien

Dittmar Schorkowitz (Hrsg.)

Transition – Erosion – Reaktion

Zehn Jahre Transformation in Osteuropa

PETER LANG
Europäischer Verlag der Wissenschaften

Die Deutsche Bibliothek - CIP-Einheitsaufnahme

Transition – Erosion – Reaktion : zehn Jahre Transformation in Osteuropa / Dittmar Schorkowitz (Hrsg.). - Frankfurt am Main ; Berlin ; Bern ; Bruxelles ; New York ; Oxford ; Wien : Lang, 2002
(Gesellschaften und Staaten im Epochenwandel ; Bd. 8)
ISBN 3-631-50392-X

Gedruckt mit Unterstützung der FU Berlin.

Gedruckt auf alterungsbeständigem,
säurefreiem Papier.

ISSN 0941-7389
ISBN 3-631-50392-X

Printed in Germany 1 2 3 4 6 7

www.peterlang.de

Inhalt

Vorwort 7

I. Sozialer und wirtschaftlicher Wandel

Klaus Müller
System- und Sozialintegration im Prozeß der postkommunistischen Transformation 8

László Csaba
Convergence and Divergence in Economic Transformation and Integration 41

György Lengyel
Action Potential, Exit and Radical Voice 70

Manfred Nitsch
Strukturelle Heterogenität in Lateinamerika und Osteuropa. Vom Nutzen des Produktionsweisenansatzes für die Analyse von Akkumulation, (Unter-)Entwicklung und Transformation sowie für den Aufbau von Mikrofinanz-Institutionen 91

II. Historische Identitäten und erneuerte Integration

Ferenc L. Lendvai
Von der mitteleuropäischen zur europäischen Identität 130

Vladimir Gutorov
Civil Society in Europe and Russia. Contemporary Interpretation and Prospects 149

Dittmar Schorkowitz
Viel Geschichte - Wenig Integration. Nationale Reaktionen im Postsozialismus 163

III. Ländertypische Prozesse: Pfadabhängigkeiten und Mentalitäten

Rainer Lindner
Das konservative Prinzip. Konservatismus und Nationalismus als Konstanten russischer Geschichte 189

Александр Дука
Российская региональная элита в трансформирующемся обществе 207

Hans-Erich Gramatzki
Die ukrainische Transformation. *Rent seeking* und andere Elemente institutionellen Reformstaus 230

Jochen Franzke
Polen - Eine Zwischenbilanz der Systemtransformation 274

Silvia Miháliková
Die Rückkehr der Slowakei nach Europa 298

Emil Voráček
Mitteleuropäische Lage und politische Stabilität in Tschechien. Zivilgesellschaft und demokratische Konsolidierung 319

Stefan Troebst
Die Republik Makedonien - Eine balkanische Erfolgsstory 343

Anhang

Verzeichnis der Tabellen und Abbildungen 360
Personenregister 362
Autorenverzeichnis 365

Vorwort

Gut ein Jahrzehnt ist vergangen, seit durch das Minsker Abkommen die Auflösung der Sowjetunion beschlossen und im Dezember 1991 die Gründung der Gemeinschaft Unabhängiger Staaten initiiert wurde. Auf die epochale Bedeutung des grundlegenden Wandels in Osteuropa, der seinerzeit mit dem Umbau (*perestrojka*) von Gesellschaft und Staat schon zu verzeichnen oder zu erwarten war, hatte René Ahlberg im ersten Band dieser Reihe hingewiesen.

Inzwischen wurde die von ihm beschriebene Selbstaufklärung der Gesellschaft durch einen postsozialistischen Transformationsprozeß überlagert, bei dem es um die Implementierung von Marktwirtschaft, Demokratie und nationaler Identität geht. Wie sich die Glasnost'-Prognosen und Erwartungen an diesen europäischen Angleichungsprozeß nach einer Dekade der Globalisierung retrospektiv darbieten und wie man die weitere Entwicklung einzuschätzen hat, ist Thema des vorliegenden Bandes. Seine bilanzierenden Beiträge gehen auf eine erhellende Ringvorlesung am Osteuropa-Institut der Freien Universität Berlin zurück, konzipiert und geleitet von Krisztina Mänicke-Gyöngyösi.

Die Bewertungen der Autoren über die Reformwege sind so verschieden wie die Pfadabhängigkeiten der Transitionsländer selbst. Sie reichen vom Erfüllungsbefund der Mitgliedschaftskriterien internationaler Organisationen (OECD, EU, NATO) und einer Infragestellung regionaler Besonderheiten bis zum gegenteiligen Nachweis kulturraumbezogener Identitäten - eines historischen Erbes der Regionen, das sich oft in Nationalismus und Konservatismus ausdrückt.

Als generelles Problem erweisen sich die Konstitution institutioneller Ordnungen und die Wertorientierung der Eliten. Denn wo der Staat den Rückzug aus der Gesellschaft organisierte, ohne die Aufgaben der Politik neu zu formulieren, überwiegen Stagnation oder Plutokratie. Dem Erosionsprozeß entsprechen eine negative Wahrnehmung der Reformperiode in der Öffentlichkeit und - bei verschlechternden Lebensbedingungen - die individuellen Reaktionen zwischen Verweigerung und Protest. Marktwirtschaft kann also mit Volkswohlstand und Zivilgesellschaft nicht unbedingt gleichgesetzt werden.

Wenn sich auch der Systemwechsel nicht immer eindeutig als Erfolg oder Mißerfolg präsentiert, so sind konkrete Fortschritte einzelner Länder nicht von der Hand zu weisen. Man kann daher kaum fehlgehen in der Annahme, daß die Integration Europas die zentrale Aufgabe des 21. Jahrhunderts bleiben wird.

Dittmar Schorkowitz

I. Sozialer und wirtschaftlicher Wandel

System- und Sozialintegration im Prozeß der postkommunistischen Transformation

Klaus Müller

Einleitung: 'Countries in Transition'

Seit gut zehn Jahren ist in den Ländergruppierungen der UNO- und der internationalen Finanzorganisationen eine eigene Gruppe von Reformländern zu finden, die etwas genauer auch als 'Countries in Transition' bezeichnet werden. Der Sinn dieser Begriffsbildung geht über eine Klassifizierung nach statistischen Indikatoren hinaus und deckt sich nur partiell mit der verbreiteten Gruppierung von Ländern nach Regionen oder Sozialproduktsgrößen: Er verbindet die gemeinsame Vergangenheit dieser Länder mit den Reformanstrengungen des zurückliegenden Jahrzehnts und einer recht hoffnungsvollen Zukunftserwartung. Denn die *Transition*, von der in diesem Zusammenhang die Rede ist, meint den Übergang von Plan- zu Marktwirtschaften bzw. von autoritären Regimes zur Demokratie. Aus diesen Konnotationen gewinnt auch der Parallelbegriff der *Transformation* seine spezifische Bedeutung: Die *Countries in Transition* durchlaufen nicht einfach Wachstums- oder Aufholprozesse, sie erfahren zugleich einen tiefgreifenden Formwandel ihres Institutionensystems. Hieraus ergibt sich der spezifische Gegenstandsbereich von Transformationsforschung und Transformationstheorie: "What distinguishes transition from reforms in other countries is the systemic change involved: reforms must penetrate to the fundamental rules of the game, to the institutions that shape behavior and guide organizations. This makes it a profound social transition as well as an economic one."[1]

Wenn die postkommunistischen Länder so einerseits von den Entwicklungsländern, andererseits von den fortgeschrittenen OECD-Gesellschaften unterschieden und als ein eigener Forschungsbereich aufgefasst werden, dann ist daraus bislang gleichwohl keine Theorie der Transformation

---

[1] Worldbank 1996, S. 1. Vgl. Anm. 41.

hervorgegangen, die den Idealen empirisch-analytischer Theoriebildung entspräche. Die in den letzten Jahren vorgelegten Theorien der Transition und Transformation sind vielmehr durch eine Kombination von empirischen Erhebungen, analytischen Modellen, theoretischen Vermutungen und normativen Gesichtspunkten gekennzeichnet. Der normative Zuschnitt dieser Theorien war nicht von vornherein ein methodischer Defekt, er reagierte in gewisser Weise auf den Problemdruck in den postkommunistischen Ländern. Der seit den späten 80er Jahren von den meisten Politikern erkannte Reformbedarf wurde in Aktionsprogramme umgesetzt, die mit Hilfe westlicher Ökonomen und internationaler Finanzinstitutionen ausgearbeitet wurden. Die Beiträge zu dieser Literatur waren offen normativer Natur, in dem sie detaillierte geld-, haushalts-, steuer- und sozialpolitische Vorgaben formulierten und damit tief in die Innenpolitik der Reformstaaten intervenierten. Die Kommunikation zwischen den postkommunistischen Regierungen und den internationalen Finanzorganisationen wurde und wird in der Sprache von Absichtserklärungen und externen Bewertungen geführt. Politikwissenschaftliche Theorien der Transition standen dem normativen Gestus ökonomischer Politikberatung nicht nach; sie wollten sich nicht mit 'harten Fakten' und Hinweisen auf die strukturellen und institutionellen Voraussetzungen eines demokratischen Übergangs bescheiden, sondern die Handlungsspielräume der heimischen Akteure und die Einflussmöglichkeiten der internationalen Umwelt in durchaus praktischer Absicht erkunden: "Promoting Democracy"[2], wie die Maxime einer im wörtlichen Sinn wegweisenden Studie lautete. Und auch die von Soziologen eingenommene Perspektive einer *nachholenden Modernisierung*[3] war keine blanke Tatsachenbeschreibung; sie verknüpfte die von der klassischen Modernisierungstheorie und vom Entwicklungsprogramm der Vereinten Nationen postulierten universellen Ziele menschlicher Entwicklung mit der verbreiteten Sehnsucht der aus dem Kommunismus entlassenen Bevölkerungen nach 'Normalisierung' und westlichem Wohlstand.

Nicht die normativen Implikationen der Transformationsforschung als solche waren das zentrale Problem, wohl aber die mangelnde Klarheit über den Zusammenhang von theoretischen Hintergrundannahmen, empirischer Analyse und programmatischen Aussagen. Unterschiedliche Zeithorizonte der Betrachtung, konkurrierende Kriterien erfolgreicher Transformation und

---

[2] Di Palma 1990, S. 3ff., u. S. 187ff.

[3] Zu dieser Vorstellung s. Müller 1991.

widerstreitende Politikempfehlungen waren ein Hauptgrund für die unzureichende theoretische Integration der wirtschaftswissenschaftlichen, politologischen und soziologischen Literatur. Mangelnde Bereitschaft, die Ergebnisse der Nachbardisziplinen zur Kenntnis zu nehmen und zur eigenen Perspektive in ein Verhältnis zu setzen, waren in den 90er Jahren für zahllose Fehlprognosen über den Verlauf der Transition verantwortlich und haben die Ausarbeitung einer übergreifenden Theorie behindert, die zu einer realistischen Einschätzung der Transformationskrisen in der Lage gewesen wäre.

Kontrovers war denn auch die methodologische Optik der Transformationsforschung: Lässt sich der postkommunistische Umbruch mit Reformerfahrungen in anderen Weltregionen vergleichen oder ist er aufgrund seiner Radikalität einzigartig? Können die angestrebten Übergänge zu Marktwirtschaft und Demokratie mit den universalistischen Theorien der Wirtschafts- und Politikwissenschaft erfasst werden oder verlangt die Erblast des Kommunismus regionalwissenschaftliche Kompetenz auch in der Erforschung postkommunistischer Rekonstruktionen? Erscheint es zulässig, die Verfassung der westlichen Gesellschaften zur Zielgröße der Transition zu erheben oder wären die Maßstäbe hierfür der Geschichte und der Problematik der Reformländer selbst zu entnehmen? Je nachdem, wie man diese Fragen wendet, schwingen in den Begriffen der Transition wie der Transformation also auch Annahmen über den erforderlichen zeitlichen Horizont des postkommunistischen Wandels und damit zugleich Kriterien für seinen erfolgreichen Abschluss mit.

In der Frage nach den Entwicklungspfaden im postkommunistischen Osteuropa bündelt sich demnach ein ganzes Spektrum von häufig nicht ganz klar geschiedenen Themen. Ich halte es für sinnvoll, diese Themen zunächst auseinander zu legen und die in ihnen enthaltenen Beobachtungen, theoretischen Hypothesen und Wertgesichtspunkte getrennt zu betrachten. Um welche Themen soll es gehen? Mein erster Punkt beschäftigt sich mit einigen empirischen Indikatoren und methodischen Fragen, um die sich auch eine politisch recht folgenreiche Berichterstattung der internationalen Finanzorganisationen dreht. Im Vordergrund steht naheliegenderweise die aktuelle Bilanz: Hat sich der Markt tatsächlich als ME-Institution des postkommunistischen Wandels bewährt? Anhand welcher Kriterien werden hier aussichtsreiche vor weniger aussichtsreichen Reformpfaden ausgezeichnet? Kann wirtschaftliche Liberalisierung, wie der orthodoxe *mainstream* unterstellt, als der zentrale Erklärungsfaktor für unterschiedliche Entwicklungspfade gelten?

Eine zweite, hieran anknüpfende Gruppe von Fragen problematisiert die theoretischen Grundannahmen wirtschaftsliberaler Entwicklungsszenarien: Wie sind die unterschiedlichen Reformerfolge, vor allem aber die überwiegende Zahl von Fehlschlägen zu erklären? Wie erweitert sich das Bild, wenn man die Interaktion ökonomischer und außerökonomischer Variablen berücksichtigt, das heißt institutionen- und demokratietheoretische Fragestellungen einbezieht? Hierzu möchte ich zwei alternative Konzepte vorstellen: die These des *state desertion*, d.h. des staatlichen Rückzugs als wichtigster Erklärungsvariable für Transformationsversagen; und eine komplexere demokratietheoretische Klassifizierung, die institutionelle, politische und wirtschaftliche Faktoren bündelt.

Hieran schließt mein dritter und letzter Punkt an: Was können wir aus solchen nicht immer ganz überzeugenden Klassifizierungen gleichwohl für den Begriff der Transformation lernen? Wie können wir die aus ihnen gewonnenen empirischen und konzeptuellen Ergebnisse für eine soziologische Theorie des osteuropäischen Wandels nutzen? Um das übergreifende Problem der Transformation präziser zu fassen, die Frage nämlich, wie die postkommunistischen Gesellschaften eine neue institutionelle Ordnung ausbilden können, greife ich die von Talcott Parsons inspirierte und von David Lockwood weitergeführte Unterscheidung zwischen System- und Sozialintegration auf.[4] Diese Unterscheidung bringt zum Ausdruck, dass die Herausbildung von Marktsystemen nicht auf die spontane ‘Selbstorganisation’ ökonomischer Kreisläufe vertrauen kann, sondern von den normativen Standards der Sozialintegration abhängt, nach denen die neu zu etablierende Ordnung interpretiert, institutionell stabilisiert und kulturell legitimiert werden kann. Eine zentrale Rolle beim Aufbau komplexer institutioneller Ordnungen kommt demnach den kulturellen Kodierungen zu, die eine tragfähige Interpretation der neuen gesellschaftlichen Lage erlauben.

---

4 "Institutional structure", wie Parsons seine klassische Kritik an ökonomischen Theorien sozialen Wandels begründete, "is in the first instance an aspect of the *integrative* system of the society. (…) The system of economic or any other institutions cannot be primarily a function of economic factors, though it is in part determined by them. (...) The problem of structural change in the economy and every other sub-system of society must, therefore, be treated primarily as a sociological problem" (Parsons / Smelser 1956, S. 247).

I. Die Politik des Marktes: Der neoliberale Reformdiskurs

a) Die üblichen Kriterien, an denen die Transformationserfolge des zurückliegenden Jahrzehnts gemessen werden, orientieren sich bekanntlich an den verfügbaren gesamtwirtschaftlichen Daten. Makroökonomische Indikatoren scheinen am besten geeignet, den Bruch mit der Planwirtschaft und den zurückgelegten Weg in Richtung erfolgreicher Marktwirtschaften anzuzeigen. Wiedererlangtes Wachstum wird als der aussagekräftigste aggregierte Indikator für unterschiedlich erfolgreiche Pfade der Transformation angeführt. Man braucht darin nicht von vornherein ökonomistische Beschränkungen zu vermuten, denn die Legitimität des sowjetischen Sozialismus war seit je über wirtschaftliche Ziele definiert. Die *Systemkonkurrenz* zwischen Kapitalismus und Sozialismus wurde seit Chručëvs Ankündigung, die USA bis 1986 zu überholen, als Kampf um höhere Steigerungsraten des Sozialprodukts ausgetragen. Brežnevs 'sozialer Kontrakt' zwischen Parteistaat und einer entpolitisierten Bevölkerung basierte auf Konsumversprechen. Wirtschaftliche Kriterien treffen daher den neuralgischen Punkt, auf den das Scheitern der Planwirtschaften gewöhnlich zurückgeführt wird: auf Ineffizienz, implizite Inflation und Güterknappheit. Umgekehrt bezogen sich auch die optimistischen Anfangserwartungen der osteuropäischen Reformpolitik auf die Wachstumsaussichten einer mehr oder weniger radikal umgewälzten Ökonomie. Genau darin treffen sie sich mit der in den internationalen Finanzorganisationen institutionalisierten Entwicklungsprogrammatik, der zufolge Wachstum als Schlüsselvariable für die Überwindung von Armut, für die Legitimation der postkommunistischen Politik und für die langfristige Konvergenz an den Wohlstand der OECD-Welt erscheint.[5]

Die zentralen Elemente der postkommunistischen Reformpolitik, auf die sich unter Anleitung des Internationalen Währungsfonds (IWF) im Zeitraum von 1990 bis 1995 immerhin 24 der 28 Transitionsländer verständigt haben, sind daher auch funktional auf die Wiedergewinnung von Wachstum bezogen. Das bis heute aufrechterhaltene "basic paradigm for successful transition"[6] umfasste ein bündiges Set möglichst rasch und zeitnah durchzuführender Maßnahmen. Die Liberalisierung von Preisen sollte die Produktion an die tatsächlichen Knappheits- und Nachfrageverhältnisse

---

5 Das entwicklungspolitische Primat von Wachstum wurde jüngst noch einmal von Dollar & Kray 2000 behauptet.

6 Fischer & Sahay 2000, S. 18.

heranführen und die Betriebe harten Marktsanktionen aussetzen. Von der Privatisierung staatlicher Unternehmen und dem Druck eines neu entstehenden privaten Sektors wurde die Reorganisation der Betriebe erwartet. Die Liberalisierung des Außenhandels sollte inländische Monopolstellungen untergraben, die Liberalisierung des Kapitalverkehrs ausländische Investitionen und das nötige Know-how ins Land holen. Dem Staat war in diesem Prozess primär die Rolle zugedacht, durch Subventionsabbau und Rückzug aus der Geldpolitik die Haushalte zu konsolidieren. Der Politik des Marktes wurde auch deshalb ein Primat eingeräumt, weil sie dem liberalistischen Credo gemäß komplementäre Veränderungen in anderen gesellschaftlichen Bereichen induziert: "The freeing of markets is the basic enabling reform from which all the potential benefits of transition flow. (...) Macroeconomic reforms, as well as ownership reform, tend to create demand for institutional change."[7] Nicht zuletzt ist der Anspruch dieser Programmatik universell: Marktreformen entfalten ihre segensreichen Wirkungen in allen möglichen Welten. Die postkommunistische Problematik erscheint daher keineswegs 'einzigartig'. Die verschiedenen Vorgeschichten der Transitionsländer werden in unterschiedliche Anfangsbedingen für einen universellen Entwicklungspfad aufgelöst, der prinzipiell allen Transitionsländern offen steht, wenn ihre Regierungen nur den nötigen Reformwillen aufbringen.

Erfolgreiche Reformpolitik schreitet demnach über eine Wirkungskette voran, die von Preisliberalisierungen über Haushaltskonsolidierungen und strukturellen Wandel zu Wachstum führt. Diese Dynamik sollte die Form einer *J-Kurve* durchlaufen:[8] Anfänglich unvermeidbare Verluste würden um so schneller durch einen Aufwärtstrend kompensiert, je radikaler definitive Reformen auf den Weg gebracht werden. Demgegenüber dämpften gradualistische Kompromisse den marktwirtschaftlichen Realitätsschock: Industrie- und strategische Handelspolitik, fortgesetzte Subventionen an Betriebe und soziale Transfers mögen anfängliche Schmerzen mildern; sie gingen jedoch in eine Verfestigung alter Machtstrukturen und langfristige Stagnation über.

---

[7] Worldbank 1996, S. 7 u. 13; vgl. Aslund 2002, S. 101.

[8] Siehe zu dieser Diskussion Lavigne 1995, S. 152.

Diese Positionen der Reformpolitik wurden seit Anfang der 90er Jahre als Schock-Therapie vs. Gradualismus mit theoretischen und empirischen Argumenten diskutiert. Der radikale Reformansatz wurde 1989 in Polen konzipiert und eingeführt, ein Jahr später in der Tschechoslowakei und Anfang 1992 - wenn auch halbherzig - in Russland implementiert. Ungarn und die Slowakische Republik, insbesondere aber Rumänien, Bulgarien und die Ukraine wurden ins gradualistische Lager gestellt. Ich möchte auf die Kontroversen der Vergangenheit hier nicht eingehen, sondem illustriere die unterliegende Hypothese an den empirischen Daten, die sich inzwischen eingestellt haben.[9]

Tab. 1: Wachstum in ausgewählten Transformationsländern, 1989-2002

v.H.	1989	1990	1991	1992	1993	1994	1995	1996	1997	1998	1999	2000	2001	[1]2002
Russland	3,0	-2,0	-12,9	-19,4	-10,4	-13,5	-4,2	-3,4	0,9	-4,9	5,4	8,3	6,2	3,6
Ukraine	4,1	-3,6	-11,9	-17,0	-14,2	-22,9	-12,2	-10	-3,0	-1,9	-0,2	5,9	9,1	5,0
Polen	0,2	-11,6	-7,0	2,6	3,8	5,2	6,8	6,0	6,8	4,8	4,1	4,1	1,1	1,2
Tschechien	1,4	-1,2	-14,2	-6,4	0,6	2,2	5,9	4,3	0,8	-1,2	-0,4	2,9	3,6	3,0
Slowakei	4,5	-0,4	-15,9	-6,5	-3,7	4,9	6,7	6,2	6,2	4,1	1,9	2,2	3,3	4,0
Ungarn	0,7	-3,5	-11,9	-3,1	-0,6	2,9	1,5	1,3	4,6	4,9	4,5	5,2	3,8	3,5
Rumänien	-5,8	-7,4	-12,9	-8,7	1,5	3,9	7,3	3,9	-6,1	-4,8	-1,2	1,8	5,3	..
Bulgarien	-0,5	-9,1	-11,7	-7,3	-1,5	7,8	4,3	-10,9	-7,0	3,5	2,4	5,8	4,5	..

Quellen: Nationale Statistiken; Weltbank; IMF, World Economic Outlook, May 2002, S. 167, [1]Projektionen.

Ich hebe nur einige Schlussfolgerungen hervor, zunächst die offizielle Sicht: Makroökonomische Stabilisierung, Haushaltskonsolidierung, Abbau des staatlichen Sektors, Ausweitung der privaten Aktivitäten, flexible Reallöhne und Deregulierung der Arbeitsmärkte - auf diesem Weg schreitet die von der neoliberalen Transformationstheorie bis heute dargebotene Erfolgsstory voran.[10] Die übergreifenden Thesen lassen sich in drei Punkten zusammenfassen.

---

[9] Hierbei beschränke ich mich auf eine europäische Untergruppe der insgesamt 28 Transitionsländer. Die Gesamtheit der Transitionsländer wird noch einmal in geographische Klassen unterteilt: in Zentral- und Osteuropa, in Südosteuropa, Russland und den europäischen Teil der früheren Sowjetunion sowie ihre zentralasiatischen Nachfolge-Republiken. China, die Mongolei und Vietnam werden wegen ihrer noch weitgehend agrarisch geprägten Wirtschaftsstruktur dagegen den Entwicklungsländern zugerechnet. Für eine tiefergehende Analyse der makroökonomischen und strukturellen Daten s. Müller 1998, S. 185-196, sowie in diesem Band den Beitrag von László Csaba.

[10] Fischer & Sahay 2000; vgl. Wyplosz 1999.

Erstens: Bei konsequent marktorientierter Politik steht einer Konsolidierung der postkommunistischen Länder nichts im Wege. Überall, wo ein radikaler Reformpfad eingeschlagen wurde, sank die Inflation innerhalb von zwei Jahren auf unter 50 Prozent und wurde der untere Wendepunkt des Produktionseinbruchs durchschritten. Gradualistische Kompromisse haben deutlich höhere Werte hinterlassen. Die wichtigste Variable zur Erklärung unterschiedlicher Reformerfolge ist die unterschiedliche Bereitschaft, das oben umrissene *basic paradigm* umzusetzen. Ungünstige Ausgangsbedingungen könnten durch eine entschiedenere Politik kompensiert werden. Prinzipiell hätte demnach auch die russische August-Krise von 1998 verhindert werden können.[11]

Zweitens: Je früher Reformen einsetzten, desto schneller wurde der Einbruch der Produktion überwunden. Bereits der anfängliche Produktionsrückgang scheint den Vertretern des Ansatzes überzeichnet: Einerseits sei das Wegbrechen des Rüstungssektors und anderer obsoleter Schwerindustrien nicht wohlstandsmindernd; andererseits werden im neuen privaten Sektor beträchtliche Aktivitäten vermutet, die allein aus Gründen der Steuervermeidung nicht registriert sind. Über das gesamte Spektrum der Reformländer sollen sich die anfänglichen Kosten radikaler Reformpolitik nach drei Jahren konsequenter Liberalisierung auszahlen, selbst wenn man unterschiedliche Startbedingungen in Rechnung stellt.[12] Zeitliche Verzögerungen, inflationäre Rückschläge und die Bedienung von Sonderinteressen sind dagegen am ehesten in jenen Ländern zu beobachten, in denen alte Eliten und die Manager der Staatsbetriebe ihre Machtpositionen beibehielten.

Drittens: Überraschenderweise scheint eines der hartnäckigsten politologischen Vorurteile widerlegt. Das von Claus Offe Anfang der 90er Jahre dramatisierte *Dilemma der Gleichzeitigkeit* von Marktreformen und demokratischen Wahlen ist nicht unausweichlich. Vertreter des marktradikalen Ansatzes verweisen darauf, dass die Wähler in vielen Fällen radikale Politikmuster prämierten. Selbst da, wo Reformregierungen abgewählt wurden, verzichteten die Postkommunisten darauf, den Liberalisierungs-

---

11 Fischer & Sahay 2000, S. 21.

12 Gemeint sind damit der Grad an Urbanisierung und Industrialisierung, anfängliche makroökonomische Ungleichgewichte und die Marktentfernung, die zusammengenommen 2% Wachstumsunterschied zwischen Zentralosteuropa und der FSU erklären könnten (Wordbank 1996, S. 150 bzw. S. 15; De Mello u.a. 1997).

kurs zu revidieren - eine bemerkenswerte Kontinuität, die die Anhänger des neoliberalen Paradigmas als Hinweis darauf verstehen, dass die "unsichtbare Hand des Marktes"[13] in allen möglichen Umwelten einen politischen Mehrwert erzeugt. Vorausgesetzt ist dabei freilich ein technokratisches Politikverständnis aus der Sicht einer Exekutive, die ihre Strategien möglichst unbehelligt von Konsultationen, Mediationen und Kompromissen durchsetzen kann. So ist es nur konsequent, das Wachstumspotential freier Märkte auch für das beste Mittel gegen die um sich greifende Korruption zu halten: "We should also hope that the same process that undermined support for the communist system - that people saw that the market system worked better - will produce an effective political backlash against corruption."[14]

Abb. 1: Wachstumsraten nach Ländergruppen

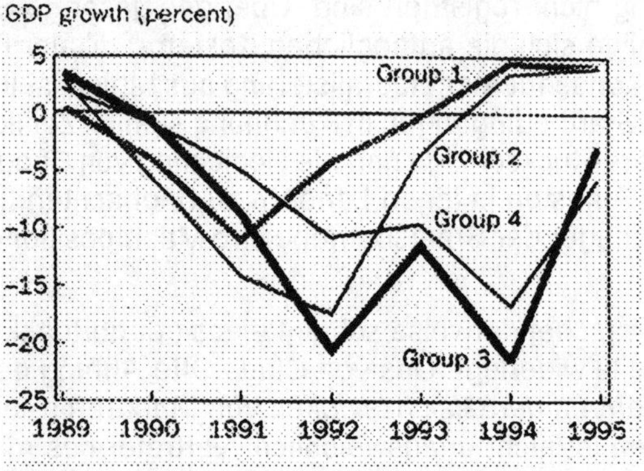

Quelle: Worldbank 1996, S. 29.

[13] Siehe jetzt auch Offe selbst in Elster u.a. 1998, S. 272ff.

[14] Fischer & Sahay 2000, S. 21; vgl. Aslung 2002, S. 356ff.

Wirtschaftliche Liberalisierung ist demzufolge der schlechthin entscheidende Faktor, der über die unterschiedlichen Reformpfade in Osteuropa bestimmt. Man kann diese Zusammenhänge dadurch illustrieren, dass man die Reformländer nach ihrem Liberalisierungsgrad[15] klassifiziert und die so gebildeten Gruppen mit den jeweiligen Wachstumserfolgen korreliert.

Der Verlauf der in dieser Grafik abgebildeten Kurven hat auch manche Beobachter und Politiker zu einer - auf den ersten Blick - überaus optimistischen Einschätzung veranlasst. "Die Transformation ist vorüber", war 1994 von Václav Klaus zu vernehmen, eine Einschätzung, der jetzt auch János Kornai für einige zentraleuropäische Länder und der ungarische Premierminister Viktor Orbán für sein Land zustimmt. Anders Åslund hielt die Herausbildung einer neuen Marktgesellschaft selbst in Russland für weitgehend abgeschlossen. Fischer und Sahay zufolge haben sich zumindest die zentraleuropäischen Staaten "aus den Rängen der Transitionsländer graduiert"[16].

b) Das mag zutreffen, wenn man einen Minimalbegriff von Transition zugrunde legt, der zunächst nicht mehr meint, als die Entfernung legaler Regulationen für den privaten Sektor.[17] Ohne sogleich grundsätzliche Einwände gegen diese Sicht zu formulieren, kann man einige voreilige Schlüsse aus den vorgelegten Daten bereits auf empirischer Ebene problematisieren:[18] Wie kam die erstaunliche Erfolgsbilanz des gradualistischen Ungarn zustande? Wie war die slowakische Konsolidierung bei einer gewiss nicht liberalen Strategie möglich? Vor allem ein Tatbestand dementiert einen kurzsichtigen Marktoptimismus: Selbst in den erfolgreicheren Ländern brauchte es beinahe ein Jahrzehnt, um den für alle Seiten überra-

---

[15] Die Weltbank schließt sich dem Liberalisierungsindex der EBRD an, der die interne und die externe Liberalisierung mit jeweils 0.3 und den Abbau von Marktzugangsbarrieren für neue Unternehmen mit 0.4 Punkten gewichtet. Vgl. den weitaus differenzierteren Index of Economic Freedom 1998, in Transition, December 1998, S. 12.

[16] Brown 1999; The Economist, March 25th, 2000, S. 37; Åslund 1996, S. 311f.; Fischer & Sahay 2000, S. 3.

[17] Wie etwa für viele Milanovic 1998, S. 3.

[18] Für weitere Daten zur Charakteristik postsozialistischer Krisen s. Müller 1998, S. 197-212.

schend tiefen Einschnitt der "transformationellen Rezession"[19] zu überwinden. János Kornai, auf den dieser Begriff zurückgeht, räumt ein, dass auch er das Ausmaß dieser Rezessionen unterschätzt habe.[20] Ein ganz anderes Bild ergibt sich nämlich, wenn nicht die Raten des wiedergewonnenen Wachstums, sondern das Niveau des Sozialprodukts in eine längere zeitliche Perspektive gesetzt wird.

Tab. 2: Reales BSP/NMP in ausgewählten Transformationsländern, 1989-1998

1989=100	1989	1990	1991	1992	1993	1994	1995	1996	1997	1998
Russland	100	97,0	92,2	78,8	71	62,8	60,2	58,1	58	55,9
Ukraine	100	96,4	88,0	79,2	68	52,4	46,0	41,4	40	39,4
Polen	100	88,4	82,2	84,4	87	92,1	98,6	104,5	111	117,1
Tschechien	100	98,8	87,4	84,6	85	87,8	93,4	97,0	98	95,3
Slowakei	100	97,5	83,3	77,9	75	78,7	84,2	89,7	95	99,8
Ungarn	100	96,5	85,0	82,4	81	84,4	85,6	86,8	90	95,3
Rumänien	100	94,4	82,2	75,0	76	79,2	84,8	88,2	82	76
Bulgarien	100	90,9	83,3	77,2	76	77,5	79,7	71,6	66	69

Quellen: UN/ECF, Common Data Base

Aus dieser Tabelle sind deutliche Trennungslinien herauszulesen: zwischen Mitteleuropa, Südosteuropa und schließlich den Ländern der früheren Sowjetunion. Die Fehlschläge fallen eher in's Auge als die Erfolge. Das durchschnittliche Wachstum der osteuropäischen Länder und der Nachfolgestaaten der Sowjetunion lag in den 90er Jahren deutlich unter dem Weltdurchschnitt und weit hinter dem der Wirtschaften des sich entwickelnden Asiens.[21] Von einer erfolgreichen Schocktherapie zu sprechen, scheint selbst für Länder wie Polen und Slowenien, die leise Ansätze zu einer *J-Kurve* des Sozialprodukts aufweisen, metaphorisch inkonsistent.[22] Im Jahr 2002 hat Polen bei nur einem Prozent Wachstum mit 17

---

19 "Surprisingly, the transformation 'sucesses' suffered output declines as deep as those of the Great Depression and recovered more slowly than the U.S. in the 1930s", wie Gregory 1999, S. 2, anmerkt.

20 Kornai 2000, S. 21.

21 IMF 2002, S. 157.

22 Angesichts der postsozialistischen Krisen hat die Metapher der Schocktherapie in der jüngeren Selbstdarstellung des IMF eine zynische Wendung erfahren: "The IMF is basically like a doctor who administers chemotherapy to a patient suffering from cancer..." (IMF-Survey, Vol. 28, 1999, No. 16, S. 259).

Prozent Arbeitslosigkeit zu kämpfen, wobei der Abbau des überdimensionierten Agrarsektors noch bevorsteht. Und wie sollte man das Verhältnis zwischen der Tschechischen Republik, die in den späten 90er Jahren in einer stagnativen Phase steckte, und dem politisch wie ökonomisch weitaus weniger liberalisierten Slowakien in den Begriffen der liberalistischen Programmatik erklären?[23]

Ernüchternder noch als ein intertemporaler Vergleich des Sozialprodukts zu realsozialistischen und gegenwärtigen Zeiten fällt der interregionale Vergleich der gegenwärtigen Pro-Kopf-Sozialprodukte aus: Hier finden sich Tschechien und Ungarn in der Gesellschaft von Gabun und Trinidad / Tobago, Bulgarien auf der Höhe von Papua-Neuginea, Russland neben Namibia, Polen - der Vorreiter radikaler Reformpolitik - neben Botswana.[24] Wenn dies das Ende der Transformation sein sollte, läge es in der Tat nahe zu fragen, ob sie der Mühe wert war.

c) Ich würde nicht so weit gehen, diese Konsequenz zu ziehen. Es liegt jedoch auf der Hand, dass eine Klassifizierung der Transformationsländer nach wirtschaftlichen Daten unvollständig und irreführend ist. Angaben über Wachstumsraten, stabilisierte Haushalte und den Umfang des privaten Sektors sind zwar notwendige, aber keine hinreichenden Kriterien über den Stand der Transformation. Die vielen Überraschungen der letzten Jahre führen vor Augen, dass wirtschaftliche Indikatoren zu kurzlebig sind, um theoretisch tragfähige Aussagen über die Trajektorie der osteuropäischen Transformation zu erlauben. An sie geknüpfte Hoffnungen erinnern in fataler Weise an den eindimensionalen Blick auf die Wachstumsraten der Planwirtschaften und die daraus resultierende Überschätzung ihrer Stabilität. Unvollständig und irreführend ist daher auch das hinter der

23 Tschechien nahm Platz 20, Slowakien Platz 77 im Index of Economic Freedom 1998 ein. Ungarn lag auf Platz 66 und Polen erstaunlicherweise nur auf Platz 69. Ohne auf die methodologisch höchst fragwürdigen kausalen Erklärungsansprüche einzugehen, die Fischer und Sahay (ebenso wie viele andere Autoren des IMF und der Weltbank erheben), sei hier nur darauf hingewiesen, dass sie selbst keine klare Beziehung zwischen ausgeglichenen Haushalten und Wachstum ausmachen können (Fischer & Sahay 2000, S. 9f.). Gregory (1999, S. 7f.) zeigt auf, dass keine Korrelation zwischen Privatisierung und Wachstum besteht.

24 Worldbank 1997, S. 245ff. Das gilt insbesondere, wenn man sich die durchschnittlichen Wachstumsraten der genannten Länder zwischen 1985 und 1995 ansieht, die viele Transformationsländer erst einmal erreichen müssten. Die verdeckten Kosten einer Schocktherapie kann man daran ablesen, dass die tschechische Regierung allein 1995 mehr als 8% des Sozialprodukts für die Bereinigung von Bankenkrisen aufwenden musste (The Economist, June 24th, 2000, S. 106).

liberalistischen Reformprogrammatik stehende Erklärungsmodell für die osteuropäischen Entwicklungspfade. Und das bringt mich zu meinem zweiten Punkt.

II. Primat der Institutionen

a) Den Vertretern einer liberalistischen Strategie war selbstredend bekannt, dass die Transformation einer Gesellschaft einen äußerst komplexen Vorgang darstellt, der sich in mehreren Dimensionen abspielt. Marktreformen waren als zeitnaher, wenn nicht zeitgleicher Übergang zu einem neuen politischen System und als Restrukturierung der gesellschaftlichen Klassen gedacht. Unterstellt wurde dabei allerdings eine spezifische Hierarchie kausaler Faktoren. Die Institutionen des Marktes und des Privateigentums waren als das treibende Moment einer Wirkungskette eingesetzt, die geeignete Komplementaritäten in der Politik und in der Sozialstruktur freisetzen sollten. Märkte gelten im neoliberalen Diskurs als Metainstitution gesellschaftlichen Wandels, Privatisierungen als der Schlüssel zur betrieblichen Restrukturierung und zur Erzeugung von gewinnorientierten Eigentumsklassen.

Die rasche Einführung von Marktverhältnissen verfolgte also von vornherein die politische Intention, die in den Planungsministerien konzentrierten Interessengruppen zu desorganisieren und so einen irreversiblen Wechsel der Macht sicherzustellen. Mit der Zurückdrängung des staatlichen Sektors - so die Annahme - gehe die Reforminitiative von ineffizienten Bürokratien auf eine selbsttätige Unternehmerklasse über, während die Geschwindigkeit der Reformschritte die Korruptionsanfälligkeit der Politik reduziere. Zudem sollte das *window of opportunity*, d.h. die Euphorie der ersten Stunde, in politischen Kredit für einen anfangs notwendigerweise schmerzhaften Kurswechsel umgemünzt werden. Die anfängliche Unklarheit über die Verteilung der Übergangskosten schien die Herausbildung blockierender Interessengruppen zu unterlaufen; im Bewusstsein einer tiefen Krise und in Erwartung späterer Verbesserungen würde die Bevölkerung eher radikale Maßnahmen akzeptieren. Darüber hinaus sollte die postsozialistische Klassenbildung über das Interesse an neuerworbenem Eigentum, insbesondere im privaten Sektor, über die einhergehende Tertiarisierung der Wirtschaft sowie über deregulierte Arbeitsmärkte verlaufen und zugleich das Interesse an Eigentumsrechten und Vertragssicherheit unterfüttern.

b) Das Übervertrauen in solche politischen und sozialen Externalitäten von Marktreformen hat jedoch eine methodische Blindheit für jene außerökonomischen Größen mit sich gebracht, die massiv in die Reformerfolge hineinspielen. Der desolate Zustand der Wirtschaft in den osteuropäischen Ländern lässt sich nicht zuletzt als nichtintendierte Folge einer institutionentheoretischen Naivität interpretieren. Unter diesen Voraussetzungen war es ein Hasardspiel, staatliche und sozialintegrative Institutionen schlichtweg zu diskreditieren und der Politik nur noch eine negative Rolle zuzugestehen: nämlich den Rückzug des Staats aus der Gesellschaft zu organisieren, statt die Aufgaben der Politik positiv neu zu bestimmen.

So aber hat die einst als Primat geforderte Privatisierung der Staatsbetriebe weder die erhoffte Entlastung der öffentlichen Haushalte noch eine effektive Restrukturierung der Unternehmen herbeiführen können. Weitgehend unabhängig von den gewählten Verfahren hat die Privatisierung und die *Vermarktwirtschaftlichung* in allen Reformländern Mischwirtschaften erzeugt, bei deren Restrukturierung und Finanzierung die Politik eine erhebliche Rolle spielt. Der wirtschaftliche Umbau im engeren Sinn, so ist zwischenzeitlich selbst Anhängern orthodoxer Reformprogramme aufgegangen, erfordert 'komplementäre institutionelle Innovationen', die sich von der Unternehmensverfassung über das Finanzsystem und die industriellen Beziehungen bis hin zur Reform der vormals betriebszentrierten Sozialpolitik, des Rechtssystems und der Ausbildung erstrecken.[25]

In dieser Hinsicht haben die letzten Jahre eine gewisse Umkehr der Perspektive nahegelegt und so die alte soziologische Einsicht in die außerökonomischen Voraussetzungen funktionsfähiger Marktwirtschaften aktualisiert. Als entscheidendes Kriterium für erfolgreiche Reformen erscheint jetzt die Konsolidierung von Institutionen, die Unsicherheiten reduzieren, Erwartungen stabilisieren, Verpflichtungen kodifizieren und im Bedarfsfall sanktionieren. Dieser institutionentheoretische Primat wurde von verschiedenen Seiten und in verschiedenen Dimensionen bestätigt. Für die wirtschaftliche Sphäre haben etwa Aymo Brunetti u.a. empirisch aufgezeigt, dass die divergierenden Wachstumserfolge der postkommunistischen Länder eng mit dem Grad institutioneller Zuverlässigkeit, der politi-

[25] Linz & Stepan 1996, S. 11-13, führen für diesen weitergefassten Zusammenhang das Konzept einer ökonomischen Gesellschaft an, die sie zu einer von mehreren Arenen der Demokratie zählen.

schen Stabilität, der Rechtssicherheit und der Korruptionsbekämpfung zusammenhängen.[26]

Die folgenreichste Umorientierung der Transformationsforschung hat ihren Ursprung interessanterweise in den Kontroversen der internationalen Finanzorganisationen selbst (s. Müller 2002, Teil II). Während der IMF nicht zuletzt aus politischen Gründen an der orthodoxen Programmatik festhält, haben Vertreter der Weltbank eingeräumt, dass die Orientierung an fehlgeleiteten Marktmodellen und Fehleinschätzungen der politischen Prozesse in den Transitionsländern den enttäuschenden Verlauf der Transformationen zumindest mitverschuldet haben. Die Liberalisierung des Kapitalverkehrs ohne zureichende regulative Institutionen hat in Russland zu massiver Kapitalflucht eingeladen und in Mitteleuropa spekulative Attacken, Leistungsbilanz- und Währungskrisen provoziert.[27] Vor allem die Privatisierungen haben kontrafinale Effekte gezeitigt: statt eine funktionale Ausdifferenzierung zwischen Staat und Wirtschaft herbeizuführen, haben sie vielerorts zu undurchsichtigen Eigentumsverhältnissen, inkompetenten Betriebsführungen und letztlich zu einer Rezentralisierung von Eigentumstiteln bei staatlichen Banken geführt.[28] Die dramatischsten Auswirkungen waren zweifellos in Russland zu beobachten, wo die sogenannte Massenprivatisierung die neuen Besitztitel in die Hände von Managern und Bankiers gespielt hat, die über privilegierte Beziehungen zu politischen Amtsinhabern verfügen. Erscheinungen dieser Art haben den früheren leitenden Ökonomen der Weltbank zu einer Zielkorrektur westlicher Beratung veranlasst: "the creation of a market economy should be viewed as a means to broader ends. It is not just the creation of a market economy that matters, but the improvement of living standards and the establishment of the foundation of sustainable, equitable, and democratic development."[29]

---

[26] Brunetti/Kisunko/Weder 1997.

[27] The Economist, May 13th, 2000, S. 81.

[28] Diese Entwicklung wurde früh von David Stark (1992) erkannt und wird jetzt auch von Vertretern der Internationalen Finanzorganisationen gesehen. Siehe insbesondere die differenzierte Untersuchung von John Nellis, der freilich auch auf die Schwierigkeiten alternativer Wege verweist. Zugleich räumt Nellis eine Mitschuld westlicher Berater ein, "since they so often insisted on the primacy of economic policy" (Nellis 1999, hier S. 16).

[29] Stiglitz 1999, S. 3 und jetzt umfassender Stiglitz 2002, Kap. 5: "Wer hat Rußland zugrunde gerichtet?"

Viele der kritischen Entwicklungen in Osteuropa wären freilich antizipierbar gewesen, wenn die Reformpolitik die spezifische Vorgeschichte der Transformationen und die daraus folgenden institutionellen Schwächen der postkommunistischen Politik berücksichtigt hätte. Viele theoretische Fehleinschätzungen wären vor dem Hintergrund regionalwissenschaftlicher Einsichten oder aus einer vergleichenden Perspektive auf die historischen Erbschaften der Region vermeidbar gewesen: "The dismantling of the party within the state might seriously reduce the efficiency and coordination of the state apparatus and open the door for a clientelistic take-over by the new democrats or by opportunists."[30]

c) Nachdem sich diese spezifische Problematik der postkommunistischen Transition in vielen Transitionsländern entfaltet hat, bietet sich eine alternative Klassifizierung unterschiedlicher Transformationspfade an, die sich auf die institutionellen Defekte der postkommunistischen Politik bezieht. In diesem Sinn führt Kazimierz Poznański die unterschiedliche Ausformung der postsozialistische Krisen auf *state desertion* zurück: auf die jeweilige Form des Zerfalls staatlicher Strukturen. Die polnische, ungarische und die tschechische Rezession verlief demnach relativ moderat, weil die ideologisch auf Durchsetzung einer Marktwirtschaft umprogrammierten Staatsapparate handlungsfähig blieben. In Rumänien und Bulgarien dagegen ist der Staat zur Beute konkurrierender Gruppen geworden, die kein Interesse an einer kohärenten Politik aufbringen. Im Russland El'cins und in der Ukraine hat die Selbstzerstörung des politischen Systems die Grenzen zwischen staatlichen, wirtschaftlichen und kriminellen Organisationen zur Unkenntlichkeit verwischt. Korruption und *state capture*, das heißt die Fähigkeit wirtschaftlicher Machtgruppen, sich eine ihren Interessen gemäße politische, rechtliche und institutionelle Umwelt zu verschaffen, sind die komplementäre Seite staatlicher Desintegration. Und: Die DDR hat ihre Souveränität in geordneten Bahnen an die Bundesrepublik abgetreten.[31]

---

30 Linz & Stepan 1997, S. 63.

31 Poznański 2002; zur unterschiedlichen Ausprägung von *state capture* und Korruption in den Transitionsländern, die interessanterweise nicht direkt mit dem Liberalisierungsgrad zusammenhängen, s. Hellman, Jones & Kaufmann 2000.

Tab. 3: Typologie der Staats-Desertation

	GRAD DER RADIKALITÄT organisiert	ART DES PROZESSES chaotisch
Weniger radikal (Politische Kontinuität)	Ideologischer Wandel Polen, Ungarn	Korruption Bulgarien, Rumänien
Radikal (Politische Diskontinuität)	Vereinigung DDR	Zusammenbruch Russland, Ukraine

d) Auch für den politischen Bereich selbst liegen zahlreiche Untersuchungen vor, die die entscheidende Variable für Fortschritte der Transformation im Bereich der institutionellen Ordnungen und hier insbesondere im Bereich demokratischer Prozeduren und Regeln ansiedeln. Die Konsolidierung demokratischer Verhältnisse wäre dann weniger Folge, als vielmehr Voraussetzung für die Institutionalisierung von Märkten. Tatsächlich lässt sich empirisch nachweisen, dass erfolgreiche Liberalisierungen über die gesamte Region der Transitionsländer positiv mit der Öffnung des politischen Systems korrelieren.[32] Das impliziert nun aber, dass der Entwurf erfolgreicher Reformsequenzen stärker auf lokale Initiativen und partizipatorische Institutionen angewiesen ist, als es ein technokratischer Politikansatz wahrhaben will. Hieraus ergibt sich eine höchst interessante Umkehr der Perspektive, die seit kurzem unter dem Titel der *second generation reforms* diskutiert wird. Eine partizipatorische Demokratie erscheint als Meta-Institution für ein qualitatives Wachstum, das kurzfristig stabiler, längerfristig berechenbar und eher in der Lage ist, externe ökonomische Schocks ohne Gefährdung des Reformprojekts zu verarbeiten. Dies gilt nicht zuletzt, weil Demokratien bessere Verteilungsverhältnisse erreichen als Modernisierungsdiktaturen und über eine höhere Legitimation verfügen.[33] Zugleich erfordert dies, sich tiefer auf die historischen und

[32] "In fact, the constitutional and legal changes, necessary for the implementation of comprehensive market-oriented reforms, can be imposed by the majority only if civil society organizations are strong enough to organize and articulate the interests of this majority" (Dethier / Ghanem / Zoli 2000, hier S. 23f.).

[33] Siehe Rodik 1999 und Naim 1999 für den Bruch, den dies gegenüber dem "Washingtoner-Konsens" bedeutet.

kulturellen Besonderheiten der Region einzulassen, als es einem universalistischen Marktansatz lieb ist.

Die vergleichende Politikwissenschaft war freilich immer schon eher als die neoliberale Wirtschaftstheorie bereit, sich der Varietät politischer Institutionen zu stellen. Demokratie kann dabei ebenso wenig über das bloße Stattfinden von Wahlen definiert werden, wie eine Marktwirtschaft über Eigentumsrechte. Die präzisere Form und der Konsolidierungsprozess der neuen Demokratien ist vielmehr anhand eines mehrdimensionalen Set von Indikatoren abzubilden. In der politischen Sphäre entscheiden der institutionelle Zuschnitt der staatlichen Macht und ihr Verhältnis zu repräsentativen Parteien, zu Interessengruppen, Verbänden und Nicht-Regierungsorganisationen darüber, ob die Austragung von Konflikten in die Arena demokratischer Politik hineingeholt werden kann - und damit über den Konsolidierungschancen von Demokratie.

So gesehen, war es ein Irrtum, anzunehmen, dass nach 1989 die 'liberale Demokratie' die einzig relevante Regierungsform abgeben würde. Prozedurale Kriterien, wie die Durchführung von Wahlen zu den entscheidenden Ämtern, und andere 'minimale Kriterien' zeichnen ein höchst unzureichendes Bild der politischen Verhältnisse in den postkommunistischen Staaten. Um das Zusammenspiel unterschiedlicher Ebenen der demokratischen Entscheidungsfindung auszudrücken, empfiehlt sich daher ein breiter gefasster Konsolidierungsbegriff.[34] Neben der Einführung und Festigung zentraler Verfassungsorgane und politischer Institutionen kommt es dabei auf den Repräsentationsgrad der Politik und auf das regelkonforme Verhalten der wichtigsten Akteure an. Das Ineinandergreifen von *institutioneller*, *repräsentativer* und *Verhaltenskonsolidierung* wird dabei nicht zuletzt von der Konsolidierung der politischen Kultur abhängig gemacht.[35]

Je nach Gewichtung dieser Faktoren standen und stehen der postkommunistischen Entwicklung mehrere Wege offen: Neben dem idealen Fall einer konsolidierten Demokratie nach westlichem Muster besteht die Gefahr eines Rückfalls in autoritäre Regime (wie in Zentralasien und Weißrussland zu beobachten), des Verharrens in Mischformen demokratischer und autoritärer Politikmuster (Bulgarien und Rumänien) und die

---

[34] Zu den im folgenden verwendeten Kategorien siehe Merkel 1996, S. 35ff.

[35] Vgl. Lipset 1994.

Möglichkeit dauerhaft nicht-konsolidierter Demokratien (Russland und Ukraine). In Letzteren sind die Entscheidungsbefugnisse bei einem Präsidenten konzentriert, der sich über parlamentarische Mehrheiten und gesellschaftliche Interessengruppen hinwegsetzen kann.

Einen Eindruck vom Gewicht institutioneller Faktoren für den Konsolidierungsgrad marktwirtschaftlicher und demokratischer Verhältnisse vermittelt der mehrdimensionale Index von *Freedom House*, der jährlich in *Nations in Transit* vorgestellt wird. Darin werden die postkommunistischen Entwicklungspfade in Relation zu mehreren Indikatorengruppen gesetzt. Die erste Hauptgruppe bezieht sich auf die Autonomie der Medien, die zweite auf die tatsächliche Machtstruktur der Regierung und der öffentlichen Verwaltung; ein drittes Bündel ist dem Ausbau des Rechtsstaats einschließlich des Status ethnischer Minderheiten gewidmet; zum vierten geht es um die Korruptionsanfälligkeit der Politik, zum fünften um die Transparenz und Regulierung der Privatisierungsverfahren, schließlich um die Verfassung der Volkswirtschaft und die Situation der Unternehmen.[36] Daraus ergeben sich drei Ländergruppen: die konsolidierten Demokratien, die transitionalen Gesellschaften und - die konsolidierten Autokratien.

Tab. 4: Typologie postkommunistischer Regimes nach dem Grad ihrer Demokratisierung bzw. wirtschaftlichen Liberalisierung

	Konsolidierte Demokratien							
	Politisch				**Ökonomisch**			
	1997	**1998**	**2000**	**2001**	**1997**	**1998**	**1999**	**2001**
Polen	150	1.45	144	144	2.00	192	167	167
Ungarn	150	1.50	175	194	1.63	167	172	192
Tschechien	150	150	175	181	188	200	192	200
Slowakien	381	3.65	250	225	3.38	3.58	325	325
Slowenien	200	1.95	194	194	2.38	217	208	208
Kroatien	420	4.25	419	325	3.88	383	367	358
Estland	210	2.05	206	200	213	200	192	192
Lettland	215	2.15	206	194	2.50	250	250	250
Litauen	215	1.95	200	194	2.50	258	283	275
Bulgarien	390	3.55	331	306	5.38	4.08	375	350

36 Nations in Transition 2001, hier S. 27; s. dort auch die Ausführungen der zugrundeliegenden Methodologie. Slowakien ist erst 1999/2000 in die Grupppe der konsolidierten Demokratien aufgestiegen, Bulgarien und Kroation sind 2001 gefolgt; Tadžikistan wird seit 1999/2000 den transitionalen Regierungen zugerechnet.

	Transitionale Regierungen							
	Politisch				Ökonomisch			
	1997	**1998**	**2000**	**2001**	**1997**	**1998**	**2000**	**2001**
Albanien	455	4.75	438	413	4.00	4.50	450	417
Georgien	470	4.55	400	419	4.13	4.00	367	375
Kasachstan	525	5.35	538	556	4.38	4.50	450	450
Kirgisien	475	4.70	488	513	3.75	3.75	383	400
Mazedonien	390	3.95	344	375	4.50	4.67	458	458
Moldawien	390	4.00	388	394	4.00	4.17	400	400
Rumänien	388	3.85	319	331	4.63	4.50	417	400
Russland	375	4.10	425	463	3.50	3.92	433	417
Ukraine	388	4.25	431	444	4.25	4.75	458	433

	Konsolidierte Autokratien			
	Politisch		Ökonomisch	
	1997	**1998**	**1997**	**1998**
Belarus	5.88	6.20	6.00	6.25
Tadžikistan	6.00	5.95	6.13	6.00
Turkmenistan	6.94	6.90	6.38	6.42
Usbekistan	6.44	6.40	6.25	6.25

Man erkennt, dass die Reformerfolge der postkommunistischen Länder nicht unmittelbar mit Wachstumserfolgen zusammenhängen. Es besteht jedoch ein mittelbarer Zusammenhang zwischen demokratischer Konsolidierung und wirtschaftlicher Liberalisierung, der nicht auf einzelne Ursachen zurückzuführen ist. Und auch für diese Klassifikation gilt, dass Korrelationen keine Erklärungen der Entwicklungsdynamik liefern. Die Autoren des *Freedom House*-Index ziehen es vor, eine Konstellation mehrerer Faktoren anzuführen, die über die Reformkapazität der postkommunistischen Regierungen bestimmen: Erstens: die Tiefe der Sowjetisierung und der imperialen Einbindung; zweitens die politischen und wirtschaftlichen Entscheidungen des letzten Jahrzehnts; drittens und nicht zuletzt, die internationale Einbindung eines Landes in wirtschaftlicher, diplomatischer und militärischer Hinsicht. Jenseits einer bestimmten Schwelle der ökonomischen Entwicklung sind es externe Faktoren, die den größten Einfluss auf den Entwicklungskurs eines Landes ausüben, wie Allen Lynch, einer der Autoren von *Nations in Transit* behauptet.[37]

---

37 Lynch 1998.

e) Von daher bräuchte es nicht zu überraschen, dass sich auch diese sozialwissenschaftliche Klassifikation einer Gruppierung nach geographischen Kriterien annähert - selbst wenn die Autoren nicht so weit gehen wie manche Ökonomen, die geographische Abstandsmaße zu den westeuropäischen Metropolen als Entwicklungsfaktor einbringen.[38] Wenn Geographie selbst eine, vielleicht gar die dominierende Größe wäre, könnte man sich freilich viele sozialwissenschaftliche Forschungen sparen. Andererseits könnte man sich wundern, warum im so genannten Zeitalter der Globalisierung räumliche und zeitliche Distanz eine so große Rolle spielen sollten. Tatsächlich aber ist in diesem Zusammenhang die politische Geographie der osteuropäischen Transformationen gemeint - ein außerordentlich komplexer Sachverhalt, dem sich ein spezifisch soziologischer Sinn sehr wohl verleihen lässt.[39] Das bringt mich zu meinen dritten und letzten Punkt, in dem ich einige Begriffsklärungen mit einer soziologischen Perspektive verknüpfen möchte.

III. Transition, Transformation und Europäisierung

a) Die Indizes für die Entwicklungspfade der osteuropäischen Reformländer, die ich soweit skizziert habe, bestehen allesamt aus einer Aggregation von Indikatoren, deren Zusammenfassung zu verschiedenen Skalen zugleich spezifische Wirkungszusammenhänge unterstellen. Es geht also gar nicht um diesen oder jenen Zahlenwert und auch nicht um die eine oder andere Institution, die vom Westen in den Osten transferiert werden könnte. Das zentrale Problem der postkommunistischen Entwicklungspfade ist die 'Konstitution von institutionellen Ordnungen', die den desintegrierten Gesellschaften Osteuropas Kohärenz und Entwicklungsfähigkeit verleihen könnten. *Transition* ist ein zu schwacher Begriff hierfür; er bezeichnet einen Trend, der sich auf den verschiedenen Skalen der Liberalisierung und Demokratisierung abtragen lässt: den Übergang von einem autoritären System zu einem *something else*, wie es in der charakteristischen Offenheit der politikwissenschaftlichen Transitionsforschung heißt.[40]

---

38 So etwa Sachs 1993, S. 99.

39 Dittberner & Müller 1997.

40 O'Donnell & Schmitter 1986, S. 3.

Was wir aus soziologischer Sicht brauchen, ist jedoch ein zusätzliches Kriterium, um erfolgreiche Transformationen qualifizieren zu können. Vielleicht kann man hierzu an der Konzession anknüpfen, die in der IWF-Klassifikation der Transitions- oder Transformations-Länder als einer spezifischen Gruppe immerhin mitschwingt.[41] Warum verspüren wir eine intuitive Abwehr, etwa Ungarn und Tschechien auf eine Stufe mit Trinidad und Gabun zu stellen, (wohin sie Ihrem Pro-Kopf-Sozialprodukt nach gehörten)? Weil wir annehmen, dass die sozialistischen Gesellschaften schon moderne Gesellschaften waren, die zahlreiche Institutionen, Attribute und auch Wertvorstellungen der Moderne bereits verkörperten.[42] Trotz aller Krisen vermuten wir, dass sie sich in ein kohärentes Institutionensystem transformieren könnten, das mit den Basisinstitutionen des westeuropäischen demokratischen Kapitalismus kompatibel wäre.

In diesem Sinn scheint mir der eingangs angesprochene implizite oder explizite Normativismus der Transformationsforschung, der den Anspruch eines Übergangs zu Marktwirtschaft und Demokratie artikuliert, durchaus berechtigt. Denn es handelt sich bei diesem Anspruch nicht um eine von außen gesetzte Norm, sondern um einen Erwartungshorizont, der in der postkommunistischen Politik als Orientierung nach Europa gleichsam eingeschrieben ist. Die 'Rückkehr nach Europa' war der *Zeitgeist* des Umbruchs von 1989, der nicht nur als historische Idee, sondern als stabilisierendes politisches Umfeld der Transformationen wirksam ist.[43]

Im Sinn der soziologischen Institutionentheorie können wir diese *Europäisierung* als die kulturelle Kodierung der osteuropäischen Transformation auffassen.[44] Mit Kodierungen sind dabei - im Anschluss an Shmuel Eisenstadts Theorie des Aufbaus komplexer gesellschaftlicher Ordnungen - Symbole und Symboltraditionen gemeint, in denen Gesellschaften und

---

41 IMF, World Economic Outlook, May 2002, S. 150ff.

42 Amato & Batt 1999, S. 12f. Siehe auch Worldbank 1996, S. 1: "The achievements of the planned systems were considerable. They included increased output, industrialization, the provision of basic education, health care, housing, and jobs to the entire population, and a seeming imperviousness to the Great Depression of the 1930s. Incomes were relatively equally distributed, and an extensive, if inefficient, welfare state ensured everyone access to basic goods and services."

43 Zur Rolle des Zeitgeists für die Konsolidierung von Demokratien s. Linz & Stepan 1996, S. 74f.

44 Zum folgenden s. Müller 1999.

gesellschaftliche Gruppen die im Verlauf von Transformationsprozessen unweigerlich auftretenden Spannungen, Krisen und Zusammenbrüche zu verarbeiten versuchen. Das betrifft insbesondere die Abgrenzungen politischer und kultureller Kollektivitäten, die Bereitschaft zur Teilnahme an sozialen Wandlungsprozessen, Muster zur Bewertung der sozialen Realität und der Legitimation politischer Ordnungen. Solche Kodierungen gehen über die aktuelle soziale Wirklichkeit hinaus. Sofern sie Symbole der kollektiven Identität einschließen, gewichten sie die Vergangenheit im Verhältnis zur Gegenwart und kombinieren Geschichte und Territorium. Andererseits - und insofern gehen sie nicht in allgemeinen kulturellen Wertmustern auf - sind sie mit programmatischen Ableitungen verknüpft, welche die Macht über ökonomische und institutionelle Ressourcen, Kriterien der distributiven Gerechtigkeit, das Verhältnis zwischen Macht und Solidarität, zwischen Hierarchie und Gleichheit und vieles andere mehr regeln.

b) So verstanden, kann man als Kriterium erfolgreicher Transformation die *Europäisierung* Osteuropas - das Eintreten in die politische Geographie der Europäischen Union - begreifen. Das ist alles andere als trivial und dazu geeignet, zwei weitverbreitete (Selbst-)Missverständnisse auszuräumen. Zum einen ist diese *Europäisierung* gewiss keine 'Rückkehr'. Sie ist die Chance zum Bruch mit den nationalistischen Ideologien, Minderheitenproblemen und Grenzstreitigkeiten des Vorkriegs-Mitteleuropa, die nach 1989 nochmals kurz über die historische Bühne geisterten. Heute kann Osteuropa von den im Rahmen der EU angelaufenen Transnationalisierungsprozessen profitieren und die ohnehin vergebliche nationale Selbstsuche in einen höherstufigen Prozess der europäischen Integration transformieren. Zum anderen ist *Europäisierung* keine bloße Frage der Mentalität oder politischen Kultur. Soziologen waren seit Parsons immer schon skeptisch gegenüber Erklärungen sozialer Prozesse aus "the customs and habits of the people". *Europäisierung* impliziert harte institutionelle, rechtliche und ökonomische Anpassungszwänge, die tief in die Souveränität der Reformstaaten eingreifen.

Soziologisch betrachtet, ist das hiermit verbundene Programm des Transfers eines europäischen Institutionensystems in die osteuropäischen Reformländer von weitaus größerer Tragweite, als die erhofften ökonomischen Vorteile eines erweiterten Marktes. Die zentral- und osteuropäischen Beitrittskandidaten haben sich einem historisch einmaligen Prozess der externen Evaluierung ihrer Fortschritte beim Aufbau von Institutionensystemen unterstellt, die mit dem Regelwerk und den Praktiken der bestehenden EU kompatibel sein müssen. Über gesamtwirtschaftliche Stabilität, Strukturreformen und funktionsfähige Marktwirtschaften hinaus geht es dabei um Kriterien des Verbraucher- und Umweltschutzes, regionale Kohäsion und die Konkurrenzfähigkeit im Binnenmarkt. Noch vor diesen wirtschaftlichen Kriterien des *screenings* der postkommunistischen Reformpolitik seitens der Europäischen Kommission rangieren die Kapitel zu Demokratie- und Rechtsstaatlichkeit, zur Gewährleistung von Menschenrechten und Minderheitenschutz sowie den Verwaltungsstrukturen, die zur Umsetzung des 'Gemeinschaftlichen Besitzstandes' der EU erforderlich sind.[45] Das auf diesem Weg transferierte Ensemble von Institutionen ist gleichsam ein öffentliches Gut, auf das die osteuropäischen Regierungen zurückgreifen können, um so die bei der Neukonstitution von Institutionen anfallenden Suchkosten und Konflikte zu minimieren. Die Zugehörigkeit zu 'Europa' war seit langem eine Distanzierungsformel gegenüber der Sowjetunion gewesen und ist nun zur besten Versicherung gegenüber Rückfällen in autoritäre Muster geworden. Sicherlich sind die Probleme beträchtlich, die über die Region hinweg sehr heterogenen politischen Kulturen mit den neuen Institutionen kompatibel zu machen.[46] Die übergreifende Legitimität der Beitrittsverfahren scheint jedoch vor allem durch eine programmatische Ableitung aus dem Code der Europäisierung gewährleistet: das 'europäische Gesellschaftsmodell', ein zentrales Element der EU-Verhandlungen mit den Beitrittskandidaten, enthält eine Brücke zur egalitären Wertstruktur und dem universalistischen Sozialsystem, welche ein 'kulturel-

---

45 Diese nach "Kapiteln" geordneten Kriterien sind keineswegs nur zeremonieller Natur. Die letzten *screening*-Protokolle haben z.B. die Beitrittsfähigkeit der Tschechischen Republik etwa im Bereich der öffentlichen Verwaltung und Rechtsdurchsetzung recht kritisch beurteilt (Europäische Kommission 1999). Bereits für das Vorfeld der Ost-Erweiterung, der *Pre-accession assistance*, wurde die EU-Strategie folgendermaßen charakterisiert: "the Phare Programme concentrates on two crucial priorities in the adoption of the Acquis communautaire: institution building, i.e. adapting and strenghtening democratic institutions, public administration and organisations that have a responsibility in implementing and enforcing Community legislation, by training and equipping a wide range of civil servants, public officials, professionals and relevant private sector actors. The principal mechanism of the Institution building process is 'Twinning.'" (EU 1999).

46 Dies ist einer der Hauptpunkte von Amato & Batt 1999, die zugleich auf die westeuropäischen Hindernisse einer raschen Integration Osteuropas in die EU hinweisen. Bezeichnenderweise haben die westeuropäischen Regierungen bislang kein verbindliches Beitrittsdatum festgelegt. Bis Ende 2002 sollen lediglich die Verhandlungen mit den Kandidaten abgeschlossen sein. (The Economist, June 8th, 2002, S. 27f.).

les Erbe' der sozialistischen Modernisierung darstellen.[47] Insofern war die sozialstaatliche Flankierung eine der Erfolgsbedingungen für den raschen sozioökonomischen Wandel in den erfolgreicheren Transitionsländern: In Zentraleuropa und den baltischen Ländern sind die sozialen Transfers im Verlauf des letzten Jahrzehnts deutlich gestiegen, so dass die Entwicklung sozialer Ungleichheiten in erträglichen Grenzen blieb. In Russland und der Ukraine sind staatliche Transfers dagegen wenig zielgerichtet und konnten der Herausbildung krasser Ungleichheiten nicht entgegenwirken.

c) Hier liegt denn auch die Transformationsschwelle, welche die erfolgreicheren zentraleuropäischen Länder von Russland und anderen ehemaligen Sowjetrepubliken trennt. Selbst bei einer Neuinszenierung radikaler Reformpolitik scheint eine institutionelle Rekonstruktion der russischen Gesellschaft in ferner Zukunft zu liegen. Die Hoffnung, dass die historisch tiefsitzende Ambivalenz Russlands gegenüber dem Westen und damit gegenüber Europa durch die 'zweite russische Revolution' von 1991 produktiv gewendet sei, hat sich als kurzlebige Illusion erwiesen.

Festgemacht waren diese vordergründigen Hoffnungen an der oberflächlichen Übernahme des westlichen Reformdiskurses durch eine dünne Schicht fragwürdig legitimierter Eliten - eine Konstellation, die in der Dritten Welt immer schon zu beobachten war, einschließlich des Zynismus gegenüber der eigenen Bevölkerung. Tatsächlich wurde die reklamierte 'Einzigartigkeit' der russischen Situation in den zurückliegenden Jahren von nationalistischen, zentristischen und kommunistischen Kräften gleichermaßen dazu verwendet, Ressentiments gegenüber westlichen Reformzumutungen zu mobilisieren.[48] Nicht völlig zu unrecht, denn es trifft zu - ohne die Unfähigkeit der russischen Machtgruppen rechtfertigen zu wollen - dass der abstrakte Universalismus des IWF-Kapitalismus und die ungeschickt inszenierte Osterweiterung der NATO (die nicht nur von El'cin als Ausgrenzung aus Europa ausgelegt wurde) zum *backlash* gegen die Reformabsichten der europäisch orientierten Reformkräfte beigetragen hat. Nicht ohne Grund bemerkt man in Moskau, dass die Ostverschiebung der EU zugleich eine neue Außengrenze gegenüber Russland, Weißrussland und der Ukraine zieht.

---

47 Zu diesem wichtigen Punkt s. Brusis 1999, S. 86-92.

48 The Economist, June 15th 1996, S. 19-21: Russian Exceptionalism - Is Russia different?

Die Ursachen für die unsichere Transformation Russlands reichen freilich in die fehlgeleiteten Reformexperimente der *Perestrojka* zurück. Die von Gorbačëv protegierten radikalen Reformer hatten eine radikal anti-institutionelle Strategie eingeschlagen, indem sie ganz auf Zerstörung ministerialer Strukturen und die Selbstorganisation neu geschaffener Märkte setzten. Insofern geht die *Schocktherapie* weniger auf das Diktat der Internationalen Finanzorganisationen zurück, als auf die utopische Vorstellung, den Übergang von der Plan- zu einer Marktwirtschaft in 500 Tagen leisten zu können.[49] Die daraufhin sich verschärfende spontane Dezentralisierung, Steuerkämpfe und Naturaltausch auf lokalen Märkten sind Merkmale der russischen Ökonomie geblieben, wobei die Schattenwirtschaft entgegen dem liberalistischen Credo kein Durchgangsstadium zu Märkten westlichen Musters darstellt, sondern zur Verstetigung tendiert.[50]

El'cins Strategie der Machtergreifung durch Inszenierung eines russischen Nationalismus unterhalb des kommunistischen Machtzentrums hat die *Stateness*-Probleme des alten Sowjetföderalismus zur Explosion gebracht: Durch die spezifische Sequenz von Wahlen auf Republikebene wurden konkurrierende Pole politischer Legitimität geschaffen und damit das einheitliche staatliche Territorium aufgelöst, auf dem ein Übergang zur Demokratie hätte organisiert werden können.[51] In den meisten Republiken der desintegrierten Sowjetunion wurde die Politik in die Regie eines exklusiven Ethno-Nationalismus genommen: Symbole der Unabhängigkeit wurden gegenüber demokratischen Reformen, Gruppenrechte gegenüber Individualrechten und (inkonsistente) wirtschaftliche Reformen gegenüber einer Rekonstruktion von Verfassung und Staat privilegiert. Nach Unterlaufen der sowjetischen Transition setzte El'cin seine innerrussische Strategie der Machtsicherung durch Konzessionen an autonome Republiken und ethno-nationalistische Formationen fort, auch wenn dies lokale Despotien begünstigte und einen funktionsfähigen politischen und fiskalischen Föderalismus mit klarer Kompetenz- und Aufgabenverteilung verhinderte.

---

49 Siehe hierzu Hough 1997, S. 341ff.

50 Wie die OECD in einem Länderbericht zu Russland aufzeigt, spielen institutionelle Hinterlassenschaften der Sowjetzeit und defekte Institutionenbildungen der ersten Reformjahre eine wichtige Rolle in diesem Szenario (OECD 2000, S. 93 u. 96-107).

51 Zu den destruktiven Folgen der El'cin-Strategie s. Laba 1996; zur Fehlsequenzierung der sowjetischen bzw. russischen Reformpolitik und zur zentralen Rolle des *stateness-Problems* für die Chancen der Demokratisierung s. Linz & Stepan 1996, S. 366ff.

Die El'cin-Ära hat keine Antwort auf die Desintegration der postkommunistischen Politik gesucht oder gefunden. Gleichsam kompensatorisch hat sich vielmehr nach außen die neo-imperiale Konzeption eines 'näheren Ausland' herausgebildet, demgegenüber Russland ein besonderes geostrategisches Interesse reklamiert. Innenpolitisch wurde ein 'patriotischer Konsens' postuliert, der zunehmend auf Distanz zum westlichen Verständnis von Marktwirtschaft gegangen ist.[52] Der Versuch, die tiefe Wertkrise der russischen Politik und Gesellschaft durch die Suche nach einer 'Idee für Russland' zu überwinden, zeigte, dass sie über keinen funktionsfähigen kulturellen Code verfügen, der praktikable programmatische Ableitungen im Sinne eines kohärenten Institutionensystems zuließe.

Die Chancen für eine Neuaufnahme der russischen Transformation sind gespalten. Die Putin-Administration hat in den ersten Monaten ihrer Amtszeit höchst ambivalente Signale ausgesendet. Sie hat ihre Anfangslegitimation aus einer militärischen Behauptung ihrer Souveränität an der russischen Peripherie geschöpft und ist darüber nicht vor einer Konfrontation mit dem Parlament des Europarats zurückgeschreckt, in dem Russland vorübergehend das Stimmrecht entzogen wurde. Die Neuorientierungen der postsowjetischen Außenpolitik sprachen zunächst dafür, dass sich weniger eine europaorientierte, als vielmehr die selbstzentrierte Positionsbestimmung Russlands während der letzten Jahre durchsetzen könnte.[53] Auch innenpolitisch lässt sich eine Kontinuität der identitätsstiftenden Symbolik beobachten. Im Dezember 1999 bekräftigte Putin die Notwendigkeit einer 'neuen Russischen Idee', die zu einer 'ideologischen, geistigen und moralischen Erneuerung' führen solle. Nicht die Orientierung an Europa, sondern die Besonderheit Russlands stand dabei im Vordergrund, insbesondere ein starker Staat als Garant von Ordnung und sozialer Reorganisation.[54]

Zugleich enthielt Putins Bestandsaufnahme allerdings bemerkenswerte Eingeständnisse des historischen Scheiterns und der gegenwärtigen Defekte des russischen Systems. Die Krise von 1998 und die in Angriff genommene Rekonstruktion der Herrschaftsverhältnisse hat den Oligarchen,

---

52 Uhlig 1997.

53 Cooper 1999; The Economist, June 24th, 2000, S. 35: Russia's Imperial Yearning, sowie die Beiträge zum Heft 4/5 2001 der Zeitschrift Osteuropa zur Aussenpolitik der Putin-Administration.

54 Putin 1999.

die den Staat der El'cin-Ära ihren Zwecken untergeordnet hatten, zwar die Operationsbasis entzogen.[55] Der direkte Durchgriff der Direktoren der großen Unternehmen auf die politische Macht wurde durch die Umbesetzung der Leitungsfunktionen des Kreml und der Gouverneursposten im Föderationsrat zumindest erschwert. Allerdings haben viele der neuen Amtsinhaber eine Vergangenheit im Geheimdienst oder Militär hinter sich. Neu geschaffene, nicht klar definierte Institutionen wie etwa der Staatsrat nähren den Verdacht einer 'gelenkten Demokratie', die weder in Parteien, noch in einer zivilen Gesellschaft verankert ist, sondern von technokratischen Eliten gemanagt wird. In dieses Bild passt das befremdliche Verhältnis der Politik zu den Medien.

Immerhin aber scheinen die neuen Träger der Macht an einer gewissen Modernisierung interessiert. Ein radikal abgesenktes Steuerniveau, Gesetze zur Privatisierung von Grund und Boden sowie die Anerkennung intellektueller Eigentumsrechte rühren an die letzten Heiligtümer der Sowjetära. Und wie es scheint, durchläuft die russische Politik einen für Russlands Geschichte so charakteristischen Zyklus der Rezentralisierung politischer und fiskalischer Resourcen beim Staat. Die Neuordnung der föderalen Beziehungen durch die Schaffung von sieben Großregionen könnte die in den 90er Jahren nach Opportunitätsgesichtspunkten ablaufenden ad-hoc-Aushandlungen zwischen Zentrum und Regionen auf eine berechenbarere Ebene stellen.

Höhere Berechenbarkeit haben auch die auswärtigen Beziehungen gewonnen. Die gegenwärtige Regierung hat die Integration Russlands in internationale Rechts- und Vertragsstrukturen forciert, nicht zuletzt, indem sie die neue Weltlage nach dem 11. September zur Profilierung auf der internationalen Bühne nutzt. Die Kontroverse um die NATO-Erweiterung ist einstweilen durch die Gründung des Russland-NATO-Rats entschärft, die Verhandlungen um den Beitritt zur WTO schreiten voran, das Rechtssystem wird europäischen Standards und internationalen Verträgen angenähert.[56] Die Urteile des Europäischen Gerichtshofs für Menschenrechte werden neuerdings in der heimischen Rechtsprechung berücksichtigt. Zwar betrachten noch über 70% der russischen Bevölkerung die USA mit Misstrauen, wenn nicht gar als Feind. In den zunehmend pragmatisch einge-

---

[55] Schulze 2002.

[56] RFE/RL, Russian Political Weekly, Vol. 2, Nr. 20, 19 June 2002.

stellten Eliten hat sich jedoch die Einsicht durchgesetzt, dass eine strategische Partnerschaft mit Europa ebenso wichtig ist, wie die mit China und anderen asiatischen Mächten, insbesondere aber, dass die größte Gefahr für die nationale Sicherheit in der sozialen Zerrissenheit der russischen Gesellschaft liegt.[57] Insgesamt bemerkenswert ist die neue Aufmerksamkeit, die Russland dem Integrationsprozess seiner ehemaligen Satellitenstaaten in die EU schenkt. Wie weit die zweifellos notwendige Wiedergewinnung von staatlicher Handlungsfähigkeit mit der ebenfalls reklamierten Neubestimmung des Verhältnisses von Regierung und ziviler Gesellschaft und wie weit der russische 'Patriotismus' mit der jüngst wiederum reklamierten Zugehörigkeit zu Europa zusammengeht, bleibt indessen abzuwarten.

---

57 The Economist, Special Report: What Russia Wants, May 18th 2002, S. 27; RNISiNP 2001, S. 16 u. 20.

Literatur

Amato, Giuliano/Batt, Judy (eds.): Final Report of the Reflection Group on The Long-Term Implications of EU Enlargement: The Nature of the New Border, Robert Schuman Centre of Advanced Studies, Florenz 1999.

Aslund, Anders: How Russia Became a Market Economy, Washington D.C 1995.

Aslund, Anders: Building Capitalism. The Transformation of the Former Soviet Bloc, Cambridge 2002.

Berglöf, Erik/Roland, Gérard: The EU as an "Outside Anchor" of Transition Reforms, Stockholm Institute of Transition Economics and East European Economies, Working Paper, No. 132, October 1997, Stockholm1997.

Bönker, Frank/Müller, Klaus/Pickel, Andreas (eds.): Post-Communist Transformation and the Social Sciences, Cross-Disciplinary Perspectives, Langham 2002.

Brown, Annette: How Will We Know Transition is Over?, Transition, August 1999, S. 29-31.

Brusis, Martin: Residuales oder europäisches Wohlfahrtsmodell? Die EU und die sozialpolitischen Reformen in Mittel- und Osteuropa, Prokla. Zeitschrift für kritische Sozialwissenschaft, Jg. 29, Nr. 1/1999 (H. 114), S. 73-94.

Brunetti, Aymo/Kisunko, Gregory/Weder, Beatrice: Institutions in Transition. Reliability of Rules and Economic Performance in Former Socialist Countries, World Bank Policy Research Working Paper, No. 1809, Washington DC1997.

Cooper, Leo: Russia and the World. New State-of-Play in the International Stage, New York 1999.

De Melo, Martha/Denizer, Cevdet/Gelb, Alan/Tenev ,Stoyan: Circumstance and Choice. The Role of Initial Conditions and Polities in Transition Countries, World Bank Policy Research Working Paper, No. 1866, Washington DC 1997.

Di Palma, Guiseppe: To Craft Democracies, Berkley 1990.

Dethier, Jean-Jacques/Ghanem, Hafez/Zoli, Edda: Does Democracy Facilitate the Economic Transition? An Empirical Study of Central and Eastern Europe and the Former Soviet
Union, World Bank Working Papers # 2194, Washington, D.C 2000.

Dittberner, Susanne/Müller, Klaus: Zur politischen Geographie der postkommunistischen Transformation, in Misselwitz, Hans/Segert, Dieter (Hg.) 1997: Rückkehr nach Europa?, Potsdam 1997.

Dollar, David/Kray, Arndt: Growth is Good for the Poor, World Bank Working Papers, Washington D.C 2000.

Elster, Jon et. al.: Institutional Design in Post-communist Societies. Rebuilding the Ship at Sea, Cambridge 1998.

Europäische Union: Enlarging the EU. A Historical Opportunity, Brussels 1999.

Europäische Kommission: Regelmäßiger Bericht 1999 der Kommission über die Fortschritte der Tschechischen Republik auf dem Weg zum Beitritt, Brüssel 1999.

Fischer, Stanley/Sahay, Ratna: The Transition Economies After Ten Years, IMF Working Paper 00/30/2000.

Gregory, Paul R.: Ten Years of Transformation, F.I.T. Discussion Paper, 12/1999, Frankfurt/Oder 1999.

Hellman, Joel S./Jones, Geraint/Kaufmann, Daniel: Seize the State, Seize the Day. An empirical analysis of State Capture and Corruption in Transition, Paper for the World Bank "Annual Bank Conference on Development Economics - ABCDE", April 18-20, 2000, Washington D.C 2000.

Hough, Jerry F.: Democratization and Revolution in the USSR 1985-1991, Washington D.C. 1997.

IMF = International Monetary Fund: World Economic Outlook, May 2002, Washington D.C. 2002.

IMF: Transition. The First Ten Years, Washington D.C. 2002

Kornai, János: Ten Years After "The Road to a Free Economy", Paper for the World Bank "Annual Bank Conference on Development Economics - ABCDE", April 18-20, 2000, Washington D.C 2000.

Laba, Roman: How Yeltsin's Exploitation of Ethnic Nationalism Brought Down an Empire, Transition, No. 12, January 1996, S. 5-13.

Lavigne, Marie: The Economics of Transition, London 1995.

Linz, Juan/Stepan, Alfred: Problems of Democratic Transition and Consolidation, Southern Europe, South America and Post-Communist Europe, Baltimore 1996.

Lipset, Seymour M.: The Social Requisites of Democracy Revisited, American Sociological Review, Vol. 59, No. 1/1994, S. 1-22.

Lynch, Allen: The Year in Context, in Nations in Transit 1998, New York 1998.

Merkel, Wolfgang: Theorien der Transformation: Die demokratische Konsolidierung postautoritärer Gesellschaften, in Beyme, Klaus v./Offe, Claus (Hg.): Politische Theorien in der Ära der Transformation, Opladen 1996.

Milanovic, Branko: Explaining the Growth in Inequality during the Transition, World Bank Policy Research Working Paper, No. 1835, Washington DC 1998.

Müller, Klaus: Nachholende Modernisierung? Die Konjunkturen der Modernisierungstheorie und ihre Anwendung auf die Transformation der osteuropäischen Gesellschaften, Leviathan, Jg. 19/1991, Nr. 2, S. 261-291.

Müller, Klaus: Postsozialistische Krisen, in ders. (Hg.) 1998: Postsozialistische Krisen. Theoretische Ansätze und empirische Befunde, Opladen 1998.

Müller, Klaus: Institutionalisierung und Transformation, Initial, H. 1/99, Jg. 10, Nr. 1/1999, S. 4-13.

Müller, Klaus 2001: Konkurrierende Paradigmen der Transformation, in Hopfmann, Arnd/Michael Wolf (Hg.): Transformationstheorie - Stand, Defizite, Perspektiven, Hamburg 2001

Naim, Moises: Fads and Fashion in Economic Reform: Washington Consensus or Washington Confusion?, Paper presented at the IMF Conference on Second Generation Reforms, Washington D.C. 1999.

Nellis, John: Time to Rethink Privatization in Transition Economies? IFC Discussion Paper, No. 38, (1999), Washington D.C 1999.

O'Donnell, Guillermo/Schmitter, Phillipe: Transitions from Authoritarian Rule. Tentative Conclusions about Uncertain Democracies, Baltimore 1986.

OECD: Russian Federation, OECD Economic Surveys, March 2000, Paris 2000.

Parsons, Talcott/Smelser, Neil: Economy and Society, Glencoe 1956

Poznański, Kazimierz 2002: The Crisis of Transition as a State Crisis, in Bönker, Frank/Mueller, Klaus/Pickel, Andreas (eds.) 2002.

Putin, Vladimir: Russia at the Turn of the Millenium, The Russian Gouvernment Homepage, 29. Dec. 1999.

RNISiNP (=Russisches Unabhängiges Institut für soziale und nationale Probleme): Die Außen und Sicherheitspolitik im Neuen Russland. Eine Elitenstudie, Internationale Politikanalyse Nr. 92, Sept. 2002, Bonn (Friedrich Ebert Stiftung)

Rodik, Dani: Institutions for High Quality Growth: What They are and How to Acquire Them, Paper delivered at the IMF Conference on Second Generation Reforms., Washington D.C. 1999.

Sachs, Jeffrey: Poland's Jump to the Market Economy, Cambridge, Mass 1993.

Schulze, Peter W. 2002: Wirtschaftsaufschwung, Modernisierung und Elitenwandel in Russland, Internationale Politikanalyse Nr. 103, Bonn (Friedrich Ebert Stiftung)

Stark, David: Path Dependence and Privatization Strategies in East Central Europe, East European Politics and Societies, Vol. 6, No. 1/1992, S. 17-54.

Stiglitz, Joseph E.: Whither Reform. Ten Years of Transition. World Bank Annual Bank Conference on Development Economics, Keynote Address, Washington D.C. 1999.

Stiglitz, Joseph E.: Schattenseiten der Globalisierung, Berlin 2002

Uhlig, Christiane: Nationale Identitätskonstruktion für ein postsowjetisches Russland, Osteuropa, 47. Jg., H. 12/1997, S. 1191-1206.

World Bank: From Plan to Market, World Development Report, Oxford 1996.

World Bank: Circumstance and Choice: The Role of Initial Conditions and Policies in Transition Economies, World Bank Policy Research Working Paper, No. 1866, Washington D.C. 1997.

World Bank: The State in a Changing World, Word Development Report 1997, Oxford 1997.

World Bank: Making Transition Work for Everyone. Poverty and Inequality in Europe and Central Asia, Washington D.C. 2000.

Wyplosz, Charles: Ten Years of Transformation: Macroeconomic Lessons, World Bank Working Papers, No. 1288, Washington D.C. 1999.

Convergence and Divergence in Economic Transformation and Integration

László Csaba

Ten years is a time span long enough to allow for some theoretical generalisations. On this pages we'll try to prove the following thesis. While empirical evidence in countries undergoing systemic change is divergent enough to refute the relevance / applicability of any thesis on 'the east European brand of capitalism', progress among the frontrunner countries is similar enough allowing us to talk about convergence towards OECD standards and EU maturity. In other words, transformation of economic systems, where it transcended declarations of intent, have not led to unchartered waters. It has not resulted in previously unknown brands of socio-economic systems, but has, by and large, reproduced the European brand of social market economy. Therefore transformation should be described generally not as a major failure.[1] Since its inner processes deserve particular close scrutiny we will offer an overall view of changes instead and attempt to make some forecasts.

1. Macroperformance

The table below gives some quite interesting insights. First, looking at the pre-1989 data, in the majority of cases GDP figures do not reflect the crisis of the *ancien régime*. Even in cases when we do register a drop from 1988 to 1989, as in Bulgaria, Croatia, Romania or Slovenia, they are hardly comparable to the steep fall of output, that followed transformation. Only in very special cases, as in Azerbaijan, Tajikistan and Turkmenistan do we find drops comparable to the post-1989 period. This is a warning sign, i.e. cautioning against the widespread practice of research institutes and rating agencies of interpreting transition phenomena in purely quantitative terms. Quite clearly, GDP figures alone tell us precious little about the true nature and the causes of the collapse.

---

1 Van Brabant 1998, pp. 459-498.

Tab. 5: Real GDP / NMP in transition economies, 1980-1998 (Indices, 1989=100)

	1980	1985	1986	1987	1988	1989	1990	1991	1992	1993	1994	1995	1996	1997	1998
Eastern Europe	88.7	94.8	97.8	99.4	100.8	100.0	93.2	82.9	78.9	78.7	81.9	86.7	90.0	92.0	93.4
Albania	79.4	88.2	93.1	92.4	91.0	100.0	90.0	64.8	60.1	65.9	71.4	80.9	88.2	82.0	88.6
Bosnia and Herzegovina	..	..	..	..	..	..	..	..	..	..	..	..	..	..	..
Bulgaria	76.2	89.9	93.6	99.3	101.9	100.0	90.9	83.3	77.2	76.1	77.5	79.7	71.6	66.6	69.0
Crotia	99.0	99.8	102.6	102.5	101.6	100.0	92.9	73.3	64.7	59.5	63.0	67.3	71.4	76.0	78.1
Czech Republic	..	91.3	93.2	93.7	95.7	100.0	98.8	87.4	84.6	85.0	87.8	93.4	97.0	98.0	95.3
Hungary	86.3	94.1	95.5	99.4	99.3	100.0	96.5	85.0	82.4	81.9	84.4	85.6	86.8	90.7	95.3
Poland	91.1	90.3	94.1	95.9	99.8	100.0	88.4	82.2	84.4	87.6	92.1	98.6	104.5	111.7	117.1
Romania	88.5	103.4	105.8	106.7	106.2	100.0	94.4	82.2	75.0	76.2	79.2	84.8	88.2	82.1	761
Slovakia	..	91.0	94.8	97.1	99,0	100.0	97.5	83.3	77.9	75.1	78.7	84.2	89.7	95.6	99.8
Slovenia	989	100.9	104.1	103.5	100.5	100.0	91.9	83.7	79.1	81.4	85.7	89.3	92.4	96.6	1004
The former Yugoslav Republic of Macedonia	93.3	96.0	102.7	101.4	98.1	100.0	89.8	83.5	76.8	69.9	68.6	67.8	68.3	69.3	71.4
Yugoslavia	95.7	98.7	101.4	100.2	98.8	100.0	92.1	81.4	58.7	40.6	41.7	44.2	46.8	50.3	56
Baltic States	678	81.4	85.6	89.0	96.0	100.0	97.8	89.9	67.9	58.2	55.2	56.4	58.8	63.7	665
Estonia	74.5	85.7	88.2	89.2	93.4	100.0	91.9	82.7	71.0	65.0	63.7	66.4	69.0	76.3	79.4
Latvia	68.5	81.3	85.1	89.0	93.6	100.0	102.9	92.2	60.1	51.1	51.5	51.0	52.7	57.3	59.3
Lithuania	67.4	79.8	84.9	88.9	98.4	100.0	96.7	91.2	71.8	60.2	54.3	56.1	58.7	63.0	66.2
CIS	77.5	90.4	92.4	93.9	98.1	100.0	96.8	90.9	78.0	70.4	60.3	59.9	55.0	55.5	54.0
Armenia	73.5	95.9	97.7	94.5	92.2	100.0	94.5	83.4	48.6	44.3	46.7	49.9	52.8	54.5	58.4
Azerbaijan	79.6	98.8	100.6	105.1	109.7	100.0	88.3	87.7	67.9	52.2	41.9	37.0	37.4	39.6	43.6
Belarus	65.7	85.2	88.9	91.3	92.4	100.0	98.0	96.8	87.5	80.8	70.6	63.3	65.1	72.5	78.5
Georgia	79.4	100.0	98.8	96.8	103.6	100.0	84.9	67.0	36.9	26.1	23.4	24.0	26.6	29.6	30.5
Kazakhstan	87.0	90.8	92.3	92.1	100.1	100.0	99.0	88.1	83.4	75.8	66.2	60.8	61.1	62.1	60.6
Kyrgyzstan	69.1	82.9	83.6	84.7	95.6	100.0	104.8	96.5	83.2	70.3	56.2	53.1	56.9	62.5	63.7
Republic of Moldova	72.1	82.6	89.2	90.3	91.9	100.0	97.6	80.5	57.2	56.5	39.0	38.3	35.3	35.9	32.8
Russian Federation	78.1	90.7	92.9	94.2	98.4	100.0	97.0	92.2	78.8	71.9	62.8	60.2	58.1	58.6	55.9
Tajikistan	80.8	91.8	95.0	93.9	106.9	100.0	100.2	91.7	62.1	52.0	40.9	35.8	29.8	30.3	32.0
Turkmenistan	80.7	89.5	93.4	97.1	107.5	100.0	101.8	97.0	82.5	83.7	69.2	64.2	68.5	60.7	63.8
Ukraine	75.0	88.7	90.0	93.4	95.2	100.0	96.4	88.0	79.2	68.0	52.4	46.0	41.4	40,.1	39.4
Uzbekistan	76.0	88.1	88.0	88.4	97.0	100.0	99.2	98.7	87.7	85.7	81.2	80.5	81.9	86.1	89.9
Total above	80.3	91.4	93.7	95.2	98.7	100.0	95.9	88.8	78.0	72.3	65.9	64.7	64.2	65.3	64.5

Memorandum items:															
CETE -5	88.6	92.2	95.1	97.3	99.6	100.0	93.3	84.1	83.2	84.6	88.2	93.3	97.7	102.6	105.8
SETE-7	88.8	99.3	102.4	103.1	102.9	100.0	93.1	80.7	71.4	86.4	70.8	75.2	76.6	73.6	71.7
Czechoslovakia	84.9	92.7	95.1	97.0	99.3	100.0	98.5	84.4	78.80	..	..	..	..	..	..
Yugoslavia (SFR)	97.7	99.5	103.0	101.0	99.4	100.0	..	..	..	..	..	..	..	..	..
Former Soviet Union	77.3	90.1	92.2	93.8	98.0	100.0	96.8	90.8	77.7	70.1	60.2	56.9	55.1	55.8	54.3
Former GDR	..	..	..	..	..	100.0	84.5	86.3	73.6	80.4	88.2	92.0	95.0	96.6	98.5

Source: ECE (1999), p. 65.

Similarly GDP figures of the 1990s do not tell everything. What they do tell is a mixed picture. First, even among the frontrunner countries of Central Europe 1997 is the first year when regional average GDP regained the pre-crisis level. If we exempt Poland, the growth champion of the period in the region, we find that Slovenia and Slovakia recovered only in 1998, while Hungary and the new German provinces in 1999. This is indicative of a much more protracted recovery, than has been postulated by economic theorists and politicians alike. And if it is a good thing, from the point of view of macroeconomics, that the pattern of this GDP is quite different from the one in 1989, from the social point of view it is an indication of growing strains. With a major rearrangement of employment patterns and with the growth of the income differentials, more people have been losers than winners. Moreover in the same period West Europe continued to grow, if even at a slow pace of 1.5 - 2.0 per cent on average. In other words, the distance between east and west has not diminished, it even grew - which was just the opposite of what everybody expected from political changes.

If we stick to the group of non-Soviet states, we can observe quite divergent development patterns. At one extreme we find Poland, where transformational recession[2] was already over by 1992, on par with the former GDR, and growth has been sustaining ever since. At the other end of the spectrum, exempting for a moment war-torn Serbia-Montenegro, we find Latvia and Lithuania. In both Baltic States contraction of economic activity was on par with overall post-Soviet standards, cutting the total output in half. Recovery started in Lithuania in 1995 and in Latvia in 1996, though its robustness is anything but convincing. Activity levels are still around two-thirds of the Soviet heritage, and the adjustment recession, triggered by the Asian-Russian crisis of 1998, was further setting back this low level of activity, recovering only by 2000.

Another group of countries is built of Romania, Bulgaria and the Czech Republic. Their recovery started in 1993 already, but it has not proven sustainable, as it was not based on external markets and improved competitiveness. Growth is recovering in Slovenia, Slovakia, Hungary, Albania and Estonia. However, in the case of the two latter, activity levels are still considerably below of those a decade ago. The activity levels of Croatia

---

2 Kornai 1994.

and Macedonia are still very much below the respective Yugoslav levels, making progress in terms of stabilisation very relative indeed.

A completely different picture emerges for the Commonwealth of Independent States (CIS), where the average performance is by and large equal to a halving of the total output. Among the best performers we find Uzbekistan, a monocultural gas exporting economy and Belarus, where reliability of official statistics is questioned by external analysts. Furthermore, solvency of Belarus has been sustained by non-payments of the Russian energy bill, compensated for by the 1999 union treaty with the Russian Federation. At the lowest end we find civil war-torn Georgia and the Republic of Moldova, much in the same position. Tajikistan's poor performance is also intimately related to the ongoing strife, partly fuelled by the spillover of the Afghani civil war. But also the Ukraine stagnating about 40 per cent of the Soviet activity levels is among the bottom cases.

Among the better-than-average group we find countries which managed to avoid civil war or armed conflicts with their neighbours. If there is anything common among the truly diverse stories, it is the lack of market institutions, lack of implemented market-oriented reform measures (against declarations of intent) and lack of market-oriented policies in the standard terms of stabilisation, liberalisation, privatisation and financial sector reform.[3]

To draw the bottom line, a common thread of changes in the 1990s has been the much slower pace of change and the resultant much slower recovery of activities. This can be explained in terms of inflated expectations, partly fuelled by the conventional vision of neoclassical economics, abstracting away from frictions and institutions. Thus most analysts thought only of the welfare and efficiency gains of overcoming deformations, but neglected the time needed for the emergence and smooth functioning of new institutions.

Also, destruction costs tended to be underestimated, which had to do with the conventional moving away from the heavily militarised nature of the Soviet economic structure, as well as from the consequences of having evolved under non-market environment for several decades. The drift between expectations and reality does explain, to a considerable degree, the bad name market economy has in the region, as well as the trend

3 Olcott-Aslund-Garret 1999; Kolodko 2000.

towards statist policies, both at the left and right, as a reaction to the much preached, though not so diligently practised, virtues of economic liberalism.

Also noteworthy is the fact that those countries which have fared relatively better, especially Poland, Hungary, the Czech Republic or Estonia and Slovenia, have all practised fairly liberal policies. Meanwhile attempts to slow down the pace of change, or attempts to reflate before structural changes were over, have all led to renewed stabilisatory operations and the resultant repeated loss of output and jobs. The myth of softer landing has not proved itself a viable alternative in the region.

2. Consumption versus investment

Data in the table below show an embarrassing picture. Accordingly, consumption in the region generally has not fallen as sharply as circumstantial evidence of visitors would have suggested. This has to do with the fact that in poorer countries normally governments are also weaker. Therefore they are less able to withstand pressures to sustain achieved levels of consumption, a trend equally strongly observable in mature democracies. Moreover in new democracies the institutionalisation of interest representation has been a new phenomenon. Governments were often ill-prepared for confrontation against vested interests. The numbers in Romania and in Slovenia, but also in Estonia and Lithuania, clearly illustrate this point.

The truly striking numbers are those of the Republic of Moldova and of the Russian Federation, where the trends show clearly the respective governments' notorious inability to control spending. Closer scrutiny of the Polish figures highlights the focal role of domestic markets in the growth miracle of the 1990s, raising serious doubts about the sustainability of these high rates, which seems to be one of the few consensus points of external and domestic analysts alike. The close to stagnation performance of 2001 proves this point retrospectively.

Tab. 6: Real total consumption expenditure in transition economies, 1980-1998 (Indices, 1989=100 or earliest year avaible thereafter)

	1980	1985	1986	1987	1988	1989	1990	1991	1992	1993	1994	1995	1996	1997	1998
Bulgaria	..	..	..	..	..	100.0	100.6	92.3	89.4	86.2	82.3	80.7	75.3	64.0	..
Croatia	..	..	..	..	..	..	..	100.2	87.2	85.3	92.0	106.6	109.2	..	..
Czech Republic	..	..	..	91.3	93.1	100.0	104.9	81.0	83.2	90.4	92.6	96.5	102.5	103.2	101.7
Hungary	92.2	99.2	101.5	104.9	102.0	100.0	97.3	92.2	92.8	97.9	95.6	89.3	86.6	88.6	..
Poland	108.0	105.1	109.3	111.8	114.7	100.0	88.3	94.9	98.2	103.0	106.9	110.4	118.4	125.6	..
Romania	83.9	85.4	85.8	88.7	90.6	100.0	108.9	96.0	90.7	91.8	95.3	105.5	112.9	108.0	104.1
Slovakia	..	81.8	85.4	89.2	92.1	100.0	103.3	76.9	75.6	74.3	71.6	73.9	82.0	85.5	88.5
Slovenia	..	..	..	..	..	..	100.0	91.6	88.8	99.1	102.6	110.2	113.1	117.2	..
Estonia	..	..	..	..	..	..	..	..	..	100.1	101.2	110.4	116.5	124.4	131.9
Latvia	..	..	..	..	..	..	100.0	76.7	49.2	46.5	47.4	47.0	50.8	52.7	..
Lithuania	..	..	..	..	..	..	..	..	..	..	..	100.0	102.6	112.3	..
Armenia	..	..	..	..	..	..	100.0	97.4	84.9	66.4	68.9	74.5	76.8	81.5	..
Azerbaijan	..	..	..	..	..	..	..	..	..	100.0	80.3	78.0	84.3	93.2	..
Belarus	..	..	..	..	..	..	100.0	93.4	84.0	82.1	72.1	65.3	67.4	73.8	..
Georgia	..	..	..	..	..	..	100.0	79.2	77.1	45.4	42.4	46.1	..	..	..
Kazakhstan	..	..	..	..	..	..	100.0	96.8	96.1	84.9	67.7	55.1	51.2	51.8	..
Kyrgyzstan	..	..	..	..	..	..	..	100.0	87.2	77.1	62.0	52.0	55.3	50.8	50.4
Republic of Moldova	..	..	..	..	..	..	..	..	..	100.0	82.6	90.3	99.8	111.6	105.3
Russian Federation	..	..	..	..	..	..	100.0	93.9	89.0	88.1	85.4	83.1	81.3	82.7	80.6
Ukraine	..	..	..	..	..	..	100.0	94.3	88.6	72.0	65.0	62.6	57.4	59.3	..

Source: ECE (1999). p.66.

Similar problems have been surfacing in Croatia and earlier in the Czech Republic, leading to new adjustment measures in both countries. By contrast, Slovakia and Hungary stand out for their prudent policies of keeping consumption below the growth of total activity. The contrary attempt in Bulgaria in 1991-92, and Romania in 1994-97, necessitated new restrictions and further drops in living standards. From the consumption perspective Latvia, Kyrgistan and Kazakhstan are the bottom cases, followed by Ukraine and Bulgaria. These are all clear cases where soft or weak reform policies required more, not less, social sacrifices in cumulative terms. Interestingly, the Russian consumption figures do not look half as bad as GDP statistics and circumstancial or anecdotal evidence would have suggested.

The truly interesting picture emerges when we look at table 7, which should be seen to some extent as the mirror case for the consumption story. While economic theory is divided on the precise role and mechanics of the growth-investment nexus, nobody doubts that such a nexus must exist, and all the more so in relatively backward countries. Thus the more we might be concerned about the slow pace of recovery, the more we have to focus on the fate of investments in overall economic activity. True, the Solow growth model, and neoclassical theory in general, cautions against one-sided emphasis on physical capital formation as the only source of growth. It is obvious, however, that structural rearrangements do require capital investment, and, furthermore, that extremely low investment rates may indicate an overreaction to a previous period of one-sided cultivation of investments in the socialist period.

Also in terms of investments, Poland, Estonia and Slovenia have taken the lead, followed up by Slovakia and Hungary. This means that recovery in the above listed countries has been investment-led, i.e. can be sustainable if investments are market determined. This is not necessarily the case, as the numbers of the Czech Republic indicate. Here the investment recovery of 1995-96 could not be sustained, since the adjustment measures of 1997 cooled down the activities, with 1998 and 1999 seeing 4 per cent drops each. This is in sharp contrast to the Polish, Slovenian and Hungarian cases, where investment booms could be sustained.

In Bulgaria and in Romania investments are cut in half, in Latvia they shrunk to one third of their pre-crisis levels, rendering the optimistic assessments by the EU Commission less than fully credible in a longer term economic perspective. The real investment collapse can be observed in the post-Soviet states, with the exception of Azerbaijan. Here we can see that a small backward economy can produce miraculous numbers if foreign direct investment - in this case exlusively in the oil industry - create a boom, partly due to the depressed levels of the rate of exchange.

Russian, Ukrainian, Kazakh and Armenian figures are foreshadowing a longer term catastrophe in terms of economic development, should major injections of foreign capital not be forthcoming. To put it another way, the only rescue operation these countries could theoretically undertake would be a resort to full-scale open door policies. This is a line which neither the policies nor the actual regulatory practices in any of the listed countries seem to render probable in the forseeable future. The transitory recovery in 1994-2001 triggered basically by one-shot elements, as devaluation and the oil price hike, does not change the longer term perspective.[4]

The crucial weak point in the economies mentioned above is the overall business unfriendly atmosphere[5], not the lack of one-sided preferences granted to foreigners. On the contrary, domestic capital accumulation and a healthy domestic system of financial intermediation are known to be the clue to lasting economic progress - an insight strongly underscored by the lessons of the east Asian crisis of 1997-98. The more we see these institutional causes as the root of the problems in post-Soviet states, the deeper we might be concerned about their future. This adds to the already frightening numbers, to the short term policy options faced by the changing governments of Kuchma[6] and Putin[7]. It is absolutely clear, without having to discuss intricacies, on the basis of predictive powers of economics as a scientific discipline, that statist policies can create neither the savings nor the incentives to invest. Thus isolationalist policies advocated by many representatives of the political class of the respective countries lead to nowhere.

---

4 C.f. more in Bugajski 2002.

5 Peterhoff 1999, attributes it, to a large extent, to culturally and historically conditioned differences in the role of private contracts and legislation.

6 Thiessen 2000.

7 Götz 2000.

Tab. 7: Real gross capital formation in transition economies, 1980-1998 (Indices, 1989=100 or earliest year available thereafter)

	1980	1985	1986	1987	1988	1989	1990	1991	1992	1993	1994	1995	1996	1997	1998
Bulgaria	..	..	..	..	..	100.0	100.0	80.0	74.1	61.2	61.9	71.8	56.6	44.1	..
Croatia	..	..	..	..	..	..	..	100.0	88.5	94.5	93.6	108.2	..	..	..
Czech Republic	..	..	..	93.4	99.4	100.0	97.9	80.5	87.7	81.0	95.0	114.9	124.9	118.8	114.4
Hungary	114.7	94.6	100.8	110.7	100.6	100.0	92.9	83.1	81.0	82.6	92.9	88.9	94.8	103.6	115.4
Poland	124.6	111.4	116.4	116.5	126.5	100.0	75.2	71.9	73.6	75.7	82.6	96.2	115.2	140.1	..
Romania	163.7	161.5	163.3	161.0	157.6	100.0	64.4	44.0	48.9	52.9	63.9	68.3	72.2	70.1	57.4
Slovakia	..	..	..	..	..	..	100.0	74.8	71.5	68.5	64.7	64.6	90.3	103.3	114.7
Slovenia	..	..	..	..	..	..	100.0	88.5	77.1	85.4	97.4	113.8	124.2	138.3	..
Estonia	..	..	..	..	..	..	..	..	..	100.0	106.2	110.5	123.1	144.6	156.3
Latvia	..	..	..	..	..	..	100.0	36.1	25.7	21.6	21.8	23.7	29.0	32.2	..
Lithuania	..	..	..	..	..	..	..	..	..	..	..	100.0	110.9	137.0	..
Armenia	..	..	..	..	..	..	100.0	67.0	8.6	7.9	11.5	9.5	10.5	11.7	..
Azerbaijan	..	..	..	..	..	..	..	..	100.0	61.0	115.3	94.5	199.8	333.7	..
Belarus	..	..	..	..	..	..	100.0	105.3	85.6	79.1	68.3	48.1	46.6	57.4	..
Georgia	..	..	..	..	..	..	100.0	86.3	49.2	18.5	133.4	219.9	..	..	..
Kazakhstan	..	..	..	..	..	..	100.0	74.2	61.9	44.2	39.2	24.3	18.5	19.1	..
Kyrgyzstan	..	..	..	..	..	..	..	100.0	70.7	55.3	39.3	63.2	54.9	38.7	33.1
Republic of Moldova	..	..	..	..	..	..	..	..	..	100.0	56.5	54.5	68.1	64.9	64.8
Russian Federation	..	..	..	..	.	..	100.0	84.5	49.4	36.7	27.1	25.1	20.9	19.9	18.5
Ukraine	..	..	..	..	..	..	100.0	81.6	69.3	48.2	28.4	19.7	15.2	14.2	..

Source: ECE (1999), p.66.

3. Unemployment as an indicator of social costs

As we can see from the following table, unemployment has become even more serious a problem for the transforming countries than it had been for the EU members. If we abstract from the extreme numbers produced by the calamities of the three Balkan wars in Bosnia, Macedonia, Croatia and Serbia-Montenegro, we see a variety of trajectories. In Hungary, Slovakia, Poland, Slovenia and in the eastern German provinces (not figuring in the table) structural changes immediately implied the closing down of old inefficient firms, massive layoffs, making previously hidden unemployment open. These countries also have had different follow-up stories. While some of them, most notably Hungary and more recently Slovenia, managed to create new jobs through more activity, this has not happened in Slovakia, Croatia and in the new German provinces.

Poland seems quite embarrassing with double digit unemployment figures after nearly a decade of economic growth, the latter significantly above the 2 per cent range, accustomed in western Europe.[8] The insider-outsider problem is compounded by the fact that close to half of new jobs were created in farming, one of the least productive sectors of the Polish economy. This feature and the 1999 jump could truly be a warning sign, that may develop into a stumbling block to Poland's smooth entry in the EU, both for fiscal and labour market reasons.

The other trajectory, typical of transformation, are the Czech, Ukrainian, Romanian and Russian ways, obviously duplicated in all the three of the Baltic countries. In these cases government policies were either positively aiming at, or at least tolerant of, sustaining soft budget constraints of public firms. The idea was simple: why not retain people on public sector payrolls while the new private sector becomes strong enough to provide new and better paid employment? The answer turned out to be truly disenchanting; not only because citizens accustomed to low levels of unemployment have to cope with ever growing unemployment rates, but also delayed structural adjustment seems to have created economies which do not generate employment.

---

8 The latest available Polish unemployment figures of April, 2002 were 18 per cent, against 10 per cent in the eurozone.

Tab. 8: Registered unemployment in transition economies, 1990-2000 (Thousands and per cent of labour force, end period)

	Thousands						Per cent of labour force							
	1990	1994	1995	1996	1997	1998	1990	1994	1995	1996	1997	1998	1999	2000
Eastern Europe	2 773	7 190	6 583	6 300	6 196	..	..	13.6	12.5	11.7	11.9	12.6	..	..
Albania	150	262	171	158	194	235	9.5	18.0	12.9	12.3	14.9	17.6	..	..
Bosnia and Herzegovina	..	..	..	185	222	257	..	..	..	..	39	38	40	..
Bulgaria	72	488	424	478	524	465	1.8	12.8	11.1	12.5	13.7	12.2	15.9	16.0
Croatia	196	248	249	269	287	303	..	17.3	17.6	15.9	17.6	18.6	19.0	18.0
Czech Republic	39	167	153	186	269	387	0.7	3.2	2.9	3.5	5.2	7.5	9.0	10.5
Hungary	101	520	496	479	464	404	1.7	10.9	10.4	10.5	10.4	9.1	7.0	6.5
Poland	1 126	2 838	2 629	2 360	1 826	1 831	6.5	16.0	14.9	13.2	10.3	10.4	12.0	10.1
Romania	150	1 224	998	658	881	1 025	1.3	10.9	9.5	6.6	8.8	10.3	11.3	13.5
Slovakia	40	372	330	330	438	427	1.6	14.8	13.1	12.8	12.5	15.6	17.3	16.5
Slovenia	55	124	127	125	129	127	..	14.2	14.5	14.4	14.8	14.6	13.6	12.5
The former Yugoslavia Republic of Macedonia	156	196	229	245	258	..	..	33.2	37.2	39.8	42	..		
Yugoslavia	688	751	777	827	794	849	..	23.9	24.7	26.1	25.6	27.2	..	..
Baltic States	..	197	245	237	236	269	..	5.3	6.6	6.4	6.3	7.3	..	..
Estonia	..	37	34	37	31	35	..	5.1	5.0	5.6	4.6	5.1	11.5	11.0
Latvia	..	84	83	91	85	111	..	6.5	6.6	7.2	6.7	9.2	9.0	10.0
Lithuania	..	78	128	109	120	123		4.5	7.3	6.2	6.7	6.9	9.0	8.1
CIS	..	6 011	7 185	8 519	9 673	11579	..	4.4	5.8	6.6	7.6	9.0	..	..
Armenia	..	92	132	159	174	134	..	6.0	8.1	9.7	11.0	8.9	..	..
Azerbaijan	..	24	28	32	38	42	..	0.9	1.1	1.1	1.3	1.4	..	..
Belarus	..	101	131	183	126	106	..	2.1	2.7	4	2.8	2.3	..	..

Georgia	..	76	61	58	143	99	..	3.8	3.4	3.2	8.0	4.2	..	..
Kazakhstan	..	70	140	282	259	252	..	1.0	2.1	4.1	3.9	3.7	..	..
Kyrgyzstan	..	13	50	77	55	56	..	0.8	3.0	4.5	3.1	3.1	..	..
Republic of Moldova	..	21	25	23	28	32	..	1.0	1.4	1.5	1.7	1.9	..	..
Russian Federation	..	5 478	6 431	7 280	8 133	9 728	..	7.5	8.9	10.0	11.2	13.3	12.4	11.9
Tajikistan	..	32	35	46	51	54	..	1.8	1.8	2.4	2.8	2.9	..	..
Turkmenistan	..	..	..	..	..	..	..	..	..	..	..	..	..	..
Ukraine	..	82	127	351	637	1 003	..	0.3	0.6	1.5	2.8	4.3	8.0	10.0
Uzbekistan	..	22	25	28	29	33	..	0.3	0.3	0.3	0.3	0.4	..	..
Total above	..	**13398**	**14013**	**15056**	**16105**	..	..	..	..	..	..	..	..	..
Memorandum items:														
CETE-5	1 361	4 021	3 735	3 480	3 036	3 176	..	12.9	12.0	11.2	9.8	10.2	..	..
SETE-7	1 412	3 169	2 848	2 635	2 936	..	..	14.6	13.7	12.5	14.3	15.4	..	..
Russian Federation	..	1 637	2 327	2	506	1 999	1 929	2.1	3.2	3.4	2.8	2.7		

Note: forecast (2000), preliminary (1999)
Source: ECE (1999). p.69., updated by CA(99 / 2000), pp.4-5.

In the Russian and Ukrainian cases low investment levels explain much of the story. In the Czech and Bulgarian cases delaying the operation has proven to be positively more costly in terms of employment than relatively radical action. In case of the Baltic States what we witness is basically reactive restructuring, where activity levels have not become robust enough to create new jobs. This is fairly trivial for Romania and Bulgaria, as well as for Albania and Croatia. In case of Russia and the Ukraine delayed stabilisation is lagged into the unemployment numbers, reflecting insufficient structural change.

Once we accept the feeble ability of the transforming economies to generate jobs as a major shortcoming, it is hard to resist the calls for liberalising labour markets, rather than emulating highly regulated practices of some EU countries. In the case of Hungary the strong employment generation ability of the economy is intimately related to the spontaneous deregulation of industrial relations and the spread of both multinationals and the small business sector, neither of which adopt collective bargaining techniques. By contrast, the lastingly unresolved economic consequences of Dayton are becoming manifest across the board in the high levels of joblessness, except for Slovenia. Generating new jobs is a *conditio sine qua non* for any market economy to flourish and for any democracy to be sustainable. This is what Greskovits (1998) terms as a lack of an alternative to the neoliberal strategy in the region, in part due to the weakness of social actors / partners, in part due to economic exigencies. This holds way above the role played by the international financial organisations, which actually had a subordinate overall role in funding the entire process. This insight is supported by our next chapter.

4. There is no way to escape stabilisation.

This may sound trivial from today's perspective, still, it is hard to forget that much of the original transition controversy had focussed upon the ways, means and sequence of stabilisation.[9] It is important to realise that even the weakest governments (such as the Romanian, the Russian and the Ukrainian) have been convinced by the exigiencies that there is no other way but to keep prices down. This should not be done through fixing and other administrative means, as prices then loose their relevance as scarci-

---

9 Csaba (ed.) 1991.

ty signals and as incentives for adjustment. It is truly telling that by the turn of the millennium only disintegrating Serbia-Montenegro had to resort to inflationary policies, and even there Montenegrins escaped the emissionary drain from Belgrade by introducing the Crnagorac Marka, fully pegged to the Deutschmark, in the last months of 1999.

It is not just the theoretical change which is impressive. It is the performance of the Russian governments, headed by Messrs Primakov, Stepashin, Putin and Kasjanov in a row, that have not allowed for a fully erosive hyperinflationary pressure, that many analysts foretold at the time of the August currency crisis of 1998. The longer term picture, reflected in the next table, clearly refutes the earlier dominant structuralist view, having questioned the possibility of lasting disinflation on grounds of structural rigidity, misaligned incentives and lacking institutions.

How to stabilise? Also in this area we find diverging answers. One group of countries, notably Bosnia, Bulgaria, Macedonia and Georgia adopted rigid exchange rate régimes, mostly currency boards, and extinguished inflation. Another group of countries, notably the Baltic States, also preached tough policies, but introduced these only gradually. Yet another group, notably the Czech Republic, Slovenia, Albania, Slovakia and Croatia adopted conservative monetary and fiscal policies, including some controls, to keep inflation low. Yet another group of countries disinflated gradually, primarily Hungary, Poland, Russia, Kyrgistan and Serbia.

The interesting finding is that while no growth is possible without bringing prices down at least to the level of moderate inflation (of 10 - 35 per cent per annum), this is by no means a sufficient condition for growth to resume, as both post-Soviet and post-Yugoslav experience indicates. Changes in property rights and the resultant changes in the combination of factors of production and thus in output create the conditions for growth. Irregularities in the above sketched chain of operation often are to blame for sluggish pace of recovery.

Tab. 9: Consumer prices in transition economies, 1989-2000 (Annual avarge, percentage change over preceding year)

	1989	1990	1991	1992	1993	1994	1995	1996	1997	1998	1999	2000
Albania	..	..	35.5	193.1	85.0	21.5	8.0	12.7	33.1	20.3	..	..
Bosnia and Herzegovina	36.8	594.0	116.2	64218.3	38825.1	553.5	-12.1	-21.2	11.8	4.9	..	..
Bulgaria	6.4	23.8	338.5	91.3	72.9	96.2	62.1	1223.1	1082.6	22.2	6.2	2.8
Croatia	1200	609.5	123.0	663.6	1516.6	97.5	2.0	3.6	3.7	5.9	4.2	3.5
Czech Republic	1.4	9.9	56.7	11.1	20.8	10.0	9.1	8.9	8.4	10.6	2.7	4.0
Hungary	17	28.9	35.0	23.0	22.6	19.1	28.5	23.6	18.4	14.2	10.0	8.8
Poland	264.3	586	70.3	45.3	36.9	33.2	28.1	19.8	15.1	11.7	9.5	6.8
Romania	1.1	5.1	170.2	210.7	256.2	137.1	32.2	38.8	154.9	59.3	55.5	30.0
Slovakia	1.3	10.4	61.2	10.2	23.1	13.4	10.0	6.0	6.2	6.7	10.6	8.5
Slovenia	1285.3	552	115	207.3	31.7	21.0	13.5	9.9	8.4	7.9	6.2	6.2
The former Yugoslavia Republic of Macedonia	1246,0	608.4	114.9	1505.5	353.1	121.0	16.9	4.1	3.6	1.0	..	..
Yugoslavia	1265.0	580.0	122.0	8926	2.2E+14	7.9E+10	71.8	90.5	23.2	30.4	150	300
Estonia	4.0	18.0	202.0	1078.2	89.6	47.9	28.9	23.1	11.1	10.6	3.3	5.0
Latvia	5.2	10.9	172.2	951.2	109.1	35.7	25.0	17.7	8.5	4.7	3.5	3.0
Lithuania	2.1	9.1	216.4	1020.5	410.1	72.0	39.5	24.7	8.8	5.1	2.3	5.5
Armenia	0.8	6.9	174.1	728.7	3731.8	4964.0	175.5	18.7	13.8	8.7	..	..
Azerbaijan	0.5	6.1	106.6	912.6	1129.7	1663.9	411.5	19.8	3.6	-0.8	..	..
Belarus	1.7	5.5	98.6	971.2	1190.9	2219.6	709.3	52.7	63.9	73.2	..	..
Georgia	0.9	4.2	78.7	1176.9	4084.9	22470.6	177.6	39.4	6.9	3.6	..	..
Kazakhstan	1.8	5.6	114.5	1504.3	1662.7	1879.5	175.9	39.1	17.4	7.3	..	..
Kyrgyxstan	1.6	5.5	113.9	854.6	1208.7	278.1	42.9	30.3	25.5	12.1	..	..
Republic of Moldova	I.I	5.7	114.4	1308.0	1751.0	486.4	29.9	23.5	11.8	7.7	..	..
Russian Federation	2.5	5.3	100.3	1528.7	875.0	309.0	197.4	47.8	14.7	27.8	86.0	24.1
Tajikistan	I.7	5.9	112.9	822	2884.8	350.3	682.1	422.4	85.4	43.1	..	..
Turkmenistan	2.5	5.7	8.5	483.2	3128.4	2562.1	1105.3	714.0	83.7	16.8	..	..
Ukraine	2.0	5.4	94.0	1209.6	4734.9	891.2	376.7	80.2	15.9	10.6	15.0	12.0
Uzbekistan	0.7	5.8	97.3	414.5	1231.8	1550.0	315.5	56.3	73.2	..		

Source: ECE (1999). p.69., updated by CA(99 / 2000), pp.4-5.

It is also interesting to see from more recent data, that the earlier postulated inverse nexus between growth and disinflation has empirically been refuted by the transition experience. Countries from Hungary via Poland to Bulgaria can sustainingly grow if they disinflate, not vice versa. By contrast, in all cases when more growth generates, or allows for, more inflation, as the Czech or the Estonian cases seem to indicate, these are reflections of structural weaknesses rather than that of earlier postulated normality. This is good news, since it means that striving for EU-maturity is positively growth enhancing, not growth retarding, as some old fashioned theories would suggest. If stabilisation is not growth-promoting, this is an immediate sign of unfinished transformation or insufficient changes, as in the Ukraine, in Latvia or in Romania. These findings actually complement the transition indicators of EBRD, coming to, by and large, similar conclusions for the countries mentioned as examples in this paragraph.

5. Sustainability of growth depends on financability, which in turn is a function of exports

This is the small open economy syndrome, previously somewhat downplayed in the emotional debates over proper ways of transition, fully neglecting the severe limits this state of affairs puts on the freedom of choice by any 'system designer' or policymaker.

This is not the place to recapitulate the intricacies of foreign trade development of transition economies, regularly presented by the UN Economic Commission for Europe at a high level of professionalism. Drawing on their calculations the only question we address now is to what extent systemtic changes have improved export performance in the respective transition economies? In a way this can also serve as a synthetic indicator of success. We can take it for granted that modernisation of fixed assets, and of microstructures at large, will inevitably enhance the import intensity of new, more competitive economic structures. These, in turn, will prove sustainable only if the revenues generated from foreign sales grow accordingly, and thus allow for a solid and lasting financing of this type of development. The experiences of outward oriented industrialisation in east Asia in the 70s and 80s, in Latin America in the 1990s and in southern Europe in the last quarter of a century are all examples of how this can be done.

The somewhat fragmentary figures of table 10 tell an instructive story. While eastern Europe doubled its exports from 1992-98, the resource-rich CIS countries increased their sales by 50 per cent only. By contrast, sales of the Baltic States grew fourfold (!), which is remarkable given the common Soviet heritage.

If we look at the country by country experience, stagnation of Albanian sales indicate how short-lived and relative stabilisatory successes proved to be. Bulgaria was heavily hit both by the Russian crisis and by the Kosovo war, still significantly lagging behind the 1995 peak of export revenues. As Czech exports have increased threefold (!) in the 1992-98 period, it is all the more striking that in the adjustment period of 1998-2000 a virtual stagnation occurred. This directly reinforces the validity of criticism by the EU on the sluggish pace of structural changes in the Czech Republic in the period of grand coalition government. A similar story holds for the Slovak Republic for the period of the Dzurinda government.

Hungarian total exports virtually stagnated in the 1988-94 period. Following the 1995 adjustment programme sales abroad doubled (!) between 1995 and 1999, i.e. just at the time competitors struggled with shrinking markets and eroding intakes.

Polish exports surpassed the 'pre-crisis levels' only in 1995, replicating the Hungarian performance. Likewise foreign sales continued to grow, irrespective of the international economic disturbances. If we take 1994 as a starting year, Polish exports doubled by 2000, whereas Hungarian exports tripled in the same period. This is an indication that, a) Polish growth is more reliant on domestic markets, and b) that structural changes in Hungary, both at the macro and micro level, have been stronger than in Poland. In other words, the Polish miracle of the 1990s was, to a large extent, due to the lower starting level, i.e. to the well-known latecomers' advantage, as well as to the one-time benefical effects of radical therapies. In turn, it is anything but trivial that with both special factors gone, the previous rates of growth can indeed be sustained for yet another decade or so.

Tab. 10: Merchandise exports of transition economies, 1980-2000 (Billion dollar)

	1980	1986	1987	1988	1989	1990	1991	1992	1993	1994	1995	1996	1997	1998	1999	2000
Eastern Europe	56.367	60.117	63.550	65.020	63.850	61.733	57.241	59.333	62.675	72.937	94.777	100.206	107.382	119.269		
Albania	0.320	0.230	0.230	0.230	0.302	0.231	0.101	0.072	0.123	0.139	0.202	0.213	0.141	0.207		
Bulgaria	7.160	7.599	7.841	7.554	6.651	5.232	3.433	3.992	3.769	3.935	5.345	4.890	4.939	4.293	3.8	4.6
Czechoslovakia	10.475	12.160	12.355	12.831	11.988	10.728	11.319	..	..	..	..	..	..	..	..	..
Czech Republic	..	..	..	..	..	..	..	8.767	14.463	15.882	21.273	22.180	22.779	26.358	25.7	27.1
Slovakia	..	..	..	..	..	..	..	3.500	5.458	6.714	8.585	8.822	9.639	10.667	10.0	10.9
Hungary	8.609	9.170	9.584	9.999	9.673	9.731	10.266	10.681	8.921	10.701	12.867	15.704	19.106	23.005	25.5	28.5
Poland	13.071	13.130	14.095	14.573	14.665	18.291	14.912	13.187	14.202	17.240	22.887	24.440	25.756	28.229	32.0	34.8
Romania	9.217	8.159	8.580	8.971	8.076	4.570	4.266	4.363	4.892	6.151	7.910	8.085	8.431	8.300	7.9	9.3
Yugoslavia (SFR)	7.514	9.669	10.866	11.311	12.496	12.950	12.984	14.772	..	..	..	..	..	..	..	..
Bosnia and Herzegovina	..	..	..	1.550	2.100	1.850	..	..	..	..	0.024	0.058	0.198	0.452	..	..
Croatia	..	..	..	2.300	2.600	4.020	3.310	4.353	3.709	4.260	4.633	4.512	4.171	4.541	4.4	4.7
Slovenia	1.836	2.567	2.757	3.278	3.408	4.118	3.874	6.681	6.083	6.828	8.316	8.310	8.369	9.050	9.0	9.8
The former Yugoslavia Republic of Macedonia	..	..	..	..	0.654	1.113	1.095	1.199	1.055	1.086	1.204	1.147	1.18	1.31	..	..
Yugoslavia	..	3.974	4.063	4.298	4.461	4.651	4.704	2.539	..	..	1.531	1.846	2.677	2.858	..	..
Baltic States	..	..	..	..	..	..	..	2.139	4.197	4.324	5.844	6.877	8.461	8.738	..	..
Estonia	..	..	..	..	..	..	..	0.444	0.802	1.305	1.838	2.079	2.929	3.214	2.5	2.7
Latvia	..	..	..	..	..	..	..	0.843	1.401	0.988	1.304	1.443	1.672	1.812	1.77	1.95
Lithuania	..	..	..	..	..	..	..	0.852	1.994	2.031	2.705	3.355	3.860	3.712	3.70	4.10
CIS	..	..	..	..	..	..	..	51.110	52.516	62.654	80.007	87.839	89.177	75.146	..	..
Armenia	..	..	..	..	..	..	..	0.026	0.030	0.058	0.101	0.157	0.138	0.142	..	..
Azerbaijan	..	..	..	..	..	..	..	0.754	0.351	0.378	0.352	0.341	0.403	0.320	..	..
Belarus	..	..	..	..	..	..	1.860	1.061	0.758	1.032	1.776	1.888	1.922	1.900	..	..
Georgia	..	..	..	..	..	..	..	0.068	0.069	0.039	0.057	0.070	0.102	0.089		
Kazakhstan	..	..	..	..	..	..	..	1.398	1.501	1.357	2.367	2.738	3.515	3.200		
Kyrgyzstan	..	..	..	..	..	..	..	0.077	0.112	0.117	0.140	0.112	0.285	0.288		
Republic of Moldova	..	..	..	..	..	..	..	0.167	0.178	0.16	0.279	0.252	0.267	0.19		

Russian Federation	..	..	..	..	..	..	47.266	42.376	44.297	53.001	65.607	70.975	69.954	57.7
Tajikistan	..	..	..	..	..	..	..	0.108	0.227	0.399	0.497	0.439	0.473	0.394
Turkmenistan	..	..	..	..	..	..	..	0.908	1.049	0.494	0.951	0.551	0.300	0.202
Ukraine	..	..	..	..	..	..	..	3.297	3.223	4.653	6.168	6.995	8.643	8.200
Uzbekistan	..	..	..	..	..	..	..	0.869	0.712	0.966	1.712	3.321	3.175	2.521
Former Soviet Union	57942	60.043	63.406	62.016	62.286	59.056	46.66	53.733	56.713	66.978	85.851	94.716	97.638	83.884
Total	114.31	120.161	126.957	127.035	126.136	120.788	103.901	113.066	119.389	139.915	180.628	194.922	205.020	203.153

Source: ECE (1999). p.69., updated by CA(99 / 2000), pp.4-5.

In the case of Romania the growth of exports in 2000 was merely to regain the 1980 (sic) levels, i.e. the historic heights. True, the latter was attained by extreme sufferings, at the cost of draining out the domestic market, still this finding puts the gains of the 1990s in perspective. The numbers, and especially the stagnation observed in the 1996-99 period under reformist governments of President Constantinescu seem to lend support to the somewhat structuralist interpretation[10] seeing room for improvements to be very limited, if and when only the redistribution of disequilibria takes place between the domestic and external balances. If this holds, this is the severest criticism of the degree of actual changes in the economic institutions, that redistribute factors of production. In plain language: despite good intentions, the mechanism of generating welfare, and combining factors of production, could not be changed in a substantial manner. And this condition is not dependent upon the EU Commission's categorization of candidate countries in two, or in one single, grouping.

Similarly, the virtual stagnation of Croatian exports in the 1992-99 period is an indication that immobility was not at all constrained to authoritarian ways of wielding power in the Tudjman period, but it was a deeply rooted feature of the entire economic system. This stands in sharp contrast to the robust trend in Slovonian exports, which has manifested itself ever since the mid-eighties, despite the similar institutional heritage of the Yugoslav period.

The fragility of the progress made by the Baltic States is clearly illustrated by the evolution of Estonian exports, which were unable to recover the 1997 (!) levels even in 2000. This slow pace of improvement sets limits to the further expansion of economic activity, which is still below the Soviet era levels, and even contracted in 1999 by 0.7 per cent. Latvia regained its 1993 export levels by 1996, then saw a stagnant performance following a transitory growth to 1998. This is a severe constraint for an economy where activity levels are as low as the lowest in the post-Soviet area as a whole. Stagnant exports also characterize Lithuanian performance. Let us add: all three countries face very severe external disequilibria, with fast growing external debt, as a consequence of the adoption of a rigid exchange rate régime coupled with insufficient active restructuring in line with world market demand.

---

[10] Dainau 1994.

All what has been said puts the Baltic success story in perspective: i.e. as a plus against CIS average, but not so much of a plus in comparison to Central Europe. The drop of Russian and Ukrainian exports for the post-1997 period (for which no comparable data for the most recent years exist), speaks for itself as an indicator of insufficient restructuring at the microlevel that would go over and above the rolling back of oversize defence industries in a negative / reactive restructuring of the early periods. What we observe in both cases is how vulnerable both large countries are to the twists and turns of raw material and energy prices in the world economy. This stands in sharp contrast to the resistance shown by OECD economies to the most recent oil price hike of the 1999-2000 period.

To sum up, even without going into structural analysis of the trade pattern, export performance has proven to be a reasonable success indicator to the advancement of systemic changes. The picture that emerges here is fully in line with what other points of analysis have highlighted, and the group building may also follow the same line. The truly divergent patterns of Central Europe, the Baltic States, South-East Europe and the CIS, represented here by two cases, the average performer Russia and the bottom line case of the Ukraine, add up to a fundamentally different trajectory of change. This is not based on qualitative assessments only, but is supported by quantitative evidence, based on growth potentials as constrained, or conversely, promoted by export performance of the respective transition countries.

6. Foreign direct investment as success indicator

This proposition sets out from the premise that investors vouch warranty for their opinions. Especially in the case of working capital, advancement of money and physical capital, often of management and market access, implies a degree of pre-committment to the country. Should this decision prove unfounded, as was the case in Russia in 1998, those taking the decisions may well lose their jobs, as many brokers and bankers could experience. Therefore this voting, by money, is not comparable to the filthy talk of laymen or tourists. Fashions and preferences in the beauty contest among transition countries obviously change. But the net inflows, recorded in table 11, do show an interesting overall assessment.

Tab. 11: Foreign direct investment in transition economies, 1989-1999 (net iflows recorded in the balance of payments)

	(In millions of US dollars)											In mn US$	(in US dollars)			(% of GDP)	
	1989	1990	1991	1992	1993	1994	1995	1996	1997 revised	1998 esti-mate	1999 projec-tion	Cumulative FDI-inflows 1989-98	Cumula-tive FDI-inflows 1989-98 per capita	FDI-inflows per capita 1997	FDI-inflows per capita 1998	FDI-inflows as a % of GDP 1997	FDI-inflows as a % of GDP 1998
Albania			8	32	45	65	89	97	42	45	94	423	132	13	14	1.9	1.5
Bulgaria			56	42	40	105	82	100	497	364	1.000	1.286	155	60	44	4.8	2.8
Croatia				13	77	95	83	509	196	600	500	1.572	349	41	133	1.0	2.9
Czech Republic				983	552	749	2.526	1.388	1.275	2.500	2.000	9.973	968	124	243	2.5	4.5
Estonia					156	212	199	111	130	565	350	1.373	947	90	390	2.8	10.4
FYR Macedonia						24	13	12	30	115	100	194	97	14	58	0.9	3.7
Hungary	187	311	1.459	1.471	2.339	1.146	4.453	1.987	1.653	1.700	1.800	16.706	1.662	163	168	3.7	3.6
Latvia				43	51	155	244	376	515	200	300	1.584	634	206	80	9.3	3.2
Lithuania					30	31	72	152	328	950	500	1.563	422	89	257	3.4	9.2
Poland			117	284	580	542	1.134	2.768	3.041	6.600	6.500	15.066	389	79	171	2.2	4.5
Romania		18	37	73	97	341	417	263	1.224	2.040	1.400	4.510	200	54	90	3.5	4.7
Slovakia		24	82	100	107	236	194	199	84	250	400	1.275	236	15	46	0.4	1.2
Slovenia		-2	41	113	111	131	170	178	295	154	300	1.191	596	148	77	1.6	0.8
Central and East. Europe and the Baltic States	187	351	1.800	3.154	4.185	3.833	9.675	8.140	9.309	16083	15244	56.717	366	60	104	1.8	3.0
Armenia						3	19	22	51	140	100	235	63	14	38	3.1	7.6
Azerbaijan					20	22	282	661	1.093	1.077	1,300	3.155	415	144	142	28.4	26.2
Belarus					18	11	7	70	190	108	70	402	39	19	11	1.4	0.7
Georgia						8	6	54	189	219	116	477	89	35	41	3.6	4.3
Kazakhstan					473	635	964	1.137	1.320	1.300	1.000	5.829	383	84	86	5.9	5.9
Kyrgyzstan					10	45	96	46	83	52	64	332	72	18	11	4.9	3.1
Moldova				17	14	18	73	56	64	100	170	342	79	15	23	2.9	5.8
Russia						539	1.710	1.700	3,752	1.100	1.000	8.801	60	25	7	0.8	0.3

Tajikistan					9	12	17	20	30	12	26	100	17	5	2	2.7	1.0
Turkmenistan				na	79	103	233	129	108	110	100	762	157	23	23	5.9	5.2
Ukraine			na	200	200	100	400	526	600	700	600	2.726	54	12	14	1.2	1.7
Uzbekistan				9	48	73	-24	90	167	170	180	533	23	7	7	1.2	1.2
CIS				226	871	1.568	3.783	4,511	7.647	5.088	4.726	23.694	84	27	18	1.3	1.2
Total	**187**	**351**	**1.800**	**3.380**	**5.056**	**5.425**	**13471**	**12663**	**16986**	**21286**	**20070**	**80.605**	**184**	**39**	**39**	**1.6**	**1.7**

Source: EBRD (1999), p. 14.

If we look at the first indicator, cumulative inflows of FDI, we see Hungary still leading, but Poland catching up with giant steps. It is in this perspective that we truly comprehend how low the level of foreign involvement in the CIS countries has been all across the 1990s, despite many declarations of intent. It is interesting to see that the Ukraine was faring relatively well, measured against Russia and Kazakhstan, the star performers in the CIS. We also have to take account of the major advancements the Czech Republic and Romania have been making in the late 90s.

If we turn to the more relevant per capita numbers, we correct the figures for country size. It is here where the true dynamics of both the Czech and the Estonian catch-up comes to the fore. We also must note how far Poland still is from her potential, despite the improvements in recent years. Among the CIS countries we must see Azerbaijan overtaking everybody else due to the giant investments into its oil industry. From the investors' point of view Kazakhstan is equally valued as Poland, and Lithuania like Azerbaijan, some comparisons an average analyst quite rarely would make. The laggard status of both Slovakia and Bulgaria, two countries recently having received very high marks from the Commission of the EU, comes to the fore with extreme brutality. In short, the different categories of transition countries do not seem to have lost their relevance for any practical and empirically based assessment.

Not less interesting are the per capita FDI numbers for the recent years. They show Hungary lagging behind the recovering Baltic States, which indicates that the Hungarian edge is not at all due to the efforts of the 1997-99 period. On the contrary, at the end of the 1990s a clear tendency of lagging behind emerged as governments tended to be more concerned with equity and social considerations, and large-scale reforms were slowed down.

The U-turn of investors from Russia is manifest, whereas Croatia and Slovakia have already indicated, before the changing of the guard, their potential to catch up, i.e. normalise their position as investment spots. If we turn to the very last columns of the table, we immediately perceive the overwhelming importance of country size. Investments into Azerbaijan account for 28 resp. 26 per cent of GDP, obviously more than total national savings and investments taken together. Similarly, single deals may change the entire positioning of individual Baltic countries, with the follow-up being totally unpredictable.

7. Perspectives for the 21th century

This is not the place to speculate about the very long run. What we have found in our statistical analysis is a reassuring congruity between empirical and qualitative policy assessments. Successes and failures could be reasonably interpreted by staying within the boundaries of the established policy analysis framework.

What is our value added to previously available knowledge? In a way this short paper may be a contribution to the longstanding controversy between two schools of thought on transition. One is the line of the international agencies, stressing the universal validity of economic laws. They assert that good policies do work everywhere, if implemented with due circumspection. The other school is that of path dependency, traditionally represented most forcefully by the Economic Commission for Europe. This view holds that good policies are implemented only in places where history has already laid the groundwork, where institutions, formal and informal ones, allow for good policies to become operational.

Our small contribution cautions against misusing the path dependency argument as a general excuse for misguided policies[11] that should have been averted anyway. If we remain only with the Baltic and by the post-Yugoslav states, we can be fairly sure that the respective institutional legacy of the Soviet and the Yugoslav period have been equally most significant for each of the successor states. Still, we do find manifest differences in all the areas we have investigated. The Estonian and the Latvian cases seem to have differed as much as the Croatian and Slovene cases. The Russian-Ukrainian comparison looks equally instructive. It is also hard not to see that in purely economic terms (in terms of activity indicators) Latvia and Lithuania still resemble other post-Soviet states more so than they do Central Europe ones. This should be not surprising, provided that we do not instrumentalise the path dependency idea for policy purposes.

If we focus on the frontrunner group, it is truly surprising to consider how little originality, in terms of economic policy mix and institution building, has remained from the fervour of the early transition debates. Privatisation seem to have gone basically via a variety of standard methods. Fiscal and monetary policy sooner or later have been converted to the

---

11 For example Poznanski 1999.

Maastricht orthodoxy. Unconventional propositions, be that on system design or on policy options, seem to have receded into the museum of queer ideas.

Looking from this perspective the future of transforming countries seem to be crucially dependent on their successful mastering of some standard economic policy issues, like keeping their external balances right. This is not a transition-specific issue, still, it may become a major issue for the Baltic States and Poland. Creating a business-friendly atmosphere does not require innovations and Nobel-winning insights into economic sciences. Still, these good practices are easier said than done. The problem with Russia is thus not so much the lack of a peculiar economic model tailored to the Russian soul, as the inability to implement the basics of the standard economic strategy that has produced recovery elsewhere, including Central Europe.[12]

From this perspective, it is reassuring that latecomers also seem to stand a chance. Bulgarian reforms, this time not interrupted in the middle, seem to have worked and produced price stability and growth. Slovakia and Croatia are addressing their longstanding problems with a new impetus. Azerbaijan may see the sometimes ambiguous, though positive, spillover of FDI-led growth. On the other hand, arrangements built on foreign assistance, most notably in Bosnia-Herzegovina, Kosovo and Macedonia, but in a different way also in Ukraine, show no sign of developing into self-sustaining development stories. The convergence of growth and productivity trends of the new German provinces also has occurred much earlier than an overall catch-up process would have justified.

From this perspective we re-learn the old idea that assistance can never substitute endogenous growth. Therefore policies should be orientated towards bringing about its conditions, towards creating the institutions of financial intermediation that promote savings and turn them into investment uses. This justifies the idea of converning European transitions[13], seeing the parallel to southern European developments both in terms of institution building and in terms of international integration for the front-runner countries.

---

12 Hanson 1999, p. 1162.

13 Braga de Macedo 1999.

From the theoretical perspective the experience of the frontrunner countries has contributed to the rebirth of political economy, i.e. an approach which combines quantitative economics with institutional and policy-related aspects of implementation. In this new line of investigation, having already made inroads in the leading academic journals of the United States, Britain and continental Europe, systemic change has been a unique opportunity to test competing theories, i.e. it has been serving as a laboratory for social sciences.

In this capacity, central European experience has been particularly instructive to help modelling and interpreting how to manage such wide scale rearrangements as pension reforms, often resisted by traditional vested interest politics in mature democraties. How can these be planned and implemented, without resorting to dictatorial methods?[14] Considerable follow-up potential is there on the political economy of privatisation and fiscal reform, just to mention a few areas for further research. These analyses may well highlight the limits to transplantations and the boundaries set by autochtonous development. Sustainability and credibility-oriented policy research can gain from, and the applications of these lines would positively add to, our understanding of the region.

Regretfully, empirical considerations do not allow for forecasting the demise of the discipline of transitology. It is hard to oversee that there are at least two major trajectories of transition[15], the second one covering much more people than the successful mainstream described above. This is the road to demonetarisation, to predatory states, rampant corruption and ongoing misery, self-reproducing conditions of a pre-reform third world country. The Balkan wars, but also the second war in Chechnya and the unprecedented destruction there has already made most of us aware of this danger. Therefore we shall also see a manifest divergence among transition economies.

Analysing such diverse country experiences can fruitfully contribute to new insights in neo-institutionalist and endogenous growth theory alike. Obviously we shall be able to learn quite a bit about the mechanics of generating growth and the contribution of international integration to the formation of different perceptions and expectations of economic actors in countries with shared origins, but with very different prospects.

---

14 Müller 1999, pp. 179-181.

15 Samson 1999.

References

Brabant, Jozef van, (1998): The Political Economy of Transition. London: Routledge.

Braga de Macedo, J. (1999): Converging European Transitions. in: Dimitrov, M. / Andreff, W. / Csaba, L. eds: Economies in Transition and the Varieties of Capitalism. Sofia: Gorex Press, pp. 13-42.

Bugajski, J. ed. (2002): Towards an Understanding of Russia. Washington, D.C.: Carnegie Endowment for International Peace.

Creditanstalt AG: Central European Quarterly, IV / 99-I / 2000. Wien, Februar.

Csaba, L. ed (1991): Systemic Change and Stabilisation in Eastern Europe. Aldershot (UK) and Brookfield (USA): Dartmouth Publishing Co.

Dainau, D. (1994): The Changing Mix of Disequilibria during Transition: A Romanian Perspective. in: Csaba, L. ed: Privatization, Liberalization and Destruction. Aldershot (UK) and Brookfield (USA): Dartmouth Publishing Co, pp. 189-215.

EBRD (1999): Transition Report. Ten Years of Transition. London, Nov.

ECE (1999): Economic Commission for Europe. Economic Survey, no. 2. New York-Geneva.

Götz, R. (2000): Die russische Wirtschaft im Jahr der Präsidentschaftswahl. Köln: Aktuelle Analysen des BIOst, no.13.

Greskovits, B. (1998): The Political Economy of Protest and Patience. East-European and Latin American Transformations Compared. Budapest-New York: Central European University Press.

Hanson, Ph. (1999): The Russian Economic Crisis and the Future of the Russian Economic Reform. Europe-Asia Studies, vol. 51. no. 7. pp. 1141-1166.

Kolodko, G. W. (2000): From Shock to Therapy. Oxford: Oxford University Press.

Kornai, J. (1994): Transformational Recession. The Journal of Comparative Economics, vol. 19. no. 1. pp. 39-65.

Müller, K. (1999): The Political Economy of Pension Reform in Central-Eastern Europe. Cheltenham (UK) and Northampton, MA (USA): Edward Elgar.

Olcott, M. B. / Aslund, A. / Garrett, Sh. eds (1999): Getting it Wrong. Washington: Carnegie Endowment for International Peace.

Peterhoff, R. (1999): Orientierungsprobleme der russischen Wirtschaftsordnungspolitik. Osteuropa Wirtschaft, 44. Jg, Heft 4, S. 357-375.

Poznanski, K. (1999): Postcommunist Transition as Institutional Disintegration: Explaining the Regional Economic Recession. Acta Oeconomica, vol 50. no (1-2), pp. 1-36.

Samson, I. (1999): Les deux mondes de transition - plenary presentation to the conference of the Groupe de Transition et Développement and EACES entitled "Les trajectories de transition de l'Est", Université Pierre Mendes-France, Grenoble, 10.-11. Dec.

Thiessen, U. (2000): Ukraine: beschleunigt sich der Reformprozess nach dem Regierungswechsel? Berlin: DIW Wochenbericht nos 4-5.

Action Potential, Exit and Radical Voice

György Lengyel

1. About action potential

By 'action potential', we understand the acting ability (readiness and capability) of individuals, organizations and other collective entities, which helps them to improve their situation or at least prevent the deterioration of their current state. This broad interpretation of action potential therefore includes, besides collective assertion of interests, various strategies of breaking out or getting ahead. The term was suggested for use by Mladen Lazic in a comparative research, to grasp skills of concerted assertion of interests.

In this paper I am concerned with the question of what social regularities govern action potential. I am going to examine variants of action potential that may be interpreted as skills of response to deteriorating circumstances.[1] In keeping with that, I restrict my investigation to 'exit' and 'protest potential', adapting A. O. Hirschman's concepts, even though they do not fully overlap with the spectrum of action potential. Despite its simplicity, Hirschman's conception is most illuminating. It scrutinizes responses to the deteriorating performance of economic organizations, parties, states, and, in turn, what feedback mechanisms correct the behaviour of these bodies. Borrowing his concepts, however, is not without its problems, since he mainly (though not exclusively) applies his theory to options of the clients and members of organizations, while in this paper, social phenomena are examined operationalized with the survey technique. Nor is the borrowing merely metaphorical, as I have not come into contradiction with the original meaning of the terms, although I do attempt to extend their connotative spheres.

---

[1] I am relying on experiences gained from an empirical research in Hungary in 1997. Unless otherwise indicated, the data are taken from TARKI OMNIBUSZ 97/III, a representative survey of the adult population on a sample of 1500. Thanks are due for their comments on the paper to Tibor Kuczi, Zoltán Szántó, István János Tóth, Lilla Vicsek and several participants in the workshop *Theory of action and social research* devoted to the memory of László Csontos. A previous version of this paper has been published in: Angewandte Sozialforschung 22/1-2, (2001/02), pp. 44-56. Critical comments of Ilja Srubar and Ulf Wuggenig, together with my answer can be found in the same issue, pp. 57-73.

In Hirschman's view, the decline of an organization's performance - typically manifest in the deterioration of quality or increase of costs - can be indicated by either of two kinds of feedback mechanism: members or consumers leaving the organization, that is, exiting, and giving voice to their discontent by taking the adequate forms of protest. A form of exit is when consumers give up buying a deteriorating product if they find a better one in its place, but - as some of Hirschman's examples reveal - people may respond to deteriorating circumstances by moving off or emigrating as well. More recent writings dealing with the Central European transformation[2] show that this conceptual apparatus convincingly explains the phenomena of political and economic turnover or systemic change.[3]

In the current situation, the alternative of becoming entrepreneurs - since there is a growing new role here - can also be ranged among the alternatives of exit. This, however, requires further consideration because it implies the presupposition that the central motive for going into business is somewhere in the deterioration of the circumstances. As has been found, that indeed applies to a significant proportion of entrepreneurs, while others can be characterized by the motive of grasping the expansion of market possibilities.

That suggests that not only the restitutive and corrective steps to prevent further deterioration of the situation but also the constructive and innovative techniques aimed at improving the situation ought to be researched in a wider study of action potential. The exploration of the latter, which has to date not been widely researched, would have greater importance than the social typification of responses to the worsening conditions, to which I am going to contribute in this paper. Concerning the entrepreneurs, it is a possibly tenable assumption that in addition to those who fled because of increasingly uncertain conditions of employment, there was another group who experienced the expansion of market possibilities as relative deterioration of their position as employees. Should this assumption prove true, we would remain within deterioration as the motive force behind going into business.

---

2 Hirschman 1993; Opp 1998; Ferenczhalmy-Pálffy 1996; Lafferthon, 1998.

3 Kornai 1998.

What needs emphasizing in regard to both the options of exit and of voice is that the deterioration of circumstances is to be interpreted not only in real terms. At least of equal importance is the perception of the changes, the general climate they have created. I will suggest that it is a typical form of latent social tensions that a lasting rift appears between the real conditions and their perception. The late phase of Hungary's planned economy is a case in point: the perception by the public of the deterioration of circumstances lagged behind with little intensity, while the leadership was forced to strike economic and political compromises to uphold the appearances.

Protest can take the form of directly voicing dissatisfaction, demonstration or boycott. Customary, moderate forms of protest include launching complaints with the media when personal interests are injured, striking or taking part in a demonstration. Radical forms of protest include blockading, striking illegally and demonstrating, as well as uprising or going on a hunger strike. The boundaries of the accepted and radical forms of protest are blurred and their legitimation adjusts to the social situation. We need not go back far into the past to adduce cases in which legal strikes were deemed senseless not only by the authorities but also by the public. On the other hand, it is also the recent past of our country and the neighbouring nations that produced exceptional social situations in which a demonstration was illegal but deemed legitimate by the public.

We have seen what is common in the options of exit and protest. Both forms can be interpreted as signals to prevent the further deterioration of circumstances. Far less easy is to answer the question of what differentiates the two options. At first sight, distinction by individual and collective strategies may seem feasible. However, that does not take us too far, since it only applies in part and to the core of the options. There are some protest forms that are basically individual. Though 'writing to the television' or going on hunger strike can be exercised by a group as well, people mostly choose these forms individually. Becoming an entrepreneur or emigrating are largely the outcomes of individual decisions, but they have collective implications in two ways. The evolution of the entrepreneurial class or mass migration - as among the Roma populations of the Hungarian, Czech and Slovakian republics - are emergent social phenomena, with repercussions on individual decisions. On the other hand, empirical investigations suggest that underlying the individual decisions concerning entrepreneurship (Kuczi, Nagy, Őrszigethy, Tóth, Bíró) and migration (Gagyi-Oláh, Bognár-Kováts), there is a web of social resources, information and relations. That, in turn, may mean that not only do individual decisions correct one another temporally - as in the case of emergent phenomena - but they are also not independent from one another at the moment of their genesis.

One may suggest that in the case of the exit option, people rely more heavily on primordial, kinship and friendship relations, and take their own personal potentialities more profoundly into account. By contrast, in the case of the protest option, the importance of primordial effects, personal relations and endowments have smaller significance, and the effect of organizational relations may have greater.

In another differentiation, whereas exiting is mainly an economic, protest is mainly a political form of behaviour. This, however, can only be applied to social phenomena, as both forms may have economic and political consequences. Migration may become an eminent political issue, while the watchdog organs and lobbies of the entrepreneurs may directly influence politics. Also, a protracted nationwide strike may entail grave economic problems. On the other hand, non-confrontative, backing-out behavioural forms should not be overlooked in the arsenal of politics, as they equally characterize political and economic actors.

Yet another distinction claims that exit has indirect, while protest has direct impact on the organization. Does that apply to social aggregates as well? It does in a sense, for a demonstration possibly leaves a more direct mark than the slow depopulation of an occupation or a village. That, again, is only relative because an abrupt wave of migration may influence public opinion as effectively as a road-block.

Analyzing behavioural forms related to organizations, Hirschman has found that protest in general is a more informative and meaningful end in itself. By contrast, its drawback is that it implies the risk of retaliation or corruption, and also of increasingly becoming the tool of the select few.[4]

In the present research, a distinction raised by operationalization comes from the fact that while the questions concerning the exit options were about unconditional inclinations and intentions, when it came to the options of protest, respondents were asked whether they would resort to various tools of protest if their personal interests were at risk. Among the exit options, that would only apply to emigration and would presumably in-

---

4 Hirschman 1981.

crease the number of positive answers. It would only hold true of migraton and entrepreneurial inclinations with modifications (should something like that happen at your place of work / residence), resulting possibly in the same outcome. Since these questions require further investigation to be satisfactorily answered, in the present analysis we adopt the realistic premise that the deterioration of existential conditions are experienced by people as injurious to their interests.

Finally, we can find a distinction for our research in the personal consequences of the two options. In typical cases, exiting implies giving up the situation and within it, one's position. In contrast, the point to protesting is that the protester does not give up his / her position: protesting to prevent further deterioration of the situation and finally aiming to restore the original conditions. At this point, however, we have arrived at the outer limit of the validity of the conceptual apparatus. The how and why of the transformation of protest into revolutionary dynamics are possibly more precisely approached from the angle of elite theory and revolution theory. On the other hand, in atypical cases one may encounter forms that relativize this distinction: the protest of the person sentenced to death; the half-time entrepreneur; the commuter; the foreigner with temporary work permit - all run certain risks but do not burn the bridges behind them.

2. Is the condition of deteriorating circumstances fulfilled?

Putting it in the simplest way, the premise of deteriorating circumstances means that a considerable segment of society either perceives or actually experiences worsening financial conditions. The two phenomena are, of course, not independent of each other, but several effects from the media from mass hysterics to economic ideological and political manoeuvring may divert them in two different directions. The former two exacerbate perceptional problems, the latter two tend to pull a veil over the concerns. When the perceived picture is less favourable than reality, the correcting mechanisms get more easily into economic ideology than the other way round.

We have found that in the 1990s the premise of deteriorating conditions was borne out by both the real processes and their perception. Although in the first half of the 1990s some groups - including the top leaders and intellectuals - could occasionally improve their relative positions, the income index of every major social group was below the consumer price index in 1996, prior to the year of the survey.

As we have survey data to hand, top leaders are not identical with the elite here, as their income situation is different. We mean the number-one leaders of small organizations or department heads of large ones.

The findings concerning perception reveal that the deterioration of the financial conditions of their families had been perceived already from the latter half of the 1980s, continuously going on with minor undulation until today. The majority feel that their financial standing has worsened, although this sombre assessment of the situation is slightly alleviated in periods of elections.

3. The problem of action-inducing perceptions

Hereinafter, action potential is therefore used in the narrower sense, as the ability of personal response to the deteriorating material circumstances. Its evaluation may start out from the presumption that it is related to perceptions and opinions generating action. It appears logical to presume that in the whole of society, the perception of deteriorating financial standing induces exit and protest potential. It would also be logical to presume that those who perceive the deterioration of their families or the population on the whole more sensitively, whose expectations are more pessimistic, or who are more dissatisfied with their financial situation and living circumstances, would be more inclined to exit or protest. The problem of action-inducing perceptions and opinions lies in the fact that this logical presupposition cannot be verified. The perception of financial decline is not related at all with action potential; quite the contrary, in most cases there is no significant correlation between expectations and indices of dissatisfaction on the one hand and the indicators of action potential on the other, or else the correlation is very weak.

What is crucially important here is that while the premise of deteriorating circumstances is satisfied, and at macro level that can be interpreted as the generator of action potential, at micro level the perception of deteriorating conditions does not explain the readiness to quit or protest. It is not those who most intensely perceive negative tendencies that are actually driven to act.

The task here is not to find the clue to this enigma: one may suspect that compensatory effect mechanisms are at work, our measuring instruments are imprecise, or the respondents think inconsistently. So much turns out at least that these negative findings do not disprove the hypothesis about the manner of questioning. Were the deterioration of the financial circumstances to show some correlation with the exit options and none with the protest options, then we would clearly have the systematic effect of conditioned questioning at issue.

Repeated surveys, specified questions, the unravelling of the nuances between intentions and inclinations and the analysis of macro and micro level correlations between income dynamism, perception dynamism and the action potential would obviously bring an answer to these questions within closer reach. This, however, must be left to future research.

The question at this point is: if it is not the action-inducing perceptions that explain the different variants of the action potential at micro level, what social factors does it correlate with?

4. Ligatures, options, life chances

I am relying on the conception of Ralf Dahrendorf here, who reinterpreted Weber's concept of the life chances in defining the categories of ligatures and options[5]. Ligatures are the fundamental dimensions determining the construction of social existence, fixing social position and the respective people in the social space. Options, by contrast, are possibilities of choices, generating behavioural variations characterized most broadly by the alternative motions in the available manoeuvring space and by alternatives of controlling time.

In Dahrendorf's view, life chances are functional upon ligatures and options, but it is not necessary that maximum options would result in maximum life chances. A society, he claims, in which people live in ligatures without options is just as bleak as is one full of options without ligatures. Ligatures are bonds and options are choices from the point of view of the actor.

Action potential comes into this conceptual frame by covering the habitual field between ligatures and options. By itself, it does not determine the set of options but outlines habitual clusters delimiting the options on the side of the individual, rendering his / her options probable. Those who do not want to move, emigrate, are averse to enterprising, and are less likely to resort to a quitting option. Those who dislike asserting their interests via

5 Dahrendorf 1979, 1994.

conflicts are more unlikely to choose radical protest options even if the circumstances make them accessible. The correlation between action potential and the options, whether the realization of dispositions have any social regularities, would require special examinations with especially experimental methods.

In this paper, I hope to uncover possible links between the ligatures and the action potential in a search for the social explanation for action potential. Out of the numerous types of ligatures three basic groups are crystallized. One has to do with the market positions, namely the labour and capital market situation and the corollary conditions of income and wealth.

The other type of ligatures could be interpreted as the group of cultural and social resources. Here belong the measurable institutionalized and objectified variants of cultural capital as well as variants of social capital manifest in organized forms and networks of informal relations.[6]

Thirdly, the most obvious group of ligatures need mentioning, which are not independent of the capital types but also demand attention by themselves: they are the demographic and primordial factors, physical and mental dispositions, state of health and mind. My hypothesis is that it might be the demographic and health conditions that most significantly influence variants of the action potential.

5. Inclinations for exit and voice

All in all, a quarter of the adult population seem to be inclined to choose some options of exiting, the migration potential being very low within it. Only about every tenth person plans to move to another settlement, and also, about every tenth would gladly emigrate to another country. The two groups, though obviously overlapping, have significant differences, resulting in an overall migration potential of one-sixth. There is an evidently larger overlapping between the group of potential migrants and potential entrepreneurs among both adults and the active population.

---

6 Bourdieu 1998; Coleman 1998.

Tab. 12: Exit options in the adult and active population, 1997 (%)

	adult population	active population
plans to move to other settlement	9.5	10.7
readily settles down in another country	9.4	12.9
plans to live abroad	2.8	3.8
migration together	16.1	20.4
would like to be an entrepreneur	20.3	26.8
exit options together	23.4	30.4
N	1405	686

The survey has shown that some 5% of the earners took part in workplace strikes or demonstrations in the past two years. It is a prevalent view that in Hungary strike potential is very low. If one takes a look at the ILO labour statistics, one finds that the number of participants in strikes (and the number of absentees) fluctuate heavily in East-Central European countries year by year. If we compare the number of strikers with that of employment (undoubtedly a cumulative index in the numerator, but still justified), we find that at its peak in 1995, some 5% of the employed went on strike, which is not below the Polish and Russian figures, simply because the basis of comparison - the number of the employed - is fundamentally lower while the number of strikers is more or less the same, not exceeding a few hundred thousand.[7]

From the content analysis of Hungarian[8] as well as Slovakian and Slovenian press reports[9], Máté Szabó has concluded that the overwhelming majority of protests, some two-thirds or four-fifths were organized and not spontaneous. Civil organizations played the main role in these protests, the conflicts being of economic or power-political nature and not ethnic, religious or traditional. In his calculations, the Hungarian press reported 96 Hungarian, 112 Slovenian and 42 Slovakian protests (the numbers are modified in other computations), lasting 7-10 days on average.

---

[7] ILO, World Labour Report 1997.

[8] Szabó 1995b.

[9] Szabó 1995a.

Tab. 13: Voice options in the adult and active population, 1997 (%)

	adult population	active population
there were strikes in his / her working place in the last two years	3.3	6.4
did participate in local strikes in the last two years	2.1	4.1
did participate in demonstrations organized by a party in the last two years	3.8	4.8
would be ready to participate in a demonstration organized by a party	7.0	7.8
would be ready to participate in a legal nation-wide strike	32.2	44.1
would be ready to call the TV, radio or journals if his / her interests were seriously at risk	49.7	51.3
moderate voice options together	**56.9**	**62.8**
would be ready to participate in non legal demonstrations	12.1	14.3
would be ready to participate in non legal strikes	8.3	10.7
would be ready to participate in an uprising	4.7	6.0
would be ready to participate in road blocks, blockades	9.0	12.0
would be ready to participate in hunger strikes	3.4	4.5
thinks that street demonstration and mass uprising are the most efficient forms of interest assertion	4.2	4.6
radical voice options together	**39.4**	**42.0**
voice options together	67.6	72.1
N	1440	720

The inclination to participate in legal strikes is far greater than the facts suggest, exceeding some two-fifths of the active population. The most popular, and least risky or costly, solution is believed to be turning to the mass media. Every other person thinks it plausible if something were to happen in the country that would harm their personal interests. That means that more than half the adult population and nearly two-thirds of the active population would resort to the accepted forms of protest.

In contrast, the radical forms of voice - uprising, blockade, illegal strike or demonstration and hunger strike - would appeal to few people individually, but these options have a great impact. This again seems to suggest that there is little overlapping among each radical option.

It turns out that some of the radical protest options would be resorted to by some two-fifths of both the adult and the active populations. Two-thirds of adults and nearly three-quarters of earners deem some form of protest an acceptable behavioural pattern, should their interests be harmed in any way. Though each form of protest may be interesting enough for study, in the following the social specificities of the forms of radical protest are examined. What justifies this choice is that these forms of protest imply greater personal risks and as such, can be compared more closely with the risks inherent in the forms of exit.

6. Market positions and action potential

The sharpest line in terms of market position is drawn between those who are present and those who are absent from the labour market. While 30% of the earners would accept a chance to exit, in the inactive population this rate is one-sixth. There is, however, a weaker correlation between the presence in the labour market and the willingness to voice. It needs stressing that there is not such a marked difference between the active and inactive populations in terms of radical voice potential as in terms of the exit potential (even when the option of strike is disregarded). It is noteworthy that while income, fortune and savings did not influence the exit option, it was in weak correlation with the radical forms of voice.

Tab. 14: The connection of labour and capital market position, income and wealth with action potential, 1997 (% of those who choose the option within the given category)

	exit	radical voice
adult population	23.4	39.4
active population	30.4	42.0
inactive population	16.1	36.7
unemployed	38.0	41.3
employed	29.6	42.2
being in internal labour market position	34.0	50.7
having profits, stock dividends	26.2	43.7
above the average individual income	22.1	43.4
above the average household income	25.1	44.8
has savings	23.5	45.5
has car	27.0	42.9

The second market-related gap was pinpointed between the unemployed and the employed, which, however, proved insignificant both for exit and for voice potentials, although it may bear heavily on other correlations such as the degree of satisfaction. Maybe an investigation of those permanently out of work may reveal significant correlations with action potential.

The third major labour-market related difference is between those in internal labour market positions - having promotion chances and better income possibilities within their places of work - and those without such positions. For the sake of simplicity, let us operationalize the internal labour market position with the question of whether the respondent sees any chances of promotion at his / her place of work: a positive answer comes from every fifth earner. The internal labour market position is correlated with voice potential but has no explanatory force with exit options.

Finally, the fourth important market distinction is to be defined in terms of capital market involvement. If we group all family incomes which include capital annuity or entrepreneurial profit together, they come up to some one-tenth of the population. Having a larger sample and more precisely defined groups, we could possibly register the effect mechanisms upon the attitudes more accurately, but the capital market presence as examined in this investigation showed no significant correlation with action potential.

7. Cultural and social resources

Cultural assets, including first of all school qualifications, are closely tied to exit and voice inclinations. Those with maximum primary schooling show below-average tendency for both options, while the rest of the qualifications categories show above average action potential. Although graduates of tertiary education are slightly less willing to exit than those with secondary qualifications, it holds true of cultural resources in general that they are more tightly bound to exit than to voice potential. This also applies to holidaymaking customs and to financing extra music and art studies as well as the acquisition of some elite sports. In other words, it applies to lifestyle indicators which themselves outline probable habitual groups. From among the objectified forms of cultural assets, the possession of books proved an important factor. In comparison, other less wide-spread objectified cultural resources (computer, video camera, CD player) were less tightly correlated with the action potential.

As regards social resources, it is feasible to differentiate some forms that are related to individuals and some that are tied to institutions. To the former belong family and friendship relations and usually all strong ties, as well as the attraction to values and norms as a personal trait. Ranged with the latter taken in a narrow sense are organization memberships and institutional alliances which are suited to the systematic accumulation of advantages and disadvantages. Such organizational ties implying the possibility of advantage accumulation are party membership and trade possibility of advantage accumulation are party membership and trade union membership. As Portes and Sensenbrenner have revealed, there are social resources of a negative effect, which, for example in our case, a convict would have.[10]

Tab. 15: The connection of cultural and social resources with action potential, 1997 (% of those who choose the option within the given category)

	exit	radical voice
adult population	23.4	39.4
education: elementary	11.9	30.0
education: tertiary	28.5	47.3
took a holiday in the last three years	33.7	44.2
children learned or learn music, dance, callisthenics	27.2	45.1
has computer	30.3	38.3
member of a civil organization	24.9	47.5
was party member	17.6	56.1
has friends	26.9	42.7
it is completely true, that if he / she wants to get ahead has to break certain rules	28.1	41.2
thinks himself / herself as being a religious man / woman	9.2	30.7
thinks himself / herself as being a rightist	33.1	9.2
thinks himself / herself as being a leftist	20.5	46.2

Differences can be demonstrated in the effect exerted upon action potential by individual and institutional capital types. Persons-related social assets influence exit potential. Indicators underlying them - such as number of friends, religious self-image - are in strong correlation with exit, while the social resources associated with institutions do not influence it.

Apart from the above said, readiness to protest displays strong correlation with institution-related social resources. First and foremost, former socialist party membership and organizational or trade union membership is related to radical forms of voice. Among these, readiness to strike is to be emphasized, but if this factor is omitted, former party and trade union membership remains insignificant.

---

10 Portes / Sensenbrenner 1998.

The personified social resources of values and norms affect action potential in various ways. Those who claim to be religious by the teachings of some church - about one-sixth of the adult population - would prefer neither to exit nor to protest. In addition, a combined analysis of the two major reaction types shows that believers refuse more the forms of exit than of radical protest. Those who profess to belong to the right wing - a tenth of the adult population - are little interested in radical voice, but tend to an above average extent to exit. This appears to be in striking contrast to the picture gleaned from the mass media. We must not forget that the press represents the activists and sympathizers of right-wing parties resorting to street demonstrations. The above statement is about a broader stratum: those who have adopted right-wing values.

By contrast, those who claim to belong to the left wing - about one-fifth of the population - are willing to choose radical protest to an above average and exit to a below average degree. Most probably, we have arrived here to a strong hypothesis about the differences between right-wing and left-wing value systems, which requires further investigation.

There is a peculiar correlation between action potential and the attitude to the violation of norms. Among those who admit that the statement 'to get along you are forced to breach some rules' applies to them, tend to exit slightly more than the average, while among those who reject this view it is below average. As for the whole of radical protests, there is no such correlation. Therefore, the attitude to norm-breaching behaviour influences the exit potential but does not influence inclinations of radical voice, if all the variants of the latter are taken in one. It is to be remembered, however, that concerning the forms of voice, great additive effect has been registered, meaning that different forms are chosen mainly by different people. If we leave strikes out of account and only examine demonstration, uprising, blockade, and hunger strike as they correlate with norm-breaching behaviour, the connection becomes significant and more marked than the effect of school qualifications or gender.

8. Demographic, primordial and health factors

Let us finally take a look at the types of ligatures that are most obvious, and at the same time, the least liable to be shaped by the individual. The individual experiences his / her age, gender, birth circumstances and state of health as a far harder disposition that the acquired linkages. The disposal over social and cultural assets also impose ligatures upon the person, which, however, can be influenced: one can go on learning, change jobs, buy shares, make friends, and all that can transform the individual's position within the field of social bonds. Of course, one may find examples of people who defy their age, change their sex or denounce their families, but these practices are far less wide spread and influence one's social position far more dubiously than the acquired ligatures. Much can be done for one's state of health as well, but unexpected blows cannot be forestalled with certainty. There is therefore a difference of degree between the two types of ligatures, the acquired ligatures and the innate conditions, yet the difference is substantial enough to be discussed separately.

There is another practical reason why it is worth taking the endowments into consideration separately. Endowments and acquired ligatures obviously coincide at several points: age and market position, gender or state of health and possession of social assets may show strong correlations at times. Viewing them separately, one may avoid the possible distorting effect of multicollinearity.

8.1 Demographic and primordial factors

If the dividing line is not drawn at retirement age but at the age of 45, the difference is more significant between the older and the younger brackets than between the active and inactive groups. Putting it in another way, it implies that among the younger population, there is smaller deviation between the two forms of action potential than among the older generation. The older the studied people, the smaller the willingness to exit, and also, the smaller the voice potential, though not so significantly. All this is logical, yet it must be borne in mind: the present analysis is restricted to the radical forms of voice options most of which implies calling to account or even risking one's life. It is interesting to note that the older generation did not disapprove of radical voice options as it did of exit options, which increases the weight of radical voice.

There is interesting correlation between gender and action potential: it strongly influences the attitude to radical voice and weakly the acceptance of exit. Women would choose radical protest way below the average, men high above the average, while in terms of exit options, the difference is far smaller.

Correlations with primordial factors - with primary communities established by birth - can only be approached approximatively. In this context, mention must be made of the family and the age-related factor of status within the family. There is a sharper difference between the group with status within the family. There is a sharper difference between the group with children and the group without children, than between groups defined by varying child-care costs.

When we examine whether a person still lives in the settlement he / she was born in (about half of the respondents - an approximative indicator of attachment to a primordial community), we find that there is no connection whatsoever with exit or voice potential. Nor does it influence significantly the inclination to migrate, even though that would seem logical. Only the question 'Would you live abroad?' shows some weak positive correlation with former settlement change, but in view of the small sample, this is to be taken with caution.

Tab. 16: The connection of demographic, primordial and health conditions with action potential, 1997 (% of those who choose the option within the given category)

	exit	radical voice
adult population	23.4	39.4
below 45 years	36.0	44.0
45 years and older	12.3	35.5
man	24.1	47.1
health conditions: worse than the average	12.5	31.4
had a disease in the last year which needed medical treatment	17.3	36.9
frequently feels exhausted, tired	17.9	32.8
frequently feels lonely	15.8	31.4
agree: it is hard to get one's bearing in life nowadays	13.3	31.9
barely can influence his / her own fate	16.4	32.3

8.2 Those who are at a loss

Some one-fourth of the adult population feel they can hardly influence their fate. Similar proportions of the people feel they are at a loss in the present situation. Every tenth person often feels lonely, more than two-fifths tired or exhausted. About half of the adult population were in need of medical treatment in the past year, and some one-fifth feel their state of health is worse than it should be at their age.

These indicators of alienation and mental and physical health show strong correlation with the inclination to exit and weaker, but also significant correlation with the attitude to radical voice options.

As against some one-fourth of the adult population who would exit, some one-sixth or eighth of the group characterized by loneliness or disorientation tend towards this option. As for radical protest, some one-third of these people would choose it, as compared with the two-fifths of the adult population.

While the state of health can more unambiguously be hypothesized as the cause of a certain attitude to action potential, in the case of mental state of mind, we must deliberate whether we have different aspects of one and the same phenomenon rooted in common causes, or not. To my mind, it is not mistaken to consider and interpret feelings of uncertainty, disorientation, loneliness when explaining action potential. What we actually have here is a distinguished form of action-inducing perceptions and opinions, notably self-image as the indicator of the subjective, inner world. This, in turn, must have the same status in the explanation as the perception of external circumstances has. As has been seen, perceptions of the objective conditions and satisfaction with the circumstances do no significantly influence action potential. By contrast, perceptions of the subjective conditions influence massively action potential, especially the exit options. The interpretation of their influence upon action potential may be modified inasmuch as it is more precise to speak about action-inhibiting perceptions than action-inducing ones, when the mental factors are considered.

9. Concluding remarks

The present analysis has focussed on action potential and, more closely, on individual action potential preventing the deterioration of material conditions. I have examined what social conditions characterize the potential for two forms of action: exit and radical voice.

Deliberating the notion of potential, Dahrendorf differentiates man's latent capacities (e.g. the ability to coexist with complex situations), the chances given somewhere in society but not generally attainable ('if I were Rockefeller, I would buy a castle along the Loire') and beliefs and hopes in the future.[11] The term action potential as we use it is also polysemantic. It denotes the inclination to act as well as the ability to act, that is, the capacities as defined by Dahrendorf. In this paper, I have examined what correlations there are between the two forms of the inclination to act - exit and radical voice - with three groups of abilities, or ligatures, making activity

[11] Dahrendorf 1979, p. 16 sqq.

probable: market positions, social and cultural resources and primordial and health status.

I have found that at micro level, perceptions, opinions and expectations concerning deteriorating financial conditions do not significantly explain the option of exit and radical protest. By contrast, presence on the labour market tightly correlates with the willingness to quit. Logistic regression models measuring the effects of economic factors upon the chances of the action potential also confirm it. As they apply to the subsamples of adult, active and working populations to varying degrees, their effects cannot be compared directly. They reveal, however, that the attitude to radical voice correlates with labour market activity as well as internal labour market position, and, less strongly, with income and fortune.

Cultural assets - school qualifications, the elements of cultural consumption and life-style - are in strong correlation with the willingness to exit and more weakly influence the radical protest potential. According to descriptive statistics, persons-related social resources correlate with both types of action potential, while its institution-related forms with radical voice. The models also suggest that religiosity influences negatively, anomic disposition affects positively the attitude to exit. The size of the circle of friends and organizational membership exert an influence on radical voice.

As for demographic and primordial factors, exit correlates more with age, radical voice with gender differences. The starting hypothesis - that the primordial-demographic conditions and interpersonal relations are most closely connected to exit options while organizational conditions correlate with protest - is only partly verified.

However, the calculations also bear out the assumption that action potential is most strongly explained by a model of demographic and primordial factors. The indicator of coping is more closely related to exit than to radical voice options. The reason must be that the inclination to quit is a personal option entailing the giving up of one's social position, while radical protest, though implying personal risks, does not require the reshuffling of one's personal relations radically. Finally we may conclude that the better the combinations of ligatures, the greater the inclinations both for exit and radical voice are. One must be cautious however, because all these - even if repeatedly measured and proved to be true - might have predictive force only under the conditions of peaceful social reproduction.

References

Biró A. Zoltán (et al.) (1995) Gazdasági elit a Székelyföldön-1993. [Economic elite in the Szekely country] Szociológiai Szemle 1. sz. 101-125.o.

Bognár Katalin / Kováts András (1998), Visszatérés Kelet-Szlavóniába 1997 öszén, [Returning to Eastern Slavonia in autum 1997] in: Sik (ed.).

Bourdieu, Pierre (1998 [1983]), Gazdasági töke, kulturális töke, társadalmi töke [Economic, cultural and social capital] in: Lengyel György / Szántó Zoltán (szerk.) (1998), Tökefajták: a társadalmi és kulturális erőforrások szociológiája Aula K., Bp.

Bourdieu, Pierre [1996 (1979)], Distinction. A Social Critique of the Judgement of Taste Routledge and Kegan Paul Ltd., London.

Coleman, James, S. (1998), A társadalmi töke az emberi töke termelésében (Social capital in the production of human capital), in: Lengyel György / Szántó Zoltán (szerk.) (1998), Tökefajták: a társadalmi és kulturális erőforrások szociológiája Aula K., Bp.

Dahrendorf, Ralf (1979) Life Chances. Approaches to Social and Political Theory The Univ. of Chicago Pr., Chicago.

Dahrendorf, Ralf (1994) A modern társadalmi konfliktus (Modern social conflict) Gondolat K., Bp.

Ferenczhalmy Zsófia / Pálffy Anikó (1996), Kivonulás és/vagy tiltakozás (Exit and / or voice) (ms).

Freeman, R. B. (1980) The exit-voice trade off in the labor market. Unionism, job tenure, quits and separation. Quarterly Journal of Economics Vol. XCIV, No. 4. June, pp. 643-673.

Gábor R. István, (1999), Post-socialist transformation and the labour market in Hungary. (ms.).

Gagyi József / Oláh Sándor (1998), Vendégmunkások utazási formái Maros megyéből Magyarországra, (Froms of travel of guest workers from Maros county to Hungary) in: Sik (szerk.).

Genov, Nikolai (ed.) Central and Eastern Europe Continuing Transformation, UNESCO-Most, Fr. Ebert Stiftung, Paris / Sofia.

Greskovits Béla (1994), Hungerstrikes, the Unions, the Government and the Parties: a Case-study of Hungarian Transformation, in: E. Kirchner et al. (eds.), Democratic Modernisation in the Countries of Central Europe Univ. of Essex, Colchester

Hirschman, Albert O. (1970) Exit, voice, and loyalty. Responses to Decline in Firms, Organizations, and States Harvard U. P., Cambridge, Mass. and London, England.

Hirschman, Albert O. (1981), Essays in Trespassing. Economics to politics and beyond Cambridge Univ. Pr., Cambridge.

Hirschman, Albert O. (1993), Exit, voice and the fate of the German Democratic Republic. An essay in conceptual history. World Politics pp. 173-202.

ILO (1997), World Labour Report. Industrial Relations, Democracy and Social Stability Geneva, 252.o.

Kirchner, Emil et al. (eds.), Democratic Modernisation in the Countries of Central Europe Univ. of Essex, Colchester.

Kornai János, Szocializmusból a kapitalizmusba. Mit jelent a rendszerváltás? (From socialism to capitalism. What does the change of systems mean?) (1998), in: Kurtán Sándor, Sándor Péter, Vass László (szerk.), Magyarország évtizedkönyve 1988-1998. A rendszerváltás, Budapest, Demokrácia Kutatások Magyar Központja Alapitvány.

Kuczi Tibor (1994), Which 'Ready-Made' Relations Contribute to the Intra-Enterprise Relation? Szociológiai Szemle No. 2 (Special Issue).

Kurtán Sándor / Sándor Péter / Vass László (szerk.), Magyarország évtizedkönyve 1988-1998. A rendszerváltás, Budapest, Demokrácia Kutatások Magyar Központja Alapitvány

Lafferthon Éva (1998), Kivonulás és tiltakozás a magyar parlamentben, 1994-1998 (szakdolgozat, BKE).

Lazic, Mladen (1997), New Forms of Social Differentiation and the Creation of a Liberal-Democratic Order in Central and East European Countries (ms).

Lengyel György / Szántó Zoltán (szerk.) (1998), Tőkefajták: a társadalmi és kulturális erőforrások szociológiája (Forms of capital: the sociology of social and cultural resources) Aula K., Bp.

MVA (1997) Megszűnt és működö vállalkozások (Defunct and working enterprises), 1993-1996 Bp.

Nagy Beáta (1997), Kisvárosi vállalkozók (Small-town entrepreneurs), 1996, in: MVA, Megszűnt és működö vállalkozások, 1993-1996 Bp., Melléklet, 26-35. o).

Opp, Karl-Dieter, (1998) Unemployment, Political Protest and Radicalism: The Example of East Germany, in: Nikolai Genov (ed.) Central and Eastern Europe Continuing Transformation, UNESCO-Most, Fr. Ebert Stiftung, Paris / Sofia.

Őrszigethy Erzsébet (1997), Egy jó karban lévöfalu és vállalkozói (A well-groomed village and its entrepreneurs), in: MVA, Megszünt és müködö vállalkozások, 1993-1996 Bp., Melléklet, 17-25. o.

Portes, Alejandro / Julia Sensenbrenner (1998), Beágyazottság és bevándorlás: megjegyzések a gazdasági cselekvés társadalmi meghatározóiról (Embeddedness and immigration: remarks about the social determinants of economic action), in : Lengyel György, Szántó Zoltán (szerk.), Tőkefajták: a társadalmi és kulturális erőforrások szociológiája Aula K., Bp. 281-317. o.

Sik Endre (szerk.) (1998), Idegenek Magyarországon (Foreigners in Hungary) MTA PTI Nemzetközi Migrációs Kutatócsoport, Budapest.

Szabó Máté (1995a), Politikai tiltakozás, mint az új politikai kultúra eleme: Magyarország, Szlovénia, Szlovákia (Political protest as the element of the new political culture: Hungary, Slovenia, Slovakia) Szociológiai Szemle 3. sz. 51-72. o.

Szabó Máté (1995b), A szabadság rendje. Társadalmi mozgalmak, politikai tiltakozás, politikai szervezetek a magyarországi rendszerváltás folyamatában (The order of freedom. Social movements, political protest, political organizations in the process of the great transition in Hungary). Politikatudományi Szemle 4. sz. 51-77.o.

Tóth Lilla (1997), Vállalkozói életutak és kapcsolathálók egy nagyközségben - a leszakadó kisvállalkozókról, kisvállalkozásokról (Entrepreneurial life-paths and networks of relations in a large village - about small entrepreneurs and businesses that cannot cope), in: MVA, Megszűnt és működö vállalkozások, 1993-1996 Bp., Melléklet, 3-16.o.

Strukturelle Heterogenität in Lateinamerika und Osteuropa. Vom Nutzen des Produktionsweisenansatzes für die Analyse von Akkumulation, (Unter-)Entwicklung und Transformation sowie für den Aufbau von Mikrofinanz-Institutionen

Manfred Nitsch

I. Einführung

Der Zusammenbruch des Ostblocks hat die Wirtschafts- und Sozialwissenschaften überrascht, und noch zehn Jahre danach wird nach Gründen dafür gesucht, warum die 'Implosion', der 'Fall der Mauer' oder wie immer auch die Metaphern lauten mögen, nicht vorhergesehen worden ist. Seither bemühen sich Soziologen, Politologen und Ökonomen darum, die verschiedensten Ansätze unter die Lupe zu nehmen, die für die Analyse der Prozesse vor und nach der 'Wende' entwickelt worden sind.[1]

Als Ökonom mit verwandten Problemen Lateinamerikas beschäftigt, stellte sich mir die Frage, welche Lehren für die Transformation in Osteuropa zu ziehen sind. Schließlich zeigen die lateinamerikanischen Ökonomien, daß Marktwirtschaft nicht unbedingt mit Massenwohlstand und Demokratie gleichzusetzen sind. Es ging also weniger um die Suche nach phänomenologischen Vergleichbarkeiten und unmittelbaren Empfehlungen, als vielmehr um die Weiterentwicklung von theoretischen Ansätzen und Kategorien, mit denen die Persistenz von Unterentwicklung und / oder die möglichen Aufstiegspfade wirtschaftlichen Wachstums modelliert werden konnten. Die folgenden Ausführungen beruhen weitgehend auf langjährigen Seminardiskussionen über die Fortentwicklung der Theorien zu Transformation und Interdependenz, aber auch aus dem Kontakt mit der Praxis bei der Förderung von basisorientierten Finanzinstitutionen in beiden Regionen.[2]

---

[1] Auch an der Freien Universität Berlin bildete sich Anfang der 90er Jahre eine Gruppe, die 'Transformation in einer interdependenten Welt' auf ihre Fahne geschrieben hatte und von der Forschungs- und Nachwuchskommission der FU auch als Forschungsgebietsschwerpunkt von 1994 bis 1999 gefördert wurde. Vgl. Hopfmann / Wolf 1998.

[2] Die Consulting-Firma Internationale Projekt Consult GmbH (IPC) Frankfurt / M., mit der ich seit langem zusammenarbeite, hatte in den 1980er Jahren erfolgreich am Aufbau von basisorientierten Sparkassen, Rotationsfonds von Nichtregierungsorganisationen und sonstigen Kleine-Leute-Banken in Lateinamerika mitgewirkt und auch Erfahrungen mit der Reform von traditionellen

Der Begriff der Transformation enthält bereits als Kern die *Form* und als Bestimmung - *trans* - den Wandel von einer gesellschaftlichen Form zu einer anderen. So liegt es nahe, den Begriff der *Gesellschaftsformation* und die Auseinandersetzungen darüber, die im Gefolge der 68er-Bewegungen teilweise sehr heftig waren, noch einmal unter die Lupe zu nehmen. Zwar sind in den vergangenen Jahrzehnten Klassenanalysen und ähnliche Ansätze, also solche, die sich auf Kollektivitäten beziehen, aus der Mode gekommen. Aber die konsequente Durchsetzung des methodologischen Individualismus in der ökonomischen Modellbildung hat sich gerade bei der Transformationsforschung auch nicht als sonderlich durchschlagskräftig und weiterführend erwiesen.

Wenn es um die Analyse der Grobstrukturen von Gesellschaften geht, ist die 'Neue' Institutionen-Ökonomik überfordert, so leistungsfähig sie auch ist, wenn es um die Feinstruktur der *governance structures* von Unternehmen, um Anreizsysteme bei Förderprogrammen und ähnliches geht. Deshalb soll hier auf die Ansätze des älteren Institutionalismus und auf die Debatten der 70er Jahre zurückgegriffen werden, die im Anschluß an Marx' Produktionsweisendiskussion, von Lateinamerika kommend, das Konzept der *strukturellen Heterogenität* entwickelt haben.

Es wird dafür plädiert, diesen Ansatz ernst zu nehmen und zu generalisieren, ihn also sowohl auf Lateinamerika als auch auf die westlichen Industrieländer und schließlich auf die Transformationsländer anzuwenden. Da die Güte einer Theorie sich auch daran erweist, ob sie handlungsrelevant ist, wird anschließend geprüft, ob sich diese Sichtweise für die entwicklungspolitische Praxis nutzbringend anwenden läßt, wenn es um die Etablierung von basisnahen Finanzinstitutionen in Lateinamerika und in Osteuropa geht.

Entwicklungsbanken, dem *downscaling* von kommerziellen Geschäftsbanken und der Reorganisation von Kreditgarantiefonds und 'integrierten' Entwicklungsprojekten gewonnen. Deswegen wurde sie nach 1989 zunehmend in Osteuropa mit Finanzmarktstudien, mit der Durchführung von Kreditprogrammen und der Reorganisation von Banken aller Art sowie in den letzten Jahren verstärkt mit der Gründung und Leitung von speziellen Mikrofinanz-Instituten betraut.

Für diese entwicklungspolitisch-organisatorische Herausforderung gab es keine Vorbilder, und auch die wissenschaftlich-analytische Aufgabe, die Prozesse auf den Begriff zu bringen und im weiten Sinne zu "modellieren", verlangte Kreativität und den Rückgriff auf einen breiten Fundus von wirtschafts- und sozialwissenschaftlichen Modellen und Theorien. Desweiteren kam es zu einem Besuch von neu gegründeten Mikrofinanz-Banken in Georgien, Albanien und Bosnien im Sommer 1999, so daß ich einige Denkansätze und Theorien vor Ort auf ihre Plausibilität hin testen konnte.

II. 'Strukturelle Heterogenität' als Analyseinstrument

1. Die Heterogenität von Produktionsweisen

Der Begriff der *strukturellen Heterogenität* ist von Armando Córdoba in den 60er Jahren eingeführt worden[3], und zwar zunächst für Venezuela, wo dank der Ölindustrie die Gegensätze von Kapitalismus, kleiner Warenproduktion und Staatswirtschaft besonders krass aufeinander trafen. Sichtweise und Begriff wurden aber dann rasch verallgemeinert für Lateinamerika und die anderen 'unterentwickelten Länder'. Auch in Deutschland fand er Anklang, so bildete der Artikel des Hamburger Autorenkollektivs (1974) mit dieser Überschrift in der ersten Auflage des Handbuchs der Dritten Welt von Nohlen / Nuscheler den Auftakt des Theoriekapitels in diesem wohl wichtigsten einschlägigen Handbuch in deutscher Sprache, und in der Dependencia-Debatte setzte er sich ebenfalls weitgehend durch.[4] Zurückgehend auf Marx[5], lassen sich die Begrifflichkeiten anhand der nachstehenden Abbildung erläutern.

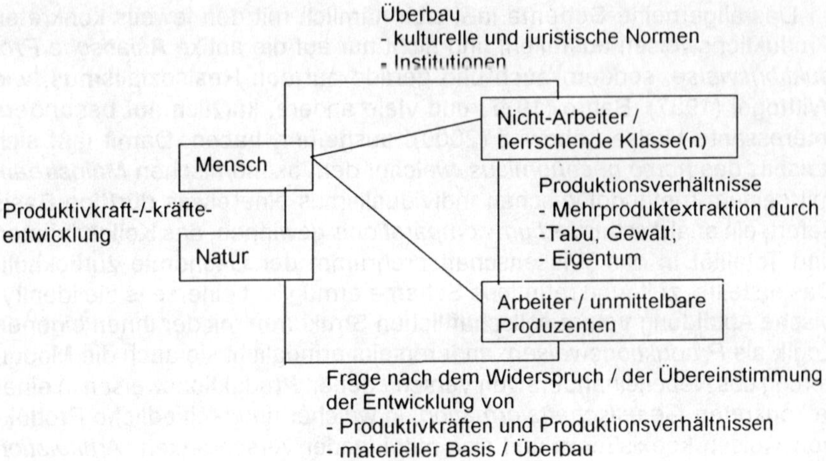

Abb. 2: Begriffe aus dem Produktionsweisenansatz

---

3 Córdoba 1973 und Córdoba / Silva Michelena 1971.

4 Nitsch 1986.

5 Marx 1857/59 und 1867; vgl. auch Balzer 1983; Taylor 1979 und Richards 1986.

Generell gibt es in jeder Gesellschaft und zu allen Zeiten ein Mensch-Natur-Verhältnis, welches durch die Produktivkräfte der Zeit gestaltet wird. Zwischen den Menschen wiederum herrschen bestimmte Produktionsverhältnisse, und soweit es sich um Klassengesellschaften handelt, spaltet sich die Gesellschaft in die unmittelbaren Produzenten oder Arbeiter und die herrschende(n) Klasse(n), die sich einen Teil des Mehrprodukts durch Tabu, Gewalt oder Geld (Eigentum an Produktionsmitteln)[6] aneignen. Diese materielle ökonomische Basis wird überwölbt von einem kulturell-juristisch-institutionellen Überbau, welcher eine eigene Dynamik entwickeln kann. Widersprüche zwischen Basis und Überbau und zwischen der Entwicklung der Produktivkräfte und den Produktionsverhältnissen liefern die Triebkräfte für gesellschaftlichen Wandel und schließlich - bei Marx - für Revolutionen, die in der klassenlosen Gesellschaft münden sollen. Selbst wenn man dieses Schema seiner Geschichtseschatologie entkleidet, bleibt es ein genialer Entwurf, den Wirtschafts- und Sozialwissenschaftler mit einem Anspruch auf Erklärung von 'Transformation' m.E. nicht zum alten Eisen werfen sollten.

Das allgemeine Schema läßt sich nämlich mit den jeweils konkreten Produktionsweisen ausfüllen, und nicht nur auf die antike *Asiatische Produktionsweise*, sondern auch und gerade auf den Realsozialismus, wie Wittfogel (1957), Bahro (1977) und viele andere, kürzlich auf besonders interessante Weise Lebowitz (2000), ausgeführt haben. Damit läßt sich jenseits des *homo oeconomicus*, welcher dem ökonomischen *Mainstream* mit seinem methodologischen Individualismus eine etwas dürftige Basis liefert, ein analytisches *tertium comparationis* gewinnen, das Kollektivitäten und Totalität in das Wissenschaftsprogramm der Ökonomie zurückholt. Das erstellte, zeit- und raumlose Schema ermöglicht einerseits die idealtypische Abbildung von gesellschaftlichen Strukturen mit der ihnen eigenen Logik als *Produktionsweisen*; andererseits ermöglicht sie auch die Modellierung des Nebeneinanders von verschiedenen Produktionsweisen in einer je konkreten *Gesellschaftsformation*, in welcher unterschiedliche Produktionsweisen koexistieren und sich miteinander verschränken. *Artikulation* heißt das höchstwahrscheinlich auf den französischen Anthropologen Rey (1973) zurückgehende Fremdwort, welches im Deutschen lediglich die Formulierung von Sprache beinhaltet, während es in den romanischen Sprachen und im Englischen in erster Linie 'Gelenk', also Verbindung

---

[6] Stadermann 1995.

zwischen Unterschiedlichem, neudeutsch vielleicht so etwas wie 'Schnittstelle' bedeutet.

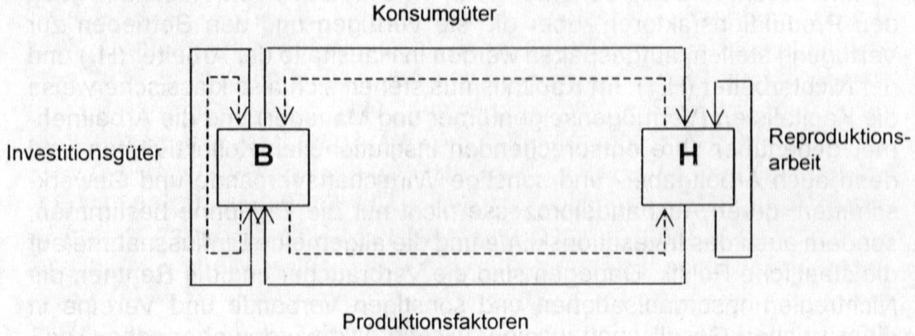

Abb. 3: Wirtschaftskreislauf in der arbeitsteiligen Ökonomie

In der voranstehenden Graphik wird zunächst das allgemeine Modell des Wirtschaftskreislaufs zwischen Betrieben, also der Sphäre der Produktion, und Haushalten als Sphäre der Reproduktion der Arbeit und der Verfügungsmacht über Vermögen, dargestellt: Die Haushalte stellen den privaten und staatlichen Betrieben aller Art, inklusive öffentlichen Verwaltungen und sonstigen im weiten Sinne Güter und Dienstleistungen 'produzierenden' Wirtschaftseinheiten, Arbeit, Boden und Kapital als Produktionsfaktoren zur Verfügung. Die Verfügungsmacht über Vermögen muss aber nicht immer bei privaten Haushalten liegen, sondern kann auch öffentlichen Haushalten im Sinne von vergesellschafteten, verstaatlichten oder traditionell-kommunalen Gremien oder öffentlich-rechtlich tätigen Einzelpersonen zustehen. Ebenfalls eingezeichnet ist die Reproduktionsarbeit, welche die Arbeitskraft im eigenen oder in einem anderen Haushalt direkt mit den von den Betrieben kommenden Konsumgütern kombiniert. Beide Begriffe - Produktion wie Reproduktion - werden im übrigen sowohl in einem weiten als auch in einem engen Sinne gebraucht, was es zu beachten gilt, um Konfusion in der Diskussion zu vermeiden: Im Begriff der *Produktionsweise* werden Betriebe wie Haushalte gemeinsam charakterisiert, und ebenso umfasst jedes Modell der gesamtwirtschaftlichen *Reproduktion* einer Gesellschaft in einem umfassenden Sinne nicht nur die

Haushalte, sondern die Gesamtheit von Betrieben und Haushalten aller Art.

Interessant wird das Schema, wenn - wie in Abb. 4 - die Haushalte nach den Produktionsfaktoren, über die sie verfügen und den Betrieben zur Verfügung stellen, aufgespalten werden in Haushalte der Arbeiter (H_A) und der Nichtarbeiter (H_{NA}). Im Kapitalismus stehen sich also klassischerweise die Kapitalisten (Vermögenseigentümer und Manager) und die Arbeitnehmer gegenüber. Ihre entsprechenden institutionellen Kollektivitäten sind denn auch Arbeitgeber- und sonstige Wirtschaftsverbände und Gewerkschaften, deren Aushandelprozesse nicht nur die Tariflöhne bestimmen, sondern auch das Investitionsklima und die allgemeine Einflussnahme auf die staatliche Politik. Dagegen sind die Verbraucher und die Rentner, die Nichtregierungsorganisationen und sonstigen Verbände und Vereine in einer solchen Gesellschaft weniger wichtig. Wir werden aber sehen, daß das Schema seine Lücken hat und für viele gesellschaftspolitische Fragen zu wenig differenziert ist.

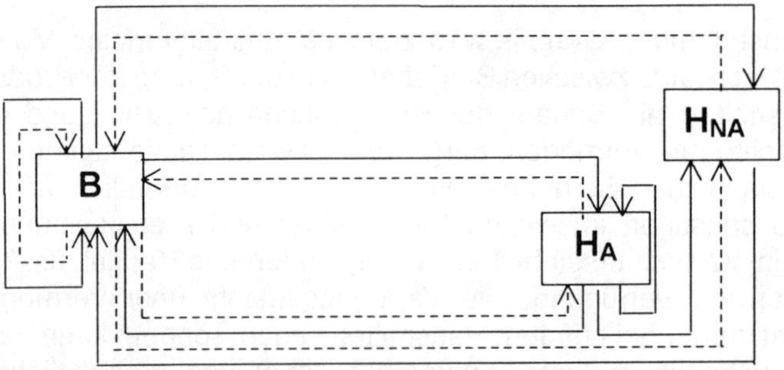

Abb. 4: Wirtschaftskreislauf in der Klassengesellschaft

In der realsozialistischen Klassengesellschaft stehen sich die Nomenklatura-Haushalte H_{NA} der Staatsklasse und diejenigen der 'Arbeiter und Bauern', über die, wenn auch in deren Namen, geherrscht wird, gegenüber. Den Kern der herrschenden Klasse bildet die Partei, die ihre führende Rolle als *Avantgarde* legitimiert und allenfalls sekundäre Parteien um sich herum gewähren läßt oder auch selbst schafft sowie die sogenannten Massenorganisationen als 'Treibriemen' in die Gesellschaft hinein wirken läßt. Auch auf der betrieblichen Ebene und in den Verwaltungen, Schulen,

Universitäten, etc. bildet der Parteisekretär so etwas wie die letzte Instanz, wird doch durch die sich als Avantgarde definierende Partei die Kohärenz des politisch-gesellschaftlichen Gemeinwesens gewährleistet.[7]

Ganz anders funktioniert die Logik, welche typischerweise Familienwirtschaften in Stadt und Land bestimmt, die mit eigenem Vermögen und eigenen Arbeitskräften wirtschaften und Betrieb und Haushalt auch im allgemeinen nicht streng getrennt halten. Es ist umstritten, ob man den Begriff *Produktionsweise* für große, Epochen beschreibende Gesellschaftsformationen reservieren sollte, oder ob es nicht angebracht sei, ihn auch für die Verhaltenslogik, die institutionellen Struktur und den ideologisch-kulturellen Überbau von enger begrenzten Phänomenen heranzuziehen, beispielsweise für distinkte, im Prinzip klar abgrenzbare Produktionsverhältnisse wie etwa diejenigen der bäuerlichen Familienwirtschaft. Im Anschluss an die lateinamerikanische Debatte[8] und an Hirschman (1981) bzw. sein Plädoyer für einen 'mikro-marxistischen Ansatz bei der Analyse der *Linkages*, inklusive der Produktionsverhältnisse auf den verschiedenen Stufen der Verarbeitung eines Primärgutes, wird hier eine solche, auf die kleineren raum-zeitlichen Einheiten hin orientierte Verwendung des Begriffs vorgeschlagen. Familienwirtschaften konstituieren nach dieser Vorgehensweise eine eigenständige Produktionsweise, weil sie anders funktionieren als die typischen Betriebe bzw. Haushalte in Klassengesellschaften, bei denen bereits auf der Betriebsebene das erwirtschaftete Produkt nach der Verfügungsmacht über die Produktionsmittel aufgeteilt wird und die Arbeitskräfte der Betriebsleitung als 'die anderen' gegenüberstehen.

Wenn Entwicklung, wie üblich, auch über die Erhöhung des Pro-Kopf-Einkommens definiert wird, dann ist das reproduktive Verhalten, welches die Zahl der Köpfe bestimmt, ebenso relevant wie die Bildung und Akkumulation von Einkommen. Kürzliche Untersuchungen haben ergeben, daß der Status des formellen Arbeitnehmers und der formellen Arbeitnehmerin eine wichtige Determinante des Rückgangs von Geburtenraten ist[9], während familienwirtschaftliche Produktionsverhältnisse mit einer höheren Kinderzahl einhergehen - ein Ergebnis, das auch unmittelbar plausibel ist.

---

[7] Lebowitz 2000.

[8] Neira 1978 über Tschajanow / Chayanov 1923/1974.

[9] Dasgupta 1995.

Einen signifikanten Unterschied zwischen kapitalistischen und familienwirtschaftlichen Strukturen gibt es schließlich auch bei den Verbänden. Bauernverbände sind weder Arbeitgeberverbände, noch Gewerkschaften, und ähnliches gilt für Handwerkskammern und Verbände von Freiberuflern, solange sie nicht in größerem Umfang Arbeitgeberfunktionen wahrnehmen, und schließlich sind Volksgruppen-Vereine im Kapitalismus ebenso wie im Realsozialismus eine *quantité negligeable*, aber nicht in Gesellschaften mit starken familienwirtschaftlichen Strukturen. Da Familie über Verwandtschaft definiert ist und der größere Verbund von tatsächlich, potentiell oder imaginär Verwandten der Clan, der Stamm und die Ethnie sowie darüber hinaus noch die typischerweise endogame Religionsgemeinschaft ist, sollte es nicht verwundern, daß die größere gesellschaftliche Einheit, in die sich Familienwirtschaften eingebettet fühlen, häufig das Volk im Sinne von *ethnos* ist und nicht unbedingt das *demos* der aktiven Staatsbürger in Demokratien.

Wenn es Familienwirtschaften im oben definierten ökonomischen Sinne in der Geschichte gegeben hat, also mit Eigentum oder eigentumsähnlichen Verfügungsrechten an Produktionsmitteln, mit zumindest einer gewissen Freiheit der Berufswahl und des Arbeitsplatzes sowie der Freiheit, eine Familie zu gründen und in dieser zusammen zu leben und mehr oder weniger frei zu wirtschaften, dann sind sie stets in den historisch bekannten Gesellschaftsformationen in eine untergeordnete Rolle verbannt gewesen. Allerdings haben die Kleinbauern, Kleingewerbetreibenden und Kleinhändler bis hin zu mittelständischen Farmern, Handwerkern und freiberuflichen Familienwirtschaften nicht nur in Lateinamerika, sondern auch in unseren kapitalistisch verfassten Ökonomien noch bis vor kurzem die Mehrzahl der Erwerbstätigen beschäftigt. Zählt man die unfreiwilligen und statistisch unerfassten Familienwirte, also die mitarbeitenden Familienangehörigen, die arbeitslosen Heimwerker und die Gartenfrüchte erzeugenden und verarbeitenden Rentnerinnen und Rentner, die Untervermieter und die informell gegen direktes oder indirektes Entgelt Pflegenden hinzu, dann dürften auch bei uns noch immer oder schon wieder die überwiegende Zahl der Erwerbstätigen-Stunden im familienwirtschaftlichen und *nicht* im geld- oder staatswirtschaftlichen Sektor erbracht werden. Die Vorstellung von einer durchgehenden Klassenspaltung der Gesellschaft in eine herrschende Klasse der Kapitalisten und die Arbeiterklasse hat also nie wirklich flächendeckend die gesellschaftliche Realität abgebildet und wird deshalb auch noch nicht einmal mehr im politischen Diskurs der Linken verwendet.

Auch im Realsozialismus hat es übrigens - etwa in der Landwirtschaft Polens - Familienwirtschaften mit einer gewissen Bedeutung in der offiziell-formellen Wirtschaft gegeben, und wenn man sich die informelle Ökonomie und ihr Gewicht für Einkommen, Konsum, Nutzen und Lebensqualität im weiteren Sinne ansieht, dann war stets die Familie auch wirtschaftlich ein wichtiger Bezugspunkt. Als Reproduktionseinheit war sie sowieso vorherrschend. Geld spielte ja auch im Realsozialismus als Tauschmittel für den Erwerb von Konsumgütern eine wichtige Rolle, denn die viel diskutierte 'harte Budgetrestriktion'[10] galt für die Haushalte gleich doppelt: sowohl das Geld aus Lohn und sonstigen Einkünften musste vorhanden sein, als auch die Verfügbarkeit des Konsumguts beim Verkäufer. Beides war alles andere als eine Selbstverständlichkeit. Für die Herausarbeitung der Probleme von *Transformation* ist diese Erinnerung notwendig, weil sich aus der haushaltsorientierten Familienwirtschaft sehr häufig der Familienbetrieb - und dann eventuell sogar die geldwirtschaftlich gesteuerte Unternehmung herausgebildet haben.[11]

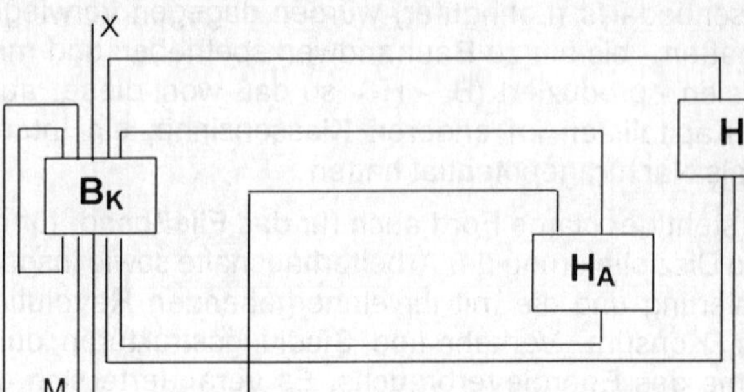

Abb. 5: Wirtschaftskreislauf in der Klassengesellschaft mit kapitalistischer und familienwirtschaftlicher Produktionsweise

---

10 Kornai 1986, 1992 und 1998.

11 Pingel 1999a.

Das Schema zeigt die Koexistenz, also die Verschränkung oder 'Artikulation', von kapitalistisch-geldwirtschaftlicher und familienwirtschaftlicher Produktionsweise. Für die USA und für Westeuropa nach dem Zweiten Weltkrieg ist diese Verschränkung unter dem Begriff *Fordismus* in die sozialwissenschaftliche Diskussion eingegangen, vor allem im Rahmen der sogenannten Regulations-Theorie[12]. Gemeint ist damit die von Henry Ford mit dem ersten auf Massenkonsum abgestellten Auto, der 'Tin Lizzy', in den 20er Jahren initiierte gesellschaftliche Konstellation, bei der - zum ersten Mal in der Geschichte des Kapitalismus - der Arbeiterhaushalt als direkter Nachfrager von Gütern fungierte, die in kapitalistischen, nicht in familienwirtschaftlichen Betrieben, erzeugt wurden (B_K - H_A).

Zuvor waren die Löhne ausschließlich Kostenfaktor im geldwirtschaftlich gesteuerten Sektor der Wirtschaft gewesen, denn dort wurden Vorprodukte aus Bergbau und Hüttenwesen, Kapitalgüter als Inputs für Groß- und Kleinbetriebe, Exportgüter, Rüstungsgüter, Infrastrukturausstattungen (z.B. Elektrifizierung) und allenfalls für die höchsten Einkommensklassen auch Luxuskonsumgüter wie Automobile und Elektrogeräte hergestellt. Die Güter des Massenbedarfs (Lohngüter) wurden dagegen vorwiegend von Familienwirtschaften - bis hin zu Bauhandwerksbetrieben und mittelständischen Brauereien - produziert (B_F - H_A), so daß wohl diese, aber keine Teilmenge der Kapitalisten im engeren Klassensinne, ein Interesse an hohen Löhnen als Nachfragepotential hatten.

Gleichzeitig steht der Name Ford auch für das Fließband, für die Industrialisierung und Disziplinierung der Arbeiterhaushalte sowie insgesamt für die Automobilisierung und die mit ihr einhergehenden Revolutionierung von Produktion, Konsum, Verkehr und Siedlungsstrukturen durch eine enorme Zunahme des Energieverbrauchs. Es veränderte sich die Rolle des Staates vom Nachtwächter- und Militärstaat zum Regulator und Straßenbauer sowie zur Wohlfahrtsinstanz. Mit der Entstehung einer Interessenkonstellation, die gewisse Teile der Kapitaleigner und Manager zu Nutznießern hoher Löhne und Renten machte, entstand das *Akkumulationsregime* des fordistischen Zeitalters. Mit der *Globalisierung* ist dieses Modell seit den 80er Jahren unter anderem dadurch in die Krise geraten ist, daß Nationalstaat und Ökonomie immer weniger deckungsgleich werden, so daß eine Erhöhung von Löhnen im betreffenden Tarifgebiet bei

---

12 Aglietta 1979; Altvater / Mahnkopf 1999; Hübner 1989; Hurtienne 1986; Lipietz 2000; Väth 1989. Zur Kritik an den Begrifflichkeiten, aber inhaltlich eher als Fundierung, siehe Lutz 1989.

immer weniger Unternehmen zu spürbar erhöhter Nachfrage nach den eigenen Erzeugnissen führt, weil diese weltweit über Exporte (X) bzw. Importe (M) vermarktet werden. Auch die alten Großstrukturen von *big business, big labor* und *big government* sind mit den neuen Lebensstilen und durch technologische Innovationen ins Wanken geraten. Ein eindeutig überzeugendes westliches 'Modell' konnte und kann den Transformationsländern deshalb nicht vorgeführt werden.

Die Unterteilung der Gesamtwirtschaft in einen geldwirtschaftlich-kapitalistischen und einen familienwirtschaftlichen Teil erweist sich also selbst in unserer eigenen Gesellschaft als erkenntnisfördernd. Umso mehr bietet sich diese Inblicknahme der Heterogenität von Produktionsweisen an, wenn es um so offensichtlich noch weit heterogenere Strukturen wie diejenigen in Entwicklungs- und Transformationsländern geht.

2. Die staatswirtschaftliche Produktionsweise und ihre Transformation

Wenn 'Heterogenität' sich auf die unterschiedlichen Logiken des Verhaltens - sozusagen die 'Gene' - von kapitalistischen, also von den Finanzmarkten abhängigen Unternehmen einerseits und Familienwirtschaften als den häufig zumindest quantitativ vorherrschenden einheimischen, lokalen Formen des Wirtschaftens andererseits bezieht, dann müssen nicht nur in realsozialistischen, sondern auch in marktwirtschaftlichen Ökonomien die Staatsbetriebe ebenfalls auf ihre spezielle Logik hin untersucht werden. Gemeinsam mit den Spitzen der hoheitlichen Verwaltungs- und Militärapparate und der politischen Parteien bilden ihre Vertreter nicht selten eine 'Staatsklasse'[13], die mit eigenem Klassenbewusstsein mehr oder weniger autonom und mehr oder weniger demokratisch kontrolliert und legitimiert Herrschaft durch Zwang ebenso wie durch Eigentum - eben staatliches Eigentum - ausüben.

Typischerweise haben Staatsbetriebe Zugang zu fiskalischen Ressourcen, also Mitteln, die über den Staat als hoheitlichen Zwangsapparat durch Steuern oder Beiträge aufgebracht und mit den eigenen Ressourcen des Staatsbetriebes gemischt werden. Es gibt keine 'harte Budgetrestriktion', weswegen stets die Versuchung für das Management besteht, nicht über

---

[13] Zu Elsenhans vgl. Fuhr 2000.

Effizienzsteigerung und Akkumulation, sondern über *Rent-seeking*[14], inklusive der Einbehaltung eigentlich an das staatliche Budget abzuführender Steuern und Royalties, das eigene Überleben zu sichern und zu wachsen. Zwar lassen sich intelligente *governance structures* finden, welche den öffentlichen Auftrag und das effiziente Wirtschaften unter einen Hut zu bringen erlauben. Aber die Schlagseite oder Abrutschgefahr in Richtung Ineffizienz, *empire-building* und Korruption ist wohl kaum in Frage zu stellen.

In westlichen Industrieländern und marktwirtschaftlich verfassten Entwicklungsländern sind solche Staatsbetriebe, inklusive staatliche Entwicklungsbanken, häufig wichtige Akteure mit einer eigenen Logik, die in der Regel auf die Förderung anderer, also den 'Versorgungsauftrag in der Fläche', die technologische Innovation oder die 'Sicherung der Ölrente für den Staat', hinausläuft und sich aus dem wirklichen oder angeblichen Versagen des Marktes legitimiert. Die Norm ihrer Verhaltenslogik verlangt typischerweise, über die Marktleistung hinaus ein Extra zu erbringen, und dieses wird nach der Logik des Fiskus beurteilt: Bei einer möglichst geringen Belastung des Steuerzahlers soll eine möglichst hohe öffentliche Leistung erbracht werden. Die Budgetrestriktion ist also nicht unendlich 'weich', sondern eher ein Startvorteil oder eine Ausfallgarantie im Notfall, so daß Effizienz und Wachstum aus eigener Kraft, d.h. aufgrund der am Markt zu erzielenden Ergebnisse, bei 'guten' Staatsbetrieben die Regel ist oder zumindest der Norm nach sein sollte. In ihrer Bedeutung sind Staatsbetriebe in Marktwirtschaften jedoch niemals mit den 'volkseigenen' Betrieben im Realsozialismus auf eine Stufe zu stellen, denn sie stellen weder die Masse der Arbeitsplätze, noch das ökonomische Rückgrat für die Versorgung der Bevölkerung mit Gütern und Dienstleistungen.

Die Staatswirtschaft mit 'volkseigenen' Betrieben und deren Logik des Wirtschaftens in Produktion und Reproduktion ist von Autoren wie Wittfogel (1957), Bahro (1977), Kornai (1986, 1998) und Riese (1990) beschrieben worden. Wie bereits angeklungen, ist das Leitbild hier nicht, es um ein gewisses Extra 'besser' zu machen als der versagende Markt, sondern 'andere' Prioritäten zu setzen und gerade nicht die Kaufkraft der Konsumenten zum Kriterium für die Allokation zu machen. Der Plan ersetzt den Markt und das Geld als kohärenzstiftendes Medium, und da der Plan immer nur ein Instrument zur Erfüllung von Zielen in der Hand von

---

[14] Krueger 1974; Asshoff 1988.

bestimmten Entscheidungsträgern ist, überzeugt es, wenn Lebowitz im Anschluss an Kornai in der *Avantgarde-Partei* das Zentrum der Funktions- und Reproduktionslogik dieses Systems identifiziert: "The Communist party must gain undivided possession of political power for the process to get under way. This historical configuration bears the 'genetic code' that transmits the main characteristics of the system to every cell within it. This is the seed of the new society from which the whole organism grows."[15]

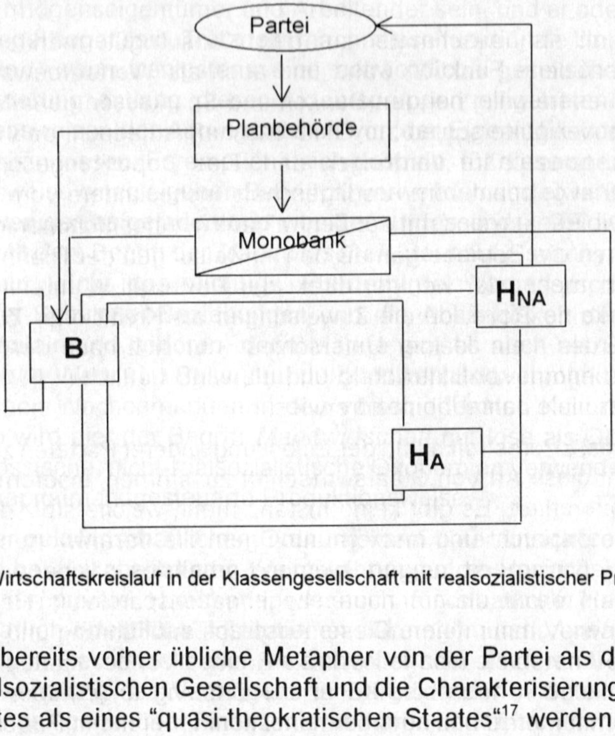

Abb. 6: Wirtschaftskreislauf in der Klassengesellschaft mit realsozialistischer Produktionsweise

Die bereits vorher übliche Metapher von der Partei als dem Gehirn[16] der realsozialistischen Gesellschaft und die Charakterisierung des Machtapparates als eines "quasi-theokratischen Staates"[17] werden durch diese der Biologie entlehnten, auf die Reproduktion der Gesamtgesellschaft abstellenden Begriffe bekräftigt und bestätigt. Der Avantgarde-Anspruch ist

---

[15] In Kornai's Worten (1992, S. 368), zitiert nach Lebowitz 2000, S. 380.

[16] Bahro 1977, S. 298.

[17] Ebd., S. 15.

dabei zentral, beinhaltet er doch, daß die Partei es besser weiß als das Volk und sich deshalb nicht dessen Urteil zu stellen hat. Der Plan legitimiert sich also nicht aus der Souveränität der Konsumenten und der Wähler, sondern aus einer Art von geschichtseschatologischen Offenbarungswissen, über welches die Initiierten verfügen. Dadurch entschlüsselt sich auch die Attraktion der Partei für Intellektuelle als 'Kleriker', weswegen Begriffe wie Theokratie oder Ziviltheologie ein wichtiges Charakteristikum treffen.

Geld nimmt als Tauschmittel auf den Konsumgütermärkten seine bereits beschriebene Funktion wahr, und auch als Wertaufbewahrungsmedium wird es freiwillig bei den Banken und Sparkassen gehalten. Entscheidend für den Unterschied zur Geldwirtschaft ist jedoch, daß es nicht in die Produktionssphäre vordringen darf. Das Depositengeschäft der Banken ist strikt getrennt vom Kreditgeschäft, insbesondere vom Investitionskredit. Die Banken sind mit der Zentralbank in einer *Monobank* vereint und finanzieren die Betriebe gemäß den Anweisungen der Planbehörde, die wiederum mehr oder weniger direkt der Parteispitze untersteht. Es spielt häufig keine Rolle, ob die Zuweisungen als Kredit oder Zuschuss deklariert werden - ein 'kleiner Unterschied', der sich nach der Wende allerdings als enorm konfliktträchtig und die wirtschaftlichen Funktionen zuweilen über viele Jahre lähmend erwies.

Mit Glasnost', Perestrojka und der Zulassung anderer Parteien zu freien Wahlen bricht diese Art von Staatswirtschaft zusammen, insofern als sie ihre Kohärenz verliert. Es gibt keine Instanz mehr, welche stolz den Lorbeer dafür beansprucht und insofern auch gern die Verantwortung dafür übernimmt, daß niemand hungert, niemand arbeitslos ist oder wie sonst die berechtigten wie die unberechtigten Legitimationsparolen im Realsozialismus geheißen haben mögen. Dieser Anspruch auf Führung und Verantwortung der Partei hat ja immer auch als Bremse vor der totalen Willkür und Ineffizienz gewirkt und die Kader zur Leistung angetrieben. Wenn diese staatlichen Funktionen auch von einer konkurrierenden Partei ausgeübt werden können, ohne daß der Kosmos einstürzt und das Chaos hereinbricht, wird der Souveränitätsanspruch aufgegeben, welcher oben mit den Begriffen *Avantgarde* und *Kohärenz* umschrieben worden ist.

Vergesellschaftetes Eigentum an Produktionsmitteln degeneriert dann zu schlichter Verfügungsgewalt über Vermögenswerte in der Hand von bürokratischen Apparaten wie Ministerien, nachgeordneten Behörden, Militäreinheiten, Gemeindeverwaltungen, autonomen Provinz-Entitäten aller Art etc., wobei die Zuordnung von *property rights*, also nicht nur von dem umfassenden Eigentum (*property*), sondern auch von Verfügungsrechten und Obliegenheiten der verschiedensten Art an Eigenschaften (*properties*) einer Sache, eines Unternehmens, eines Grundstücks oder auch eines Ministeriums, eines Akademie-Instituts oder eines volkseigenen Betriebes häufig bis heute unklar oder strittig ist.

Wie Besitz, Besteuerung, Zugangsanspruch, 'Wegerechte' aller Art, Nutzung externer Effekte, Unterwerfung unter Flächennutzungspläne, Umweltauflagen oder Aufsichtsrechte, Umgang mit Belastungen des Bodens, Abfindungsrechte von nicht mehr zu beschäftigenden Arbeitskräften, Pensionsansprüche von ehemals Beschäftigten, Hypotheken oder Abrisskosten geregelt werden, ist für eine marktwirtschaftliche Ordnung ganz entscheidend. Für die Ökonomie unter Herrschaft der Partei war das nicht der Fall gewesen. Wenn von Vermögen, den *rights* und *assets*, die Rede ist, dann ist analytisch stets auch die Gegenbuchung aufzumachen, so daß die Verbindlichkeiten und Obliegenheiten (*liabilities*) mit gemeint sind und die Nettowerte durchaus negativ sein können. Erst dadurch erklärt sich häufig die Schwerfälligkeit von Privatisierungen, denn zunächst sind die Erblasten der verschiedensten Art zu klären, sonst kommt es gar nicht zu einem positiven Vermögenswert! Für die Analyse von 'Transformation' ist es unerlässlich, einen Begriffsapparat zur Verfügung zu haben, welcher in der Lage ist, die aus und nach dem Zerfall der alten Ordnung entstehenden Strukturen zu charakterisieren.[18]

3. Die geldwirtschaftliche Ordnung und ihre Probleme

Die 'Transition' als Übergang von einer realsozialistischen Planwirtschaft in eine kapitalistische Marktwirtschaft durch Befreiung des *homo oeconomicus* vom außerökonomischen Zwang, so daß er sich nach dem Fall der Mauer seiner anthropologischen Bestimmung gemäß als Individuum in einer Marktwirtschaft entfalten könnte, war 1989 eine naive, aber trotzdem weit verbreitete Vorstellung. Es haben sich indes vielfältige institutionelle Strukturen herausgebildet, die häufig als hybrid bezeichnet werden, was mit dem hier vorgeschlagenen Begriff der *strukturellen Heterogenität* die

---

[18] "Was passiert, wenn nichts passiert?", lautete die Formel, mit der wir im Forschungsgebietsschwerpunkt operiert haben, wenn alles andere als westlich-kapitalistische Strukturen zu beschreiben und in ihrer Funktionslogik zu analysieren waren.

Unterschiedlichkeit der 'Gene' von aufeinander gepfropften oder sonst wie kombinierten unterschiedlichen Pflanzen gemeinsam hat. Und da es seit 500 Jahren in Lateinamerika einen solchen aufgepfropften Kapitalismus gegeben hat, vermag dieser Kontinent den weltweit um sich schauenden Sozialwissenschaftlern vielleicht so etwas wie eine Meßlatte für Osteuropa zu liefern. Kapitalismus bedeutet eben nicht automatisch Westeuropa mit seiner wirtschaftlichen Prosperität und seinen mehr oder weniger gut funktionierenden demokratischen politischen Strukturen.

Um die Logik der kapitalistischen Geldwirtschaft zu erfassen, empfiehlt es sich, mit Bestandsgrößen statt - wie bisher in der Kreislaufbetrachtung - mit Strömungsgrößen zu operieren.[19]

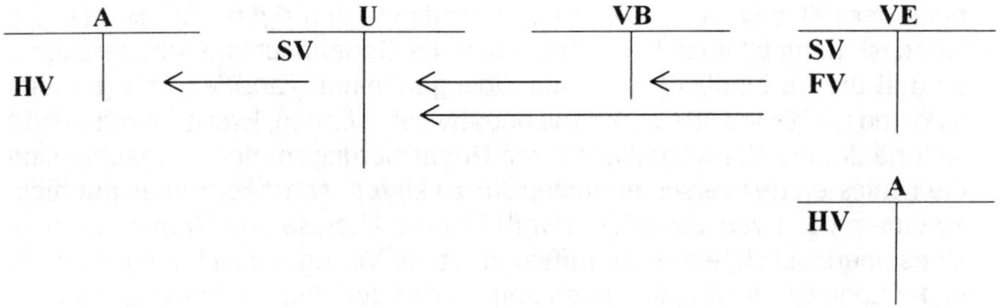

Abb. 7: Vermögensrechungen

Die gesellschaftliche Arbeitsteilung erfolgt zwischen Vermögenseigentümern (VE) als denjenigen, die über Sachvermögen (SV) aller Art disponieren können, weil sie darüber Verfügungsrechte haben, die aber - im Modell - nicht in der Lage sind, diese Ressourcen auch selbst zu bewirtschaften. Das ist Sache der Unternehmer (U), die das Sachvermögen in Wert setzen und mit Humanvermögen (HV) kombinieren, also Arbeitnehmer (A) beschäftigen, die wiederum über kein Sachvermögen verfügen und sich deshalb nicht als selbständige Unternehmer reproduzieren können. Für die Aufnahme der Produktion müssen sich die Unternehmer entweder direkt bei den Vermögenseigentümern oder indirekt über Banken

[19] Vgl. Nitsch 1999 für eine detailliertere Darstellung.

als Vermögensbesitzer (VB) verschulden oder ihnen Beteiligungen, z.B. Aktien, anbieten. Entscheidend für die Einkommensbildung bei den Arbeitnehmern und für die Akkumulation ist die Bereitschaft der Vermögenseigentümer, ihr Sachvermögen zu verkaufen und dafür Finanzvermögen (FV) in ihre Portefeuille aufzunehmen.

Gesellschaftliche Arbeitsteilung ist hier in erster Linie funktional gemeint. Ein Unternehmer kann also als Person durchaus gleichzeitig auch noch Vermögenseigentümer und Arbeitender sein, und er oder sie wird es in der Regel sogar sein. Trotzdem macht diese funktionale Unterscheidung dann Sinn, wenn wenigstens eine beträchtliche gesellschaftliche Ausdifferenzierung entlang dieser Akteursgruppen eingetreten ist und die Verhaltensweisen der Aggregate sich von der Eigenlogik von VE, VB, U und A leiten lassen. Es empfiehlt sich deshalb, für diese spezifische Produktionsweise einen eigenen Begriff zu verwenden und etwa 'Kapitalismus' oder - weniger aufgeladen und weniger umfassend - 'Geldwirtschaft' zu sagen. Mit dem Begriff der *Marktwirtschaft*, der häufig synonym verwendet wird, geht leicht das wichtige Element der Vergesellschaftung über Gläubiger-Schuldner-Beziehungen und die Abhängigkeit der Produktion vom Kapitalmarkt verloren, denn Märkte gibt es auch als Spotmärkte - Geld gegen Ware - im Basar, auf dem antiken Sklavenmarkt und bei den bäuerlichen Wochenmärkten in den verschiedensten Kulturen der Welt. Deshalb wird hier der Begriff *Marktwirtschaft* nur lose als Oberbegriff für zeitgenössische, nicht-realsozialistische Ökonomien verwendet, nicht aber für die kapitalmarktgesteuerte Produktionsweise.

In der geldwirtschaftlichen Ordnung kann unter unsicheren Bedingungen und bei risikobehafteten Weichwährungen die Hortung von Sachvermögen für private Haushalte wie auch für staatliche Haushalte und halbstaatlich-öffentliche Institutionen, Gremien und Verwaltungen als Inhaber von Rechtstiteln aller Art sinnvoller sein als deren Verkauf. Denn die Umwandlung des Vermögens in Bargeld oder in Beteiligungen und Forderungen gegenüber Finanzintermediären und Unternehmen unterliegt ungewissen Ertragserwartungen sowie dem Risiko des Verlustes.

Wenn der Vermögenseigentümer überdies gar nicht sicher über Nettowerte verfügen kann, sondern das Sachvermögen mit Hypotheken im weiteren Sinne, also Verbindlichkeiten aller Art, belastet ist, muss in der Transformation nicht nur das Sachvermögen seinen Weg zum Unternehmer finden, sondern auch der Schuldenberg einen neuen Schuldner, oder die Gläubiger - vom ausländischen Anleihezeichner bis zum Betriebsrentner des kommunal-volkseigenen Betriebs - werden auf mehr oder weniger geregelte Art und Weise und gegen höhere oder geringere Entschädigung enteignet.

Die im Kreislaufmodell häufig implizit unterstellte Annahme der Gewißheit auf Faktor- und Gütermärkten erweist sich also als analytisch brüchig und - schlimmer noch - als wirtschaftspolitisch irreführend, suggeriert sie doch, gemeinsam mit der Unterstellung des methodologischen Individualismus, daß es für die Eigentümer von Sachvermögen stets rational ist, dieses den Unternehmen für die Produktion zur Verfügung zu stellen, weil sie nur dann dafür ein Entgelt erhalten. Mit der Einführung von Ungewissheit - wie unter Transformationsbedingungen normalerweise vorherrschend - wird die Aufgabe von Horten als ernstzunehmendes Problem beleuchtet, und zwar nicht unbedingt unter dem Blickwinkel der Privatisierung, sondern unter dem der Inwertsetzung durch unternehmerisches Handeln. Dabei ist es im Prinzip gleichgültig, ob das Eigentum an Private oder an öffentlich-rechtliche oder gemeinwirtschaftliche Träger übergeht.

Die Geldwirtschaft ist durch weitere Charakteristika gekennzeichnet, die gerade in der Kombination mit anderen Produktionsweisen und in einem internationalen Umfeld nicht übersehen werden dürfen. Dabei handelt es sich in erster Linie um die Zentralbank und das von ihr emittierte Geld. Natürlich hat es schon seit langer Zeit Geld im Sinne von Zahlungsmitteln gegeben, und auch im Realsozialismus ist, wie bereits ausgeführt, mit Geld bezahlt worden und das Geldeinkommen hat eine der beiden Restriktionen für die Konsumgüternachfrage dargestellt.

Die Funktionslogik des Geldes als *medium of deferred payment*, wie Keynes es formuliert hat, also als Mittel zur Erfüllung zeitlich versetzter Schuldkontrakte in einer Welt voller Ungewissheit, ist jedoch erst kürzlich von Riese und seiner Berliner Schule der *Monetär-Keynesianer* paradigmatisch herausgearbeitet worden.[20] Die Zentralbank (ZB) wird dabei als Marktpartnerin modelliert (Abb. 8), die auf der Passivseite das von ihr emittierte Geld knapp halten und mit den anderen ZB der Welt konkurrieren muss und die auf der Aktivseite ihrer Bilanz Währungsreserven (WR) hält und die Geldversorgung der Wirtschaft über die kurzfristige Refinanzierung (Diskontkredit) der Geschäftsbanken (GB) so zu steuern hat, daß Allokation und Akkumulation, also Beschäftigung und Wachstum, gesichert sind. Dabei muss erkannt werden, daß die Geldschöpfung seitens der

---

[20] Riese 1986, 1990, 1992 und 1995; Schelkle 1999; Stadermann 1995; Nitsch 1999 u.a.

Zentralbank und die Kreditschöpfung durch die Banken auf sehr fragile Weise zusammenspielen und daß das ganze Wirtschaftsleben, also die Produktion von Gütern und die Beschäftigung von Arbeit, auf Kredit (= Vertrauen) gebaut ist. In einer Geldwirtschaft mit voll durchgesetzter Eigenlogik ist es denn auch nicht nur Schumpeters berühmter Unternehmer[21], der - selbst mittellos - mit Hilfe des Bankiers Innovationen durchsetzt und die *Akkumulation* in Gang setzt, sondern auch Keynes Unternehmen schlechthin, welches gemäß seiner "monetary theory of production"[22] bereits die *Allokation* im Gleichgewicht ohne Wachstum bestimmt.[23]

Ohne Geldvorschüsse gibt es in einer Gesellschaft mit dieser Arbeitsteilung überhaupt keine Produktion. Besonders bei Finanzkrisen aller Art wird in Erinnerung gebracht, wie artifiziell und anfällig, und auch wie tiefgreifend diese Kreditketten sind, denn ebenso wie die Kreditschöpfung *ex nihilo* erfolgt, so spurlos kann die geldwirtschaftlich gesteuerte Produktion zusammenbrechen und im Nichts verschwinden. Dann offenbart die Geldwirtschaft ihre Logik sozusagen 'im Rückwärtsgang', und plötzlich können sich auch brave Familienangehörige, die normalerweise ihr Vermögen in das Kleinunternehmen von Nichte oder Enkel gesteckt hatten oder auch hätten, als knallhart reagierende geldwirtschaftliche Vermögenseigentümer erweisen. Die relevante Budgetrestriktion der Produktion ist in der Geldwirtschaft stets die Bereitschaft der Vermögenseigentümer, auf Liquidität, Sicherheit und den Erwartungsnutzen des Hortens von Sachvermögen sowie auf die Flucht in ausländische Vermögenswerte, inklusive Fremdwährung in bar, zu verzichten, so daß finanzielle Mittel für die inländischen Unternehmen und deren Produktion bereitgestellt werden. Diese vorgeschossenen Mittel müssen aber nicht nur zurückerstattet werden wie die *Gabe*[24] in den archaischen Gesellschaftsformationen und auch in der zeitgenössischen Familienwirtschaft und der Staatswirtschaft, sondern sie müssen einen Ertrag in Gestalt von Zinsen und Profiten abwerfen; in den Worten von Marx: "Akkumuliert, Akkumuliert! Das ist Moses und die Propheten!"[25]

---

21 Schumpeter 1987, S. 99ff.

22 Keynes 1933, S. 123.

23 Riese 1986.

24 Mauss 1950.

25 Marx 1966, S. 621.

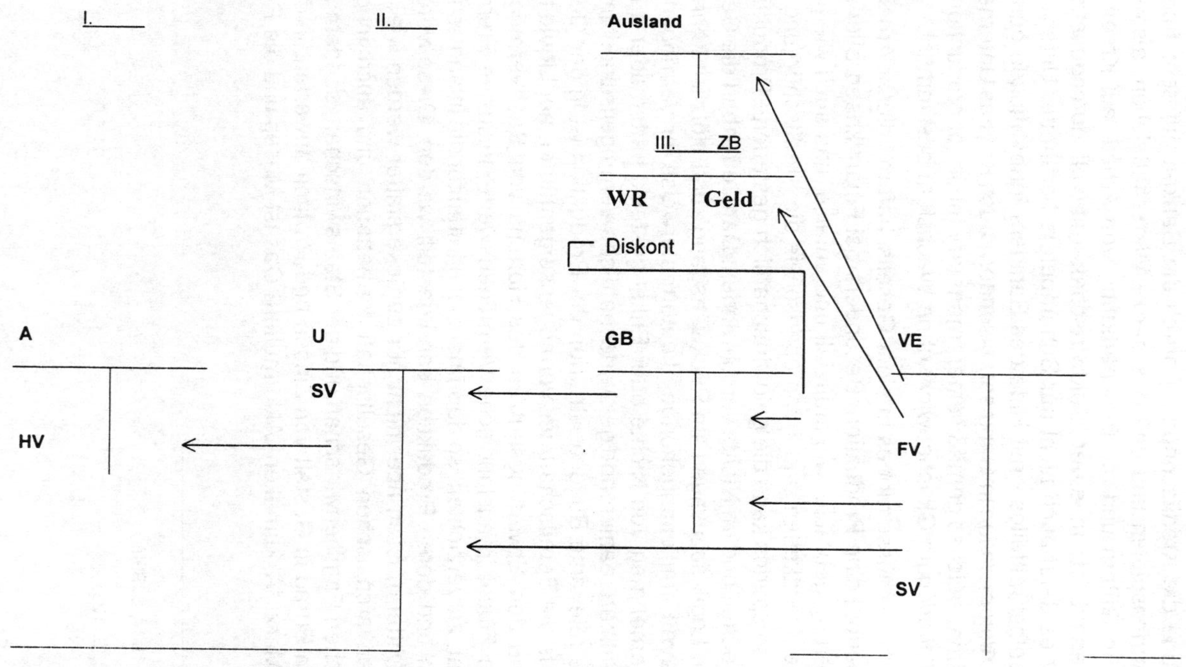

Abb. 8: Vermögensrechnungen in der Geldwirtschaft mit Zentralbank und Ausland

Was die Einbettung der Geldwirtschaft in den kulturell-institutionellen Überbau anbetrifft, so ist es nicht nur dieses inhärente Wachstumsmandat, sondern auch der Kategorische Imperativ von Kant, der als Basisnorm der bürgerlichen Gesellschaft anzusehen ist: "Der kategorische Imperativ ist also nur ein einziger und zwar dieser: handle nur nach derjenigen Maxime, durch die du zugleich wollen kannst, daß sie allgemeines Gesetz werde!"[26]

Diese Norm ist ebenso wenig selbstverständlich wie die Geldwirtschaft als ökonomische Basis. Wo familiäre Blutsbande für die Gesellschaft als konstitutiv erachtet werden, gilt die Gleichheit vor dem Gesetz und auf dem Markt nicht. Und wo eine *Avantgarde* herrscht, gilt für ihre Anführer und Mitglieder auch nicht Kants 'allgemeines Gesetz'. Es fehlen der Geldwirtschaft die Wärme, die Totalität und die Exklusivität, die die kulturellen Wert- und Normensysteme der anderen Produktionsweisen verheißen. Da sie nun einmal blind und taub ist gegen alles, was nicht in klingende Münze umgesetzt wird, und da zu einer funktionierenden modernen Gesellschaft noch viele andere 'Teilsysteme der Gesellschaft' - wie Niklas Luhmann sagen würde[27] - neben der Wirtschaft gehören oder gehören müssten, wird ihr in strukturell heterogenen und nur teilweise in diesem Sinne 'modernen' Gesellschaften leicht der Vorwurf der Ausgrenzung und der Menschenverachtung entgegengebracht.

Von rechts hat das 'allgemeine Gesetz' von Kant sich stets gegen Standes- und Rassendünkel, Privilegienanmaßung und Volkstümeleien durchzusetzen, und auf der Linken ist mit dem Verschwinden der führenden Rolle der kommunistischen Parteien noch keineswegs überall der Avantgarde-Mythos mit seiner hohen Attraktivität für Intellektuelle zu Grabe getragen worden. Auch im Westen haben ja nicht alle Linken ihren Frieden mit der bürgerlichen Gesellschaft gemacht. Mackie Messers Ausspruch in der Dreigroschenoper, "Was ist das Ausrauben einer Bank gegen die Gründung einer Bank!", sitzt tief. Unter anderem kommt diese anhaltende Skepsis darin zum Ausdruck, daß der Diskurs über die 'zivile Gesellschaft' zwar *en vogue* ist, aber der *Bürger* eben nur mit *citoyen*, nicht unbedingt auch mit bourgeois übersetzt wird.[28]

---

[26] Kant 1788/1935, S. 231.

[27] Luhmann 1987.

[28] Bezeichnend ist der Titel des Beitrags von Ludger Volmer 1998 zur Altvater-Festschrift, in welchem er - wenige Wochen vor dem Eintritt der Grünen in die Bundesregierung und vor seinem Dienstantritt als Staatsminister im Auswärtigen Amt - die Frage aufwirft, ob die Grünen etwa

Da sich die Normen der bürgerlichen Gesellschaft nicht nur über Schulen und Hochschulen, sondern gerade über die Massenmedien und vor allem den Film seit vielen Jahrzehnten über die ganze Welt verbreitet haben, sind sie in der Regel bei den 'Kleinen Leuten' eher angekommen und tiefer verankert als bei den sogenannten Eliten auf der rechten wie der linken Seite des politischen Spektrums, die - wie ausgeführt - von der bürgerlichen Gleichheit eine Einschränkung ihrer Privilegien zu befürchten haben. De Soto (1986) spricht in seinem Bestseller von *Merkantilismus*, wenn er die Günstlingswirtschaft der peruanischen Eliten anprangert, und er vergleicht seine im informellen Sektor der Stadt Lima entstandene 'Marktwirtschaft von unten' mit dem Aufkommen der Bourgeoisie in Europa während des späten 18. und 19. Jahrhunderts. Interessanterweise kommen übrigens zur selben Zeit auch die Forscher des Instituto de Estudios Peruanos und des LAI, denen ein ideologischer Hang zur Apologie des Kapitalismus nicht nachgesagt werden kann, zu demselben Befund einer "moral protestante"[29] bei den nach Lima hereingeströmten Migranten.

Gleiches Recht für alle gilt überdies nicht nur für den Wirtschaftsbürger, sondern auch für den Staatsbürger an der Wahlurne, vor Gericht, vor dem Sozialamt und der öffentlichen Rentenkasse sowie vor allem auch gegenüber 'fördernden' Leistungsverwaltungen, wo 'emanzipatorische Bürokratie'[30] als Maßstab zu fungieren hat und Pilotprogramme für einige wenige Piloten als heimliche Zielgruppe, wie in der entwicklungspolitischen Praxis häufig üblich, nichts zu suchen haben.

4. Das heterogene Geldwesen

Die Kombination von unterschiedlichen Produktionsweisen in einer konkreten Gesellschaftsformation erfolgt typischerweise als Mischung und Koexistenz von Geldwirtschaft, Staatswirtschaft und Familienwirtschaft.[31] Arbeitskräfte aus den vorwiegend familienwirtschaftlich bestimmten Haushalten arbeiten auch in Staatsbetrieben und geldwirtschaftlichen Unternehmen, Kapitalisten investieren in Schuldverschreibungen oder Aktien von

---

"Geschäftsführer der bürgerlichen Gesellschaft" sind oder sein sollten.

29 Golte / Adams 1987, S. 14.

30 Nenning 1976.

31 Zum heterogenen Geldwesen mit Bezug auf Lateinamerika vgl. Schiller 1994; Nitsch 1999.

Staatsbetrieben etc. Dabei wird unter Staatswirtschaft nicht der Realsozialismus mit der Partei als höchster Instanz verstanden, sondern der öffentliche Sektor unter marktwirtschaftlichen Bedingungen, mit den oben erläuterten strukturellen Problemen wegen der 'weichen Budgetrestriktion' als Achillesferse. Geld ist hier Zahlungsmittel für Steuern und für die Förderung anderer Wirtschaftseinheiten, aber auch Tausch- und Kreditmittel.

Die Familienwirtschaft wiederum muss mit dem Vermögen der Familienangehörigen als Budgetrestriktion rechnen. Sie steht unter dem Diktat des Konsums der Familienangehörigen, so daß das Unternehmen in deren Dienst gestellt oder überhaupt erst wegen der Arbeitslosigkeit mehr oder weniger freiwillig gegründet wird und nicht umgekehrt - wie in der Geldwirtschaft - nur so viel Arbeit beschäftigt wird, wie sie in der Produktion Profit abwirft. Die Familienwirtschaft entspricht vielmehr dem 'Wirt' bei Schumpeter,[32] der - mehr oder weniger im Gleichgewicht und mit eingeführten Methoden arbeitend - vor allem die eigenen Ressourcen bewirtschaftet und für den die Kreditaufnahme nur akzidentell ist, also gelegentlich erfolgt, oder auch nicht, für den der Kredit aber nicht zur Logik seines Wirtschaftens gehört. Geld ist für ihn Tauschmittel auf Spotmärkten, Zahlungsmittel für Steuern und nur gelegentlich aktives oder passives Kreditmittel. Engpass im Sinne von Budgetrestriktion ist für ihn oder sie (denn gerade der 'kleine', nicht vollzeitliche Familienbetrieb ist häufig eine weibliche Domäne!) das Vermögen der Familienangehörigen und deren Bereitschaft, dieses zur Verfügung zu stellen. Eine Verschuldung bei Externen kommt kaum in Frage, allenfalls durch eine gewisse Beleihung dieses Vermögens, das dafür allerdings pfändbar sein muss. Als Kreditgeber für Familienwirtschaften sind überall in der Welt Geldverleiher üblich, wobei nicht nur an den Wucherer zu denken ist, der Notlagen armer Leute ausnutzt, sondern auch an den marktgerechten, wenn auch teuren, fairen Kurzfrist-Finanzier. Ihn zu ersetzen, oder besser: ihn überhaupt erst auf breiter Front zu etablieren, ist übrigens die generelle Linie der marktwirtschaftlich orientierten Mikrofinanzinstitutionen, von denen noch die Rede sein wird.

Zunächst soll jedoch noch ein Blick auf weitere Produktionsweisen geworfen werden, die sich in unterschiedlichen Ländern zu verschiedenen Zeiten, aber auch nebeneinander als Zeit- und Ortsgenossen finden las-

---

32 Schumpeter 1987, S. 122.

sen.[33] Indigene Gemeinschaften wirtschaften häufig mit Gemeineigentum, über welches die entsprechenden Gremien in dem Sinne entscheiden, daß der Besitz für längere Perioden einzelnen Familien zugesprochen wird. Die nomadische Produktions- und Reproduktions- oder Lebensweise wiederum wird bestimmt von einem sehr komplexen Reziprozitätssystem von Rechten und Obliegenheiten, die sich um die Tiere, um die Transportleistungen und den Handel (häufig auch: Schmuggel)) ranken. Großgrundeigentümer mit Pachtbauern stellen ebenfalls in vielen Ländern eine Produktionsweise *sui generis* dar. Dasselbe gilt für Straf- und Arbeitslager aller Art, Bergbau-Siedlungen, Großbaustellen, Militäreinheiten und Gefängnisse, die eine eigene Produktion betreiben u.ä.m. Stets ist nach den Produktionsverhältnissen ebenso zu fragen wie nach der Reproduktion und dem Stand der Produktivkraftentwicklung sowie dem Zueinanderpassen von ökonomischer Basis und kulturell-institutionellem Überbau.

Von den Anthropologen wissen wir, daß nicht nur Familien, d.h. beide Geschlechter und mehrere Generationen umfassende Gemeinschaften miteinander wirtschaften, sondern auch Gruppen von gleichgeschlechtlichen, gleichgesinnten und gleichaltrigen Menschen, die man als *Horden*[34] bezeichnen könnte. Vor allem bei traditionellen Jägern und Sammlern, aber auch bei den *Crews* von Arbeitskolleginnen und -kollegen in modernen Unternehmen und Verwaltungen, bei Unternehmensgründern und Freiberuflern sowie bei Piraten zu allen Zeiten lassen sich solche Hordenwirtschaften beobachten. In Transformationsländern sind die Seilschaften berühmt, die auch dann noch zusammenhalten, wenn die einzelnen Mitglieder längst in verschiedenen Institutionen tätig sind und nur noch als Netzwerk gelegentlich die besonderen Vertrauensverhältnisse für mehr oder weniger legale Geschäfte nutzen. Bei der informellen Inwertsetzung von brachliegendem Sachvermögen sind solche Piratenwirtschaften besonders häufig zu finden, und ökonomisch können sie dabei auch noch eine sinnvolle Funktion ausüben, nämlich dann, wenn sie ansonsten ungenutzte Ressourcen nutzen, die von den Eigentümern aus welchen Gründen auch immer gehortet werden.[35] Häufig gehen solche *Horden* in ihrer Freizeit und von einem sicheren Heimathafen aus 'auf Kaperfahrt'.

---

[33] Siehe Elsenhans 1977 für die Deformation der vorkapitalistischen und vorkolonialen Gesellschaftsformationen in den heutigen Entwicklungsländern.

[34] Meillassoux 1978, S. 25ff.

[35] Pingel 1999b.

Während *Horden* typischerweise Gleichverteiler sind, - *Likedeelers*, wie es bei Störtebekers Piraten hieß - weil alle in gleicher Gefahr stecken und ihren Kopf hinhalten müssen, ist die nächste Kategorie von klandestiner Ökonomie nicht mehr egalitär, sondern die Gleichheit reicht nur bis zur nächsten Ebene, und der Boss bleibt unbekannt: Die Mafia-Ökonomie ist deshalb nicht weniger präsent und auch nicht weniger wichtig, wenn auch die Modellierung ihres Verhaltens und ihrer Rolle in Transformations- und Entwicklungsländern meines Wissens noch nicht systematisch betrieben worden ist.

Was es in heterogenen Gesellschaftsformationen typischerweise gibt, ist die Arbitrage zwischen den Produktionsweisen, wodurch deren jeweilige Stärken, aber auch ihre Schwächen und Grausamkeiten kombiniert werden können. Beispielsweise können es geldwirtschaftliche Unternehmen vorziehen, sich um staatliche Förderung zu bemühen, statt ihren Profit mit der Akkumulation zu machen. Fidel Castro hat das Wort von der *Lumpenbourgeoisie* für diese Unternehmer und Manager geprägt. Ebenso können staatliche oder geldwirtschaftliche Betriebe Arbeitskräfte aus dem familienwirtschaftlichen Sektor unter deren Reproduktionskosten einstellen, weil ein Teil derselben von den Familien getragen werden.

Andererseits lassen sich staatliche Förderinstrumente für die Familienwirtschaften identifizieren, die zu deren Abstützung und Fortentwicklung sowie zum Aufbau eines breiten, für die Ausbildung einer Geldwirtschaft unabdingbaren Finanzsektors beitragen. Dies wird u.a. mit dem Aufbau von Mikrofinanz-Institutionen durch die internationalen Entwicklungsagenturen, insbesondere die Weltbank, die Kreditanstalt für Wiederaufbau (KfW) und die European Bank for Reconstruction and Development (EBRD - Osteuropabank), versucht. Im folgenden wird unter der Perspektive auf diese Projekte eingegangen, daß bei ihnen die *Artikulation* zwischen den drei Produktionsweisen, nämlich den Familienwirtschaften als Zielgruppe, den staatswirtschaftlichen Agenturen als Förderern und den zu schaffenden Finanzinstitutionen als letztendlich geldwirtschaftlichen Akteuren, beispielhaft in unterschiedlichen raum-zeitlichen Gesellschaftsformationen zu studieren sein sollte

III. Zum Aufbau von volksnahen Finanzinstitutionen in Entwicklungs- und Transformationsländern

Der Aufbau von Finanzinstitutionen, die als Zielgruppen die ärmeren Bevölkerungsschichten und unter diesen wiederum die einkommenschaffenden Kleinst-, Klein- und Mittelbetriebe haben sollten, hat in der Entwicklungspolitik eine lange Geschichte. Als *Entwicklung* nach dem Zweiten Weltkrieg die dominante Zielvorstellung geworden war, stellte man zunächst fest, daß normale, kommerzielle Geschäftsbanken kein Interesse an der Kundschaft der 'kleinen Leute' hatten und daß sie auch die längerfristige Investitionsfinanzierung scheuten. So kam es zur Gründung von Entwicklungsbanken staatlicher, gemischtwirtschaftlicher und auch vorwiegend privater Natur, was den internationalen Gebern von Entwicklungshilfe insofern entgegenkam, als diese Institute die idealen Counterparts waren, um Kapitalhilfe und Technische Hilfe zu absorbieren. Sie konnten aus ihrem breiten Portefeuille jederzeit diejenigen Projekte hervorziehen, die vom Geber bzw. seinem Auftraggeber - z.B. dem Parlamentsausschuss - verlangt wurden, und außerdem unterstützte die Entwicklungsbankenförderung auch noch die eigenen Exporte der Industrieländer.

Daß nur wenig für die Kleinen dabei abfiel, war meist gar nicht so wichtig. Das wurde erst zum Problem, als zunehmend kritische Studien und Evaluierungen erschienen und die Entwicklungsbanken sich in einigen Fällen als ausgesprochene Brutstätten von Korruption erwiesen. Engagierte Politiker, Bürokraten, Wissenschaftler und Consultants machten sich seit den 80er Jahren in verschiedenen Ländern der Welt daran, mit den erklärten Prinzipien der Armutsbekämpfung und der Nachhaltigkeit des *institution-building* ernst zu machen. Als die Mauer fiel, standen diese Erfahrungen für Osteuropa zur Verfügung. Insbesondere die Weltbank hatte gerade 1989 ihren jährlich erscheinenden Weltentwicklungsbericht unter das Thema "Finanzsysteme und Entwicklung" gestellt, so daß sie und die kurz darauf gegründete Osteuropa-Bank EBRD sowie die vielfältigen bilateralen Geber sich daran machen konnten, den Finanzsektor als das Herzstück jeder Transformation in der erklärten Richtung *Marktwirtschaft* zu reformieren bzw. neu zu konzipieren und aufzubauen.

Was man in Osteuropa vorfand, waren Banken, die häufig nur dem Namen nach Finanzintermediäre, in Wirklichkeit aber Ableger von Großunternehmen oder Ministerien auf nationaler, regionaler oder lokaler Ebene waren. Die Monobanken aus den Zeiten des Realsozialismus wurden in Zentralbank, Geschäftsbanken für die Großbetriebe und Sparkassen oder ähnliches für die Massenkundschaft mit Tausenden von kleinen Sparkonten, aber ohne nennenswertes Kreditgeschäft auf der Aktivseite der Bilanz zerlegt. Die Betriebe hatten in der Übergangszeit asymmetrisch auf ihre Befreiung vom Kommando der Planbehörde reagiert: Die Überschussbetriebe hatten sofort die Abführung ihrer Überschüsse eingestellt, während die Defizitbetriebe weiter bei ihren Banken 'anschreiben' ließen und diese zunächst auch nicht mit dem Abstellen des Kredithahns reagierten. Im Ergebnis standen deshalb die meisten Banken und viele, vor allem große Betriebe mit *bad debts* da, und die anfangs noch fleißig refinanzierenden Zentralbanken kamen auch bald zu dem Schluss, daß ihnen die Härte ihrer Währung wichtiger zu sein hatte als das Überwasserhalten von Defizitbetrieben.

Mit speziellen Kreditprogrammen, die vom sonstigen Portefeuille getrennt waren, versuchten die externen Geber zunächst, die Banken zu einem *downscaling* ihrer Aktivitäten und zur Orientierung auf die neu entstehenden privaten Klein- und Mittelbetriebe zu bewegen. Das Ergebnis war gemischt, aber per Saldo eher mager. Denn die Identität der großen Geschäftsbanken ließ sich durch diese Programme nicht wesentlich beeinflussen. Immer wenn eine wegen eines Finanzkrachs oder Korruptionsskandals geschlossen werden musste, wurden die speziellen Kleinunternehmens-Portefeuilles in Mitleidenschaft gezogen, so effizient sie auch für sich genommen gemanagt sein mochten. Für die technische Installation und für das Management dieser Programme wurden nämlich typischerweise westliche Consulting-Firmen herangezogen.[36]

Neben diesem Kanal begann man auch mit dem Aufbau von Kreditprogrammen über Nichtregierungsorganisationen und lokale Handelskammern. Auch hier waren die Resultate gemischt, und für ein nachhaltiges Massen-Bankgeschäft waren die lokalen Träger meist wenig geeignet. Bald jedoch kamen Verantwortliche bei den Gebern und IPC-Consultants darauf, eigene Mikrofinanz-Institute zu gründen, zunächst in Bosnien, dann auch in Georgien, Albanien und bald im Kosovo sowie in Haiti, Bolivien, Nikaragua, Mosambik u.a.m.[37] Die Weltbank-Tochter International Finance Corporation (IFC) ist im Sommer 2000 mit der IPC eine strategische Partnerschaft zum Aufbau einer Global Microfinance Capacity Building Facility

---

[36] Unter anderen die bereits erwähnte IPC aus Frankfurt / M.

[37] Nitsch 2000 und zur laufenden Information die Websites von Weltbank / IFC <www.worldbank.org/>, KfW <www.kfw.de>, IPC <www.ipcgmbh.de> und IMI <www.imi-ag.de>.

eingegangen, nach der weitere gemeinsame Gründungen in Angriff genommen werden sollen.[38] Andere Consultingfirmen und Geber sind dabei, nachzuziehen.

Was für ein Konzept steht hinter dieser Entwicklung, und was hat diese mit dem hier vorgestellten Produktionsweisenansatz zu tun? Die jahrzehntelangen Erfahrungen und Forschungen über das Finanzierungsverhalten von Kleinst- und Kleinbetrieben in Stadt und Land in Lateinamerika und darüber hinaus hatten ergeben, daß diese Unternehmen in der Regel als Familienwirtschaften mit eigenem Vermögen betrieben werden und daß sie als Unterstützung ganz bescheidene, normale Bankdienstleistungen sehr schätzen. Diese umfassen die Abwicklung des Zahlungsverkehrs[39], kleine Konsumkredite (um die Zeit bis zum Einbringen der Ernte zu überbrücken), kleine Kredite für die Anzahlung von Maschinen oder ähnlichen Sachinvestitionen, Überbrückung eines Liquiditätsengpasses (wenn ein gutes Geschäft lockt), kleine Depositen zur diebstahlsicheren Aufbewahrung von Ernteerlösen oder sonstigen größeren Verkäufen u.ä.m.

Das *filet mignon* des Kreditgeschäfts der Bank ebenso wie des Finanzierungsgeschäfts des Betriebes ist das kurzfristige, volumenmäßig bescheidene und sicher zurückzahlbare Darlehen an einen ansonsten weitgehend mit familiären Eigenmitteln wirtschaftenden Betrieb. Leitbild für den 'relationalen Vertrag' zwischen Kunde und Bank ist die Hausbank-Beziehung: Wie beim Hausarzt ist die Beziehung zwischen Bank und Kunde auf Permanenz und langfristiges Vertrauen, basierend auf guter Information und beiderseitigem Nutzen angelegt. Einzelne Kredite werden ebenso wie Überschussphasen, in denen Depositen entgegengenommen werden, als Glieder einer in die unbegrenzte Zukunft reichenden Kette angesehen.

Die meisten Mittel werden Familienbetrieben auf der ganzen Welt und wohl zu allen Zeiten von den älteren Familienmitgliedern zur Verfügung gestellt, die damit ihre Altersversorgung sichern. Und wem die Älteren in der eigenen Familie nicht trauen, der verdient auch keinen Kredit von der Bank, jedenfalls nicht, wenn es um eine Kleine-Leute-Bank mit Massengeschäft geht. Höhere und längerfristige Investitionskredite oder gar Be-

---

38 FAZ, vom 5.7. 2000.

39 Beispielsweise die Überweisung von Gastarbeiterrenten in den Kosovo, aber auch die ganz einfache Überweisung von Rubel zwischen Städten in Russland zum Ersatz der für alle Beteiligten sehr mühsamen, wenn auch manchmal recht lukrativen Barter-Geschäfte.

teiligungen an *start-ups* sind risikoreich und verlangen eine individuelle Beratung, die aus dem Ertrag einer Geschäftsbeziehung mit armen Leuten einfach nicht zu finanzieren ist. Die leidvolle Erfahrung der Praxis zeigt, daß ein nachhaltiges, nicht auf permanente Subvention angelegtes Bankgeschäft nur mit Schwerpunkt auf Schumpeters 'Wirten' möglich ist. Hingegen hat das, was man das 'österreichische Missverständnis' nennen könnte - nämlich die Vorstellung, daß eine dynamische Bourgeoisie unter Führung schumpeter'scher 'Unternehmer' das *ancien régime* der Graf-Bobby-Aristokratie hinwegfegt und Wohlstand für alle schafft - in Lateinamerika und anderswo viel Geld gekostet und vielen Möchtegern-Unternehmern die Taschen gefüllt, ohne daß dies wirklich zu funktionsfähigen geldwirtschaftlichen Strukturen mit Akkumulationsdynamik geführt hätte.

Ebenso riskant und unsinnig sind obligatorische Beratungen oder Kurse zur Flankierung von Krediten, denn Beratungsagentur und Bank haben notwendigerweise ein unterschiedliches Zeitregime. Die Familienwirte sind in der Regel auf ihrem Gebiet ökonomisch wie technisch so ausgebuffte *homines oeconomici* oder *feminae oeconomicae*, daß Akademiker ihnen in ein paar obligatorischen Kursstunden sowieso kaum etwas Verwertbares beibringen können. Und wenn der Maracuja nicht richtig wächst, dann wird - zu Recht oder Unrecht - natürlich dem Berater die Schuld gegeben, und der Kreditnehmer empfindet es als unfair, wenn er den Kredit trotzdem an die Bank zurückzahlen muss.

Bei genauerem Hinsehen haben sich in Lateinamerika solche obligatorischen Beratungen häufig als Vehikel herausgestellt, durch welche konservative Geber ihre heimliche Zielgruppe - nämlich die für linke Parolen anfälligen Intellektuellen im Empfängerland - erreichen und zu Kleinunternehmensberatern 'umerziehen' konnten, ohne erklärtermaßen von den Zielgruppen der armen Bauern oder städtischen Informellen abrücken zu müssen, für welche die Steuerzahler in den Geberländern zur Kasse gebeten wurden. Schließlich sind auch 'Gruppen'-Kredite mit größter Skepsis zu betrachten. Meist sind sie weniger ein Instrument zur Kostensenkung, wie häufig gesagt wird, als vielmehr Ausfluss eines anti-kapitalistischen Affekts auf Seiten von sich progressiv verstehenden Gebern oder Nichtregierungsorganisationen, die solidarische Arme und keine Kleinkapitalisten fördern wollen. Die Vertreter dieser Position machen sich aber nicht klar, daß keine mit modernen Menschen- und Bürgerrechten vereinbare Produktionsweise bekannt ist, welche verantwortliches laufendes Wirtschaften in Gruppen jenseits von Familien kennt. Selbst traditionell-indigene Völker greifen in der Regel in die Besitzverhältnisse bei der Landverteilung lediglich anlässlich von Familiengründungen, Todesfällen, Katastrophen, Umsiedlungen oder ähnlich einschneidenden Ereignissen ein, überlassen aber das laufende Wirtschaften den Familien oder ggfs. für bestimmte Unternehmungen auch den *Horden*.

Die bürgerliche Würde eines jeden Erwachsenen, autonom einen Kredit zu beantragen und zurückzuzahlen, ohne auf einen Intermediär angewiesen zu sein, entspricht denn auch, wie bereits ausgeführt, dem derzeitig wohl fast durchgängig global als politisch korrekt Empfundenen, nachdem Gleichheit vor dem Gesetz und im Wahllokal (als *citoyen* oder *citoyenne*) auch für den Bürger als Wirtschaftsbürger zu gelten hat (selbst wenn diese Rolle von einigen noch immer als *bourgeois* abqualifiziert wird). So ist denn auch die Berufung auf den Überbau der bürgerlichen Gesellschaft gemäß Kants 'allgemeinem Gesetz', also Gleichheit, Nichtdiskriminierung, Transparenz, penible Vertragstreue und sofortige Sanktionierung von Verstößen, eherner Grundsatz der Geschäftspolitik dieser neuen oder umstrukturierten Banken.

Was hier versucht wird, ist, die Vorteile der drei geschilderten Produktionsweisen miteinander zu verbinden, ohne sich die Nachteile einzuhandeln. Aus dem öffentlichen Auftrag der Geberorganisationen und ihrer Starthilfe resultiert die Orientierung an den erklärten Zielgruppen der 'kleinen Leute'. Insofern folgen sie dem Förderauftrag von staatswirtschaftlichen Akteuren. Um die Nachteile dieser Institutionen zu vermeiden, wird bei der Gestaltung der Unternehmensverfassung dieser Banken - der sogenannten *governance structure* - penibel darauf geachtet, eine Anreizstruktur zu etablieren, die den öffentlichen Auftrag der Staatswirtschaft mit dem Akkumulationstrieb der Geldwirtschaft verbindet und den Familienwirtschaften als primärer Zielgruppe das Überleben leichter macht und ihnen auch beim Sprung in die Geldwirtschaft zur Seite steht. Überdies müssen Unternehmensverfassung und Personalpolitik mit dem *homo oeconomicus* kompatibel sein, dürfen also keinen *homo heroicus* voraussetzen, wie das manchmal in der Entwicklungszusammenarbeit, vor allem seitens von Nichtregierungsorganisationen, verlangt oder unterstellt wird.

Die Zielgruppenorientierung soll dadurch gewährleistet werden, daß den Subventionsgebern der Starthilfe und der Öffentlichkeit gegenüber eine entsprechende Berichtspflicht herrscht. Wenn die Medien und eventuell auch die Wissenschaft die Erfüllung dieser Pflicht nicht einfordern, könnte sich allerdings hier die Gefahr in Richtung Hochwidmung auf bessergestellte Kundengruppen ergeben. Schließlich wird durch Aus- und Fortbildung ebenso wie durch internationale Kooperation und Reputation der Akteure auf eine *corporate culture* Wert gelegt, welche die Orientierung auf Familienwirte als Kunden zum Kern hat. Gewinnorientierung und Wachstum in einem von Konkurrenz geprägten Finanzsektor, in welchem - von der Starthilfe abgesehen - auch keine Notwendigkeit für Subventionen besteht, das ist die dezidiert geldwirtschaftliche Linie, die im Rahmen der von den Gründern und Aufsichtsorganen vorgegebenen Orientierung von den Mikrofinanz-Institutionen einzuhalten ist. Zu ihren Geschäftsprinzipien gehört weiterhin, daß sie auf Dauer angelegt sind. Und es gehört dazu, daß auch die Gründer kein 'Verfallsdatum' an ihr Engagement heften, wie das bei Entwicklungsprojekten noch immer üblich ist.

Nach der Dekolonisierung in den 60er Jahren musste die Entwicklungspolitik mithelfen, einen möglichst geordneten Übergang von den Kolonialherren zu den neuen Eliten zu bewerkstelligen. Damals hatten die *...ization policies* also eine guten Grund. Daß sich diese Prinzipien bis heute in das Zeitalter der Globalisierung erhalten haben, während die Citibank und ihre großen Konkurrentinnen längst permanent global präsent sind, liegt auch daran, daß die hiesigen 'Kleine-Leute'-Banken wie die Sparkassen und Volksbanken noch immer vorwiegend lokal denken. Sie haben nicht erkannt, daß sie ihren *Förderauftrag*, mit dem sie ihre steuerlichen und sonstigen Privilegien verteidigen, heutzutage wohl nur noch mit *global playing* rechtfertigen und verteidigen können.

Doch zurück zum Aufbau von Mikrofinanz-Institutionen in Entwicklungs- und Transformationsländern. Die hier vorgeschlagene Differenzierung der Produktions- und Reproduktionseinheiten nach Produktionsweisen öffnet den Blick dafür, daß größere, kapitalmarktabhängige, geldwirtschaftliche Unternehmen meist ein anderes Spektrum an Finanzdienstleistungen benötigen als Kleinbetriebe, die meist zum ersten Mal mit formellen Finanzinstitutionen in Kontakt treten. Aus anderen Gründen wiederum ist bei Staatsbetrieben und Piratenwirtschaften - ganz zu schweigen von der Mafia - Vorsicht angesagt.

Auch Unternehmer wider Willen, die eigentlich lieber Arbeitnehmer wären, aber gerade keinen Job finden und deshalb versuchen, ihr spezielles Humanvermögen so gut es geht mit Sachvermögen zu kombinieren (oder die ihre etwas überdimensionierte Wohnung insofern zum Unternehmen umfunktionieren, als sie untervermieten oder ein Handels- oder Gastgewerbe darin betreiben), müssen sich erst über eine gewisse Zeit als Mikro-Unternehmer bewähren, bevor sie als Kunden akzeptiert werden.

Gibt es doch meist so viele eindeutig in Frage kommende Familienwirtschaften, daß zumindest in den ersten Aufbaujahren hier der Schwerpunkt gelegt werden kann und soll. Für Osteuropa betont McKinnon zu Recht: "Capitalism does not spring into full bloom automatically as a result of extreme liberalization measures. It must be nurtured from small beginnings in which a sorting process eventually identifies good entrepreneurs from their less successful colleagues."[40]

Die 'Gießkanne' ist und bleibt eines der nützlichsten Geräte des Gärtners! Wenn die 'Wirte' sich zu 'Unternehmern' mausern, dann sollte die Finanzinstitution sie auch dabei begleiten oder - bei ausgewiesen guten Kunden - vielleicht sogar bei der Innovation gleich mitziehen. Aber das sollte das Zwischenergebnis einer guten Beziehung, und nicht der Anfang einer Affaire sein.

Diese Schlussfolgerungen mögen sehr konservativ klingen, und sie sind es in gewissem Sinne auch. Aber wenn Armut ein Massenphänomen ist, was leider in Entwicklungs- und Transformationsländern gleichermaßen der Fall ist, und wenn Arme geradezu definitionsgemäß nicht erwarten können, in nennenswertem Umfang Geschenke vom Rest der Gesellschaft zu erhalten, dann können basisnahe Finanzinstitutionen nur überleben, wenn sie ihre Kosten decken und auch noch einen Gewinn dabei erwirtschaften. Da sie ihre Mittel im wesentlichen von Sparern und sonstigen Einlegern zu erwarten haben, die wiederum die Alternative haben, auch als kleine Vermögenseigentümer bereits Dollars zu halten oder sogar ertragbringend im Ausland zu investieren, bleibt nichts anderes übrig, als ihnen hohe Zinsen zu bieten. Das bedeutet auch, daß - zuzüglich der bei kleinen Kunden nun einmal erheblichen Transaktionskosten - hohe Zinsen im Aktivgeschäft verlangt werden müssen. Das gilt auch für den Fall eines Zugangs zur Refinanzierung bei der Zentralbank.

Eine Vollfinanzierung von Unternehmen, wie im geldwirtschaftlichen Modell mehr oder weniger deutlich unterstellt, kommt deshalb bei kleinen familienwirtschaftlichen Betrieben gar nicht in Frage. Sie würde auf das exakte Gegenteil von Unternehmertum, nämlich auf Schuldknechtschaft hinauslaufen, also auf das sisyphushafte Abarbeiten unbezahlbarer Schulden bei Unterentgelt für das eingesetzte Humanvermögen, wenn man den Begriff einmal so interpretieren darf. Bescheidenheit im Anspruch ist angesagt, und Skepsis gegenüber jedem Heroismus.

---

40 McKinnon 1992, S. 148.

IV. Resümee

Für die sozialwissenschaftliche Analyse der Grobstruktur von Gesellschaften bedarf es eines Instrumentariums, welches über Allgemeinbegriffe wie *homo oeconomicus*, Markt und Staat sowie über die Modellierung von 'repräsentativen' Konsumenten, Unternehmen oder Arbeitnehmern hinausgeht. Der methodologische Individualismus, welcher die neue Institutionen-Ökonomik beherrscht und für die Feinstruktur von gesellschaftlichen Arrangements Hervorragendes leistet, greift bei der Analyse von Klassen und Verbänden, also der Domäne des alten Institutionalismus, zu kurz.

Selbst wenn in den Post-68er-Zeiten vielleicht im Hinblick auf die Klassenanalyse und die Ableitung von diesem und jenem aus dem *Grundwiderspruch zwischen Kapital und Arbeit* zuweilen Schindluder getrieben worden ist, sollte man m.E. die in den 80er Jahren eingetretene individualistische Verkürzung der Fragestellungen und Ansätze nicht mittragen, sondern die positiven Ergebnisse der Diskussion über Produktionsweisen vor und neben dem Kapitalismus wieder aufnehmen und weiterentwickeln. Die derzeitige *Globalisierung* verlangt bezüglich der Entitäten jenseits des Individuums nach differenzierten Begriffen und Ansätzen, welche die raum-zeitlich gebundenen Phänomene in den verschiedenen Regionen der Welt auf den Punkt bringen und vergleichbar machen können. Der Produktionsweisenansatz erweist sich dabei m.E. als hilfreich, denn er kombiniert die für ein komparatistisches Vorgehen unerlässlichen Allgemeinbegriffe und Idealtypen mit dem jeweils historisch zu füllenden Konzept der *Gesellschaftsformation*, welches die konkrete Ausprägung und das Mix zwischen den Produktionsweisen im Einzelfall zu analysieren erlaubt.

Interessant ist die Identifikation unterschiedlicher Basis-Überbau-Konstrukte, unterschiedlicher politischer Kulturen, kognitiv-normativer Modelle und Weltanschauungen. Denn sie sind wichtig für die politische Rückkopplung, die Konfliktkonstellationen bei der Auseinandersetzung um die geistig-kulturelle Hegemonie und nicht zuletzt für die uns Ökonomen besonders interessierenden Phänomene der Allokation, Distribution und Akkumulation sowie für die Ausgestaltung der Geschäftspolitik von Unternehmen unter den jeweils herrschenden institutionellen Bedingungen.

In der ökonomischen Theorie werden derzeit multiple Gleichgewichte in den neuen Außenhandels- und Wachstumsmodellen diskutiert. Der hier vorgestellte Ansatz entspricht insofern diesem Trend, als auch er auf Bifurkationen und *steady states* in unterschiedlichen Konstellationen orientiert ist und die Reduktion auf *das* repräsentative Individuum oder Unternehmen in einer Ökonomie nicht mitmacht. Die fundamentale Berücksichtigung von Unsicherheit und Risiko ist ebenfalls ein Charakteristikum sowohl der neueren wirtschafts- und sozialwissenschaftlichen Theoriebildung des *mainstream* als auch eines auf *trouvaille* der Geschichte und nicht mehr auf schematisch zu durchlaufende *Stadien* hin orientierten, erneuerten, aber dennoch auf Marx zurückgreifenden Produktionsweisenansatzes.

Geld ist in solch einer *strukturell heterogenen* Wirtschaft sowohl Tauschmittel als auch Zahlungsmittel für Steuern, Renten und Subventionen sowie für die Erfüllung von Kreditkontrakten. Da die Funktionsweise der spezifisch geldwirtschaftlichen institutionellen Ordnung mit der Zentralbank als Marktteilnehmerin und *lender of last resort* für die Zunft der Ökonomen noch immer ein 'Rätsel'[41] ist, über das kontrovers diskutiert wird, fällt es schwer, Entwicklungs- und Transformationsländern bezüglich Erhalt oder Abschaffung der eigenen Währung - 'Dollarisierung' oder 'EUROisierung' - einen nicht-kontroversen Rat zu geben. Nach dem hier vorgestellten monetär-keynesianischen Modell ist eine auf effiziente Allokation und dynamische Akkumulation orientierte Geldwirtschaft nur möglich mit funktionsfähiger Zentralbank und einem Zusammenspiel von Einkommenspolitik, d.h. von Lohn- und Fiskalpolitik mit Geld- und Währungspolitik. Werden die Entscheidungen über das Geld- und Bankwesen ohne Mitspracherechte nach außen abgegeben, stellt sich die Frage nach dem verbleibenden Inhalt der Souveränität von Nationen - eine Frage, der hier allerdings nicht näher nachgegangen werden kann.

Beim Aufspüren von Entwicklungsblockaden erweist sich die Aufteilung der Wirtschaftssubjekte in Vermögenseigentümer, Vermögensbesitzer, Unternehmer, Arbeitnehmer und hoheitliche Regulatoren als besonders fruchtbar, werden doch die Inwertsetzung von Sachvermögen aller Art und die Beschäftigung von Arbeitnehmern durch geldwirtschaftlich operierende Unternehmen als Kernprobleme dadurch besonders deutlich. Auch die Rückfall- und Umgehungsstrategien, die die Familienwirtschaften und die 'Piraten' einschlagen, werden transparent. Die Staatswirtschaft läßt sich nach dieser Einteilung auch so differenziert betrachten, wie für eine Diagnose und ggfs. Therapie notwendig.

---

41 Riese 1995.

Das hier vorgestellte Plädoyer für eine Einbeziehung dieses Ansatzes in die Analyse von Entwicklung, Unterentwicklung und Transformation steht in einer Reihe mit vorangegangenen Artikeln zu verwandten und anderen Theorien.[42] Es geht also nicht um ein Monopol, sondern darum, den Instrumentenkasten der Theorien so vollständig und aktuell wie möglich und notwendig zu halten. Das Kriterium für eine gute Theorie ist, daß sie komplexe Sachverhalte auf einfache Bausteine so zurückführt, daß der Umgang mit ihr und ihre Anwendung auf andere, wiederum komplexe Sachverhalte zu nicht banalen Erklärungen und zu mehr oder weniger verlässlichen Prognosen sowie zu pragmatisch verwendbaren Handlungsempfehlungen führen - wie hier im Hinblick auf basisorientierte Finanzinstitutionen als einem Beispiel vorgeführt.

[42] Nitsch 1986, 1989, 1993 und 1999.

Literatur

Aglietta, Michel: A Theory of Capitalist Regulation, London 1979.

Altvater, Elmar / Mahnkopf, Birgit: Grenzen der Globalisierung. Ökonomie, Ökologie und Politik in der Weltgesellschaft, 4. Aufl., Münster: Westfälisches Dampfboot, 1999.

Ashoff, Guido: Rent-Seeking: Zur Relevanz eines relativ neuen Konzeptes in der ökonomischen Theorie der Politik und der entwicklungstheoretischen Diskussion, in: Vierteljahresberichte (Vjb.FES), Nr. 98, 1988, S. 103-125.

Bahro, Rudolf: Die Alternative. Zur Kritik des real existierenden Sozialismus, Köln-Frankfurt / M.: Europäische Verlagsanstalt, 1977.

Balzer, Geert: Produktionsweisen, Artikulation und periphere Gesellschaftsformationen, in: Peripherie, Nr. 14, 1983, S. 49-62.

Córdova, Armando: Strukturelle Heterogenität und wirtschaftliches Wachstum, Frankfurt / M.: Suhrkamp, 1973.

Córdova, Armando / Silva Michelena, Héctor: Die wirtschaftliche Struktur der unterentwickelten Länder (1967), in: Dies.: Die wirtschaftliche Struktur Lateinamerikas. Drei Studien zur politischen Ökonomie der Unterentwicklung, Frankfurt / M.: Suhrkamp, 1971, S. 63-119.

Dasgupta, Partha S.: Bevölkerungswachstum, Armut und Umwelt, in: Spektrum der Wissenschaft, Nr. 7, 1995, S. 54-59.

Elsenhans, Hartmut: Ungleichheit und Unterentwicklung. Staat - Wirtschaft - Gesellschaft in der Unterentwickelten Welt. Eine kommentierte Textsammlung, Rheinstetten: Schindele, 1977.

Entwicklung und Zusammenarbeit (E+Z), Hrsg. von der Deutschen Stiftung für internationale Entwicklung: Schwerpunktheft "Mikrofinanzen", Bd. 41, Nr. 11, November 2000.

Fuhr, Harald: Hartmut Elsenhans (1941). Staatsklasse, Rente und die Überwindung von Unterentwicklung, in: Entwicklung und Zusammenarbeit, Bd. 41, Nr. 7/8, 2000, S. 211-214.

Golte, Jürgen / Adams, Norma: Los caballos de Troya de los invasores. Estrategias campesinas en la conquista de la Gran Lima, Lima: Instituto de Estudios Peruanos, 1987.

Hamburger Autorenkollektiv: Zur Analyse der strukturellen Heterogenität unterentwickelter Gesellschaften, in: Nohlen, Dieter / Nuscheler, Franz (Hg.): Handbuch der Dritten Welt, Bd. 1, Theorien und Indikatoren der Unterentwicklung und Entwicklung, Hamburg: Hoffmann & Campe, 1974, S. 115-138.

Heine, Michael / Herr, Hansjörg: Volkswirtschaftslehre. Paradigmenorientierte Einführung in die Mikro- und Makroökonomie, München-Wien: Oldenbourg, 1999.

Hirschman, Albert O.: A Generalized Linkage Approach to Development, with Special Reference to Staples (1977), in: Ders.: Essays in Trespassing. Economics to Politics and Beyond, Cambridge u.a.: Cambridge University Press, 1981, S. 59-97.

Hopfmann, Arndt / Wolf, Michael (Hg.):
Transformation und Interdependenz. Beiträge zu Theorie und Empirie der mittel- und osteuropäischen Systemwechsel, Münster: Lit., 1998.

Hübner, Kurt: Theorie der Regulation. Eine kritische Rekonstruktion eines neuen Ansatzes in der Politischen Ökonomie, Berlin: Sigma, 1989.

Hurtienne, Thomas: Fordismus, Entwicklungstheorie und Dritte Welt, in: Peripherie, Nr. 22/23, 1986, S. 60-110.

Kant, Immanuel: Kritik der praktischen Vernunft (1788), in: Ders. Die drei Kritiken in ihrem Zusammenhang mit dem Gesamtwerk. Mit verbindendem Text zusammengefasst von Raymund Schmidt, Leipzig: Kröner, o.J. (ca. 1935).

Keynes, John Maynard: (ohne Titel; <A Monetary Theory of Production>), in: Der Stand und die nächste Zukunft der Konjunkturforschung. Festschrift für Arthur Spiethoff, München: Duncker & Humblot, 1933.

Kornai, János: The Soft Budget Constraint, in: Kyklos, Vol. 39, Fasc. 1, 1986, S. 3-30.

Kornai, János: The Socialist System: The Political Economy of Socialism, Princeton: Princeton University Press, 1992.

Kornai, János: The Place of the Soft Budget Constraint Syndrome in Economic Theory, in: Journal of Comparative Economics, Vol. 26, No. 1, 1998, S. 11-17.

Krueger, Anne O.: The Political Economy of the Rent-Seeking Society, in: American Economic Review, Vol. 64, No. 3, 1974, S. 291-303.

Lebowitz, Michael A.: Kornai and the Vanguard Mode of Production, in: Cambridge Journal of Economics, Vol. 24, No. 3, 2000, S. 377-392.

Lipietz, Alain: Die große Transformation des 21. Jahrhunderts. Ein Entwurf der politischen Ökologie, Münster: Westfälisches Dampfboot, 2000.

Luhmann, Niklas: Soziale Systeme. Grundriß einer allgemeinen Theorie (1987), 2. Aufl., Frankfurt / M.: Suhrkamp, 199 88.

Lutz, Burkart: Normality, Crisis or Stagnation. Reflections on the Current State of the Capitalist Economies, in: Väth 1989, S. 13-23.

Marx, Karl: Grundrisse der Kritik der Politischen Ökonomie (1857-59), Berlin: Dietz, 1974.

Marx, Karl: Das Kapital. Kritik der politischen Ökonomie, Band 1 (1867), Berlin: Dietz, 1966.

Mauss, Marcel: Essai sur le don, Paris 1950; dt. Übersetzung: Die Gabe. Form und Funktion des Austauschs in archaischen Gesellschaften, 2. Aufl., Frankfurt / M.: Suhrkamp, 1984.

McKinnon, Ronald I: The Order of Economic Liberalization. Financial Control in the Transition to a Market Economy, Baltimore-London 1992.

Meillassoux, Claude: Femmes, greniers et capitaux, Paris 1975; dt. Übersetzung: "Die wilden Früchte der Frau". Über häusliche Produktion und kapitalistische Wirtschaft, 2. Aufl., Frankfurt / M.: Syndikat, 1978.

Neira Fernández, Germán: Economía campesina - un modo de producción? Exposición y crítica de A. V. Chayanov, Bogotá: CINEP, 1978.

Nenning, Günther: Emanzipatorische Bürokratie, in: Ders: Realisten oder Verräter? Die Zukunft der Sozialdemokratie, München: Bertelsmann, 1976, S. 215-221.

Nitsch, Manfred: Die Fruchtbarkeit des Dependencia-Ansatzes für die Analyse von Entwicklung und Unterentwicklung, in: Simonis, Udo E. (Hg.): Entwicklungstheorie - Entwicklungspraxis. Eine kritische Bilanzierung, Berlin: Duncker & Humblot, 1986, S. 229-263.

Nitsch, Manfred: Vom Nutzen des institutionalistischen Ansatzes für die Entwicklungsökonomie, in: Körner, Heiko (Hg.): Zur Analyse von Institutionen im Entwicklungsprozeß und in der internationalen Zusammenarbeit, Berlin: Duncker & Humblot, 1989, S. 37-50.

Nitsch, Manfred: Vom Nutzen des systemtheoretischen Ansatzes für die Analyse von Umweltschutz und nachhaltiger Entwicklung - mit Beispielen aus dem brasilianischen Amazonasgebiet, in: Sautter, Hermann (Hg.): Umweltschutz und Entwicklungspolitik, Berlin: Duncker & Humblot, 1993, S. 235-269.

Nitsch, Manfred: Vom Nutzen des monetär-keynesianischen Ansatzes für Entwicklungstheorie und -politik, in: Schubert, Renate (Hg.): Neue Wachstums- und Außenhandelstheorie. Implikationen für Entwicklungstheorie und -politik, Berlin: Duncker & Humblot, 1999, S. 183-214.

Nitsch, Manfred: Die neuen Mikrofinanz-Institutionen in Osteuropa, in: Berliner Osteuropa-Info, Heft 14, 2000, S. 113-116.

Pingel, Kathrin: Und morgen bin ich Unternehmer. Zur Herausbildung des Unternehmers in Rußland - dargestellt an Fallbeispielen ausgewählter Betriebe in Niznij Novgorod, Münster: Lit, 1999a.

Pingel, Kathrin: Zur Bedeutung der Unternehmensentwicklung im Transformationsprozeß am Beispiel der Rußländischen Föderation, in: Berliner Osteuropa Info, Nr. 13, 1999b, S. 23-25.

Pinto, Aníbal: Naturaleza e implicaciones de la "heterogeneidad estructural" de América Latina, in: El trimestre económico (México), No. 145, 1970; wieder abgedruckt in portugiesischer Übersetzung: Natureza e implicações da "heterogeneidade estrutural" da América Latina, in: Bielschowsky, Ricardo (org.): Cinqüenta anos de pensamento na CEPAL, Rio de Janeiro - São Paulo: Record, 2000, S. 567-588.

Rey, Pierre-Philippe: Les alliances des classes, Paris: Maspéro, 1973.

Richards, Alan: Development and Modes of Production in Marxian Economics: A Critical Evaluation, Chur-London-Paris-New York: Harwood, 1986.

Riese, Hajo: Keynes, Schumpeter und die Krise, in: Konjunkturpolitik, Vol. 32, No. 1, 1986, S. 1-26.

Riese, Hajo: Geld im Sozialismus. Zur theoretischen Fundierung von Konzeptionen des Sozialismus, Regensburg: Transfer, 1990.

Riese, Hajo: Das Scheitern des Sozialismus und der Transformationsprozeß, in: Schikora, Andreas / Fiedler, Angela / Hein, Eckhard (Hg.): Politische Ökonomie

im Wandel. Festschrift für Klaus Peter Kisker, Marburg: Metropolis, 1992, S. 23-36.
Riese, Hajo: Geld - das letzte Rätsel der Nationalökonomie, in: Schelkle, Waltraud / Nitsch, Manfred (Hg.): Rätsel Geld. Annäherungen aus ökonomischer, soziologischer und historischer Sicht, Marburg: Metropolis, 1995, S. 45-62.
Schelkle, Waltraud: Die Theorie der Geldwirtschaft, in: Thiel, Reinold E. (Hg.): Neue Ansätze zur Entwicklungstheorie, Bonn: Deutsche Stiftung für internationale Entwicklung, 1999, S. 339-349.
Schiller, Thomas: Geld, Finanzen und Entwicklung. Finanzsektorreformen im heterogenen Geldwesen Lateinamerikas, München: Florentz, 1994.
Schumpeter, Joseph: Theorie der wirtschaftlichen Entwicklung. Eine Untersuchung über Unternehmergewinn, Kapital, Kredit, Zins und Konjunkturzyklus, 7. Aufl., Berlin: Duncker & Humblot, 1987.
Soto, Hernando de: Marktwirtschaft von unten. Die unsichtbare Revolution in Entwicklungsländern (1986), Zürich-Köln: Füssli, 1992.
Stadermann, Hans-Joachim: Tabu, Gewalt und Geld als Steuerungsmittel, in: Schelkle, Waltraud / Nitsch, Manfred (Hg.): Rätsel Geld. Annäherungen aus ökonomische, soziologischer und historischer Sicht, Marburg: Metropolis, 1995, S. 145-171.
Taylor, John G.: From Modernization to Modes of Production. A Critique of the Sociologies of Development and Underdevelopment, London-Basingstoke: Macmillan, 1979.
Tschajanow, Alexander: Die Lehre von der bäuerlichen Wirtschaft. Versuch einer Theorie der Familienwirtschaft im Landbau, Berlin: Parey, 1923; Nachdruck mit einer Einleitung von Gerd Spittler, Frankfurt / M.-New York: Campus, 1987; span. Übers.: Chayanov, Alexander: La organización de la unidad económica campesina, Buenos Aires: Nueva Visión, 1974; engl. Übers.: Chayanov, A. V.: Peasant Farm Organization, in: Thorner, Daniel: The Theory of Peasant Economy, Homewood, Ill.: The American Economic Association, 1966, S. 29-277.
Väth, Werner (ed.): Political Regulation in the "Great Crisis", Berlin: Sigma, 1989.
Volmer, Ludger: Globalisierung in grün. Sind die GRÜNEN die Geschäftsführung der bürgerlichen Gesellschaft? in: Heinrich, Michael / Messner, Dirk (Hg.): Globalisierung und Perspektiven linker Politik. Festschrift für Elmar Altvater zum 60. Geburtstag, Münster: Westfälisches Dampfboot, 1998, S. 265-274.
Weltbank: Weltentwicklungsbericht. Finanzsysteme und Entwicklung, Washington 1989.
Wittfogel, Karl A.: Die Orientalische Despotie. Eine vergleichende Untersuchung totaler Macht (1957), Frankfurt / M.-Wien: Ullstein, 1981.

II. Historische Identitäten und erneuerte Integration

Von der mitteleuropäischen zur europäischen Identität

Ferenc L. Lendvai

1. Historische Regionen in Europa

Die europäischen Regionen können vielfach aufgeteilt werden. Wir können nämlich einen geographischen Raum im Prinzip nach Belieben in nördliche, östliche oder zentrale Gebiete gliedern. Aber die geographische Umgebung stellt für den Menschen die *oikumene* dar und ist, wie der deutsche Geograph Carl Ritter formulierte, das 'Wohn- und Erziehungshaus der Menschheit'. Wir können mit keiner noch so beharrlichen Anstrengung aussagekräftige Regionen auf der geographischen und hydrographischen Karte Europas entdecken, wenn wir nicht an die dort lebenden Menschen denken und ihre Produktionsweisen, ihr alltägliches und kulturelles, ihr politisches und geistiges Leben berücksichtigen.

In Bezug auf Europa ergibt sich zuerst ein charakteristischer Unterschied zwischen den zwei Zonen römischer Territorien. Auf der einen Seite die Region der alten Völker des *Mediterraneums*, des ersten europäischen Kulturkreises, auf der anderen Seite steht die darüber hinausgehende Expansion, die mit den Eroberungen von Julius Caesar in Gallien eingeleitet wird. Die nördliche Grenze des eigentlichen *Mediterraneums* ist identisch mit dem mediterranen Klima und der Verbreitung des Olivenbaumes. Das ehemalige Gallien, das heutige Frankreich bildete immer gewissermaßen eine Übergangsregion zwischen dem europäischen Norden und dem europäischen Süden. Waren die germanisch-fränkischen Einflüsse im Norden stärker ausgeprägt, so überwog im Süden der lateinische Charakter - ein Gegensatz, der sich durch die ganze Geschichte Frankreichs zieht, von den Albigenser- und Hugenottenkriegen und der großen Revolution bis zur deutschen Okkupation und der heutigen territorialen Gliederung der Wahlresultate. Mit der herrschenden Position des fränkischen Nordens, insbesondere des Pariser Beckens, kristallisierte sich im Rahmen des Karolingerreiches der zweite europäische Kulturkreis heraus: die christliche Gesellschaft und Kultur des *Okzidents*, des Westens. Diese Gesellschaft breitete sich fortwährend in den Norden und den Osten Europas aus, bis sie die nach Westen vordringenden germanischen Völker in ihren Einflussbereich bringen konnte. Durch militärische Expansion und missionarische Erfolge wurden dann auch die slawischen Marken nahezu vollständig germanisiert. Um die Jahrtausendwende ist die Herausbildung der christlichen Königreiche im europäischen Westen abgeschlossen, und es beginnt der Prozess ihrer Entstehung im europäischen Osten.

Die Unterscheidung von Westen und Osten kann zunächst als geographische und klimatische getroffen werden: die westlichen Territorien stehen in engem Zusammenhang mit dem Atlantischen Ozean, während die östlichen durch das kontinentale Klima geprägt sind. Der Einfluss des Klimas auf die spezifischen Produktions- und Lebensweisen zeigt sich offensichtlich in der westlichen, intensiveren Nutzung der Landwirtschaft, Gartenkultur und Viehzucht im Gegensatz zum extensiven Ackerbau und Nomadismus unter kontinentalklimatischen Verhältnissen. Und in der engen historischen Berührung mit dem Ozean kann man die Bedeutung der freien Streifzüge und Staatsorganisationen der Normannen kaum überschätzen: Franz Borkenau sieht darin zu Recht die wichtigsten Triebkräfte, mit deren Hilfe sich die westlichen Ideen der Freiheit entfalten konnten. Auch Hegel und nach ihm Marx meinten schon, dass durch die germanischen Lebensweisen und Eigentumsformen das Individuum nicht mehr an der Nabelschnur der Gemeinschaft hing, sondern die Gemeinschaft sich frei konstituiert. Aber im Unterschied zum germanischen Westen haben im Osten vor allem slawische, teilweise finnougrische sowie türkische Völker versucht, Gesellschaft, Staat und Kultur zu schaffen, die aber durch die primitiven Bindungen der Gemeinschaft in ihrer Ausgestaltung gehemmt wurden.

Die ältesten Einwirkungen hat die osteuropäische Region von Süden her erfahren: durch das *Mediterraneum*, in Gestalt von Byzanz. Für Russland bedeutete das vor allem eine kulturelle Einwirkung, während große Teile des Balkans lange Zeit unmittelbar unter byzantinischer Herrschaft standen. Die Übernahme von Byzanz durch das Osmanische Reich mit seiner despotisch-militärischen Gesellschaftsstruktur verstärkte die Abwendung vom Westen. Sie verhinderte, das sich die im Westen bekannten Formen der bürgerlichen Gesellschaft, der *société civile*, und der individuellen Freiheit auch in dieser Region entwickeln konnten. Besonders schwer waren die heutigen Territorien von Bulgarien, Albanien, Serbien, Bosnien und Rumänien, d.h. *Süd-Osteuropa* betroffen. Als wesentlich günstiger erwiesen sich für die osteuropäische Region die Einflüsse, die sie vom Norden erreichten. So übten die Normannenwanderungen wesentlichen Einfluss auf die Staatsorganisation Russlands aus, und die schwedische

Großmacht trug zur Entwicklung der bürgerlichen Gesellschaft in Finnland, Estland und Lettland, d.h. *Nord-Osteuropa* bei. Zwischen Nord- und Süd-Osteuropa bildete sich gleichsam eine Zwischenregion: *Mittel-Osteuropa* (auch *Ost-Mitteleuropa* genannt), womit die Vermittlungsfunktion für eine sogenannte mittel- oder zentraleuropäische Zusammenarbeit angedeutet ist. Diese Region stand bereits im Mittelalter unter starkem deutschen Einfluss. Auch in der Neuzeit haben einerseits die sächsischen und preußischen Monarchien die polnischen und teilweise litauischen Territorien sowie andererseits die österreichische Monarchie Böhmen und Ungarn mit Siebenbürgen und Kroatien in ihren Machtbereich einbezogen.

Russland behielt so als einziges osteuropäisches Land seine staatliche Selbständigkeit, was eine wichtige historische und politische Tatsache ist. Es wäre irrig zu glauben, dass die ost- und zentraleuropäischen Völker selbst die positiven Wirkungen der Fremdherrschaft mit eindeutiger Freude aufgenommen hätten: diese Völker haben sich ohne Ausnahme als unterdrückte und in ihrer kulturellen Identität gefährdete Nationen verstanden. Mit wenigen Ausnahmen, wie Polen und Ungarn, haben sie sich deshalb mit großen Hoffnungen Russland zugewendet, ungeachtet dessen, dass der Preis der Aufrechterhaltung der russischen Integrität und Identität die sich ebenso aufrechterhaltene Barbarei Russlands war.

Russland hatte zwar mit den Reformen Peters des Großen und durch die bolschewistische Revolution die Wende zur westlichen Zivilisation bereits angetreten, aber die Methoden, das Land auf dem Wege der Modernisierung aus der Barbarei herauszuführen, waren selbst barbarisch. Nicht nur Nietzsche und Spengler waren der Meinung, dass in Russland ein neuer Kulturkreis im Entstehen ist. Ebenso war der christliche Kulturphilosoph Berdjaev der Überzeugung, dass die bolschewistische Revolution eigentlich ein verzerrter Umweg der religiösen Neugeburt des russischen Volkes sei. So ist es nicht verwunderlich, dass der russischen Invasion nach dem Zweiten Weltkrieg lediglich in Nord-Osteuropa mit Abneigung begegnet wurde, denn die Finnen, Esten, Letten und Litauer hatten ihre Selbständigkeit gegenüber der russischen Macht in der Zwischenkriegszeit bereits erkämpft. In Süd-Osteuropa, besonders in Bulgarien und Jugoslawien, wurden die Russen mit Enthusiasmus empfangen. In Zentraleuropa war das für die Tschechoslowakei typisch. Polen versöhnte sich mit dem russischen Einfluss aus Furcht vor Deutschland (Oder-Neisse-Grenze), und auch in Ungarn war die Antipathie gegenüber den Russen nicht viel größer als früher gegen die Österreicher oder Deutschen. Erst die Anwendung der barbarischen sowjetischen Methoden ließ nach und nach zuerst die zentral- dann die ganze osteuropäische Region gegen die russische Hegemonie aufstehen.

Es fragt sich nun, ob in der sich endlich befreiten, zwischen den ehemaligen deutschen und russischen Reichen liegenden Zone - die einige deutsche Geopolitiker wegen der hier entstehenden vielen Gegensätze, Streitigkeiten und Wirren als den europäischen 'Teufelsgürtel' oder wenigstens als *Zwischeneuropa* zu bezeichnen pflegen - heute das so oft erwähnte *Mitteleuropa* zustande kommt. Dazu ist ein Rückgriff auf die Geschichte der Mitteleuropa-Konzeption nötig.

2. Die Mitteleuropa-Konzeption

Die Wurzeln dieser Konzeption gehen auf das Zeitalter der Verwirklichung der kleindeutschen Einheit, dem Ausschluss Österreichs aus dem Reich und die Vereinigung Preußens mit dem Reich zurück. Das geniale, aber zerbrechliche Bismarcksche Werk - der deutsche, österreichisch-ungarische und italienische Dreibund - umfasste die Territorien des einstigen deutsch-römischen Reiches, ebenso die ehemals unter sächsischer, preußischer und österreichischer Herrschaft gestandenen Gebiete mit Ausnahme russisch Polens.

Es ist kein Zufall, dass Friedrich Naumann den *Mitteleuropaplan* gerade im Zusammenhang mit der Befreiung dieses Gebietes und der Wiederherstellung der polnischen Staatlichkeit 1915 veröffentlicht hat. An diesem *Mitteleuropaplan* waren sowohl Berlin und Wien interessiert, also die Regierungen zweier Staaten, deren Territorien erst in der letzten Phase in den Raum des Okzidents geraten waren und immer weniger entwickelt blieben als die westlichen Teile Deutschlands. Sie besaßen starke östliche Interessen, während sie bereits einmal - in der Zeit des Rheinbundes - aus der deutschen Staatengemeinschaft ausgeschlossen waren. Neben Deutschland, Österreich-Ungarn und Polen stand im *Mitteleuropaplan* noch die Teilnahme der Schweiz, der Niederlande sowie Dänemarks zur Disposition - Territorien, die sich im engen Zusammenhang mit dem Reich befanden.

In der enormen publizistischen Reaktion auf Naumanns Buch wurden dann neue Pläne entworfen. Es entstand die Konzeption eines *größeren Mitteleuropas,* das Italien, den Balkan, Skandinavien sowie das Baltikum umfasst hätte und zu welchem ein mit Deutschland versöhntes Frankreich, die iberischen Staaten und die von der deutschen Wirtschaft stark beeinflusste Türkei enge Verbindungen aufweisen würden. Faktisch hätte es sich um ganz Europa mit Ausnahme von Russland und England gehandelt.

An dieser Stelle begann der *Mitteleuropaplan* Ähnlichkeiten mit einer anderen, nach dem ersten Weltkrieg formulierten Konzeption aufzuweisen: dem *Paneuropaplan* des Grafen Coudenhove-Kalergi, der ebenfalls Russland und England auf Grund ihrer außereuropäischen Bindung ausgelassen hatte. Dabei spielten Russlands Orientierungen nach Nord- und Mittelasien und Englands Beziehungen zu seinem Kolonialreich und als Bestandteil der angelsächsischen Welt eine wichtige Rolle. Die französische Diplomatie unterstützte diese Konzeption sehr nachhaltig als Alternative zum deutschen *Mitteleuropaplan*. Der nationalsozialistische Versuch demgegenüber, die Idee eines größeren Mitteleuropa durch Gewalt zu verwirklichen, der in einer totalen Katastrophe mündete, legte in der Nachkriegszeit eine Tabuisierung aller Mitteleuropapläne nahe. In Westeuropa wurden dagegen kleine Schritte hinsichtlich der Gestaltung eines *kleinen Paneuropa* unternommen.

Mit den Jahren 1989 und 1990 schien die Schaffung einer mitteleuropäischen Region - ungeachtet des Erbes der historischen Regionen - wieder möglich geworden, und auch in letzter Zeit ist noch eine ernsthafte Nostalgie in Bezug auf den Mitteleuropa-Gedanken zu spüren. Das ist schon deshalb seltsam, weil die historischen Untersuchungen ziemlich eindeutig zu bestätigen scheinen, dass selbst die Donau-Monarchie keine organische mitteleuropäische Einheit verkörperte, noch weniger dann das preußisch-deutsche 'Mitteleuropa'. Der Anschein rührt daher, dass sowohl die österreichischen als auch preußischen Gebiete weniger weit entwickelt als andere deutsche Gebiete waren. Die unter ihrer Herrschaft stehenden ungarischen, böhmischen und polnischen Gebiete hingegen haben selbstverständlich versucht, den Anschluss an jene zu erreichen. Die Folge davon war, dass die Mitteleuropa-Konzeption auf letzteren Territorien der Abspaltung von noch östlicheren Gebieten Europas diente - was in Anbetracht der Konfrontation mit der russischen Herrschaft auch verständlich ist - während sie im österreichischen und vor allem im preußischen Falle die Perspektive verschiedenster 'Sonderwege' im Vergleich zum Westen vorspiegelte.

Der klassische Begriff Mitteleuropa würde nur dann einen Sinn besitzen, wenn die Differenzen zwischen dem Westen (hier vor allem England) und dem Osten (vor allem Russland) die inneren Unterschiede der Region überdecken und damit eine engere innere Einheit herausbilden. Meines Erachtens aber werden die trennenden Grenzen auch zu Beginn des 21. Jahrhunderts nicht am Rhein gezogen, sondern sie werden an der Oder und der Leitha entstehen. Es wäre freilich vorstellbar - aber nicht besonders wahrscheinlich - dass Polen, Tschechien und Ungarn das Niveau der deutschen Territorien erreichen werden, während die anderen osteuropäischen Staaten in ihrer Rückständigkeit verbleiben. Einen neuen deutschen 'Sonderweg' aber halte ich auch in diesem Fall für unmöglich. Eine neue Version der Mitteleuropakonzeption ist dann: Mitteleuropa ohne Deutschland zu schaffen, d.h. aus Zwischeneuropa ein einheitliches Mitteleuropa zu bilden. Die Entwicklung der letzten Jahre hat aber gezeigt, dass solche Ideen wie die von Milan Kundera, Czesław Miłosz und György Konrád leider rein utopisch geblieben sind. Sie hat im Gegenteil verdeutlicht, dass diese Zwischenregion keine wahre, geschlossene Einheit bilden kann.

Dementsprechend sehe ich für die Verwirklichung der paneuropäischen Idee größere Chancen, zumal England seine Kolonien verloren hat und auch für Russland Hoffnungen bestehen, sich die europäische Zivilisation nicht mit barbarischen Methoden anzueignen. So könnte sich Europa, wie es der General und Präsident De Gaulle formulierte, vom Atlantischen Ozean bis zum Ural erstrecken. Die weitere Perspektive zeigt darüber hinaus ein größeres *Paneuropa*, nämlich die Zusammenarbeit der Staaten, in denen das Dokument von Helsinki (1975) Gültigkeit besitzt. Neben den Nachfolgestaaten der ehemaligen Sowjetunion kann man auch die Mitwirkung Nordamerikas ahnen - wie man sagt: von Vancouver bis Vladivostok. Doch gehören in der augenblicklichen Situation auch diese Gedanken in die Welt der Illusionen: die Kluft zwischen dem europäischen Westen und dem Osten ist selbst heute zu groß und sie wird sich erst dann verkleinern, wenn für die Länder des ehemaligen Ostblocks größere Schritte auf dem Weg zur westlichen Zivilisation möglich sind. Dazu werden sie aber auf die Hilfe des Westens angewiesen sein.

3. Zwischeneuropa als Fähre zwischen West und Ost

Warum ist aber in der Region Zwischeneuropa die Mitteleuropa-Nostalgie so stark? Diese Region war während ihrer ganzen Geschichte zurückgebliebener und ärmer gewesen als die westliche Hälfte des Kontinents. Sie hatte nie so reiche Städte wie der Westen, sie hatte nie ein so starkes Bürgertum wie das westeuropäische. Wir können den Hauptunterschied zwischen West und Ost in einem aphoristischen Satz zusammenfassen: im Westen waren auch die Dörfer eigentlich kleinere Städte, im Osten waren auch die Städte lediglich größere Dörfer. Und wenn ein Bürgertum hier doch existierte, war es größtenteils fremdsprachig: deutsch oder jüdisch. Dieses Bürgertum konnte sich deshalb nur schwer in den Rahmen der einheimischen Ständegesellschaft einfügen. So war es auch in Böhmen, dem höchstentwickelten Land der Region. Es ist wahrscheinlich kein Zufall, dass sich die reichen west- und südböhmischen Städte wie Eger / Cheb, Pilsen / Plzeň, Budweis / Budejovice der Hussitenbewegung nicht angeschlossen haben.

Und diese Ständegesellschaft war außerordentlich stark: der Anteil der Adeligen war groß, drei- oder viermal höher als im Westen, er lag zwischen fünf und zehn Prozent. Das war besonders für Polen typisch. Ungarn lag in dieser Beziehung zwischen Böhmen und Polen. Das Bürgertum war nicht so stark wie in Böhmen, aber stärker als in Polen, der Adel war nicht so stark wie in Polen, aber stärker als in Böhmen. Und in dieser ganzen Region, Mittel-Osteuropa oder Ost-Mitteleuropa, besaßen die Stände eine gewisse Unabhängigkeit gegenüber dem Staat, zum Unterschied von Russland und Süd-Osteuropa, wo der Byzantinismus alle Selbständigkeiten unterdrückt hatte.

Im Mittelalter galten die Länder Osteuropas formell als gleichberechtigte Mitglieder der *Respublica Christiana*, auch nach dem großen Schisma. Die formell überall existierenden gemeinsamen Strukturen - zum Beispiel die gemeinsame kirchliche Organisation - verhüllten die Grundunterschiede zwischen dem Westen und dem Osten, so dass diese erst am Anfang der Neuzeit, mit der jetzt immer schnelleren technischen und zivilisatorischen Entwicklung des Westens offenbar wurden. Ohne Erfolg haben die ost- und zentraleuropäischen Länder versucht, das neue westeuropäische System der bürgerlichen Nationalstaaten zu verwirklichen. Das hatte natürlich mehrere Gründe.

Der wichtigste Grund war die schon erwähnte unterentwickelte ökonomische Lage dieser Länder, das Fehlen eines einheimischen Bürgertums. Die westeuropäischen bürgerlichen Nationalstaaten hatten sich im Rahmen der absolutistischen Monarchie entwickelt und wurden erst dann verbürgerlicht. Die Entwicklung Deutschlands unterscheidet sich nur dadurch von diesem Schema, dass die Vereinigung hier von einem Teilstaat, der preußischen Monarchie, verwirklicht wurde. Und die absolutistischen Monarchien gründeten sich auf das System von Steuern und Staatsanleihen des warenproduzierenden Bürgertums. In Ungarn bspw. hat der berühmte König Matthias Corvinus I. versucht, eine solche Monarchie zu etablieren. Er konnte aber seine Macht ökonomisch lediglich auf die Zwangsbesteuerung der Bauern stützen. Auf diese Weise wurden auch die Interessen der Privatgrundbesitzer geschädigt. So ist das Experiment nach seinem Tode sofort gescheitert. In Polen waren die Ständerechte von niemandem beschränkt. Infolgedessen zerfiel das Land, und seine Teile gerieten unter Fremdherrschaft. In Böhmen haben die Stände den Krieg gegen die fremde Dynastie verloren, und das Land musste sich ins System der österreichischen Zentralisierung einfügen. In Ungarn konnten die Habsburger nur erreichen, dass sie die auswärtigen Angelegenheiten des Reiches beherrschten, doch sind die inneren Angelegenheiten in den Händen der Stände geblieben. Der einzige selbständige Absolutismus in Osteuropa war der russische Absolutismus von Ivan dem Schrecklichen und Peter dem Grossen. Aber dieser konnte sich - im Gegensatz zum System der westlichen Bürgerrechte - nur mittels blutiger Despotie erhalten.

Auch die Entstehung der Nationalstaaten stieß auf viele Hindernisse in den ethnisch gemischten Ländern Ost- und Zentraleuropas. Europa hat zwei Haupttypen für das Gefühl der nationalen Verbundenheit von der Antike geerbt: von den Griechen die Stammeszugehörigkeit und das Gefühl des gemeinsamen Staates von den Römern. Dieser gewährte Bürgerrechte auch Bürgern, die ursprünglich ‘fremd’ waren, während das Athener Gesetz von 451 v. Chr. die Bürgerrechte nur Bürgern mit ‘reiner’ athenischer Abstammung gewährte.

Das ist der Unterschied zwischen dem primitiven System der ethnischen Gemeinschaft *gens* und dem zivilisatorischen System der staatlichen Gemeinschaft *natio* - ein Unterschied zwischen barbarischem Tribalismus und modernem Nationalismus. Im allgemeinen ist im Mittelalter in Westeuropa das Gemeinschaftsbewusstsein als *natio*, in Ost- und Zentraleuropa aber als *gens* zur Geltung gekommen. Das sogenannte Mittel-Osteuropa bildete auch in dieser Hinsicht ein Übergangsgebiet.

Zum Beispiel war in Ungarn jeder ein Mitglied der *natio hungarica*, der als Mitglied der Organisation des ungarischen Ständestaates bestimmte Rechte hatte, gleich welcher Abstammung oder Muttersprache er war. Der historische ungarische Staat umfasste nämlich ein viel größeres Gebiet als das heutige Ungarn: Kroatien war ein 'Nebenland' von ihm, außerdem hatte er Siebenbürgen als autonome Einheit. Da sich dieses in den Zeiten der Türkenkriege als unabhängiges Fürstentum erklärt hat, sprach man in der Folge auch von 'den beiden ungarischen Ländern'. Außerdem gehörten zu Ungarn im engeren Sinne auch die heutige Slowakei und die so genannte Karpato-Ukraine als Ober-Ungarn und neben dem heutigen Ungarn, damals Nieder-Ungarn genannt, auch die Wojwodina - heute in Serbien - sowie das sogenannte Burgenland im heutigen Österreich. So hatte der ungarische Adel viele nichtungarische Mitglieder, aber auch sie wurden *hungarus* genannt.

Doch ist am Anfang der Neuzeit auch in Mittel-Osteuropa der Tribalismus aufgeflammt. In der Ära der Entstehung von Nationalstaaten war es in Böhmen zur Zeit der Hussitenbewegung und auch in Ungarn zur Zeit der sogenannten Kuruzenaufstände wichtig, dass jemand auch sprachlich und ethnisch ein 'wirklicher' Tscheche oder Ungar sei. Das hing mit dem hohen Anteil des Adels und mit seiner gesellschaftlichen Rolle zusammen. Die meisten Adeligen - obwohl sie natürlich viele politische Privilegien wie persönliche Freiheit, Steuerfreiheit usw. genossen - waren nicht reich. Viele befanden sich sogar in einer schlechteren Lage als manche wohlhabende Bauern. Gleichzeitig waren sie zur Militär- und Kampfbereitschaft verpflichtet. Das war eben der Grund ihrer Privilegien. Deshalb hat sich der Adel im ganzen mit der Nation überhaupt identifiziert und Aristokraten fremder Abstammung oder mindestens fremder Lebensweise als nationsfremd betrachtet.

Im allgemeinen wird angenommen, dass in Ungarn die aristokratischen Großgrundbesitzer - die sogenannten Magnaten - die herrschende Klasse bildeten. Das ist aber nicht ganz richtig. Die Magnaten waren die herrschende Klasse nur in ökonomischer Beziehung. Die politische Macht befand sich schon seit dem 15. Jahrhundert in den Händen des Kleinadels, wie im Polen der *Szlachta*. Seiner Ideologie nach ist die Quelle aller Rechte im ungarischen Staat die Heilige Krone, deren Mitglieder symbolisch alle Angehörigen der *natio hungarica* sind. Die adeligen Familien, die Stände, die Städte, also alle, die Rechte und Privilegien, d.h. 'Freiheiten'[1] genießen - selbstverständlich auch die Bauern als Untertanen und Objekte der staatlichen Rechtspflege. Und alle Adeligen sind gleich, sozusagen 'demokratisch' die Mitglieder der Heiligen Krone, die symbolisch in der sogenannten Stephanskrone verkörpert ist.

Ungeachtet aller Schicksalswendungen der Völker von Ost- und Zentraleuropa im 19. und 20. Jahrhundert, wenden wir uns jetzt den Ereignissen der neuesten Zeiten zu. Weil der westliche Kapitalismus die osteuropäischen Länder beziehungsweise Völker im 19. Jahrhundert in eine immer engere Abhängigkeit gebracht hat, begannen die nationalen Bewegungen in Osteuropa immer mehr antikapitalistische Züge anzunehmen. Auch hervorragende Dichter, wie Endre Ady, und Historiker, wie Gyula Szekfű, meinten, dass das System des westlichen Kapitalismus nicht einfach zu übernehmen sei, weil es nicht sozial genug und in diesem Sinne nicht demokratisch genug sei. Deshalb hatten hier die revolutionären und nationalen Bewegungen nach dem Ersten Weltkrieg starke soziale Züge. Und als Ost- und Zentraleuropa nach dem Zweiten Weltkrieg in die russische Interessensphäre geriet, hat nicht nur bloße Gewalt dabei eine Rolle gespielt.

Das Eindringen des Westens im 20. Jahrhundert, konkret des deutschen Imperialismus, erfolgte nicht in der Form der friedlichen Zusammenwirkung des *Mitteleuropaplanes* von Friedrich Naumann, sondern im ausbeuterischen Experiment des sogenannten 'Neuen Planes' von Hjalmar Schacht. Viele Menschen in Osteuropa haben deshalb - obwohl das heute fast unglaublich klingt - die Armee des einzigen osteuropäischen Landes, das seine Unabhängigkeit dem Westen gegenüber immer bewahren konnte, begeistert begrüßt. Und sie meinten, in der Idee des Sozialismus die Möglichkeit einer osteuropäischen Wiedergeburt zu entdecken. Es ist in dieser Hinsicht meiner Meinung nach typisch, dass auch alle Parteien im ungarischen Volksaufstand des Jahres 1956 die Idee eines reformierten Sozialismus und eines gleichberechtigten Zusammenwirkens mit der Sowjetunion in ihr Programm aufgenommen haben. Der ausgezeichnete und geistreiche Schriftsteller Péter Esterházy, der dieses Regime übrigens immer hart kritisierte, sagte einmal, dass das ungarische Volk 1956 den

---

[1] In der ungarischen Sprache bedeutet das Wort 'Freiheit' ursprünglich Freiheit von etwas, also eine Befreiung, ein Sonderrecht.

Kommunismus wie der Hund das Wasser abgeschüttelt habe, man später aber nicht sagen konnte, wo das Wasser endet und wo der Hund beginnt.

Der Zusammenbruch des Regimes in den Jahren 1989-90, praktisch von niemandem vorhergesehen, hat natürlich eine neue Situation geschaffen. Vor allem hat die sogenannte reformkommunistische oder reformsozialistische, innerparteiliche Opposition den Halt verloren, obwohl sie in letzter Zeit für die notwendigen Reformen vieles getan hat. Die zwei Gruppen der außerparteilichen Opposition sind aber die zwei größten politischen Kräfte Ungarns geworden. Aus der bisherigen völkisch-nationalen Opposition entstand die größte Regierungspartei, aus der bisherigen liberal-demokratischen Opposition bildete sich die größte Oppositionspartei. Beide Parteien hatten als Basis ganz verschiedene Gruppen in der Gesellschaft und ebenso ganz verschiedene Traditionen. In der völkisch-nationalen Partei haben ursprünglich die Vertreter des romantischen Antikapitalismus eine führende Rolle gespielt, die auf dieser Basis die Möglichkeiten der Zusammenarbeit mit den Reformkommunisten beziehungsweise mit deren nationalem Flügel suchten. Sie haben in der Tat sogar einige gemeinsame Punkte mit ihnen gefunden.

Nach dem Zusammenbruch des Regimes haben aber die Vertreter der früheren 'ungarischen christlichen Mittelklasse' die führende Rolle ergriffen. Dementsprechend versuchte die Partei mit einer wütenden antimarxistischen Propaganda, ihr Kokettieren mit den nationalen Sozialisten vergessen zu lassen. Ihre Traditionen sind die alten, in der Gedankenwelt des Kleinadels wurzelnden, ungarischen nationalen Traditionen. Denn diese Klasse hat dem Staatsleben und der Kultur Ungarns tatsächlich viele große Menschen gegeben. Deshalb meinten die Ideologen dieser Partei, dass ausschließlich sie zur Führungsrolle berechtigt sind. Demgegenüber war die führende Gruppe der demokratischen Liberalen die einzige Kraft, die gegen den Parteistaat tatsächlichen Widerstand geleistet hat. Die Basis der Partei bildeten das demokratische Bürgertum, die qualifizierte Arbeiterklasse und die moderne Intelligenz. Ihre Traditionen gehen auf die der früheren demokratischen und radikalen Bewegungen zurück. Diese Partei hatte die Absicht, in Ungarn ein gesellschaftliches und politisches System westlicher Art zu verwirklichen. Heute sind aber beide Parteien ziemlich klein.

Nach den Wahlen von 1994 bildeten die Sozialisten und die Liberalen eine Koalitionsregierung mit einer Politik zur allgemeinen Modernisierung des Landes. Im Jahre 1998 sind sie aber gescheitert. Es bildete sich eine neue Koalition der alten und der neuen Konservativen, unter der Führung der neukonservativen sogenannten Jungdemokraten, die übrigens ebenso konservative und provinzialistische Traditionen haben. Auch die neue Regierung möchte einerseits das Land schnell modernisieren und nach Europa führen, andererseits kritisiert sie ständig den Preis der Modernisierungspolitik der früheren Regierung und möchte diesen Preis ihrerseits überhaupt nicht bezahlen.[2]

Sie haben die Wahlen einerseits mit antikommunistischen, andererseits aber mit antikapitalistisch-antiliberalen Losungen gewonnen. Nun, die Optimisten in Ungarn meinten immer, dass Ungarn eine Brücke zwischen West und Ost sei. Den Pessimisten zufolge aber ist es eine Fähre, die mal vom Osten in Richtung Westen, ein andermal vom Westen nach Osten in ständiger Bewegung ist.

4. Die historisch-geographischen Grundlagen der europäischen Integration

Nach dem Zusammenbruch des Systems des sogenannten 'real existierenden Sozialismus' hörte man in ganz Zentraleuropa und auch in Ungarn auf Schritt und Tritt die Losung, dass man jetzt endlich imstande sei, Europa zu erreichen oder vielmehr nach Europa zurückzukehren. Die Losung bezieht sich offensichtlich auf eine Bestimmung, die unter 'Vereinigung Europas' die Vereinigung Westeuropas, unter 'Europäischer Wirtschaftsgemeinschaft' die westeuropäische wirtschaftliche Gemeinschaft und unter den 'Vereinigten Staaten Europas' die vereinigten Staaten Westeuropas versteht. Es gilt nun die Frage aufzuwerfen, warum und wie die zentraleuropäischen Länder Westeuropa erreichen sollen und können?

Westeuropa hat eine besondere Stellung unter den europäischen Regionen, und man pflegt in einem gewissen Sinn zu Recht allein diese Region als *Europa* zu bezeichnen. Die wirtschaftliche, politische und kulturelle Eigenleistung Europas in der Weltgeschichte, nämlich die Entstehung der modernen bürgerlichen Gesellschaft, der individuellen Freiheit und der entsprechenden Ideensysteme wurde tatsächlich im westlichen bzw. nordwestlichen Teil des Kontinents erreicht, dank der Entwicklungen

---

2 Nach den Wahlen von 2002 bildete sich erneut eine Koalitionsregierung von Sozialisten und Liberalen.

des *Occidens* seit dem frühen Mittelalter. Freilich geschah dies mittels antiker, teils griechischer, grundsätzlich aber römischer Grundlagen.

In der südwestlichen Region, in Italien - besonders in den südlichen Zonen und auf den Inseln - und Spanien sowie Portugal (mit Ausnahme der nördlichen Zone, dem Baskenland und Katalonien) zeigen sich bis in unsere Zeit gewisse traditionalistische, patriarchalische, feudale Züge und Wirkungen. Die Länder des nordwestlichen geographischen Raumes und dessen unterworfene Peripherien waren vor allem Länder, die man anfänglich dem byzantinischen Orient als Okzident, später dem barbarischen Osten als Westen gegenübergestellt hat. Hierzu zählen Deutschland mit den östlichen Marken, Ile-de-France und Flandern mit den okzitan-provenzalischen Territorien, England mit den schottischen und irländischen Provinzen, sowie das sich allmählich anschließende Skandinavien mit den finnisch-baltischen Kolonien.

Die wirkliche Divergenz aber zeigte sich - wie wir gesehen haben - lediglich am Anfang der Moderne, im Herausbildungsprozess der modernen Nationalstaaten. Die osteuropäischen Länder waren immer weniger imstande, mit den wachsenden Erfordernissen Schritt zu halten. Entweder waren sie Opfer fremder Eroberung geworden oder in Abhängigkeit von äußeren Mächten geraten. Da es hier auch keine entwickelte Warenproduktion gab, wurden die wichtigsten Verbindungen zwischen den Mitgliedern der staatlichen Gemeinschaft nicht durch wirtschaftliche und politische Verhältnisse, sondern durch Bande ethnischen oder kirchlichen Charakters geschaffen. Deshalb ist in Ost- und Zentraleuropa die ethnische Zusammengehörigkeit so wichtig. Die staatliche Zentralisierung, die immer viel stärker als im Westen war, ist ebenfalls hieraus zu erklären: waren diese Länder bemüht, größere Resultate zu erreichen, so war dies lediglich durch eine Zentralisierung der geringen Ressourcen möglich. Demzufolge war es den einzelnen Interessengruppen und Parteien immer so wichtig, die Staatsmacht zu besitzen bzw. zu beeinflussen. Deshalb war die Differenz zwischen dem Entwicklungsstand der Städte und der Rückständigkeit der Provinz so beträchtlich.

Betrachten wir die Entstehung und Entwicklung der europäischen Integration und die Anschlussmöglichkeiten, so müssen wir zunächst darauf hinweisen, dass die Idee einer solchen Integration keineswegs ein unbegründeter Einfall ist, sondern dass sie durchaus eine lange Vorgeschichte hat, wodurch die objektiven Grundlagen ihres strukturellen Rahmens und ihrer Zukunftsperspektiven gesichert sind. Dies ist schon aus den empirischen Fakten zur Entstehung der europäischen Integration offensichtlich. Die Tatsache, dass die Grenzen der Gründerstaaten der Europäischen Wirtschaftsgemeinschaft fast vollständig mit den Grenzen des ehemaligen Karolingischen Reiches zusammenfallen, wurde schon von vielen Seiten festgestellt, dass sie gleichsam als Gemeinplatz gelten kann.

Ebenfalls charakteristisch ist, dass die zwei großen europäischen Integrationsformen - die Europäische Wirtschaftsgemeinschaft (EWG) und die Europäische Freihandelszone (EFTA), die sich schon zu integrieren beginnen - territorial faktisch mit dem einstigen *Occidens,* mit der nord- und südwesteuropäischen Region zusammenfallen. Mit zwei Ausnahmen allerdings: Finnland und Griechenland, die ursprünglich der nord- bzw. südöstlichen Region zugehörten. Dabei spielten gewissermaßen historische Umstände zufällig mit. Finnland war jahrhundertlang ein organischer Bestandteil Schwedens. Die Finnen verloren auch unter russischer Herrschaft ihre Unabhängigkeit, jedoch nicht vollständig. Sie konnten diese weitgehende Autonomie in gewissem Grade sogar ausnützen. Der sowjetische Imperialismus wagte es nach dem Zweiten Weltkrieg nicht, das Land zu unterjochen: Moskau begnügte sich mit der sogenannten *Finnlandisierung*, wovon das Land wirtschaftlich wieder profitieren konnte. Griechenland gelangte zur Integration als Mitglied des südlichen Flügels der NATO. Dasselbe wünscht aus eben diesem Grund auch die Türkei, jedoch hat ein Beitritt in Ermanglung nötiger Vorbedingungen noch nicht zu den erwünschten Resultaten geführt.

5. Ungarn und die europäische Integration

Unter den Ländern des ehemaligen Ostblocks verfolgen die damaligen 'Drei von Visegrád' den Beitritt zur westeuropäischen Integration am intensivsten. Zieht man heute Tschechien und die Slowakei voneinander getrennt in Betracht, so sollte man eigentlich von vier Staaten reden. Dieser geographische Raum, der sich in der Mitte von Zwischeneuropa befindet, d.h. zwischen Nord-Osteuropa und Süd-Osteuropa liegt, erhielt die Bezeichnung Mittel-Osteuropa oder Ost-Mitteleuropa. Die Mitteleuropa-Konzeption wurde von englischen und französischen Geographen und Geopolitikern anders als von den deutschen ausgearbeitet: während letztere (im Westen) die Niederlande und die Schweiz immer zu Mitteleuropa gerechnet haben, zählten erstere diese Länder immer zu Westeuropa. Den späteren Entwicklungen nach, vor allem nach den Ereignissen beider

Weltkriege, scheint sich die englisch-französische Konzeption in dieser Hinsicht zu bestätigen.

Was die östlichen Grenzen angeht, so war immer umstritten, welche Regionen von Zwischeneuropa zu diesem Raum gerechnet werden können. Am häufigsten wurden dabei diejenigen Territorien erwähnt, die für längere oder kürzere Zeit zu einem deutschen Staat - Österreich oder Preußen - gehörten. Vor allem wurden Böhmen / Tschechien und Polen genannt, oft auch Ungarn. Viele aber waren der Meinung, dass Ungarn neben den südslawischen Ländern und dem Balkan zu Südosteuropa, zum sogenannten 'Südostraum' gehört, gemäß dem bekannten Spruch von Metternich: Asien beginnt am Ende der Wiener Landstrasse.

Bis zu den großen Veränderungen im Jahre 1989 schien es, als stände unter den Ostblockländern Ungarn dem Westen am nächsten. Aus diesem Grund nahmen einige ungarische Politiker die Prager Wende mit deutlichen Vorbehalten wahr. Sie befürchteten nämlich zu Recht, dass im Wettlauf um die Gunst des Westens eine demokratische Tschechoslowakei, genauer Tschechien, der erfolgreichere Konkurrent sein könnte. Dass sich diese Befürchtungen bis jetzt nicht bestätigt haben, ist damit zu erklären, dass die reformkommunistischen Regierungen Ungarns in den letzten Jahren des Regimes beträchtliche wirtschaftliche Reformen eingeführt haben.

Demgegenüber wagten die tschechoslowakischen / tschechischen Regierungen lediglich mit der größten Vorsicht die Wirtschaftsstrukturen zu verändern, da sie die konservativste Erbschaft übernehmen mussten. In anderer Hinsicht ist der historische Vorsprung Tschechiens aber enorm. Dank der jahrhundertlangen Zugehörigkeit zum Deutschen Reich ist die Infrastruktur der tschechischen Territorien viel entwickelter. Die Produktivität der Industrie ist viel größer, die landwirtschaftliche Produktion viel intensiver, das zivilisatorische und kulturelle Niveau im Alltagsleben viel höher als in Ungarn. All dies kann von Polen kaum behauptet werden. Die östlichen Territorien des gegenwärtigen Polens gehörten nur vorübergehend zu Preußen, und auch die westlichen Teile waren ziemlich rückständige ostpreußische Provinzen. So hat Ungarn auch heute eine relativ günstige Position unter den zentraleuropäischen Ländern im Wettbewerb um die Mitgliedschaft in der Europäischen Gemeinschaft.

Aber diese Position ist in der Tat nur scheinbar günstig. Westeuropa will natürlich zunächst die innere Vereinigung der Europäischen Wirtschaftgemeinschaft verwirklichen und dann die Vereinigung dieser Region mit den EFTA-Ländern realisieren. Dies wird ein langwieriger Prozess, und wenn auch dessen Erfolg letzten Endes nicht zu bezweifeln ist, zeigen schon die bisherigen Erfahrungen, so etwa die einstweilig negativen Resultate der dänischen Volksabstimmung, dass man den endgültigen Erfolg hart und in mehreren Etappen erkämpfen muss. So müssen die zentraleuropäischen Länder auf die assoziierte Mitgliedschaft und die vollständige Aufnahme vermutlich eine längere Zeit warten, wie dies auch am Beispiel der Türkei sichtbar wird.

Der Beitritt fordert vom Land weitere deutliche Veränderungen. Was die Erfahrungen im Bereich der allgemeinen wirtschaftlichen Verhältnisse betrifft, so lassen Investitionen durch den Westen bisweilen noch auf sich warten, weil einerseits die allgemeinen Umstände im Land als relativ instabil angesehen, andererseits die Vorbedingungen durch den rückständigen Zustand der Infrastruktur als mangelhaft eingestuft werden. So ist bspw. die Qualität des Telephonnetzes oder des Eisenbahn- und Autobahnsystems sehr schlecht. In der Industrie wagten die Regierungen ebenso wenig, die überdimensionierten Unternehmen anzutasten, die in einer wirklichen Wettbewerbsituation bankrott gehen würden, soweit dies nicht bereits jetzt schon der Fall ist. Die Regierungen hatten mit solchen Experimenten schon so viel Popularität verloren, dass ein derart riskanter Schritt eine deutliche Überforderung bedeutet hätte. In der wettbewerbsstarken ungarischen Landwirtschaft sind andererseits die konservativen Regierungen aus ideologischen Gründen bestrebt, selbst die erfolgreichen Produktionsgenossenschaften zu zerstören. Demgegenüber will man die nicht modernen Bauernwirtschaften der sogenannten Kleinlandwirte verteidigen, um zu vermeiden, dass 'fremde' Personen in Ungarn Grund und Boden besitzen können. Diese Politik wird die Situation des ungarischen Agrarexports in die westlichen Staaten noch verschlechtern, angesichts der Schutzzölle, welche die Interessen der französischen, spanischen, italienischen und griechischen Agrarproduktion vernünftig verteidigen. Die heutige neukonservative Regierung aber möchte und versucht, Popularität mit populistischen - sozusagen sozialistischen - Losungen zu gewinnen, indem sie verspricht, dass sie bei den Verhandlungen mit der EWG und der EU die nationalen Interessen 'hart' verteidigen wird.

An diesem Punkt beginnen in dem Bild auch politische und sozialpsychologische Momente mitzuspielen. Nach der Auflösung des durch politische Gewalt zusammengeschmiedeten und aufrechterhaltenen RGW (Rat der Gegenseitigen Wirtschaftshilfe) ist natürlich jeder durch solche Experimente müde geworden. Eben dieser Umstand trug auch zur unerwarteten Neubelebung des Gedankens von Mitteleuropa bei. Im Vergleich zu Westeuropa sind wir hier in Zentraleuropa natürlich nicht hochentwickelt genug. Wir können aber zu Mitteleuropa gehören!

Die Idee von Mitteleuropa ist im Falle der polnischen, tschechischen, slowakischen, ungarischen, slowenischen, kroatischen Intelligenz und demgemäss der breiteren Öffentlichkeit durch den Wunsch motiviert, dass wir sozusagen eigentlich immer (Mittel-)Europäer waren, die mit Gewalt in den osteuropäischen Raum hineingezwungen wurden. Jetzt könnten wir endlich in die westliche Gemeinschaft zurückkehren. Wir Ungarn, Tschechen, Polen, Kroaten selbstredend ja - nicht aber die Russen, Ukrainer, Rumänen und Serben! Diese Sichtweise erklärt übrigens die scheinbar unverständliche Außenpolitik der ungarischen konservativen Regierungen gegenüber ihren Nachbarn. Obwohl die ungarischen Minderheiten in der Slowakei und in Serbien jeweils eine halbe Million Menschen zählen, waren die ungarischen Regierungen aufgrund bloß emotionaler Gründe gegen die Slowaken und Serben eingestellt. Man zieht es vor, ihnen gegenüber die Allianz mit Prag und Zagreb zu suchen. Mit Rumänien, wo die Bevölkerungsanzahl der ungarischen Minderheit vier- oder fünfmal so hoch ist, wollten die ungarischen Regierungen die Ehre der Zugehörigkeit zur europäischen Gemeinschaft überhaupt nicht teilen. Wenn aber Ungarn Mitglied der EWG und der EU werden könnte, und gleichzeitig die ungarischen Minderheiten außerhalb dieses Rahmens bleiben müssten, so wäre dies für die Ungarn eine katastrophale Situation.

Die Behauptung, dass diese Territorien zu (West-)Europa gehören, kann sich lediglich auf die Tatsache stützen, dass diese Region innerhalb der Grenzen des lateinischen Christentums zu finden ist. Näher betrachtet aber sieht man, dass es hinter den formalen Übereinstimmungen niemals eine inhaltliche Übereinstimmung gab. Die religiösen Formen funktionierten hier als gruppen- und gemeinschaftsbildende Faktoren, nicht als Rahmen des modernen individuellen Glaubens.

Die Eigentümlichkeit des mittel- oder zwischeneuropäischen Raumes ist eben dadurch bestimmt, dass einige in der Tat westliche Strukturen auf die ursprünglichen osteuropäischen Strukturen aufgebaut wurden, wie ein deutscher Geopolitiker (Karl Haushofer) gesagt hat: 'sarmatisch unterbaut, europäisch gefirnißt'. Die berühmte Gegensätzlichkeit zwischen den *Westlern* und *Slawophilen* in Russland zeigte sich tatsächlich in allen osteuropäischen Ländern, sogar in Böhmen, wo man mit der Neubelebung der hussitischen Traditionen ein neues slawisches Christentum etablieren wollte. Diese Gegensätzlichkeit hat in Ungarn die Form des *Urbanen* und *Völkischen* angenommen. Man darf aber nicht denken, dass die russischen Slawophilen oder die ungarischen Völkischen das Land in seiner Rückständigkeit halten wollten: sie versuchten, den Westen auf unabhängigen Wegen einzuholen. Die sozialistisch-kommunistischen Losungen waren lediglich neue Formen der früheren *Westwidrigkeit*. Dies erklärt auch die traurige Tatsache, dass sich überall die wildesten nationalistischen und populistischen Symptome zeigen, während man allerorts die Losung 'Zurück nach Europa' hört. In Ungarn ist es fast offizielle Ideologie, dass alle Ungarn in der Welt zu einer ungarischen Kulturnation gehören - die Roma in Ungarn aber praktisch nicht. Die Idee eines *Verfassungspatriotismus* kommt natürlich vom Teufel.

Es ist deshalb nicht verwunderlich, dass die völkisch-nationale und christlich-nationale Strömungen synthetisierenden ungarischen Regierungen mit immer stärkerer Propaganda versuchten, ihre Europazugehörigkeit zu demonstrieren. Dazu haben sie freilich nur ein einziges Mittel: die Hervorhebung ihres 'christlichen' Charakters. Da Europa dieser Propaganda gemäss mit dem Christentum und das Christentum mit Europa identisch ist, ist der christliche Mensch *eo ipso* 'Europäer', und wer kein Christ bleibt, ist offenbar aus dem Begriff *Europa* ausgeschlossen.

Eigentlich bin auch ich der Meinung, dass Europa und der christliche Kulturraum wirklich zusammengehören, aber lediglich in dem Sinne, dass einerseits Europa der Entfaltung der christlichen Kultur Bewegungsraum gesichert hat, andererseits die christliche Kultur Vorbedingung für die Entwicklung der modernen europäischen Geistigkeit war. Vertreter der Meinung, dass das Christentum der Aufklärung entgegengestellt werden sollte, die sich also europäische Kultur dergestalt vorstellen, dass darin Spinoza und Voltaire, Friedrich Nietzsche und Ernst Bloch keinen Platz hätten, sind zweifelsohne keine 'guten Europäer'. Sie können aber wohl als *Christ*en bezeichnet werden - nicht jedoch im Sinne von Jesu Christi und der Modernität, sondern auf eine mittelalterliche Art und Weise. Die neueste Vorstellung der heutigen konservativen Regierung, dass die sogenannte 'Heilige Krone' nicht im Nationalmuseum verbleiben, sondern im Parlament eine politische Rolle spielen sollte, zeigt wieder klar die mittelalterlichen und feudalen Züge des ungarischen Nationalismus und Konservatismus auf.

Das Territorium der 'Drei / Vier von Visegrád' oder jenes Territorium der früher als *Pentagonale* und *Hexagonale*, neuerlich erweitert als *Mitteleuropäische Initiative* bezeichneten Staatengruppe, das jetzt kein Bestandteil von Europa ist, war tatsächlich niemals Teil eines organischen Mitteleuropas. Und die europäische Integration wird nicht so verwirklicht werden können - wenn sie, wie wir hoffen, tatsächlich verwirklicht werden kann -, dass die ost- und zentraleuropäischen Länder oder einige und sich den anderen entgegenstellende Länder Westeuropa erreichen, sondern genau umgekehrt: wenn der Westen in Osteuropa Erfolg haben wird, wenn sich also auch in den zentralen und östlichen Teilen des Kontinents die grundsätzlichen Verhältnisse der westlichen Zivilisation und der westlichen Kultur verwirklichen.

Dies kann freilich nicht dank plötzlicher Veränderungen geschehen, sondern erst nach langwierigen und schmerzlichen Prozessen. Und früher oder später wird in allen betreffenden Ländern - wie dies beispielsweise jetzt die Auflösung der sowjetischen und jugoslawischen Staatenbildungen zeigt - der Mangel an gegenseitigem Verständnis zwischen den Völkern der Region zu Katastrophen führen, die jede *Integration* unmöglich machen. Dass der Westen Osteuropa integriere, ist bedauerlicherweise nicht unbedingt ein Interesse des Westens, mit welcher Eloquenz auch immer die ost- und zentraleuropäischen Bettler die westeuropäischen Bürger beschwörungsartig davon überzeugen möchten. Dies ist leider keineswegs ein Pfand seiner Blüte, sondern das Interesse der Osteuropäer selbst. Sind wir außerstande, mit eigenen Leistungen wirklich europäische Verhältnisse zustande zu bringen, so werden wir Europa niemals erreichen. Eben sowenig wird Europa in unsere Region gelangen. Der Weg von der mitteleuropäischen zur europäischen Identität ist uns also nicht gegeben, sondern aufgegeben.

Literatur

Bibó, István: Democracy, Revolution, Self-Determination. Selected Writings. New York: Atlantic Research and Publications, 1991.

Szűcs, Jenő: Die drei historischen Regionen Europas, Frankfurt: Verlag Neue Kritik, 1990.

Civil Society in Europe and Russia.
Contemporary Interpretation and Prospects

Vladimir Gutorov

From the very beginning of the revolutionary changes in East-Central Europe and Russia, the assumption that the idea of civil society would be crucial in post-communist ideological discourse seemed to be justified in light of subsequent events. Different reasons concerning the cause of that could be easily put forward:

a) the idea of civil society has a long history in the traditions of Western political and social thought going back to classical antiquity and Christian natural law speculations. Originally posited in the eighteenth century as referring to special features of social mutuality, in the nineteenth century it was used to characterize that aspect of human intercourse which existed beyond the realm of the State. It pointed in its different interpretations (liberal, conservative, socialist, anarchic etc.) to those elements of both community and individualism that have served to define political thought for the past two hundred years;

b) the great variety of transition to democracy in the last decades of the 20th century in Latin America, Asia, Africa, Southern, Eastern and Central Europe which cannot be reduced to any uniform model, gives rise to a quite natural tendency by politicians and scholars to regard the modern conception of civil society as a kind of both universal practice and sociological model unifying the different internal contradictions of democratization as well as explaining the following outside factors (objective and subjective) which can be traced almost in all heterogeneous processes of the modern world:

- the spreading of normative attitude to democracy as an ideal and aim of the social transformations;
- the rising attractiveness (with the exception of some countries in the Muslim world and communist enclaves) of democratic models as a result of various cultural influences of the Western civilization which in the 80-90s was concomitant with the process of delegitimization of authoritarianism as an ineffective national development model and instrument of modernization;
- the real enlargement of democratic rights as a experimental result of implementation of democratic institutes and procedures;

- the origin of international situation (including the institutional one at the level of both transnational and non-governmental organizations) stimulating the process of transition from authoritarian forms of government to more democratic ones.[1]

c) there are other and more specific (or sporadic) causes of spreading of the idea of civil society. By distinguishing two principal approaches in the employment of the term - on the institutional or organizational level (sociological approach) and on the level of values and beliefs (ethical approach) - Adam Seligman makes the following characteristic remark: "Indeed, I would hazard the guess that the use of the term civil society instead of democracy in Eastern Europe to describe the above organizational features of social life is to be explained less by any additional analytic weight carried by the idea of civil society than simply by the fact that civil society as a term was neutral and uncorrupted by forty years of State propaganda, whereas the term democracy - as in People's Democracy - was heavily tainted by the past and as political slogan not as unencumbered as civil society."[2]

In what sense, meaning and context can the idea of civil society be perceived and assimilated by contemporary Russians? To answer these questions one must first understand what concept we should speak about, for in modern political discourse the very idea and concept of civil society can easily mean different things to different people.

At the core of this concept and its different interpretation is its relation between the private and the public: "It is after all the very existence of a free and equal citizenry - that makes civil society possible at all."[3] Civil society rests therefore "first of all on the idea of the autonomous individual and the terms of association, trust and mutuality between these individuals articulated on general, universal principles (principles whose first stage of realization must be in the classical idea - whatever the contradictions that inhere to this idea in the West today)."[4]

In modern political discourse, both in the West and East, there are three main uses of the idea of civil society distinctly expressed:

---

1 Maravall 1997; Melvil 1999.

2 Seligman 1992, p. 204.

3 Ibid., p. 5.

4 Ibid., p. 17.

- "the first is the more direct and concrete political use of civil society as a slogan of different movements and parties, as well as, in the West individual thinkers who may use it to critique certain government policies."[5]
- the second use exists in the form of analytic concept for description and interpretation of certain social phenomena, modes of social organization on the macro-level, "or even perhaps as a possible venue to link micro- and macro-levels of social analysis. In its new popularity the idea of civil society is being used more and more to describe certain forms of social organization that once were associated with the ideas of democracy and citizenship..."[6].
- the third use, which somewhat infuses the first two, is "a philosophically normative concept, ... an ethical ideal, a vision of the social order that is not only descriptive, but prescriptive, providing us with a vision of the good life."[7]

From the second half of the nineteenth century the concept of civil society developed along two antithetical lines. The first may be defined as post-Hegelian and Marxist tradition. This tradition always stressed the contradictions inherent in civil society and their resolution either in the political realm of the State (Hegel) or in the new civil community (Marx). In the second tradition (which may be broadly defined as Anglo-American in origin) the nature of society, individual and state is regarded "as self-regulating realm, the ultimate repository of individual rights and liberties, and the body that must be protected against incursions of the State"[8].

It is evident that in both traditions the specific character of basic relation between the state and the society is expressed in the adjective itself which plays the role of peculiar mediator giving to this relation both ethical and normative qualities at the same time. The concept of civil society can therefore be perceived as a specific form of the general theory of interconnection of society and state. The ethical and normative character of civil society means it is just as derivative as the ideas of plurality, autonomy etc.

---

5 Ibid., p. 201.

6 Ibid.

7 Ibid.

8 Ibid., p. 10-11.

It is difficult to avoid some ethical evaluations, for example, in analysing the problem of the origin of modern society and state which remains in general quite a scientific one. If by society we mean the sum of all the various bodies or associations contained in a nation, then two features are apparent: these bodies are essentially voluntary in origin; and they are essentially specific in purpose, each existing for some one purpose - religious, economic, educational, charitable, etc. On the other hand, the nation state is a particular association existing for the special purpose of maintaining a compulsory scheme of legal order. It acts therefore through laws enforced by prescribed and definite sanctions, and has as a matter of necessity a unique purpose which gives it the scope of including compulsorily all the persons resident in a given territory and the power of making laws and using legal coercion. It may therefore be argued that there is a sense in which the state precedes society. The state, with its scheme of law and order, provides a general security in whose shelter social formations can easily grow. From this point of view it is possible to regard society as growing round the state - surrounding it and yet leaving it always as the core. In this sense we may say that the state is anterior to society or at any rate prior to it.[9]

These well-known principles are of great importance for understanding the evolution of both the concept and practice of civil society - they were always dependent on the activity of the state itself rather than the degree of citizens' autonomy.

It is not accidental, of course, that scholars belonging to different schools of interpretating the phenomenon of civil society outline unanimously two main stages in its formation: 1) the national integration; 2) the universalization of citizenship within the Nation-State. The emergence of strong socialist movements in West-European countries in the nineteenth century, and the success of its attempt to broaden the terms of the national polity had an important consequence - the idea of civil society was at first identified with the concept of universal citizenship and then fused with the notion of liberal democracy in its modern version.

In this connection serious contradictions arise. The idea of civil society being united with the concept of liberal democracy began to acquire a frankly pro-West orientation. A quite peculiar hierarchy of values has also arisen. Because of the unique combination of federalism, voluntary

9 Barker 1952, p. 44-50.

associations, separation of Church and State, protection of individual liberties, which was, in turn, the result of a specific junction of the tradition of Puritan spiritual revolution and British common law, the United States began to be regarded as ideal model of civil society. American society was opposed (for example, by A. de Tocqueville) to West-European societies where individual rights were seen "to stem from the state as concessions or special permission."[10] The democratic revolution, which was completed in West-European countries only towards the end of the 1960s, has permitted some scholars to regard the West in general as a unique domain of civil society and liberal democracy, and view the liberal West as opposed to the authoritarian East. In this sense the descriptions of civil society in western literature have acquired new characteristics. R. Sakwa, for example, defines civil society as pluralistic, and thereby raises the question of whether the existence of a non-pluralistic civil society is possible.[11] A. Fagin uses the terms *independent*, *truly effective* to describe civil society, implying that the both dependent and ineffective ones could also arise.[12]

It is evident that the hierarchy of advantages is counterbalanced by a corresponding hierarchy of defects. In the United States, for example, only Supreme Court decisions as the '1954 Brown versus Board of Education' etc., have given black Americans the possibility to be recognized as legally free and equal citizens and full participants in civil society. Nevertheless, from the social movements of the late 1960s up to the contemporary riots, rising social and economic inequalities fuel criticism of the American social system (represented in the works of H. Marcuse and other left-radical theorists). This critcism is similar to Hegel's analysis of the market system represented in his Jena Lectures ("ein sich in sich bewegendes Leben der Toten")[13].

The contradictions arisen from the universal use of the concept of civil society are constantly augmenting in modern political thought and literature. Is it possible at all to speak of the existence of civil society in westernized ethnocratic states, such as Israel, where the state is perceived

---

10 Seligman 1992, p. 88.

11 Sakwa 1997, p. 9.

12 Fagin 1998, pp. 143, 146.

13 Cited after Cullen 1979, p. 68.

as a moral community incorporated with the idea of the exceptional calling of Jewish people? All these contradictions gave birth not only to new theories revising the classical concept (for example, the theory of *double restructuring* of state and civil Society, Habermas' ideas of new communicative discourse and validity etc.)[14], but also to the deep doubts about its availability which have been reflected in various theories of the fall of the public Man in the West.

As A. Seligman justly wrote, "It should be clear now that however admirable the idea of civil society is as a political slogan, we should have serious doubts as to its efficacy as a concrete model for social and political practice. These doubts have arisen both from the inadequacy of the idea itself, aloud with the contradictions that inhere to it, and from the fact that it reflects not only a particular stage of historical development in the West but the particular conditions that obtained there and not necessarily in other part of the world. Clearly the first objection pertains mainly (but not solely) to the use of civil society in approaching the contemporary situation in Western Europe and the United States, and the second to its relevance to other societies, most especially contemporary East-Central Europe, where the term in its contemporary articulation first emerged."[15]

It is noteworthy that new universalistic trends in the evaluation of this concept have come unexpectedly from new postmodern interpretations of social theory and even from contemporary feminist literature. The study of the processes of transition from authoritarianism to democracy in Latin America and later in East-Central Europe stimulated also the new trends in its interpretation. As a result, the new formula - there may be different civil societies at different times and in different circumstances - was born[16] and a new concept was elaborated.

The main aims of this "civil society theory", as R. Fine put it, are "agency, creativity, activity, productivity, association, life itself"[17]. The idea that there is nothing intrinsically democratic about civil society was also accepted.[18] The conflict between two concepts of civil society - the new

---

14 Held 1987, p. 283 sqq.

15 Seligman 1992, p. 168-69.

16 Blakeley 1998, p. 178.

17 Fine 1997, p. 9.

18 Ignatieff 1995, p. 130.

and the classical ones - helps (in the eyes of supporters of the former) to explain why "civil society ... can mean differrent things to different people", for example, "why civil society appeals simultaniously to marginalized social movement actors on the one hand and, on the other hand, to liberal democratic elites, backed by such organizations as the World Bank and the IFM"[19].

It is important to point out that many elements of such a radical revision of classical concept of civil society appear constantly in the literature devoted to the analysis of transition to democracy in both East-Central Europe and Russia. While the fact of the absence of a developed civil society in these regions is taken for granted by almost all scholars, the core of the dispute consists in the ways of its formation. In discussing this problem the views of supporters of classical and *participatory* models differ considerably. It is implied that the new participatory model should overcome all the deficiencies of the older one, which has found itself incapable of embracing the new contradictory realities of transition from communist authoritarianism to democracy in post-industrial era.

Two main tendencies of interpretation can be discerned within this new theory. The first can be represented as a peculiar mixture of a traditional elitist approach and new social movements theories. In the frame of a classical civil society model the elitist approach usually coincided with classical institutional analysis of transition from authoritarian rule to democracy. This approach had been stimulated in paradoxical mode by the very fact that in Eastern Europe political transition was to coincide with a process of major economic restructuring and reform. The logic of transition literature, where civil society was defined in terms of the development of institutions such as political parties and constitutional rights, demanded to regard protest movements such as Solidarnost or Hungarian Democratic Forum as a main element of a rising civil society. The institutionalization of these movements after the Velvet Revolutions signified accordingly the new stage of evolution of civil society. But one could easily affirm this new civil society to form the base of a new bureaucracy and symbolic politics, which are hardly compatible with real mass participation in political life.

The second trend has a tendency of combining the empirical analysis of rising elements of civil society with new methodological approaches. The

---

19 Blakeley 1998, p. 178-79.

aim of such combination is to define the special feature of civil society in this region by identifying at the same time the democratic significance of its components. But the suggestion that a western-style civil society could emerge in the very process of transition from authoritarian rule to democracy evidently overestimates potentialities of the traditional socialist political culture. As A. Fagin had justly pointed out, there is an apparent lack of appreciation of the specific circumstances of post-communist Eastern Europe: the tenacity of the communist legacy, the nature of its collapse and the extent to which civil society was repressed prior to 1989 compared with countries in other regions which have undergone transitions from authoritarian rule.

Contrary to certain interpretations, civil society did not gradually re-emerge prior to the transfer of power. The focus of popular discontent which contributed to the events of late 1989 across Eastern Europe were not the foundations of a democratic civil society reclaiming its autonomy. Rather, popular protest signified the frustration of a repressed populace unleashed from the grip of authoritarian state. There is a distinct naivety within mainstream discourse regarding the complexities involved in fostering the legitimacy of democratic procedure and instilling democratic participation in Eastern Europe against a background of alienation and recent upheaval. More fundamentally, the narrow focus, which defines the transition process in terms of the consolidation of western-style hierarchical institutions, deflects attention away from an assessment of whether such institutions are appropriate or indeed likely to fulfil the same democratic function in post-communist late-twentieth-century Eastern Europe as they do, or did, in Western Europe. Moreover, where reference is made to the concept of civil society, it is defined narrowly and strict limits are placed upon its role vis-a-vis the state.[20]

Although there have been some interesting attempts to embrace both the issue of civil society and the complexity of establishing democratic participation of civil and political structures[21], the dominant research focus has stayed the same, i.e. the development of a western-style institutional system. In general, emphasis remains on formal hierarchichal structures rather than the monitoring of actual citizen empowerment and involvment as an index of change.

---

20 Fagin 1998, p. 145 sqq.

21 Lomax 1997; Miszlivetz 1997.

The question is to what degree the concept of 'public sphere' developed by H. Arendt, or J. Habermas' concept of public sphere (as a communicative space or deliberative forum between society and state in which associations articulate wider interests), dispels the vagueness of elements of civil society which exist in contemporary Eastern Europe. The interpretations proposed by supporters of Habermasian concept are reduced ultimately to recommendations - the state has to support and nourish all new non-governmental organizations and movements, for example, enviromental human rights associations which could fulfil the democratic function of channeling interests between society and the state.

One can compare how all these interpretations correspond to contemporary Russian realities. Is it possible at all to discuss the problem of Russian civil society in terms of modern theory of democracy? In modern literature there are few scholars defining the Russian political system as a democratic one without reserve.[22] The presence of democratic elements - parliament, free elections, institution of president elected on the basis of universal suffrage, the functioning of representative institutions on regional and municipal levels etc. - does not automatically mean that the political system may be defined as democratic.

Among the various definitions collected by Grigoriev and Temkina, one can find quite exotic notions such as 'facade democracy', 'Ersatzdemokratie', 'authoritarian democracy', 'hybrid democracy' etc. The character of these definitions was well synthesized by R. Sakwa. As he justly wrote, "Post-communist Russia was characterized by the almost palpable retreat of government: the high tide of state power under the Soviet regime ebbed and society was left exposed and vulnerable to its own morbid elements - venality, criminality and corruption. Once again it appeared that decrees were issued and laws passed only to be ignored by a society apparently living according to a different set of rules. The social movements of the Perestroika years failed to take on substantive institutional forms, and the nascent civil society remained unformed and relatively isolated from the political process. Economic and social crisis raised fears that once again, as in 1917, the democratic experiment would be stillborn. A type of political capitalism emerged in which the relationships of economic interests to the state predominated over market relations. A new political order was gradually reconstituted as new patterns

---

22 Grigoriev / Temkina 1997.

of authority began to inscribe themselves on social institutions, but the system was only tenuously democratic"[23].

This passage can be regarded as a good summary of many articles and books which have appeared in Russia and abroad during the last decade. The main characteristics of all these analyses consisted in the following thesis: "Russia has undergone an incomplete revolution: the structure of power has changed its forms but the traditional subordination of the political process to ruling elites has taken on new forms; property relations are being transformed but polity and economy remained undifferentiated ... Incomplete democratization gave rise to hybrid system combining both democracy and authoritarianism."[24]

After Yeltsin's resignation (I would name it dismissal) one can affirm that the new Russian bureaucracy, which tried to reform the old system on the basis of the liberal ideological program, neither institutionalized the political influence of social movements through the party forms of representative government, nor its own responsibility to society through a legislature or the whole network of communicative agencies like the media and other elements of civil society.[25]

But it is important to emphasize the difficulty of defining post-communist political communities on the basis of an analysis of a political system, without also an analysis of the political economy and social structure. In Russia especially the weak state was to act as the creator of the social basis on which democracy was to stand. The transition from communism to liberal democracy in the absence of a liberal class is seriously aggravated by the fact that the declarative liberal reforms almost annihilated assured prospects for the formation of any system of stable social and property relations. As a result, in Russia political democracy not only lacked a socio-economic base but the system it inherited encouraged the fusion of political and economic identities.

From the late 1990s two financial crises took place. The most serious was in 1998. The main cause of these crises was not only that - in the atmosphere of unbridled corruption - government bureaucracy could gain much revenue through the sale of gigantic state property, but also that the

---

[23] Sakwa 1997, p. 7.

[24] Ibid.

[25] Ibid., p. 8-10.

enlarged private sector remained a continuing burden to the economy. At the beginning of the century M. Weber compared the Russian political system with the Diokletian Roman Empire.[26] Within the new Russian regime some elements of Byzantine system have been revived and remodelled: "Large areas of the economy escaped not only government regulation but also through the Byzantine system of exemptions and licensing much of their share of the tax burden too. The gigantic corporation like Gasprom privatized by the former Prime Minister V. Chernomyrdin did not pay taxes per years."[27]

In the literature devoted to the prospects of development of the Russian system, one idea is often emphasized: the compromise between authoritarianism and democracy, which reflects the tension between Russia's relatively developed economic infrastructure and its appallingly under-institutionalized social and market relationships, cannot be prolonged and Russian society appears to have to pass through a stage of renewed authoritarianism of a special type. The first stage of the democratization process in Russia was mainly a result of an elitist process which was not accompanied by mass mobilization. A political culture amongst the citizon was not formed and could therefore not become both the premise and main condition of democracy.

Data from 1991 to 1997, published within the framework of the United Research Project by the Russian organization 'Russian Public Opinion' and the University of Iowa, testify to a very peculiar combination of mass support of individual freedom and rights (about 83%) with extremely low feeling of personal political participation. In 1997, for example, 98% of respondents answered that they did not participate in any political party or movement. 94% had never written to members of parliament or municipal deputies with the aim of solving any social or political problem. 95% had never called or sent a letter to any newspaper, journal or TV program. 93% never participated in political demonstrations. Half of the Russian population believes there is no necessity to take part in the decision-making process because it is the domain of competent leaders.

In the same year only 10% of the Russians had trust in the Russian parliament (Duma), 11% in the President, 29% in the Federal Security

---

26 Weber 1988, p.34.

27 Sakwa 1997, p. 18.

Service (the heir of KGB), 44% in the Russian orthodox church, 48% in the army. 47% affirmed that regional administrations express better the interests of the population, but only 9% affirmed the same concerning the Federal government.[28]

The strong impression appears to be that the characteristic alienation of society from political leadership reproduces itself at regional level too, especially in the light of the tendency of formation of regional authoritarian regimes in contemporary Russia. On the one hand, quite authentic data exist testifying to some evident elements of democratic values and orientations by contemporary Russians. On the other hand, there are also trustworthy data testifying to the rise of undemocratic values. Side by side with adherence to general democratic norms - necessity of democratic elections, support of political freedom, approval of private property - one can find support of strong authoritarian rule, belief in the necessity of state-privided social and economic guarantees, and open hostility toward businessmen, especially *new Russians*.

What is the cause of such a split of national consciousness? The fact that people often express contradictory opinions was ascertained by the results of sociological investigations. Some scholars explain these facts by the following thesis: men expressing open support for democracy, market economy etc. input in these notions another content. It seems to be right. To explain this paradox one can compare the data of the investigations between, for example, the 'Harvard Interview Project' in the beginning of the 1950s by A. Inkeles and R. Bauer and the 'Project of Soviet Interview' conducted in 1983-1984 among Soviet emigrants of second and third waves.[29] Both surveys established that former Soviet citizens (emigrants and dissidents) who rejected categorically the Soviet system, at the same time praised certain elements, such as the health service and education and the social service system in general. The roots of such paradox were due to a characteristically Russian perception of the State. The emigrants of 1950s and 1980s perceived the State as a paternalistic controlling force endowed with high responsibility to serve the interests of ordinary citizens. Both the postwar emigrants and the emigrants of the third wave were unanimous in a rejection of western ideals, the market economy and social relations.

---

28 Melvill 1999.

29 Inkeles / Bauer 1959; Millar 1987.

The comparative analysis of these data, together with the 'The Soviet Man' survey conducted towards the end of the 1980s, reveals striking parallels in values and beliefs between men living in Stalinist and Brezhnev eras and in the Perestroika epoch.[30] Even in 1995 many respondents demonstrated the same feelings. For example, only 9% wanted to have their own family or own business; 46% wished to have small but guaranteed salary and guaranteed life; 32% were ready to participate in the recovery of the State. At the same time only 24% of respondents believed that strong authoritarian power is needed; 28% in 1996 regarded the dictatorship to be useful under certain circumstances; 36% were sure that democracy is the best form of government in every case.[31]

As a result, in contemporary Russia a definite combination of relatively stable normative support for democracy with catastrophically low descriptive evaluation of real political institutions appeared. The spontaneous spreading of undemocratic beliefs creates the tendency by scholars to analyse Russian social and political processes not in terms of the concept of civil society but to elaborate new interpretative theories. For example, the theory of new Russian feudalism is becoming very popular in the West.[32] The conclusions of supporters of this theory are sometimes very attractive, useful and instructive. Nevertheless the notions of civil society, democracy, liberalism, human rights and patriotism remain for the present, as it seems to me, a surer base for scientific analysis of post-communist Russia. There are various 'strategies of power' which open new ways in the re-establishment of once interrupted values and traditions.

References

Barker E.: Principles of Social and Political Theory, Oxford 1952.

Blakeley G.: Democratization and Civil Society in Chile: A Blind Alley for Feminists?, // Contemporary Politics. 1998, Vol. 4, No. 2, June.

Cullen B.: Hegel's Social and Political Thought: An Introduction. New York 1979.

Fagin A.: Democratization in Eastern Europe: The Limitations of the Existing Transition Literature // Contemporary Politics, 1998, Vol. 4, No. 2, June.

---

30 Melvill 1999, p. 79 sqq.

31 Ibid.

32 See for instance Szamuely 1988; Shlapentokh 1996a; 1996b; 1997; Lester 1998.

Fine R.: Civil Society Theory, Enlightenment and Critique // Democratization, 1997, Vol. 4, No. 1.

Grigoriev V. and Temkina A.: Russland als Transformationsgesellschaft: Konzepte und Diskussionen. Berlin 1997.

Held D.: Models of Democracy. Stanford 1987.

Ignatieff M.: On Civil Society // Foreign Affairs, March/April 1995.

Inkeles A. and Bauer R.: The Soviet Citizen: Daily Life in a Totalitarian Society. Cambridge 1959: Harvard University Press.

Lester, J.: Feudalism`s Revenge: The Inverse Dialectics of Time in Russia // Contemporary Politics, 1998, Vol. 4, No. 2, P. 200 sqq.

Lomax B.: The Strange Death of "Civil Society" in Post-Communist Hungary // Journal of Communist Studies and Transition Politics,1997, Vol. 13 No. 1.

Maravall J.: Regimes, Politics, and Markets. Democratization and Economic Change in Southern and Eastern Europe. New York, 1997.

Melvill A.Y.: Demokratitcheskiye Tranzity. Moskwa 1999.

Millar J.(Ed.): Politics, Work and Daily Life in the USSR: A Survey of Former Soviet Citizens. Cambridge 1987: Cambridge University Press.

Miszlivetz F.: Participation and Transition: Can the Civil Society Project Survive in Hungary // Journal of Communist Studies and Transition Politics, 1997, Vol. 13, No. 1.

Sakwa R.: The Regime System in Russia // Contemporary Politics, 1997, Vol. 3, No. 3, March.

Seligman A.: The Idea of Civil Society. New York etc. 1992.

Shlapentokh, V.: Early Feudalism - The Best Parallel for Contemporary Russia // Europe-Asia Studies. Formerly Soviet Studies, 1996a, Vol. 48, No.3, P. 393-397.

Shlapentokh, V.: Russia as a Medieval State // The Washington Quarterly, 1996b, Winter, 19.01.

Shlapentokh, V.: Bonjour, Stagnation: Russia's Next Years // Europe-Asia Studies. Formerly Soviet Studies, 1997, Vol. 49, ¹5, pp. 865-882.

Shlapentokh, V. Russia as a Medieval State // The Washington Quarterly 1996, Winter, 19.01.

Szamuely T.: The Russian Tradition. London 1988.

Weber M.: Zur Lage der bürgerlichen Demokratie in Russland // Weber M. Gesammelte Politische Schriften. Tübingen 1988.

Viel Geschichte - Wenig Integration.
Nationale Reaktionen im Postsozialismus

Dittmar Schorkowitz

I. Das Echo der Vergangenheit

Als Lenin das Nationalitätenproblem Rußlands mit der Bezeichnung des Reiches als ein 'Völkergefängnis' auf seinen prägnantesten Nenner brachte, müssen ihn nicht nur die Sicherheit des politischen Sprachgefühls, sondern geradezu hellsichtige Einblicke in die Herrschafts- und Partizipationsmentalität seiner Landsleute geleitet haben. Ihren Bekanntheitsgrad verdankt die Befreiung verheißende Allegorie jedoch weniger der griffigen Charakterisierung komplexer Beziehungen von Staat und Nation in Rußland, sondern der vielgenutzten Möglichkeit, mit ihr auf analoge Verhältnisse und Kontinuitäten in der Sowjetunion anzuspielen. Von dieser Warte aus besehen, kam der Aufbruch der Nationen nicht unerwartet. Was 1991 überraschte, waren die Unvermitteltheit des Geschehens und die Ausmaße der Souveränitätsparade sowie die Radikalität der Entwicklung.[1]

Kaum war noch Gorbačëvs Wahl zum Generalsekretär der epochale Wandel für Osteuropa Gewißheit geworden, als sich der an Perestrojka und Glasnost' festgesogene Blick auch schon den Nationalitäten zuwandte. Dabei kamen Überlegungen auf, die zu Beginn des Jahrhunderts schon einmal anläßlich des Zusammenbruchs der Romanovschen, Habsburgischen und Osmanischen Vielvölkerreiche angestellt worden waren. Die zentrale Frage lautete nun, ob die nicht-slavischen Nationalitäten der Sowjetunion rebellieren würden, so wie einst gegen die zarische Autokratie, wenn deren Schwäche die Unregierbarkeit der Peripherie offenbarte? Welche Auswirkungen hätte eine Entkolonisierung für die staatliche Stabilität und würde die Union in einzelne Machtzentren zerfallen?[2]

---

[1] Eine frühere Version dieses Beitrags erschien unter dem Titel "Explaining Destabilization and Escalation in the Postsoviet Era. With Reference to Nagorno-Karabakh", in: From the Adriatic to the Caucasus. The Dynamics of (De)Stabilization [= Collana di studi sui Balcani e l'Europa Centro-Orientale 15], S. 39-61, ed. by St. Bianchini, (Ravenna: Longo, 2001).

[2] Motyl, Alexander J.: Will the Non-Russians Rebel? State, Ethnicity and Stability in the USSR, (Ithaca: Cornell UP, 1987). Simon, Gerhard: "Bricht die Sowjetunion auseinander? Perestrojka und die nationale Frage", in: Berichte des Bundesinstituts für ostwissenschaftliche und internationale Studien 18 (Köln: 1990). Ders.: "Die Desintegration der Sowjetunion durch die Nationen und Republiken", ebd. 25, (Köln: 1991). Geyer, Dietrich: "Das Ende des Sowjetimperiums: Eine

Die Entwicklung der letzten zehn Jahre hat deprimierende Antworten dazu geliefert, wie das Ende des sowjetimperialen Konzeptes aussehen sollte. Ungewißheit herrscht dagegen hinsichtlich der Ursachen, die für die Desintegration der beiden postsozialistischen Vielvölkerstaten - Rußland und Jugoslawien - verantwortlich sind. Auch ist der Weg unklar, den beide Föderationen in ihrer nachholenden Nationsbildung einschlagen werden, obschon die Zeichen auf Abgrenzung stehen.[3] Die fragilen Staaten in Osteuropa werfen nämlich ständig neu Fragen nach den Faktoren ethnonationaler Konflikte auf. Dabei geht es nicht nur um ein wissenschaftliches Problem, sondern um Aspekte der Konfliktforschung, die ein Auffinden friedenstärkender Antworten verheißen.

Um die allgemeine Konfliktgenese besser zu verstehen, ist es sinnvoll, sich an die Euphorie der Aufbruchstimmung jener Zeit und an die Authentizität zu erinnern, mit der die Völker die Suche nach nationaler Identität zunächst betrieben. Was waren eigentlich die Beweggründe einer die Regionen übergreifenden Umwälzung, die mit Hilfe eines historisch-kulturellen Erbes, von Sprache, Literatur und Religion, eine Renaissance nationaler Traditionen anstrebte und herbeiführte? Aus der Rückschau wird deutlich, daß dieser Paradigmenwechsel im Moment einstürzender Ordnungen und Weltbilder doch ein vorherbestimmter Pfad war.

Zumindest war es ein Weg, der lange gangbar erschien. Daß Föderationssubjekte und Nationalitäten aufgrund jahrzehntelangen Ausbleibens zivilgesellschaftlicher Grundlagen an rudimentäre Demokratieerfahrungen der frühen 20er Jahre des 20. Jahrhunderts bzw. an nationale Kulturwerte aus autokratischen Zeiten anknüpften, konnte durchweg als ein demokratiebildendes Unternehmen angesehen werden, für dessen Ungestüm sich westeuropäische Entsprechungen aus der ersten Hälfte des 19. Jahrhunderts leicht aufzeigen ließen.[4] Die Rekonstituierung des Nationalen

---

historische Betrachtung", in: Osteuropa 4, S. 295-302, (Stuttgart: DVA, 1992).

[3] Kappeler, Andreas: "Bemerkungen zur Nationsbildung der Russen", in: Die Russen: Ihr Nationalbewußtsein in Geschichte und Gegenwart, S. 19-35, hg.v. A. Kappeler, (Köln: Markus, 1990). Hosking, Geoffrey: "Russischer Nationalismus vor 1914 und heute: Die Spannung zwischen imperialem und ethnischem Bewußtsein", ebd. S. 169-183, hier S. 170. Götz, Roland / Halbach, Uwe: Politisches Lexikon GUS. Beck'sche Reihe 852, (München: C.H. Beck, 1992), S. 179-187.

[4] Starovojtova, Galina Vasil'evna: "Rešenie - na puti peregovorov", in: Moskovskie Novosti 1, S. 4, (Moskau: 1990). Skalnik, Peter: "Soviet Etnografiia and the National(ities) Question", in: Cahiers du Monde Russe et Soviétique XXXI(2-3), S. 183-191 (1990). Stölting, Erhard: Eine Weltmacht

wurde als notwendige Reaktion auf die Sowjetisierung respektive Titoisierung und als ein logischer Prozeß der Derussifizierung verstanden, dem auch heute noch Hoffnung auf eine gewaltfreie und selbstbestimmte Nationsbildung gezollt wird. Wollte man an dieser Stelle ein Fazit ziehen, ließe sich Erfreuliches berichten: in der Mehrheit der Nationalbewegungen sind die ethnischen Konflikte nicht eskaliert!

II. Integration durch Russifizierung?

Die Vermutung einer historischen Pfadabhängigkeit dieser Prozesse wird unsere Aufmerksamkeit auf das soziale und nationale Konsolidierungsbemühen in Osteuropa lenken. Dies liegt umso näher, da die rapide Desintegration der Sowjetunion und Jugoslawiens erhebliche Zweifel an der Nachhaltigkeit einer "modernization from above"[5] geweckt haben. Die nachholenden Umstrukturierungsprozesse der Gegenwart erfordern geradezu eine generelle Infragestellung von Integrationsleistung und Akkulturationsvermögen dieser Vielvölkerstaaten, zumal regionale Entwicklungen (Kaukasus, Balkan) eine europäische Integration schwieriger erscheinen lassen, als anfangs erwartet.

Der Weg Rußlands zum Vielvölkerstaat, das hier als Beispiel dafür dienen soll, wie Integrationsstrategien nicht funktionieren, ist in groben Zügen schnell erzählt. Es ist dies die Geschichte einer landnehmenden Besiedlung, von Kolonialismus und imperialer Expansion auf dem eurasischen Kontinent. Verdrängung und Assimilation waren ein Merkmal schon der Kiever Periode, als die Rus' ihre Herrschaft gegenüber den finnougrischen Völkern, den Wolga-Bolgaren und Chazaren durchzusetzen

---

zerbricht: Nationalitäten und Religionen der UdSSR. 3. erweiterte und aktualisierte Auflage, (Frankfurt a.M.: Eichborn, 1991). Geyer, Dietrich: "Aufbruch der Nationalitäten", in: Die Zeit 20, S. 16 (8.5. 1992). Schorkowitz, Dittmar: "Bericht über die internationale Wissenschaftskonferenz »Džangar und Probleme des epischen Schaffens« in Ėlista", in: Central Asiatic Journal 36(1-2), S. 84-106 (Wiesbaden: Harrassowitz, 1992), S. 84. Ders.: "Konsanguinal-politische Organisation und Grenzen der Souveränität bei den Kalmücken-Oiraten", in: Asiatische Forschungen 126, Altaica Berolinensia. The Concept of Sovereignty in the Altaic World, S. 229-239, hg.v. B. Kellner-Heinkele, (Wiesbaden: Harrassowitz, 1993), S. 237-238. Ders.: "Russifizierungs- und Sowjetisierungspolitik in Zentralasien und Sibirien", in: Berliner Osteuropa Info: Informationsdienst des Osteuropa-Instituts der Freien Universität Berlin 2, S. 2-3, (Berlin: 1993).

5 Ivekovič, Ivan: "Ethnic Conflict and Ethnocracy in the Balkans and Caucasus: A Comparison", paper presented at the VI. ICCEES (International Council for Central and East European Studies), 20 July - 3 August 2000, Tampere, Finland, (Typoscript, S. 1).

begann. Durch die Herrschaft der Mongolen und Tataren 1223-1480 unterbrochen, fand der russische 'Drang nach Osten' erst unter Ivan IV. seine Fortsetzung. So sah sich der Moskauer Staat mit der Unterwerfung von Kazan' (1552), Astrachan' (1556) und Sibir' (1582) erstmals vor die Aufgabe gestellt, allogene Nationalitäten zu integrieren.

Dieser Landnahme an Wolga und Ural folgte bald die Durchdringung Sibiriens und Nordasiens, die noch von den ersten Romanovs rasch abgeschlossen wurde. Dagegen setzten Zar Peters Ambitionen am Baltischen und Schwarzen Meer europäische Schwerpunkte, obschon er den Orient nicht aus den Augen verlor, wie seine Expeditionen nach Derbent und Chiwa zeigen. Sein grundlegender Anspruch, am System der Großen Mächte Europas teilzunehmen, wurde von Katharina der Großen nicht nur fortgeführt. Die Kaiserin ergriff erstmals auch Maßnahmen zu einer administrativen Integration des Vielvölkerreiches. Es ist dieses typische Spannungsverhältnis von innerer Konsolidierung und fortgesetzter Expansion, das Rußland geprägt und geschwächt hat. Auf seiner Grundlage entfaltete sich ein Imperialismus, der den Kaukasus, die turk- und iranischsprachigen Völker Mittelasiens, den Fernen Osten, Finnland sowie Kongreß-Polen dem Reich im 19. Jahrhundert zwar einverleibte, aber gleichzeitig gegen Aufstände vorgehen mußte.[6]

Der Staat begann, herrschaftliche Mittel für eine Homogenisierung des Reiches zu bündeln. Er entwickelte dabei Strategien, die zunächst nur eine Aufhebung kulturell-ethnischer Heterogenität beabsichtigten und später auch desintegrative Kräfte der Vormoderne auffangen sollten. Mit dem romantischen Nationalismus der 1820er Jahre setzte dann jedoch eine Russifizierung ein, der es unter Nikolaus I. vorrangig um die Durchsetzung russischer Normen, Werte und Interessen ging.[7] Von dieser Entwicklung

---

[6] Krader, Lawrence: Peoples of Central Asia. Indiana University Publications, Uralic and Altaic Series 26, hg.v. A. Sebeok, 2nd ed., (Bloomington / The Hague: Indiana University / Mouton & Co., 1966). Kappeler, Andreas: Russlands erste Nationalitäten: Das Zarenreich und die Völker der Mittleren Wolga vom 16. bis 19. Jahrhundert, (Köln / Wien: Böhlau, 1982). Forsyth, James: "The Siberian Native Peoples Before and After the Russian Conquest", in: The History of Siberia: From Russian Conquest to Revolution, S. 69-91, hg.v. A. Wood, (London / NY: Routledge, 1991), S. 71. Hosking, Geoffrey: Russia. People and Empire, 1552-1917, (Cambridge: Harvard UP, 1997).

[7] Riasanovsky, Nicholas V.: Nicholas I and Official Nationality in Russia, 1825-1855. Russian and East European Studies, (Berkeley / LA: University of California Press, 1959), S. 226. Thaden, Edward C. / Haltzel, M.H. / Lundin, C.L. / Plakans, A. / Raun, T.U.: Russification in the Baltic Provinces and Finnland, 1855-1914, (Princeton: UP, 1981). Thaden, Edward C.: Interpreting

waren Verwaltung, Wirtschaft sowie Landbesitz und Bildung, Religions- und Sprachpraxis gleichsam betroffen. Sie führte zur russischen Dominanz im alltäglichen Leben der Nationalitäten im europäischen Rußland wie in Russisch-Asien. Doch lassen schon die Nationalbewegungen des frühen 20. Jahrhunderts und das Ringen der Bolschewiki um den Zusammenhalt der Völker Rußlands am Erfolg dieser Integrationsmethode zweifeln.

Festzuhalten bleibt, daß die Sowjetisierung der 20er und 30er Jahre ganz in der Tradition zaristischer Russifizierung stand. Die Kontinuität war formal schon durch die mentale Prägung der Funktionäre und deren Herrschaftspragmatismus angeleitet. Ideengeschichtlich wurzelte sie zudem in einer eurozentristischen Zivilisierung Rußlands, die mit Zar Peters Öffnung zum Westen begonnen und unter dem aufgeklärten Absolutismus Katharinas den Anspruch russischer Kulturvermittlung entwickelt hatte. Zu einer *mission civilisatrice* umformuliert, war diese Kulturträgerrolle schon 1864 von Außenminister Gorčakov auf die Grenzräume des Reiches projiziert worden.[8]

Eine Folge dieser Tradition war, daß die imperiale Einstellung der sowjetischen Nationalitätenpolitik die antikolonialen Züge der Oktober-Revolution bei weitem überwog. Schon die Art und Weise, in der man das unilineare Evolutionsschema der Menschheitsgeschichte von Morgan, Engels und Marx übernahm, macht dies deutlich: das Russische wurde mit dem Sowjetischen, mit dem Proletarischen und dem Fortschritt identifi-

History: Collective Essays on Russia's Relations with Europe. Social Science Monographs (Boulder), with the collaboration of M.F. Thaden, (NY: Columbia UP, 1990). Zimbajew, N.I. [Cimbaev, Nikolaj]: "Zur Entwicklung des russischen Nationalbewußtseins vom Aufstand der Dekabristen bis zur Bauernbefreiung", in: Die Russen: Ihr Nationalbewußtsein in Geschichte und Gegenwart, S. 37-54, hg.v. A. Kappeler, aus dem Russischen von A. Kappeler, Ch. Schmidt, (Köln: Markus, 1990), S. 40.

[8] Tschiževskij, Dmitrij / Groh, Dieter (Hg.): Europa und Rußland. Texte zum Problem des westeuropäischen und russischen Selbstverständnisses, (Darmstadt: Wissenschaftliche Buchgesellschaft, 1959). Riasanovsky, Nicholas V.: "Asia Through Russian Eyes", in: Russia and Asia: Essays on the Influence of Russia on the Asian Peoples, S. 3-29, hg.v. W.S. Vucinich, (Stanford, CA: Hoover Institution Press, 1972). Hildermeier, Manfred: "Das Privileg der Rückständigkeit. Anmerkungen zum Wandel einer Interpretationsfigur der neueren russischen Geschichte", in: Historische Zeitschrift 244, S. 557-603, (München: Oldenbourg, 1987). Khodarkovsky, Michael: "»Ignoble Savages and Unfaithful Subjects« Constructing Non-Christian Identities in Early Modern Russia", in: Russia's Orient: Imperial Borderlands and Peoples, 1700-1917, S. 9-26, hg.v. D.R. Brower, E.J. Lazzerini, (Bloomington / Indianapolis: Indiana UP, 1997). Slezkine, Yuri: "Naturalists versus Nations: Eighteenth-Century Russian Scholars Confront Ethnic Diversity", in: ebd., S. 27-57.

ziert. Damit aber war die Mehrheit der nicht-slavischen Nationalitäten einem Barbareiverdacht ausgesetzt, der nicht einfach darauf abzielte, Bastionen des Traditionellen zu zerstören. Mit der Umwandlung nationaler Identitäten in soziale (Arbeiter, Bauer, Funktionär) setzte der Kampf gegen die Traditionalismen die zarische Methode ständischer Integration fort.[9]

Welche Schlußfolgerungen lassen sich daraus zum Nationsbildungsprozeß in Rußland, zu den Methoden und Resultaten staatlicher Unifizierungsstrategien ziehen? Zunächst ist festzustellen, daß die Entgegensetzung von Klasse und Nationalität für das sowjetische Integrationsmuster typisch wurde. In der Tradition der Denationalisierung stehend, deren Methoden durch das *Ancien régime* bekannt und gängig waren, sollte ein neues Volk, das Sowjetvolk (*sovetskij narod*) entstehen. Die Aufhebung nationaler Merkmale war Mittel zum Zweck, allein die Beibehaltung folkloristischer Formen wurde geduldet. Folglich erhielten nur wenige Völker den Status republikanischer Autonomie. Bestimmend für gesellschaftsbildende Strukturen im Transformations-Raum damit ist, daß die Nationalitäten im Verlauf der letzten 100 Jahre einen dreifachen Paradigmenwechsel durchlebt haben: von einer primordialen ethnisch-kulturellen Identität über die nationalrussische Prägung eines zaristischen Binnenkolonialismus zum Sowjetpatriotismus und schließlich zur nachholenden Nationsbildung im Postsozialismus.

Die Bewertung der Methoden geht von der Beobachtung aus, daß die Integration der Nationalitäten in das Russische Reich voller Widersprüche blieb. So gab es nie ein staatliches Programm für die *Russifizierung* der Nichtrussen. Trotz einer Fülle von Maßnahmen, die der Assimilation in unterschiedlicher Form dienen sollten, ging es *de facto* um Privilegien, Standesinteressen und private Bereicherung, die zusammengenommen den Eindruck einer zielgerichteten Russifizierung vermitteln können. Daß

---

[9] Krader, Lawrence: Ethnologie und Anthropologie bei Marx, (München: Hanser, 1973). Engels, Friedrich: Der Ursprung der Familie, des Privateigentums und des Staats. Im Anschluß an Lewis H. Morgans Forschungen. Marx-Engels-Werke 21, S. 25-173, (Berlin: Dietz, 1981). Hechter, Michael: Internal Colonialism. The Celtic Fringe in British National Development, 1536-1966, (London: Routledge & Kegan Paul, 1975). Said, Edward W.: Culture and Imperialism, (NY: A.A. Knopf, 1993), S. 101. Suny, Ronald Grigor: The Revenge of the Past. Nationalism, Revolution and the Collapse of the Soviet Union, (Stanford: Stanford UP, 1993). Baberowski, Jörg: "Auf der Suche nach Eindeutigkeit: Kolonialismus und zivilisatorische Mission im Zarenreich und in der Sowjetunion", in: Jahrbücher für Geschichte Osteuropas 47(4), S. 482-504 (Stuttgart: Steiner, 1999).

die Ministerien und Gouverneure, die Kirche und der Adel, selbst Bauern und Kosaken ein eigenes Interesse an der Inferiorität der Völker besaßen, darauf kann an dieser Stelle nur in aller Kürze hingedeutet werden.[10]

Die administrative Russifizierung bspw. drückte sich über vielzählige Reformen aus, denen die Absicht gemeinsam war, allogene Strukturen zu vereinheitlichen. Nationale Selbstverwaltungen wurden entweder linear ausgehöhlt oder so umgestaltet, daß sie den Assimilationsvorstellungen entsprachen. Dies betraf auch die Angleichung indigener Rechtssysteme, da erst mit Einführung russischer Jurisdiktion verfahrensrechtliche Kontrolle errichtet und in abweichendes Erbrecht bzw. in die Erbfolge der allogenen Nobilität eingegriffen werden konnte.

Für Sibirien wird die Interdependenz von Administration und Ökonomie besonders deutlich, weil der Staat die indigenen Jäger und Nomaden in seßhafte Ackerbauern transformieren wollte, um das gesunkene Pelztieraufkommen fiskalisch zu kompensieren und weil das weite Land in der Getreide- und Lebensmittelversorgung autark werden sollte. Durch die Aussicht auf Steuererleichterungen motiviert, traten viele Allogene (*inorodcy*) in den Sozialstand der Kronbauern oder Kosaken über. Dies führte zur Ersetzung der traditionellen Pelztiersteuer (*jasak*) durch eine Landpacht (*obrok*), aber auch zur Auflösung nationaler Verwaltungsautonomie, die gegen Ende des 19. Jahrhunderts einer Bauernverwaltung (*volost'*) Platz machen sollte. Die erzwungene Transformierung der Nationalitäten setzte die Parzellierung ihrer Ländereien, ihre Seßhaftmachung und Konvertierung zum russisch-orthodoxen Glauben voraus. Da die freigewordenen Weideländereien anschließend der Ansiedlung ostslavischer Bauern dienten, hat man es in der Tat mit einer Russifizierung von autochthonem Landbesitz zu tun.

Dagegen blieb die Wirkung kultureller Russifizierung hinter den proklamierten Absichten des Staates weit zurück. Alphabetisierung und Elementarbildung stellten einen kaum finanzierbaren Luxus dar. Aufklärung konnte zudem gefährlich werden. Auch lag der russisch-orthodoxen Kirche der Gedanke einer auf Überzeugungsarbeit beruhenden Konvertierung von Muslimen, Lamaisten oder Schamanisten völlig fern. Ihr genügte der formale Taufakt. Verbote zur Ausübung von Sprache oder Glauben waren

[10] Ausführlich dazu bei Dittmar Schorkowitz: Staat und Nationalitäten in Rußland. Der Integrationsprozeß der Burjaten und Kalmücken, 1822-1925. Quellen und Studien zur Geschichte des östlichen Europa 61, (Stuttgart: Franz Steiner: 2001).

zudem kostengünstiger. Doch als die Russifizierung unter Alexander II. radikale Formen annahm, führten administrative Restriktionen und Zwangstaufen zu unterschiedlichen Widerstandsformen und zur heimlichen Religionsausübung der Betroffenen.[11]

Die erzwungene Angleichung bewirkte also gegenteilige Effekte. Sie setzte eine Eskalation in Gang, da sich mit der Emanzipationsbewegung der Nationalitäten auch ein politisches Bewußtsein herausbildete, gegen das russische Nationalisten umso stärker zu Felde zogen. Während der frühen sowjetischen Nationalitätenpolitik als Atheismus getarnt, mündete deren Kampf gegen allogene Kulturwelten in Pogromen und in die Zerstörung nationaler Kulturgüter.

In gleichem Maße widersprüchlich präsentieren sich Formen und Institutionen staatlicher Herrschaftsvermittlung. Zwar wurde erwartet, daß die nationalen Eliten über die ihr zugedachte Kulturträgerrolle bestimmte Integrationsleistungen selbständig erbrachten. Nicht bedacht aber wurde, daß deren Teilhabe an der Macht der Entäußerung indigener Interessen zuarbeitete und so zur Desavouierung der Funktionsträger führte. Hinzu kam, daß die kooptierte Nobilität an einer Stärkung staatlicher Strukturen kaum, wohl aber am Erhalt ihrer Privilegien interessiert war. Als die Nikolaitische Verwaltungsreform die Dysfunktionen der Kooptation deutlich machte, wurde die alte Trägerschicht allmählich durch eine Bildungselite abgelöst. Der Wissenszugang belebte jedoch nicht nur die staatliche Bürokratie. Bildung bedeutete auch zivilisatorischen Zugewinn und versprach sozialen Fortschritt, um derentwillen die neue Trägerschicht den formalen Charakter der kulturellen Russifizierung in Kauf nahm. Reformorientiert wie sie war, fand sie zu einer sozialen und nationalen Emanzipationsbewegung, womit sich ein neues Spannungsfeld auftat. Und als das Werben Lenins um die unterdrückten Völker unter Stalin in eine Restauration der alten Parameter von *divide et impera* umschlug, wurden die nationalen Funktionärsgarden gegen Ende der 20er Jahre politisch kaltgestellt und Mitte der 30er Jahre liquidiert.

---

[11] Schorkowitz Dittmar: "The Orthodox Church, Lamaism and Shamanism among the Buriats and Kalmyks, 1825-1925", in: Of Religion and Empire: Missions, Conversion, and Tolerance in Tsarist Russia, S. 201-225, ed. by R.P. Geraci and M. Khodarkovsky, (Ithaca / London: Cornell UP, 2001).

Eine Bewertung zur Effektivität russischer Integrationpolitik fällt damit eindeutig aus. Mag man auch zugute halten, daß Konsolidierungsansätze an der Verschiedenheit der europäischen und asiatischen Reichsteile scheiterten, daß die wirtschaftlichen Gegensätze zu groß und die Sprachen, Religionen wie Identitäten des Imperiums zu vielfältig waren. Ein Vergleich mit dem jugoslawischen Vielvölkerstaat zeigt, daß eine Bemessung des *imperial overstretch* sich kaum an geographischen Größenordnungen, sondern an der Komplexität sozialer Gegensätze zu orientieren hat. Für die slavozentrische Wahrnehmung fremder Kulturen gilt zudem, daß die eigene Expansion permanent xenophobe Stereotype generierte, die den Weg allogener Minderheiten in die slavische Kulturgemeinschaft zusätzlich verbauten. Deren Umwandlung zu Kulturrussen war damit in eine Sackgasse geraten. Integrationspolitik beschränkte sich nun auf Aspekte des Machbaren und Nützlichen, blieb Stückwerk.

Prägend wirkte sich aus, daß staatliche Homogenität selbst um den Preis gewaltsamer Angleichung erreicht werden sollte. Der Integration zugedachte Methoden erwiesen sich in der Praxis so regelmäßig als Mittel der Subordination. Den Widerstand der Völker gegen ihre Denationalisierung mußte der Staat mit Mitteln der Gewalt brechen, so daß sich Russifizierung wie Sowjetisierung faktisch desintegrativ auswirkten. Die Integration des Vielvölkerstaates mislang, weil der Staat rigiden Unifizierungsstrategien mehr Effizienz zutraute, als der Anrechnung kultureller Vielfalt und nationaler Autonomiewünsche. Zaren und Bolschewiki vertraten einen Staats- und Nationenbegriff, der durch Ausgrenzungsmechanismen geprägt war und nicht durch Partizipation, womit die nationale wie die soziale Konsolidierung des Sowjetvölker unvollendet blieb.[12]

---

[12] Weeks, Theodore R.: Nation and State in Late Imperial Russia: Nationalism and Russification on the Western Frontier, 1863-1914, (Northern Illinois: UP, 1996), S. 5. Schorkowitz, Dittmar: "State and Nationalities in Russia: Integration by Russification?", in: VI World Congress for Central and East European Studies. Divergencies, Convergencies, Uncertainties: Abstracts, S. 377-378, ed. by P. Sinisalo-Katajisto, P. Fryer, (Helsinki: ICCEES, 2000).

III. Von der Desowjetisierung zum Ethno-Nationalismus

Es liegt auf der Hand, daß die rapid eingesetzten Nationsbildungsprozesse im Kern einen Reflex auf diese Entwicklungsdefizite in den postsozialistischen Gesellschaften darstellten. Die Fundamente des sowjetischen wie titoistischen Modells waren plötzlich weggebrochen, die soziale und nationale Integration im Laufe eines siebzig Jahre laufenden 'Experimentes' auf der Strecke geblieben. Die Föderationssubjekte ergriffen die Gunst der Zeitenwende, besannen sich auf die Erfahrungen erduldeter Entfremdung und taten genau das, was Lenins Allegorie verhießen hatte: sie brachen auf und ließen den Staatsverband hinter sich.

Der mißlungene Moskauer Putsch vom August 1991 leitete den Schlußakkord der Sowjetunion ein. Die Souveränitätsparade der Republiken führte rasch zum Zusammenbruch eines ausgehöhlten Systems. Es radikalisierten sich die sozialen Prozesse und die Unabhängigkeitsbestrebungen. Von 'nationalem Separatismus' (Kozlov) und einer 'Explosion des Ethnischen' (Halbach, Geyer) war die Rede. Gorbačëv sah die Sowjetunion durch 'Separatisten gevierteilt'. Verfrüht sprach man von einem 'Schlußakt in der Geschichte des russischen Vielvölkerreiches' (Kappeler).[13]

Unter dem Eindruck sich überschlagender Ereignisse waren nicht wenige Beurteilungen mit heißer Nadel genäht. Und während die einen noch vor den Gefahren eines egoistischen Nationalismus warnten, registrierte man andernorts schon erste Ausschreitungen, Migrationen und Deportationen. Der Option ethnischer Säuberungen folgten bald bewaffnete Konflikte: im Kaukasus zwischen Armenien und Aserbaidschan um Berg-Karabach, in Georgien um Abchasien und Ossetien, in Mittelasien zwischen Usbeken, Tadžiken und Kirgisen, in Jugoslawien zwischen Serben, Kroaten, Bosniern und Kosovo-Albanern.[14]

---

[13] Kappeler, Andreas: Russland als Vielvölkerreich: Entstehung, Geschichte, Zerfall, (München: C.H. Beck, 1992). Halbach, Uwe: Das sowjetische Vielvölkerimperium. Nationalitätenpolitik und nationale Frage, (Mannheim: 1992). Kozlov, Viktor Ivanovič: "Nacionalizm, nacional-separatizm i russkij vopros", in: Otečestvennaja Istorija 2, S. 44-64, (Moskau: Nauka, 1993). Gorbačëv, Michail Sergeevič: Erinnerungen: Das Vermächtnis eines Reformers. Aus dem Russischen von I.P. Gorodecki, (Berlin: Siedler, 1995). Geyer, Dietrich: "Rußland in den Epochen des zwanzigsten Jahrhunderts: Eine zeitgeschichtliche Problemskizze", in: Geschichte und Gesellschaft 23/2, S. 258-294, hg.v. H.P. Ullmann, (Göttingen: Vandenhoeck & Ruprecht, 1997).

[14] Lur'e, Maks: "Čto slučilos' v Fergane", in: Moskovskie Novosti 24, S. 2, (Moskau: 1989). Mineev, Aleksandr: "Stojanie u Cchinvali", ebd. 49, S. 2 (1989). Ders.: "Dušanbe: Gde vychod iz krizisa?", ebd. 8, S. 5 (1990). Sidorov, Dmitrij / Mineev, Aleksandr: "Ischod. Turki-meschetincy na

Für viele war es ein Aufbruch in die Vergangenheit, in die ethnische Segregation und Homogenisierung nachholender Nationsbildung. Skeptisch machte allerdings, daß sich die Rekonstituierung des Nationalen in den unvorbereiteten Gesellschaften in einer den Strukturwandel umgehenden *Desowjetisierung* bzw. *Detitoisierung* rein formal vollzog. Es mehrten sich die Bedenken, daß die Entwicklungslogik von Transformationsprozessen in Osteuropa vorrangig an westlichen Vorbildern zu messen und eine Integration durch die bloße Übernahme bewährter Institutionen zu bewerkstelligen sei. Bald wurde absehbar, daß beim Umbau sozioökonomischer Strukturen ein linearer Fortschritt nicht eintreten werde, obschon diese Hoffnung mit dem Anlegen des Transitionsmodells auf die Gesellschaften Osteuropas kurzfristig geweckt worden war.[15] Stattdessen entstand in den Ländern Ost-, Ostmittel- wie Südosteuropas eine schwer prognostizierbare Gemengelage von Nationalismus und Transformationsansätzen, von staatsfreien Räumen und Violenz.

Doch schlug nicht nur der Übergang zu Demokratie und Marktwirtschaft unerwartete Richtungen ein. Auch die nationalen Eliten verhielten sich anders, als erwartet. Selten nur konnten sie als verantwortungsbewußte Modernisierungsträger bezeichnet werden. Vielmehr machten sie als kritikresistente Archonten einer patrimonialen Bürokratie von sich reden, deren Konservatismus teils patriarchalisch-fundamentalistische, teils autokratische Züge annahm. Oder sie traten als Schirmherren von Ökonomien auf, die auf Korruption bzw. Redistribution beschränkt sind und mit

---

novoj zemle", ebd. 26, S. 13 (1989). Šavoronkov, Gennadij: "Kišinëv - Komrat: Četyre dnja protivostojanija", ebd. 44, S. 4 (1990). Šavoronkov, Gennadij / Mikadze, Akakij: "Kak uberečʼ Abchaziju?", ebd. 46, S. 8-9 (1990). Ševelev, Vladimir: "Baku: Čto dalʼše?", ebd. 4, S. 8 (1990). Sidorov, Dmitrij: "Moskovskoe ėcho konflikta: Bežency v stolice", ebd. 5, S. 4-5 (1990). Troebst, Stefan: "Nationale Minderheiten", in: Südosteuropa-Handbuch 6: Bulgarien, S. 474-489, hg.v. K.-D. Grothusen, (Göttingen: Vandenhoeck & Ruprecht, 1990). Smoljanskij, Vladimir Grigorʼevič: Nacionalʼnye konflikty v SSSR i SNG (1985-1992gg.), hg.v. Burjatskij Naučnyj Centr SO RAN, (Ulan-Udė: 1996).

[15] Giordano, Christian / Kostova, Dobrinka: "»Arendator« und »akula«. Zur Reprivatisierung ohne Bauern in der bulgarischen Landwirtschaft nach der »Wende«", in: T. Eggeling, W.v. Meurs, H. Sundhaussen: Umbruch zur "Moderne"? Studien zur Politik und Kultur in der osteuropäischen Transformation, S. 115-132 [= Gesellschaften und Staaten im Epochenwandel 5, hg.v. L. Krader, K. Mänicke-Gyöngyösi, K. Meyer, D. Schorkowitz], (Frankfurt a.M. / Berlin / Bern / NY / Paris / Wien: Peter Lang, 1997). Mänicke-Gyöngyösi, Krisztina: "Modernisierung als zielgerichteter und Transformation als offener Prozeß gesellschaftlicher Umgestaltung?", ebd., S. 165-180.

dem Paradigmenwechsel zu Patronage und Klientelsystem zurückgefunden haben.[16]

Unterdessen haben die Nationalitäten ihre Geschichte nicht nur zurückerobert. Ungeniert wurde sie für den "Ausbau nationaler Identitäten"[17] im postsozialistischen Raum ausgeschlachtet. Diese Entwicklung zeigt, daß die Transformation nur in der Anfangsphase durch einen mentalen Wandel der alten politischen Elite begleitet war, dann aber durch das Einwechseln einer neuen und hart um die Macht konkurrierenden Elite umso nachhaltiger geprägt wurde. Deren Historizität war es schließlich, die zur Herausbildung des neuen Nationalbewußtseins und einer Ideologie beisteuerte, welche ursprünglich ihre Selbstintegration beabsichtigte. Daß sie sich damit kaum anders verhielten "als neu herangewachsene, säkular ausgebildete nationale Eliteschichten in anderen Teilen der Welt"[18], machte die Radikalität ihres Auftretens berechenbarer. Bevor die nationalen Trägerschichten an eine Integration der Gesellschaft dachten, installierten sie ihre eigene Führerschaft, Teile des Personalverbandes und privater Netzwerke. Typisch für die Legitimation nach außen ist, daß sich die Ethnokraten als Verkörperung des nationalen Interesses darstellen.[19]

---

[16] Tolz, Vera: "Russia's Kalmyk Republic Follows Its Own Course", in: RFE / RL Research Report 2(23), S. 38-43 (1993). Sheehy, Ann: "Kalmyk President Renounces Sovereignty of Republic", ebd. 3(22), S. 16-20 (1994). Eschment, Beate: "Das »Chanat Nazarbaevs«. Innenpolitische Entwicklungen 1995 in Kazachstan", in: Osteuropa 9, S. 876-898 (Stuttgart: DVA, 1996). Grävingholt, Jörn: "Regionale Eliten als Modernisierungsträger? Zur widersprüchlichen Dynamik substaatlicher Entwicklungen in Rußland", in: T. Eggeling, W.v. Meurs, H. Sundhaussen: Umbruch zur "Moderne"?, op. cit. in Anm. 16, S. 181-202.

[17] Bregel', Jurij Ėnochovič: Notes on the Study of Central Asia. Papers on Inner Asia 28. Hg.v. Research Institute for Inner Asian Studies, (Bloomington: Indiana UP, 1996), S. 23.

[18] Simon, Gerhard: "Das nationale Bewußtsein der Nichtrussen der Sowjetunion", in: Berichte des Bundesinstituts für ostwissenschaftliche und internationale Studien 47, (Köln: 1986), S. 2.

[19] Brunn, Gerhard: "Historical Consciousness and Historical Myths", in: Comparative Studies on Governments and Non-Dominant Ethnic Groups in Europe, 1850-1940, Vol. VI.: The Formation of National Elites, S. 327-338, hg.v. European Science Foundation; A. Kappeler, F. Adanir, A. O'Day, (Dartmouth: New York UP, 1991), S. 327. Panarin, Aleksandr: "Die Sprache der Eliten und der zivilisatorische Wandel in Eurasien", in: B. Heuer, M. Prucha: Der Umbruch in Osteuropa als Herausforderung für die Philosophie, S. 129-141, [= Gesellschaften und Staaten im Epochenwandel 3, hg.v. L. Krader, R. Ahlberg (†), K. Meyer, D. Schorkowitz], (Frankfurt a.M. / Berlin / Bern / NY / Paris / Wien: Peter Lang, 1995). Heinemann-Grüder, Andreas: "Transformation durch Elitenwechsel? Indikatoren des Systemwechsels am Beispiel russischer Regionaleliten", in: Osteuropa 1, S. 26-37, (Stuttgart: DVA, 1997).

Zu den Irritationen über das Abweichen von präferierten Modernisierungskonzepten kam also ein Befremden über den Umgang mit Geschichte, als sich zeigte, daß die Eliten bereit waren, die sozialistische Epoche auf ihrem "prä-sozialistischen Weg in die post-sozialistische Zukunft"[20] aus dem historischen Bewußtsein zu streichen. Auf der Suche nach dem nationalen Erbe sollte reale Vergangenheit durch konstruierte Historie ersetzt werden. Die teleologische Absicht wurde offensichtlich und damit die ideologische Überformung des Nationsbildungsprozesses. Doch wer geglaubt hatte, die politische Legitimation wäre damit automatisch gesichert und die Transformation verlaufe nun reibungsärmer, unterlag dem Trugschluß der Reversibilität von Geschichte. Er folgte zudem einer nichthistorischen Interpration von Vergangenheit, die entwicklungsgeschichtliche Gesetzmäßigkeiten ebenso leichtsinnig ignorierte wie die Rückkehr ethnisch-nationaler Zentrismen.[21]

IV. Destabilisierung und Grundlagen ethnischer Violenz

Die Redefinition der Staatsidee und die Implementierung eines ethnonationalen Modells haben die Integrationsprozesse in Ost- wie Südosteuropa kompliziert und - nimmt man die Abweichungen der Transformationsverläufe hinzu - schwerer einschätzbar gemacht. Die Ungewißheiten sind durch die westbalkanischen und kaukasischen Kriege der letzten Jahre schlagartig verdeutlicht worden. Sie machten eine sicherheits- und friedenspolitische Neuvermessung der Balkan-Schwarzmeer-Kaukasus-Region erforderlich. Denn wider Erwarten hatte die Auflösung der bipolaren

[20] Meurs, Wim P. van: "Der prä-sozialistische Weg in die post-sozialistische Zukunft", in: T. Eggeling, W.v. Meurs, H. Sundhaussen: Umbruch zur "Moderne"?, op. cit. in Anm. 16, S. 95-104.

[21] Giordano, Christian: "Historizität statt Modernisierung? Reflexionen über die Transformationsprozesse in Mittel- und Osteuropa", in: Zwischenzeiten und Seitenwege - Lebensverhältnisse in peripheren Regionen: Andreas Bodenstedt zum 60. Geburtstag. Schriften des Zentrums für regionale Entwicklungsforschung der Justus-Liebig-Universität Giessen 55, S. 217-232, hg.v. Ch. Brombach, A. Nebelung, (Münster / Hamburg: Lit-Verlag: 1994). Friedrich, Clemens: "Zur Entlastungsfunktion einer Denkfigur: Fukuyamas »Ende der Geschichte«", in: B. Heuer / M. Prucha: Der Umbruch in Osteuropa als Herausforderung für die Philosophie, op. cit. in Anm. 20, S. 265-276. Keghel, Isabelle de: "Aus der Geschichte lernen? Rußland auf der Suche nach seiner demokratischen Vergangenheit", in: T. Eggeling / W.v. Meurs / H. Sundhaussen: Umbruch zur "Moderne"?, op. cit. in Anm. 16, S. 77-93. Troebst, Stefan: "Ende oder Wende? Historische Osteuropaforschung in Deutschland. Vier Anmerkungen zu Jörg Baberowski", in: Osteuropa 49(1), S. 71-78, (Stuttgart: DVA, 1999).

Welt nicht zu monistischen Strukturen, sondern zu einer Reihung neuer Dualismen und Ethnoradikalismen[22] geführt. Es ist daher wichtig, daß Europa rasch verläßliche Begriffe von sich selbst gewinnt, in seiner Einheit wie in seiner Vielfalt.

Hierzu ist eine Thematisierung der Konfliktpotentiale geboten, die sich imzuge der Nationsbildungsprozesse angereichert haben. Denn das Auffinden von Grundlagen ethnisch artikulierter Gewalt und den Gründen, die zur Eskalation führen, legt nicht nur vergleichbare Entscheidungsabläufe und Entwicklungsschichten für den postsowjetischen Raum und Ex-Jugoslawien frei. Die Suche kann auch Hinweise auf stabilisierende Faktoren der De-Eskalation liefern. Vorausetzung hierfür ist, daß die Analyse nicht bei der Phänomenologie von Konfliktgeschichte verweilt. Um die katalysatorische Funktion von Gewalt hervorzuheben, wird man von der Interdependenz ökonomischer, sozialer, geschichtspolitischer und historischer Faktoren der *longue durée* auszugehen haben.

Zu den drängenden Fragen gehört, warum einige Konflikte eskalieren und andere nicht. Was sind die signifikativen Faktoren, wenn wir von Konflikt und von ethnischer bzw. politischer Violenz reden? Sind Nationalismus und Gewalt zwei Seiten ein und derselben Medaille, wobei Eskalation in ethno-nationalen Konflikten potentiell angelegt wäre? Akkumuliert kollektive Gewalt graduell oder ist sie eine besondere Form von Konflikt, "ein eigenständiger Modus der Konfliktaustragung"[23], wie Peter Waldmann vorschlug? Muß ihre Ausübung als Normalzustand beschrieben werden, wenn eine dauerhafte Oszillation von Konfrontation und Koexistenz beobachtet werden kann? Entspricht ein solcher Zustand nicht genau der von internationalen Organisationen oft beschriebenen 'Weder-Krieg-noch-Frieden-Situation'? Wie wird auf diesem Hintergrund das Krisenmanagement der Organisation für Sicherheit und Zusammenarbeit in Europa (OSZE) um Berg-Karabach, Čečnien oder den Kosovo zu bewerten sein? Wie kann man friedensichernde Maßnahmen implementieren, wenn doch

---

[22] Scheffler, Thomas: "Ethnoradikalismus: Zum Verhältnis von Ethnopolitik und Gewalt", in: Minderheiten als Konfliktpotential in Ostmittel- und Südosteuropa, S. 9-47, hg.v. G. Seewann, Südosteuropa-Gesellschaft, (München: Oldenbourg, 1995). Geyer, Dietrich: "Rußland in den Epochen des zwanzigsten Jahrhunderts: Eine zeitgeschichtliche Problemskizze", op.cit in Anm. 14, S. 258-294.

[23] Waldmann, Peter: Ethnischer Radikalismus. Ursachen und Folgen gewaltsamer Minderheitenkonflikte am Beispiel des Baskenlandes, Nordirlands und Quebecs, (Opladen: 1989), S. 267.

Initiativen zur De-Eskalation eine Herausforderung für den *status quo* oszillierender Gewalt darstellen und nur bedingt zugelassen werden? Welchen Nutzen ziehen regionale *strongmen* und *warlords* aus der anfälligen Waffenstillstandsphase und wie schlägt sich diese Situation bei der Identitätsbildung der heranwachsenden Generation nieder? Gibt es zu den *ethnic entrepreneurs* alternative Akteure, die eine Umwandlung ethnonationaler Paradigmen in soziale anstreben?[24]

Dieser Fragenkomplex verdeutlicht, daß die Gewaltforschung nur unzureichend Erklärung dafür bereit hält, warum die Strategien und Resultate einiger Nationalbewegungen friedvoll sind, während andere durch Blutbäder hervorstechen. Warum übt bspw. die georgische Regierung gegenüber Adžarien keine Gewalt aus, obschon sie mit anderen Nationalbewegungen des Landes in bewaffnete Auseinandersetzungen verwickelt war und zum Teil noch ist? Wie erklärt sich das relativ friedliche Miteinander von Ethnien und Kulturen vor dem Zerfall der Vielvölkerstaaten? Was zeichnet gewaltlose Strategien aus? Sind Antworten hierauf wirklich nicht in den großen Kräften der Geschichte - Kapitalismus, Staatsformation, ungleiche Distribution - zu finden, wie David Laitin[25] meint? Lassen sich überhaupt historische Strukturen ausmachen? Ich meine, doch.

Es sind dies vor allem zwei Prozesse: die nachholende Nationsbildung als Reaktion auf den Leninismus bzw. Titoismus und das historische Erbe regionaler Traditionen. Daß Pfadabhängigkeiten den Ablauf von Geschichte bestimmen, ist durch den Diskurs zur *longue durée* Allgemeinplatz geworden, selbst wenn dieser durch den *cultural turn* an Erklärungsmächtigkeit eingebüßt hat. Daß sie Entwicklungen gleichermaßen blockieren können, wird dabei selten gesehen. Der Einwand, daß sie Modernisierung verhindern oder ungewollte Formen hervorrufen (Fundamentalismus, Militarismus, Klientelismus) können, sobald sie mit Traditionsappellen und

---

[24] Rothschild, Joseph: Ethnopolitics. A Conceptual Framework, (NY: Columbia UP, 1981). Elwert, Georg / Feuchtwang, Stephan / Neubert, Dieter: "The Dynamics of Collective Violence - An Introduction", in: Sociologus, Beiheft 1, S. 9-31, hg.v. G. Elwert, S. Feuchtwang, D. Neubert, (Berlin: Duncker & Humblot, 1999). Schmidt, Heike: "Neither War nor Peace: Making Sense of Violence", ebd., S. 211-225.

[25] Laitin, David D.: "National Revivals and Violence", in: Archives Européennes de Sociologie XXXVI, S. 3-43, (Paris: 1995). Brubaker, Rogers / Laitin, David D.: "Ethnic and Nationalist Violence", in: Annual Review on Sociology 24, S. 423-452, (Palo Alto, California: 1998).

einer Reaktivierung bestimmter Geschichtsbilder einhergehen, wird geflissentlich überhört.[26]

Man muß nicht die byzantinisch-normannische Formationsperiode der Kiever Rus' ausbreiten oder im Detail auf die Schlacht auf dem Amselfeld von 1389 und den Armenischen Völkermord von 1915/16 eingehen, um zu erkennen, daß eine Prägung der Balkan-Schwarzmeer-Kaukasus-Region durch Grenzlandverwerfungen eines orthodoxen Kulturraums vis-à-vis einer osmanischen Sphäre vorliegt. Zudem ist die Geschichtslandschaft durch den russischen Expansionismus und die Orientalische Frage entscheidend geprägt, die mit Niedergang des Osmanischen Reiches aufkam. Zwar wird das Spannungspotential durch den slavisch-griechisch-christlichen - osmanisch-türkisch-islamischen Gegensatz nur oberflächlich aufgezeigt. Man wird aber die strukturellen Merkmale dieser aufeinander bezogenen Kulturräume nicht unwesentlich aus der Instabilität und Isolation an ihrer Kulturgrenze ableiten lassen, auch wenn der Balkan in der einseitigen Wahrnehmung Westeuropas seit Beginn des 19. Jahrhunderts zu Unrecht als *Pulverfaß* stigmatisiert wurde.[27]

Ethnische Gewalt wird virulent zumeist erst durch soziale, wirtschaftliche und politische Konfliktfaktoren. Dies können ein geostrategisches Interesse oder die egoistische Ausbeutung von Ressourcen, demographische Überfremdung, Arbeitslosigkeit von Randgruppen oder Minoritäten, ethnische Säuberungen oder die Instrumentalisierung nationaler Ideologien

---

[26] Sundhaussen, Holm: "Europa balcanica. Der Balkan als historischer Raum Europas", in: Ostdeutschland unter dem Kommunismus, 1945-1950. Geschichte und Gesellschaft 25(4), S. 626-653, hg.v. H.-J. Puhle, (Göttingen: Vandenhoek & Ruprecht, 1999). Schwandner-Sievers, Stephanie: "Wer besitzt die »Lizenz zum Töten« in Albanien? oder: Fragen zur Gruppensolidarität und Gewaltlegitimation in einer »anderen Modernisierung«", in: Anthropologie der Gewalt: Chancen und Grenzen der sozialwissenschaftlichen Forschung, S. 71-88, hg.v. J. Koehler, S. Heyer, (Berlin: Verlag für Wissenschaft und Forschung, 1998). Elwert, Georg: "Die anderen Modernisierungen", in: Asien, Afrika, Lateinamerika 23, S. 433-443, (1995). Braudel, Fernand: "Geschichte und Sozialwissenschaften - die »longue durée«", in: Geschichte und Soziologie, hg.v. H.-U. Wehler, (Köln: 1976).

[27] Schmidt, Fabian / Moore, Patrick: "Die Albaner im ehemaligen Jugoslawien als Sicherheitsfaktor", in: Minderheiten als Konfliktpotential in Ostmittel- und Südosteuropa, S. 70-139, hg.v. G. Seewann, Südosteuropa-Gesellschaft, (München: Oldenbourg, 1995). Todorova, Maria: Imagining the Balkans, (NY: 1997). Goehrke, Carsten: "Transformationschancen und historisches Erbe: Versuch einer vergleichenden Erklärung auf dem Hintergrund europäischer Geschichtslandschaften", in: Transformation und historisches Erbe in den Staaten des europäischen Ostens, S. 653-741, hg.v. C. Goehrke, S. Gilly. Geist und Werk der Zeiten 93, (Bern / Berlin / Bruxelles / Frankfurt a.M. / NY / Oxford / Wien: Peter Lang, 2000).

durch nichtsaturierte Mittelschichten sein, die historische Konflikte in aktuelle Gewalt umzuwandeln vermögen. Nicht selten wird man in der Eskalation der Konflikte einen Katalysator für das Mißlingen von Modernisierung erkennen können. Schon Anfang der neunziger Jahre wurde beobachtet, daß die sowjetische Wirtschaftskrise - der eigentliche Auslöser der Perestrojka - gegenüber der Nationalitätenkrise in der Wahrnehmung unerwartet rasch zurücktrat.[28] Der Krieg überlagert ja nicht nur die sozialen wie wirtschaftlichen Folgen der sozialistischen Mißwirtschaft und der Transformation, wodurch einer mißtrauischen Bevölkerung der Einblick in die Machenschaften der eingewechselten Eliten bis heute verwehrt wird. Politische Gewalt begründet auch eine dauerhafte Belagerungs- und Opfermentalität, die für Geschlossenheit sorgt und jede Kritik an innen- wie wirtschaftspolitischen Verfehlungen schon im Vorfeld der Herausbildung sozialer Protestformen (*radical voice*)[29] unterbindet.

Eine so eingerichtete Isolation reduziert das Aktionspotential. Sie erschwert den Einzug zivilgesellschaftlicher Institutionen und damit jede weitere Modernisierung. Außerdem entfaltet die Instrumentalisierung von Identitäten hier ihre größte Wirksamkeit. Vergangenheitsmythen und Legenden können nun von profanen oder konfessionellen Ethnokraten leichter in das Nationalbewußtsein implementiert und für Konflikte eingesetzt werden. Hierbei werden ethno-nationale Identitäten und Feindbilder[30], Kulturgemeinschaftsprofile und vor allem Opferrollen kreiert, denn nichts mobilisiert so stark wie die Idee, "das eigene Volk sei Opfer der historischen Entwicklung"[31] geworden.

---

[28] Kozlov, Viktor Ivanovič: "Nacional'nyj vopros: paradigmy, teorija i politika", in: Istorija SSSR 1, S. 3-22, (Moskau: Nauka, 1990). Zaslavsky, Viktor: Das russische Imperium unter Gorbatschow: Seine ethnische Struktur und ihre Zukunft. Kleine Kulturwissenschaftliche Bibliothek 30. Aus dem Amerikanischen von H. Fliessbach, (Berlin: Klaus Wagenbach, 1991). Suny, Ronald Grigor: The Revenge of the Past. Nationalism, Revolution and the Collapse of the Soviet Union, (Stanford: Stanford UP, 1993).

[29] Vgl. dazu den Beitrag von György Lengyel in diesem Band.

[30] Ivan Ivekovič hat hierzu eine beachtenswerte Anzahl Klischees tabellarisch zusammengetragen in: "Ethnic Conflict and Ethnocracy in the Balkans and Caucasus: A Comparison", op. cit. in Anm. 5, hier S. 13-17.

[31] Petritsch, Wolfgang: "Balkan will keiner mehr sein. Südosteuropa und die EU fünf Jahre nach dem Abkommen von Dayton", in: Die Zeit 36, S. 9, vom 31.8. 2000.

Die Selbstdarstellung als unschuldiges *Opfer* bietet zugleich die Möglichkeit einer Mobilisierung der von Thomas Scheffler so treffend bezeichneten "Ressource Weltöffentlichkeit"[32], die mal als Appellations-, mal als Strafinstanz fungiert. Doch ist diese Taktik erfolgreich, so kann die Opferrolle leicht zu einer Opferfalle für die bedrohte Völkerschaft werden. Sie ist höchst risikoträchtig, wenn sie mit terroristischen Aktionen einhergeht, die eine Überreaktion in der Erwartung eines internationalen Eingreifens bewirken will. Die Einschätzung von Stefan Troebst, daß es sich hierbei um "eine genuin anti-osmanische ... Erfindung"[33] handelt, besitzt Gültigkeit bspw. auch für den terroristischen Arm der armenischen Bewegung, worin sich ein weiteres Strukturelement der adriatisch-kaukasischen Region zeigt. Damit wird klar, daß die Bezugnahme auf geschichtliche Realien in diesem Geschiebe nur selten kausale Eindeutigkeiten herzustellen vermag und der Eindämmung interethnischer Spannungen kaum dienlich sein kann. Wenn das von den Konfliktparteien dennoch im Streit um historische Rechte behauptet wird, so tun sie dies in der Regel, um Argumente eines ideologischen Waffenarsenals bei der gegenseitigen Schuldzuweisung einzusetzen. Tragfähige Konfliktlösungen erfordern dagegen politischen Konsens.

V. Über Eskalation und die Funktionen ethnischer Gewalt

Will man den Eskalationsmechanismus dechiffrieren, hat man die nichthistorischen Konfliktfaktoren und den Umgang der politischen Akteure mit ihrer Herrschaftslegitimation in den Blick nehmen. Denn die Grundlagen ethnisch ausgedrückter Violenz beschränken sich nicht auf das Schwelen tiefwurzelnder Konflikte, deren Rauch uns aus der Vergangenheit entgegenweht. Man hat - im Gegenteil - aufzudecken, daß Konflikte den Stempel 'ethnisch', 'religiös', 'historisch' aufgedrückt bekommen, obschon sie überwiegend das Resultat wirtschaftlichen, sozialen oder politischen Drucks sind. Es geht also darum, den Umwertungsmechanismus trans-

---

32 Scheffler, Thomas: "Ethnizität, symbolische Gewalt und internationaler Terrorismus im Vorderen Orient", in: Ethnizität und Gewalt, S. 221-250, hg.v. Th. Scheffler, (Hamburg: 1991), hier S. 227.

33 Troebst, Stefan: "Balkanisches Politikmuster? Nationalrevolutionäre Bewegungen in Südosteuropa und die »Ressource Weltöffentlichkeit«", in: Osteuropa 50(11), S. 1254-1266, (Stuttgart: DVA, 2000)., hier S. 1255.

parent zu machen, der von Teilen der Eliten benutzt wird, um Einfluß auf eine für sie günstige Spannungslage zu nehmen.

Entgegen einer verbreiteten Meinung stellt 'ethnische' Gewalt keinen Rückfall in atavistische Seinszustände dar, sondern ist als eine Form kollektiver Gewalt sozial kanalisiert und - da zielgerichtet sowie effizienzorientiert - eingeschränkt reglementiert. Auch ist sie kein Problem sozialer Devianz, da der Werte-Konsens einer übergreifenden Gesellschaft fehlt. 'Ethnische' Gewalt kann eher als Ergebnis eingeschränkter Aktionsformen oder als Ausdruck einer ausgewählten Strategie interpretiert werden. Sie ist keine Form zwischenstaatlicher, sondern eine binnenstaatliche Gewalt, die typisch für Staaten mit poly-ethnischer und multikultureller Zusammensetzung ist, wie eine Geschichte der Pogrome zeigen könnte.

Dadurch wird sie zu einem komplexen Phänomen mit einer umfassend räumlich-zeitlichen Dimension und einer Kombination von Kausalzusammenhängen, die oft erst im Verlauf intensiver Fallstudien sichtbar werden. So kann Gewalt etwa mit politischen, ideologischen oder taktischen Argumenten begründet sein und im echten wie im scheinbaren (imaginierten) Interesse sozialer Gruppen inszeniert werden. Die Attributierung politischer Gewalt als ethnisch, religiös oder nationalistisch - seit Beginn des Nationsbildungsprozesses im postsozialistischen Raum ein dominanter Erklärungsrahmen - verstellt dabei oft den Blick auf sozioökonomische und ideologische Zusammenhänge.[34]

Ein charakteristisches Merkmal ethnischer Violenz ist die Abwesenheit bzw. Schwäche friedenstärkender Strukturen. Institutionen zur Selbstverteidigung herrschen vor. Im Ergebnis nehmen Motive und Ziele der Gewalt im Konfliktverlauf oft verschiedene Formen an. Ein gemeinsamer Nenner besteht aber darin, daß *Wartime*-Kommandohöhen ab einem bestimmten Punkt der Entwicklung politische Machtbasen bilden. Dies kann einen Prozeß der De-Eskalation einleiten, wenn die *warlords* bereit sind, (befristete) militärische Herrschaft gegen (unbefristete) zivile Machtstrukturen einzutauschen. Das jedoch gelingt selten, nicht zuletzt deswegen, weil der Staat hierzu erst genügend Verhandlungsmasse aggregieren muß und weil der Bau *goldener Brücken* eine positive Bestärkung für noch

[34] Scheffler, Thomas: "Ethnoradikalismus: Zum Verhältnis von Ethnopolitik und Gewalt", op. cit. in Anm. 22. Elwert, Georg: "Gewalt als inszenierte Plötzlichkeit", in: Anthropologie der Gewalt: Chancen und Grenzen der sozialwissenschaftlichen Forschung, S. 9-26, hg.v. J. Koehler, S. Heyer, (Berlin: Verlag für Wissenschaft und Forschung, 1998).

unausgereifte, aber potentielle Nachahmer darstellen kann. Da sich freiwillig niemand politisch selbst entleibt, ist das Desinteresse der Konfliktparteien an einem dauerhaften Frieden als ein Strukturmerkmal von langer Dauer anzusehen.

In vielen Fällen wird man für 'ethnische' Gewalt ökonomische Aspekte verantwortlich machen können, die hinter der Vordergründigkeit nationaler Interessen oder Traditionen verborgen werden. Oft wird man einfach separatistische Bewegungen vorfinden, die ihre Armut an Ressourcen gegenüber einem "autoritär verfaßten und repressiv agierenden zentralistischen Regime"[35] durch einen Appell an Dritte zu kompensieren suchen, selbst wenn dies viele Opfer der Zielgruppe bedeutet, für die einzutreten sie sich ausgeben. Bei der Politisierung des Ethnischen verhalten sich die *warlords* - funktionell betrachtet - faktisch wie *ethnic entrepreneurs*. Ihr Geschäft unterscheidet sich von dem des Unternehmers dadurch, daß sie primär Gewalt - nicht Kapital - für ihre Legitimation, für die Erzielung ihrer Profite und den Unterhalt einer Klientelschaft einsetzen.[36]

VI. Berg-Karabach am Kreuzweg. Kurze Geschichte eines langen Konfliktes

Seit der Antike liegen Armenien, Georgien und Aserbaidschan am Kreuzungspunkt von Wegen, auf denen Herrscherarmeen, Völker, Waren und Ideologien zwischen China, Zentralasien und Europa verkehrten, auf denen das neuzeitliche Rußland seinen Zugang zum Nahen Osten fand. Auch die heutigen Spannungen gehen teils auf osmanisch-iranische Kämpfe um die Vormachtstellung im Südkaukasus, teils auf die imperiale Aufteilung in eine russische und englische Hemisphäre im 19. Jahrhundert zurück. Die strategische Bedeutung, die der geographischen Lage der drei

---

[35] Troebst, Stefan: "Balkanisches Politikmuster?", op. cit. in Anm. 33, S. 1265.

[36] Elwert, Georg: "Markets of Violence", in: Sociologus, Beiheft 1, S. 85-102, hg.v. G. Elwert, S. Feuchtwang, D. Neubert, (Berlin: Duncker & Humblot, 1999). Troebst, Stefan: "Factors of Escalation and De-Escalation in Ethnic Conflicts: An Overview of Theoretical Approaches", Paper given at the International Conference *Balkan Security: Visions of the Future*, Centre for South-East European Studies, School of Slavonic and East European Studies, University College London, London, 16 to 18 June 2000, (Leipzig: 2000). Ders.: "Regionalismus und Autonomiestreben im Ostmitteleuropa der Nach-»Wende«-Zeit". Mährer und Russinen im Vergleich", in: Minderheiten, Regionalbewußtsein und Zentralismus in Ostmitteleuropa, S. 67-104, hg.v. H.-D. Löwe, G.H. Tontsch, S. Troebst, (Köln / Weimar / Wien: Böhlau, 2000).

Staaten seit rund 150 Jahren beigemessen wird, hat durch die Koinzidenz internationaler Wirtschafts- und Sicherheitsinteressen in der Region während der letzten zehn Jahre rapide an Gewicht gewonnen. Trotz moderater Tonlage wird die Loslösung ehemaliger Sowjetrepubliken an der kaukasischen und mittelasiatischen Peripherie daher in Moskau noch heute als besonderer Verlust empfunden.[37]

Das Karabach-Problem - entstanden 1921 durch Stalins Angliederung der armenischen Provinz Arcach an die Aserbaidschanische Sowjetrepublik - wurde akut, als ernst genommene Versprechungen der Glasnost'- und Perestrojka-Politik enttäuscht wurden. Resolutionen des Obersten Sowjets von Berg-Karabach mit der Forderung auf Wiedervereinigung des autonomen Gebietes mit Armenien verhallten in Moskau, Erevan und Baku 1988 noch ungehört. Doch als im gleichen Jahr in Sumgait, 1990 in Baku und in weiteren Städten Aserbaidschans Pogrome an der armenischen Bevölkerung verübt wurden, die einen Exodus der Armenier nach sich zogen, und nachdem sowjetische wie aserbaidschanische Truppen die nun auch von Armenien befürwortete Angliederung verhindern wollten, eskalierte dieser erste ethno-nationale Konflikt der Regierung Gorbačëv.[38]

Die militärische Auseinandersetzung begann im Dezember 1991. In dem Kampf der Karabach-Armenier mit den turk-islamischen Azeri lebten rasch Erinnerungen an die osmanischen Pogrome und den Verlust Westarmeniens auf. Die internationale Gemeinschaft reagierte schnell, aber mit geringem Erfolg. Schon am 24. März 1992 beschloß die Konferenz für Sicherheit und Zusammenarbeit in Europa die Einrichtung eines ständigen Forums für Friedensgespräche zwischen Armenien und Aserbaidschan. Doch das von der Minsk-Gruppe 1993 vorgeschlagene Verfahren, der

---

37 Malek, Martin: Determinanten der Sicherheitspolitik Armeniens. Berichte des Bundesinstituts für ostwissenschaftliche und internationale Studien 11, (Köln: 2000). Schorkowitz, Dittmar: "Der »Gordische Knoten« Kaukasiens. Acht Monate für die OSZE in Nagorno-Karabach", in: Berliner Osteuropa Info 14, S. 129-135, (Berlin: 2000). Freitag-Wirminghaus, Rainer: "Südkaukasien und die Erdöl-Problematik am Kaspischen Meer", in: Brennpunkt Südkaukasus. Aufbruch trotz Krieg, Vertreibung und Willkürherrschaft? Luxemburger Internationale Studien 114, hg.v. G. Mangott, (Wien: 1999). Oskanian, Vartan: "A New Security Agenda for Armenia", in: Transitions 4 (1997).

38 Manutscharjan, Aschot L. [Manučarjan, Ašot]: "Armenien bleibt in der Karabach-Frage ohne Verbündete", in: Ethnos-Nation 6, S. 53-62 (1998). Jacoby, Volker: "Geschichte und Geschichtsschreibung im Konflikt um Berg-Karabach", ebd., S. 63-84. Mirsky, Georgiy I. [Mirskij, Georgij Il'ič]: On Ruins of Empire. Ethnicity and Nationalism in the Former Soviet Union. Contributions in Political Sciences 375, hg.v. B. Reich, (Westport / London: Greenwood Press, 1997).

Konfliktlösung Schritt für Schritt näher zu kommen, scheiterte an der Unversöhnlichkeit der gegensätzlichen Positionen. Erst unter maßgeblicher Beteiligung Rußlands kam am 12. Mai 1994 ein brüchiger Waffenstillstand zustande, der bis heute hält. Seither hat sich die OSZE auf ihren Gipfel-Treffen (Budapest 1994, Lissabon 1996, Istanbul 1999) vergeblich um einen friedliche Lösung des eingedämmten Konfliktes bemüht.[39]

VII. Anmerkungen zu Stabilität und Sicherheit

Unterdessen hat die Prioritätenfrage - also nach dem Recht der Völker auf Selbstbestimmung oder dem von Staaten auf territoriale Integrität - nicht nur die armenische und aserbaidschanische Nation gespalten. An der Wiedervereinigung Berg-Karabachs mit Armenien respektive der Rückgewinnung dieses Gebietes durch Aserbaidschan scheiden sich - wie an ähnlich gelagerten Fällen (Abchasien, Transdnestrien, Kosovo u.a.) - unterdessen die Geister der internationalen Gemeinschaft. Das Programm der Präsidenten beider Länder ist damit festgelegt. Denn Robert Kočarjan und Heidar Aliev stehen nicht nur unter starkem Rechtfertigungsdruck gegenüber Kräften, die sich in einer nationalistisch-militanten Opposition versammelt haben, der eine Legitimierung durch ständige Klageführung über soziale Ungerechtigkeit, ungleiche Redistribution und gesellschaftliche Differenzierung im Lande zudem leicht fällt. Der Verhandlungsspielraum wird auch aus den eigenen Regierungsreihen stark eingeschränkt. Dies gilt besonders für die Ministerien für Verteidigung und nationale Sicherheit, die sich als Gralshüter der nationalen Idee profilieren und damit unmittelbar an genuine Ängste, Aspirationen und an die Identität der eigenen Bevölkerung appellieren können.

---

39 OSCE Handbook. 3rd edition, ed. by W. Kemp, M. Olejarnik, V.-Y. Ghebali, (Wien: 1999). OSCE Documents 1973 - 1997 (CD-ROM). 1st edition, hg.v. OSCE, (Czech Republik: Diskus s.r.o., 1998). http://www.osce.org/indexe-gi.htm. http://www.osce.org/e/ f-min.htm. Von der KSZE zur OSZE.Grundlagen, Dokumente und Texte zum deutschen Beitrag 1993-1997. Hg.: Auswärtiges Amt, (Bonn: 1998). Dehdashti, Rexane: Internationale Organisationen als Vermittler in innerstaatlichen Konflikten. Die OSZE und der Berg Karabach-Konflikt. Studien der Hessischen Stiftung Friedens- und Konfliktforschung, Bd. 34, (Frankfurt a.M. / New York: Campus Verlag, 2000).

Schon Levon Ter-Petrosjans erzwungener Rücktritt von 1998 war das Resultat außenpolitischer Kompromißbereitschaft. Und die 1999 mit den Geheimgesprächen Kočarjans und Alievs erzielte Annäherung wurde maßgeblich durch das Attentat auf die armenische Regierung zunichte gemacht. Man hat daraus zu schlußfolgern, daß beide Regierungen in der Karabach- und Friedensfrage auch Geisel in den Händen der Opposition sind. Staatliches Handeln wird erpreßbar damit auch durch Gruppen, die unter der nationalen Flagge segeln und so ihren eigenen Interessen und Geschäften ungestörter nachgehen können. Dies gilt für die autoritäre Hierarchie der Clan- und Klientelstruktur des an Öl reichen Aserbaidschans in eingeschränktem, für die Oligarchen der um wenige Ressourcen konkurrierenden armenischen Elite in größerem Maße - ein Phänomen, das vom Ana Revenga auf dem Prager Weltbank-Gipfel als "capture of the policymaking ... or the capture of the state"[40] bezeichnet wurde.

Die Haltung der völkerrechtlich nicht anerkannten Republik Berg-Karabach in der nationalen Frage ist eindeutig und nicht verhandelbar. Die Errichtung einer föderationsartigen Struktur mit Aserbaidschan und eine Rückkehr unter Verwaltung des vormaligen Souverän ist unvorstellbar, denn eine praktische Umsetzung des Common-State Konzeptes in Alltagspolitik scheint kaum machbar. Umstritten dagegen ist, welchen Grad der Unabhängigkeit man gegenüber Armenien wird bewahren können. Das Steueraufkommen des Gebietes ist jedenfalls kaum erwähnenswert. Die Diaspora trägt zwar viel zur Budgetierung bei, der Löwenanteil aber wird durch Armenien finanziert, das bei der russischen Regierung hoch verschuldet ist. Zudem läßt der von Erevan forcierte Aufbau des zivilen Sektors und dessen Angleichung an armenische Verwaltungsstrukturen die Eingliederung von Arcach als eine Provinz Armeniens mit gewisser Sonderstellung sehr wahrscheinlich werden.

Das Fehlen eines Friedensvertrages macht indes andere Probleme vordringlich, inbesondere das der militärischen Lage. Die Bedrohung, die von der angespannten Lage an der Waffenstillstandslinie für die Stabilität der Region ausgeht, ist real und die Sorge um die Sicherheit der Bevölkerung nur allzu berechtigt. Der Persönliche Beauftragte des amtierenden

---

40 Synovitz, Ron: "World Bank Report Blames Poverty on Governments, Vested Interests", in: RFE / RL NEWSLINE 4(186), Part II, 26 September 2000. Siehe auch David Petrosyan: "Oligarchs in Armenia and their role in the political life of the country", in: Armenisch-Deutsche Korrespondenz 109, ed. by Deutsch-Armenische Gesellschaft, (Frankfurt a.M.: 2000).

Vorsitzenden der OSZE hat in den Jahren 1998-99 rund zwanzig Beobachtungen an der Waffenstillstandslinie und an der Grenze durchgeführt. In seinen Berichten an den Ständigen Rat in Wien war von Entwarnung nicht die Rede, wohl aber von Waffenstillstandsverletzungen und Einfällen, von Verminung und Verwüstung. Aus ihnen wird vor allem eines klar: die Linie ist *per se* gefährlich und sie lädt zu gefährlichen Spielen ein.[41]

Die Frontlinien verlaufen so dicht, daß es unter den Soldaten beider Seiten häufig zu Überreaktionen und zu Schußwechsel kommt, insbesondere nachts und an Wochenenden bei Abwesenheit der diensthabenden Offiziere. Maschinengewehre und Granatwerfer kommen regelmäßig zum Einsatz. Zudem soll ständiger Beschuß durch Heckenschützen den Gegner nicht zur Ruhe kommen lassen und die auf dem Land arbeitende Zivilbevölkerung besonders in der Saat- und Erntezeit verunsichern. Die durchgängige Verminung begehbarer Grenzabschnitte fordert laufend Opfer an Menschen und Vieh, vor allem in den auf Weidewirtschaft angewiesenen Dörfern. Zudem wechselten Teile Berg-Karabachs zu Kriegszeiten unter die Kontrolle der jeweils anderen Seite, über deren Verminung die gegnerischen Parteien heute keine Kartierung besitzen. Sicher ist man nur dort, wo Kenntnis über selbst gelegte Minenfelder besteht. Dennoch treiben im rechtsfreien Raum des Niemandslandes Banden ihr Unwesen, über deren Grenzüberschreitungen - und dies muß zu denken geben - zumindest das lokale Kommando einer der beiden Seiten gut informiert und wohl auch beteiligt ist.

Obschon eine Friedensreglung des Konfliktes nicht in Sicht ist, wird die Situation um Karabach als stabil bezeichnet. Aber ist sie auch sicher? Hat nicht das Gleichgewicht dieser 'Weder-Krieg-noch-Frieden-Situation' Strukturen hervorgebracht und neue Realitäten geschaffen, die sich friedenverhindernd auswirken? Niemand wird ernsthaft behaupten wollen, ein eingedämmter Konflikt sei mit Frieden identisch. Und wenn lokale Militärs von einer stabilen Lage sprechen, meinen sie damit keineswegs, die Lage sei befriedet. Ihnen gilt eine Lage als tolerabel, die nicht eskaliert oder deren Eskalation einen vielleicht 10%igen Anstieg der Todesfälle pro Jahr nicht übersteigt. Über die Zahl der Toten und Verletzten, die der sogenannte Waffenstillstand den Völkern damit auch heute noch abverlangt, gibt es

---

41 Schorkowitz, Dittmar: "Berg-Karabach. Überlegungen zu Sicherheit und Stabilität. (Vortrag bei der Deutsch-Armenischen Gesellschaft am 10.10. 2000)", in: Armenisch-Deutsche Korrespondenz 110(4) (2000).

zwar keine offiziellen Angaben. Doch scheint eine jährliche Quote von einigen Hundert Verletzten bzw. Gefallenen auf beiden Seiten nicht übertrieben zu sein.

In dieser Kalkulation ungenannt bleiben nicht nur die Verluste an Leben und Gesundheit unter der Zivilbevölkerung auf beiden Seiten. Ebenso wenig findet Berücksichtigung, wie sich dieser Zustand auf eine verunsicherte Bevölkerung und ihr Verhältnis zum Staat und seinen Institutionen auswirkt. Wie ist es - zehn Jahre nach dem Zusammenbruch der Sowjetunion - um das Vertrauen der Menschen in die Fähigkeit der Regierungen bestellt, Sicherheit durch Frieden und Stabilität durch Reformen zu schaffen? In der Bilanzierung der Kriegsfolgen wird diese soziale Dimension des Konfliktes nur randständig behandelt.

VIII. Ausblick

Ein Fazit fällt lakonisch aus: je länger dieser Frieden andauert, desto mehr verwüstet und verarmt der ganze Landstrich. Dabei ist die Interdependenz von Konflikt und Eskalation offensichtlich. Wenn agrarökonomische Nutzflächen brachliegen, bringen sie weder volkswirtschaftlichen Nutzen, noch können sie privatisiert werden. Wenn Aussaat und Ernte kultivierten Bodens durch gezielten Beschuß der gegnerischen Seite behindert oder die lebenswichtige Wasserzufuhr abgeschnitten ist, wird die betroffene Landbevölkerung notgedrungen Druck auf die lokalen Kommandeure ausüben, durch militärische Mittel für Entlastung zu sorgen. Befehlshaber betroffener Abschnitte berichteten mehrfach, daß in einer solchen Situation der direkte Kontakt mit der anderen Seite eskalationsverhindernd sein könnte. Die Absicht scheitert jedoch in der Regel an den Kommandostrukturen, an gewachsenen Hierarchien und sehr wahrscheinlich an Befürchtungen in den Verteidigungsministerien, Kompetenzen und damit Einfluß an subordinierte oder zivile Stellen abtreten zu müssen.

Im Südkaukasus haben - vergleichbar mit der Entwicklung im Nahen Osten und auf dem Westbalkan - die Konflikte dem Militär und den Sicherheitskräften einen überdimensionierten Einfluß auf den Staat verschafft. Ihre Aktivitäten sind der zivilen Kontrolle *de facto* entzogen, so daß die Übergänge von Militärregierung und Zivilgesellschaft verschwimmen. Mit der Bindung staatlicher Mittel im militärischen Sektor aber werden immense Ressourcen festgelegt, von denen ein Bruchteil schon zur Schaffung ökonomischer und sozialer Sicherheit ausreichend wäre, würde die Finanzierung im zivilen Sektor Verwendung finden. Stattdessen wuchsen über die Jahre - begünstigt durch Ausnahmezustand und den halblegalen bis rechtsfreien Raum im Niemandsland - Netzwerke und Institutionen heran, die sich der Kontrolle der Regierung zunehmend entzogen. Und ist der politische Handlungsspielraum erst einmal preisgegeben, so bedarf es erheblicher Anstrengungen, verlorenen Boden wiederzugewinnen.

Daß dieses Ringen mit großen Risiken für die Beteiligten selbst verbunden sein kann, zeigte in Berg-Karabach die Auseinandersetzung zwischen Arkadij Gukasjan und Samvel Babajan. Der ehemalige Verteidigungsminister, der sich als Drahtzieher eines Attentats auf den Präsidenten im März 2000 gerichtlich verantworten mußte, hat ja nie einen Hehl aus seiner Ambition gemacht, als Oberkommandierender auch nationale Politik zu betreiben. Und daß er mit seinem Familienclan zudem als führender Oligarch die legalen wie illegalen Wirtschaftsstrukturen Karabachs kontrollierte, war ein offenes Geheimnis. Geschwiegen wurde aus Angst vor Repressionen, aus ökonomischer Not und weil es keinen Kläger gab.

Sicherheit resultiert eben nicht nur aus der Existenz sicherer Grenzen, wozu ein Friedensvertrag unerläßlich ist. Sie setzt auch stabile Institutionen und eine zivile Partizipation an politischen Entscheidungsprozessen voraus. Die jahrzehntealten Defizite an Rechtstaatlichkeit und sozialer Kohärenz in Rußland wie Jugoslawien sind für Westeuropa jedoch erst mit dem Zerfall dieser Vielvölkerstaaten wirklich faßbar geworden. Eine sie umfassende Integration ist erst noch zu leisten.

III. Ländertypische Prozesse: Pfadabhängigkeiten und Mentalitäten

Das konservative Prinzip. Konservatismus und Nationalismus als Konstanten russischer Geschichte

Rainer Lindner

1. Einleitung

Die gesammelten Schriften Vladimir Žirinovskijs füllten Anfang 2002 siebzig Bände - jährlich kommen etwa zehn Bücher hinzu. Der Vorsitzende der 'Liberal-demokratischen Partei Rußlands' und Vizepräsident der Russischen Staatsduma sieht darin die 'Niedertracht auf dem ganzen Planeten zirkulieren' und das Übel der Welt aus der westlichen Zivilisation entspringen. Nur der Islam und seine Partei seien nach dem 11. September 2001 imstande, die vollständige Amerikanisierung der Welt sowie den Niedergang Rußlands und seiner Werte abzuwenden.

Auf hundert Bände soll das zweifelhafte Œvre noch anwachsen, in dem sich Großmachtpathos und die Krise des postsowjetischen Machtdiskurses gleichermaßen widerspiegeln: seit den frühen 1990er Jahren sah Žirinovskij in 'Großrußland', im schieren Raum die unbegrenzte Macht seines Landes aufgehoben. Diese lasse sich durch die 'Rückeroberung Alaskas' und den 'letzen Sprung' an den Indischen Ozean womöglich noch erweitern. Andererseits führten die Wahlsiege von 1991/93 und Žirinovskijs hybride Natur aus russischer Machtsimulation, Charisma des zupackenden Kerls und einer Parodie des (sowjetischen und postsowjetischen) politischen Establishments, Rußland als politische Großmacht *ad absurdum.*[1]

In seinen Werken und Reden bediente er sich des semiotischen Apparats der russischen Rechten und propagierte dabei ein Rußland der politischen und ökonomischen Stärke und militärischen Potenz, das so nicht mehr existierte. Die 'liberal-demokratische' Partei, militante Patrioten im Umkreis von *Pamjat'* und Ideologen des geopolitisch-imperialen (sowie

---

[1] Schirinowski, Wladimir: Der häßliche Russe und das postkommunistische Europa, Köln u.a. 1995; Wolfgang Eichwede (Hrsg.): Der Schirinowski-Effekt. Wohin treibt Rußland?, Reinbeck bei Hamburg 1994.

antisemitischen) Großmachtdenkens wie Aleksandr Dugin in seiner Zeitschrift 'Elemente' (Elementy) erwiesen sich als Prätorianergarde des nationalistischen Erbes russischer Geschichte - eines Erbes, das durch koloniale Raumeroberung und imperiale Überdehnung, durch assimilatorische Orthodoxie und eine Mythisierung von Zarentum und Volk gekennzeichnet war.[2]

Der Liberalismus, als der 'an der Freiheit von Individuum und Gruppen orientierten Auffassung von sozialem Verhalten und politischer Organisation' hatte sich in der russischen Geschichte zumeist als ungeliebt[3] erwiesen und in postsowjetischer Zeit mit der Žirinovskij-Partei einem nationalistisch-faschistischen Gegenentwurf sogar den Namen abgetreten. Žirinovskij, Dugin oder antisemitische Künstler wie Il'ja Glazunov haben den Ordnungsrahmen des russischen Konservatismus gleichsam verlassen und sich in einen diffusen eliminatorischen Nationalismus und extremistischen Patriotismus geflüchtet, der sich aus Xenophobie, Antisemitismus und Sympathien zum russischen Neonazismus speist.

Spätestens im Rußland Putins begann die Zeit auch politisch über Žirinovskij und die Simulation der Stärke hinwegzugehen. Unter seinem neuen Präsidenten soll Rußland aus dem Zustand des *Simulacrums* heraustreten und seinen Großmachtstatus zurückgewinnen. Der Präsident bedient sich dabei überkommener nationalkonservativer Handlungsmuster und ideokratischer Symbole, die das Zarenreich, die Sowjetunion und das postsowjetische Rußland in ein gemeinsames soziales, politisches und ideengeschichtliches Koordinatensystem rücken. Zarenkult, die bizarre Harmonie von postkommunistischer Staatselite und Kirche, eine unablässige Symbolproduktion waren die äußeren Signale des fortdauernden konservativen Prinzips.

Die russischen Historiker haben das Interesse der Gesellschaft an den lange verdrängten Traditionen gleichsam bedient. Die Erforschung des Nationalen und Konservativen, die Rückbesinnung auf die vielgeschmähten Vordenker der nationalen Idee, nimmt nicht von Ungefähr einen prominenten Platz in der Historiographie ein. Die Konservativen waren jetzt Perso-

---

2 Tuminez, Astrid S.: Russian Nationalism since 1856. Ideology and the Making of Foreign Policy, Lanham u.a. 2000, S. 173ff.

3 Pivovarov, Jurij: "Der ungeliebte Liberalismus", in: Leonid Luks / Donall O'Sullivan (Hrsg.): Rußland und Deutschland im 19. und 20. Jahrhundert. Zwei "Sonderwege" im Vergleich, Köln u.a. 2001, S. 93-108.

nen, die "die Interessen des gewaltigen Landes"[4] verteidigten. Im folgenden sollten einige Schlaglichter auf das konservative Prinzip als zeitübergreifender Konstante der russischen Geschichte geworfen werden.

2. Konservatismus und Nationalismus als Handlungsmaxime im Zarenreich

Neben der Autokratie, der Sozialverfassung und den kulturellen Prägungen (vor allem sinnfällig in der ungebrochenen Herrschaft der orthodoxen Kirche) war die russische Geschichte spätestens seit Ende des 18. Jahrhundert von einem weiteren Grundzug überzeitlich geprägt: Nationalismus und Konservatismus waren dauerhafte Handlungsmaximen obrigkeitlicher Herrschaft.[5] Als Konservatismus wird hier eine kulturell angelegte, durch individuelle und öffentliche Erziehung überkommene, mentale Präfiguration des täglichen Handelns sowie der Wahrnehmung und Bewertung der eigenen Umwelt gefaßt, ein Hang zum Verharren und zur natürlich-prüfenden Skepsis gegenüber Wandlungsprozessen unterschiedlichster Reichweite und Dynamik. Karl Mannheim setzt vom Traditionalismus als 'rein reaktivem Handeln' den Konservatismus als 'sinnorientiertes Handeln' ab.

Für Rußland läßt sich zeigen, daß der Zusammenhang von etatistischem Nationalismus und Staatskonservatismus sehr eng ist. Noch mehr Beachtung verdient die Tatsache, daß dem von oben verordneten, von der orthodoxen Kirche ideell und personell gestützten Staatsnationalismus der Nationalismus der Intelligenzija und dem Sozialkonservatismus der herrschenden Adelseliten der Schollen- und Glaubenskonservatismus der ländlichen Bevölkerungsmehrheit entsprach.[6] Der politische Konservatismus in Rußland ist zeitgleich zum westeuropäischen Konservatismus in

---

4 So Bochanov, A.N.: "Vvedenie", in: Rossijskaja Akademija Nauk. Institut rossijskoj istorii (Hrsg.): Rossijskie konservatory, Moskva 1997, S. 3-16, hier S. 3. Die neue russische Sicht in: Russkij konzervatizm XIX stoletija. Ideologija i praktika. Pod red. V.Ja. Grosula, Moskva 2000; eine bibliographische Synthese bei: Repnikov, A.V.: "Russkij konservativizm: včera, segodnja, zavtra", in: Konservatizm v Rossii i mire: prošloe i nastojaščee. Sbornik naučnicnych trudov, vyp. 1, Voronež 2001, S. 9-19.

5 Pipes, Richard: "Russian Conservatism in the Second Half of the Nineteenth Century", in: Slavic Review, 1/1971, S. 121-128; Rogger, Hans: "Reflections on Russian Conservatism: 1861-1905", in: Jahrbücher für Geschichte Osteuropas, 2/1966, S. 196-212.

6 Schildt, Axel: Konservatismus in Deutschland. Von den Anfängen im 18. Jahrhundert bis zur Gegenwart, München 1997; Maier, Hans: "Was heißt heute konservativ?", in: Die Zeit, 1.4. 1994, S. 4.

Reaktion auf die Französische Revolution und die Säkularisierungsprozesse entstanden, die bereits mit der Herrschaft Peters des Großen eingesetzt und die soziale Welt der bewegungsschwachen Autokratie grundlegend verändert hatten. Wie in Westeuropa erwies sich der russische Konservatismus seither als anpassungs- und wandlungsfähig.

Es spricht einiges dafür, vom Konservatismus als einer ideengeschichtlichen Wesenart, einen vielfach irrationalen und diffusen Nationalismus und Monarchismus abzugrenzen.[7] Das Definitionsspektrum des modernen Nationalismus reicht von einer Wesensbestimmung als säkularer Religion bis zur Integrationsideologie. Im Gegensatz zum eher wertfreien amerikanischen *nationalism* wird hier mit von Hirschhausen und Leonhard unter Nationalismus die "Bevorzugung des politischen, gesellschaftlichen und kulturellen Deutungsmusters Nation und der ihren Mitgliedern zugeordneten Interessen gegenüber denen aller Außenstehenden"[8] verstanden.

Der russische Nationalismus erweist sich als Sonderform innerhalb der Typologie eines westeuropäischen Staatsnationalismus, eines mitteleuropäischen Einigungsnationalismus und dem osteuropäischen Sezessionsnationalismus. Er ist ebenso etatistisch, wie er zugleich integrative und desintegrierende Wirkungsrichtungen besitzt. Der russische Nationalismus soll hier als eine auf die Exklusivität des russischen Volkes (*narod*) verweisende, über nationale Imaginationen, Kollektivsymbole und Rituale integrierend, auf exterritoriale oder andersethnische Gruppen oder Individuen jedoch desintegrierend bzw. assimilierend wirkende Ideologie verstanden werden.

Nationalismus und Konservatismus in Rußland wiesen so einen sozialen Dualismus und breite Trägerschichten auf. Der Staatsnationalismus ist immer wieder festgemacht worden an der Trias aus der als 'nationale Reli-

---

[7] Auf die Differenzierung sei hier nur verwiesen. Vgl. zuletzt Bokhanov, Aleksandr: "Hopeless Symbiosis. Power and Right-Wing Radicalism at the Beginning of the Twentieth Century", in: Anna Geifman (Hrsg.): Russia under the Last Tsar. Opposition and Subversion 1894-1917, Oxford 1999, S. 199-213. Zum Begriffsproblem und der Trennung von "conservative", "right" und "reactionary" außerdem Allensworth, Wayne: The Russian Question. Nationalism, Modernization, and Post-Communist Russia, Lanham u.a. 1998, S. 25f.

[8] Ulrike von Hirschhausen / Jörn Leonhard (Hrsg.): Nationalismen in Europa. West- und Osteruopa im Vergleich, Göttingen 2001, S. 14; zum russischen Nationalismus vgl. Frank Golczewski / Gertrud Pickhan: Russischer Nationalismus. Die russische Idee im 19. und 20. Jahrhundert. Darstellung und Texte, Göttingen 1998; Renner, Andreas: Russischer Nationalismus und Öffentlichkeit im Zarenreich, 1855-1875, Köln u.a. 2000; Allensworth: The Russian Question, a.a.O.

gion' wahrgenommenen Orthodoxie (*pravoslavie*), aus Selbstherrschaft (*samoderžavie*) und Volkstum (*narodnost'*), die der Minister für Volksaufklärung Sergej Uvarov 1833 zum Credo zarischer Bildungspolitik erklärt hatte.[9] Doch der russische Nationalismus als Affinität zur nationalen Überhöhung ist bereits älter und in den Schriften des Fürsten Michail Ščerbatov Ende des 18. Jahrhunderts, des Historikers Nikolaj Karamzin 1811 oder der Dekabristen anzutreffen, die die russische Idee und Leibeigenschaft mit Formen militärdemokratischer Verfassungsgrundlagen zu verbinden hofften. Von Beginn an enthielt der russische Nationalismus starke antiwestliche Elemente. Seit dem 18. Jahrhundert hatte der Adel Widerspruch gegenüber den westlichen Ambitionen Peters des Großen angemeldet. Mit der Profilierung zur Großmacht in den Napoleonischen Befreiungskriegen gewann Rußland, als 'Retter Europas', an Selbstbewußtsein hinzu, das die Gegner einer liberalen Ordnung in Europa stärkte.

Die Debatten zwischen Westlern und Slavophilen, die sich an Pëtr Čaadaevs 'Erstem Philosophischen Brief' von 1836 entzündeten und das *goldene Zeitalter* der russischen Ideengeschichte einleiteten, geben davon Zeugnis. Hier trat der Doppelcharakter des Nationalismus deutlich zutage: dem autokratiegläubigen Nationalcredo Uvarovs als Repräsentant der zarischen Ministerialbürokratie und des Zaren selbst, stand der Nationalismus der slavophilen Intelligenz zur Seite, die sich im 19. Jahrhundert eher vom Staat abwandte und ihrem Gesellschaftsmodell ostchristliche Traditionen sowie das gemeinschaftlich-quasidemokratische Prinzip der russischen Dorfgemeinde zugrunde legte.

Die erste Generation der Slavophilen, I.V. Kireevskij, A.S. Chomjakov, K.S. Aksakov, wie die zweite Generation um N.Ja. Danilevskij, F.I. Tjučev oder K.N. Leont'ev bedienten die 'konservative Utopie' (Walicki) eines aus der orthodoxen Kirche, der russischen Dorfgemeinde und der zarischen Selbstherrschaft aufsteigenden Rußlands, in dem Monarch und Volk über die Kirche zur alten Einheit zurückfinden würden. Die zarische Politik bildete im 19. Jahrhundert einen normativen Rahmen für konservative Denkgebäude. Vor allem die Herrschaft des Zaren Nikolaus I. (1825-1855), der sich selbst als 'Ritter der monarchischen Idee' gegen die seit dem Dekabristen-Aufstand allgegenwärtige und im Europa der Jahre 1831 und 1848 unabwendbare Revolutionsgefahr betrachtete, sicherte dem Zarenreich in

---

[9] Ivanov, O.A.: "Ideologija »pravoslavie, samoderžavie, narodnost'« S.S. Uvarova", in: Konservatizm v Rossii, op. cit., S. 92-111.

ganz Europa und vor allem im deutschen konservativen Milieu den Ruf als letzte Bastion gegen den Nihilismus. Die unangetastete Leibeigenschaftsordnung, die unbewegliche Bürokratie, die Bildungspolitik und die assimilatorische Kirchenpolitik gehörten zu den Stützen des nikolaitischen Staatskonservatismus.[10]

Zu diesem Paradigma trat seit dem 18. Jahrhundert die innere Kolonisierung des Imperiums hinzu. Die Inkorporation von Peripherien im Osten (Sibirien), Süden (Ukraine, Kaukasus, Zentralasien) und Westen (Weißrußland, Litauen, Polen, Finnland) ist ohne ein nationalistisch-missionarisches Sendungsbewußtsein nicht zu erklären. Die russischen Statthalter in den kolonisierten Peripherien haben die Russifizierung umgesetzt und - wie der Generalgouverneur in Litauen-Weißrußland Murav'ëv als "Henker von Wilna" - als assimilatorisches Projekt den nationalen Aspirationen der Randprovinzen entgegengesetzt. Als ein konstitutives Element des russischen Nationalismus' ist der Antisemitismus zu nennen, der sich bis zum heutigen Tag wie ein dunkelroter Faden durch die russische Geschichte zieht und stets eine Entsprechung im russischen Volks- oder Bürgernationalismus fand.[11]

Die Tatsache, daß Uvarov die Orthodoxie betonte, muß vor dem Hintergrund der Russifizierungsprozesse betrachtet werden, die wenig später zum Verbot der Unierten Kirche in der Ukraine und in Weißrußland führten. Die Institutionalisierung des Nationalismus setzte - sehen wir einmal von den konservativ-nationalen Zeitschriften wie *Graždanin* (Der Bürger) oder den *Moskovskie Vedomosti* (Moskauer Nachrichten) ab - spätestens mit der Periode der Parteigründungen und vollends mit der Einberufung der 1. Reichsduma 1906 ein. Rechtsnationale Abgeordnete waren in deutlicher Mehrheit vertreten, als Rußland in sein kurzes *scheinkonstitutionelles* Zeitalter eintrat. Der genaue Standort der 'echten' Russen im Parteienspektrum ging aus der Aussage eines Führers der Rechten und Vorsitzenden der 'Union des russischen Volkes', Nikolaj E. Markov, hervor, der feststellte, rechts von ihm sei nur noch die Wand. Bis zum Ersten Weltkrieg avancierte der großrussische Nationalismus zur innen- und außenpolitischen Maxime,

---

[10] Vgl. zusammenfassend: Klaus Zernack (Hrsg.): Handbuch der Geschichte Rußlands, Bd. 2, II (1613-1856). Vom Randstaat zur Hegemonialmacht, Stuttgart 2001, S. 1057-1099.

[11] Zur Politik der Russifizierung vgl. für die Westprovinzen Weeks, Theodore R.: Nation and State in Late Imperial Russia. Nationalism and Russification on the Western Frontier, 1863-1914, DeKalb, Ill. 1996; Lindner, Rainer: Historiker und Herrschaft. Nationsbildung und Geschichtspolitik in Weißrußland im 19. und 20. Jahrhundert, München 1999, S. 40ff.

die von zahllosen Assoziationen und Publikationsorganen, wie Peter Struves 'Russischer Gedanke' (Russkaja mysl') verfolgt wurde.

Fragt man nach der ideengeschichtlichen Perspektive der Nationalkonservativen, so zeigt sich eine frappierende Nähe der Denkhaltungen. Denn die Mehrzahl der Nationalisten verfügten über konservative Grundüberzeugungen und die Konservativen vertraten in aller Regel nationale Positionen. Hervorzuheben ist Fürst Michail Ščerbatov und sein Pamphlet von 1786/87 'Über die Sittenverderbnis in Rußland', das als erste Wortmeldung sozialkonservativen Denkens in Rußland am Ende des 18. Jahrhunderts gilt. Hier erhob erstmals ein russischer Adliger Einspruch gegen Sitten- und Moralverlust, gegen die aufgeklärte 'Vernunft' der freien Sinne und des Genusses, gegen die seit dem 'Sündenfall' Peters einsetzende Europäisierung Rußlands. Noch in vorpetrinischer Zeit, als der Glaube und das göttliche Gesetz regierten, als die Kinder noch Respekt vor den Eltern hatten, als die Liebe noch die Familienverhältnisse bestimmte, als Freundschaft, Seelenstärke sowie Treue zu Herrscher und Vaterland noch die Charaktere erfüllte, sei die russische Welt intakt gewesen.

Ščerbatov dekliniert das konservative Raster vollständig durch: Seit der Regierungszeit Peters habe sich die Entwicklung Rußlands als 'eine Geschichte der Regierung und der Laster im Verein' erwiesen. Grundursache des Sittenverfalls sei die Genußsucht des Menschen, die ihrerseits durch die fortschreitende Verwestlichung Rußlands genährt werde. Finanzielle Leistungskraft und Protektion gewannen unter Katherina II. zunehmend an Bedeutung für das persönliche Fortkommen. Gegen diese Praxis wandte sich Ščerbatov ebenso, wie gegen das Verfassen von Bestimmungen, 'die man sich nicht schämt Gesetze zu nennen'. Beides gereiche "zum Schaden der Gesellschaft, zur Vermehrung der Ränke und zum Verderben des Volkes!"[12] - Die Stilisierung des einfachen, d.h. unverdorbenen Volkes (*prostoj narod*) zur moralischen Instanz und zum eigentlichen Adressaten der Politik wurde zur Dauerreflexion russischen konservativen Denkens.

Das aber war in Russland auf die Verrechtlichung des Staatswesens aus. Die frühen wertkonservativen Repräsentanten des monarchischen Russlands nach Ščerbatov, vor allem der Schriftsteller und Hofhistoriker Nikolaj Karamzin und der 'konservative Reformer' (Richard Pipes) Michail

---

12 Ščerbatov, Fürst M.: Über die Sittenverderbnis in Rußland. Hrsg. von K. Stählin [= Quellen und Aufsätze zur russischen Geschichte 5], Berlin 1925. Zit. nach Lindner, Rainer: Die Väter Solshenizyns. Bemerkungen zum russischen Konservatimus in Geschichte und Gegenwart, in: Osteuropa 12/1994, S. 1101-1116, hier S. 1103f.

Speranskij knüpften ihre Hoffnung an einen 'aufgeklärten Monarchen', an 'Moral' und 'Sitte' und die Einführung von Gesetzen. In seiner frühen Schrift 'Über die grundlegenden Gesetze des Staates' (1802) verwies Speranskij nicht nur auf die Notwendigkeit einer liberalen Beamtenbürokratie als Mittler zwischen Monarch und Untertanenverband, sondern auch auf die Unerläßlichkeit von Gesetzen, die unantastbar und für alle verbindlich sein sollten. Speranskij wollte Rußland zu einem Staat der Gesetze und eines aufgeklärten autokratischen Herrschers machen. Er war es, der den Code Napoleon in Rußland einführen wollte und die Anregungen zur Gründung der Kaiserlichen Rechtsschule und des Kaiserlichen Lyzeums von Carskoe Selo gab.[13]

Mit Speranskij, so wird man mit Dietrich Geyer sagen können, trat Rußland in die 'Inkubationsphase liberalen Reformdenkens' ein. Die konservative Adelsopposition machte freilich gegen Speranskijs Modernisierungskonzepte mobil. Zahlreiche Denkschriften und Klagen an den Zaren warnten vor den 'Gefahren' des Wandels und ließen keinen Zweifel an der vorherrschenden Überzeugung, daß die Leibeigenschaft der Bauern und die monarchische Regierungsform unlösbar miteinander verbunden seien. Diesem patrimonialen Konservatismus fühlte sich auch Karamzin verbunden, als er auf den gefährlichen Abweg verwies, auf den Rußland seit 1801 geraten sei. Die Selbstherrschaft galt ihm wie auch Ščerbatov als unverletzliches Prinzip. Die Freiheit, so Karamzin im 'Traktat über das Alte und das Neue Russland', werde die Bauern nicht glücklicher machen.[14]

Der Staatskonservatismus Karamzins unterschied sich als konservativer Patriotismus von der slavophilen Ideologie der vierziger bis sechziger Jahre des 19. Jahrhunderts, als das Volk zur romantisch-nationalen Bezugsgröße wurde und einen konservativen Nationalismus hervortrieb. Die Slavophilen haben die Wesenseinheit von Konservatismus und volksbezogenem Nationalismus in Russland verkörpert und paradigmatisch geprägt. Eine Besonderheit kommt für das gesamte 19. Jahrhundert hinzu. Immer wieder haben Reformzyklen die Politik des Staates bestimmt, so in den fünfziger und sechziger Jahre, als aufgeklärte Bürokraten das Reformwerk des 'Befreierzaren' Alexander II. vorbereiteten und umsetzten. Zugrunde lag diesen

---

[13] Speranskij, Michail: Plan gosudarstvennogo preobrazovanija (Vvedenie k Uloženiju gosudarstvennych zakonov, 1809 g.), Moskva 1905.

[14] Karamzin, Nikolaj: Schrift über das alte und neue Russland, 1811 [Zapiska o drevnej i novoj Rossii], nach der Ausgabe von Richard Pipes, Cambridge/MA, 1959, in: Frank Golczewski / Gertrud Pickhan, Russischer Nationalismus. Die russische Idee im 19. und 20. Jahrhundert. Darstellung und Texte, S. 125-127.

Projekten jedoch weniger ein moderner Staatsliberalismus als vielmehr ein 'Reformnationalismus' (Andreas Renner), der sich nach dem verlorenen Krimkrieg in den 'Dicken Journalen' und den Emigrantenzeitschriften durchsetzte. Dafür sprach nicht zuletzt das Sozialprofil der Trägerschichten dieses Reformzeitalters.[15]

Die Transformationskrise, in die das Zarenreich nach 1861 geriet, führte zu Unsicherheit und konservativen Abwehrhaltungen, namentlich in den Kreisen des grundbesitzenden Adels sowie in Teilen der Beamtenschaft.[16] Soziale Strukturen erwiesen sich vielfach als wandlungsresistent. Reformen blieben häufig auf Inseln der Modernisierung begrenzt und ließen den Strukturkonservatismus der russischen Gesellschaft hervortreten.[17]

Das Jahr 1861 hatte eine ähnliche Initialwirkung für die Belebung unterschiedlich motivierter Konservatismen, wie 1789 und die Folgeereignisse der Jahre 1830 und 1848 für die westeuropäische Geistesgeschichte. Die Biographien russischer Konservativer des 19. Jahrhunderts reflektieren häufig die vielschichtige, vom Konflikt nationaler Voraussetzungen und internationaler Ansprüche getriebene Entwicklung der russischen Gesellschaft von den vierziger Jahren des 19. Jahrhunderts bis zum Untergang der Autokratie. Von der 'volkstümelnden' revolutionären Intelligenz, die, wie Lev Tichomirov, von Orthodoxie und Monarchie letztlich nicht ablassen wollte[18], über monarchische Schriftsteller wie Konstantin Leont'ev, Staatsjuristen wie Boris Čičerin, für den die Konservativen eine 'bewahrende Partei' bildeten und keinen Doktrinen sondern 'historischen Realien' folgten[19], bis zum Oberprokuror des Heiligen Synods, Konstantin Pobedo-

---

15 Renner: Russischer Nationalismus, op. cit., S. 75ff. Für den Justizsektor siehe Rainer Lindner: "K.P. Pobedonoscev und die russische Reformbürokratie. Ein Beitrag zur Rechtsgeschichte des späten Zarenreiches", in: Jahrbücher für Geschichte Osteuropas 43 (1995) 1, S. 34-57.

16 Vgl. dazu: Diestelmeier, Friedrich: Soziale Angst: Konservative Reaktionen auf liberale Reformpolitik in Rußland unter Alexander II. (1855-1866), Frankfurt am Main, Bern, New York 1985.

17 Für die soziale Welt der Städte vgl. Thurston, Robert W.: Liberal City, Conservative State. Moscow and Russia's Urban Crisis, 1906-1914, New York, Oxford 1987.

18 Milevskij: O.A.: "Idei L.A. Tichomirova po preobrazovaniju cerkovno-gosudarstvennych otnošenij (1901-1913)", in: Konservatizm v Rossii, op. cit., S. 147-158.

19 Iskra, L.M.: "B.N. Čičerin i problemy konservatizma", in: Konservatizm v Rossii, op. cit., S. 129-146.

noscev, reichte das Spektrum wertkonservativ-nationaler Biographien im 19. Jahrhundert. Hier soll ein Beispiel näher betrachtet werden.

Als einstiger Kritiker des zarischen Rechtssystems entfaltete Pobedonoscev seit Mitte der siebziger Jahre eine nationalkonservative, auf die Aufrechterhaltung des russischen Untertanenstaates, auf die Festigung der Orthodoxie und der Selbstherrschaft des Zaren gerichtete publizistische und politische Tätigkeit. Zugleich vermittelte er seinem Schüler, dem späteren Zaren Alexander III. konservative Erziehungswerte: Moral, Glauben und eine verinnerlichte Revolutionsfurcht gehörten zur geistigen Grundausstattung. Die schmähliche Niederlage im Krimkrieg, die nationale Emphase am Vorabend des Russisch-Türkischen Krieges 1878/79 und der sozialrevolutionäre Terror beförderten den Nationalkonservatismus, der in der Bewegung des Panslavismus hervortrat.[20] Den Konservatismus dieser Zeit auf eine Politik des Antinihilismus zu reduzieren, ist allerdings unangebracht: Vor allem die Unvereinbarkeit der sozialen Binnenverhältnisse mit den Anforderungen des modernen Zeitalters, die unberechenbare Masse der Bauern bildeten ein Trauma der etatistischen Konservativen.

Ausgehend vom traditionalistischen Verständnis von Aufbau und Arbeitsweise des Staates als eines Selbstherrschaftsapparates hatte sich Pobedonoscev in theoretisch-philosophischer wie in praktisch-politischer Hinsicht seit dem Ende der siebziger Jahre wiederholt gegen eine reformorientierte Veränderung dieses Apparates gewandt. So beschreibt er die Tendenz, die jedes Volksvertretersystem, begleitet von einer 'Wahlkomödie', die für ihn nichts weiter als 'Stimmenfang' durch geschulte 'Beredtsamkeit' und 'Organisationstalent' darstellt, in sich berge. Der konservative Grundzug in den Ausführungen Pobedonoscevs tritt am deutlichsten in seinem Appell an die Beharrungskraft des Individuums hervor. Dem "Hang zur Nachahmung, zur Übertragung mancher Einrichtungen und Formen auf unseren Heimatboden, die uns im Auslande durch ihre äußere Schönheit in Erstaunen setzen", tritt er mit dem Bewußtsein des Konservativen entgegen, das stets nach dem Preis von Veränderungen fragt und hier die eigenen, nationalspezifischen 'Formen' lediglich einer Intensivierung zu unterziehen und grobe Mißstände im Leben der Menschen zu beseitigen bereit ist. Bezüglich seiner Staatsorganisation und anderen gewachsenen Traditionen aber sollte das Russische Reich in jedem Fall und 'mit Freude' bei seinen 'alten groben Formen' verbleiben. Hinzu kam ein sozialkon-

---

[20] Zum Panslavismus zusammenfassend: Tuminez, Russian Nationalism, op. cit., S. 57-113.

servatives Idealbild der Gesellschaft, die das "harmonische Bündnis der traditionellen Stände hervorhob - ein Bündnis der patriarchalischen Bauernschaft, der traditionellen Kaufmannschaft und des 'erblichen' Adels, der auf seinen Gütern lebt"[21]. Die postsowjetische russische Geschichtsschreibung betrachtet Pobedonoscev nicht mehr als Reaktionär und Ideologen des untergehenden Zarenreiches, sondern als "Symbol der Aufzehrung des kreativen Potentials der vorrevolutionären Autokratie"[22].

Die Kontur politischer Institutionen nahm der konservative Nationalismus erst zu Beginn des 20. Jahrhunderts in Assoziationen wie der 'Russischen Versammlung', der 'Union des russischen Volkes', der 'Russischen Union »Erzengel Michael«', der 'Russischen Monarchistischen Union', der 'Vaterländischen Patriotischen Union' oder lokaler Gründungen wie der 'Odessaer Union russischer Menschen' an, die alle zwischen 1900 und 1915 tätig waren. Nach der Revolution von 1905 entstanden zudem militante Organisationen wie die sogenannten *Schwarzhundertschaften* - Abteilungen, die von allem an der nichtrussischen Peripherie gewaltsame Russifizierung im Zeichen der Monarchie und der Kirche betrieben. Die Revolution hat die russische Rechte wachgerüttelt. Der konservative Staatsnationalismus formierte sich in der Reichsduma, in der russischen Gesellschaft ebenso wie an der Peripherie. Bis zum Untergang der Monarchie und darüber hinaus in der Emigration oder den Kampfbrigaden der 'weißen Bewegung' blieb der aus panslavistischen Ideen, monarchischer Ergebenheit, orthodoxer Frömmigkeit und Antisemitismus gespeiste russische Nationalismus ein Wesenzug russischer Geschichte, der in der Sowjetperiode neue Formen annahm.

3. Nationalismus als Sowjetpatriotismus

Manfred Hildermeier hat in seiner umfangreichen 'Geschichte der Sowjetunion' die Kulturpolitik und Ideologie in der Zeit des Großen Vaterländischen Krieges an die Begriffe Patriotismus, Konservatismus und Kontrolle gebunden.[23] Die Periode zwischen 1941 und 1945 kann fraglos als Achsenzeit der Sowjetgeschichte gedeutet werden. Unter existentieller Bedrohung

---

[21] Polunov, A.Ju.: "Konstantin Petrovič Pobedonoscev - Čelovek i politik", in: Otečestvennaja istorija 1998, Nr. 1, S. 42-54, hier S. 46.

[22] Ebd., S. 52.

[23] Hildermeier, Manfred: Geschichte der Sowjetunion. Entstehung und Niedergang des ersten sozialistischen Staates, München 1998, S. 658ff.

von außen hat das Sowjetsystem unter Stalin seine Potenz, seinen Funktionsweise und seine Grenzen offengelegt. Die Potenz bildete sich vor allem in der Mobilisierung der Bevölkerung ab, die seit 1934 im Zeichen einer konservativen supranationalen Reichsideologie, dem Sowjetpatriotismus, auch an den nichtrussischen Peripherien für den Systemerhalt gewonnen werden konnte. Der Stalinismus hatte den Terror als Instrument zur Durchsetzung der autokratischen Herrschaft Stalins legitimiert. Außerdem hatte er als 'imperiales Phänomen' (Jörg Baberowski) den kolonisatorischen Imperativ der Zarenzeit als Zivilisierungsprojekt an der nichtrussischen Peripherie fortgeführt. Der Stalinismus vollzog als Nationalbolschewismus eine Rehabilitierung des Patriotismus; Stalin erfuhr als Führer- (*vožd'*) und Vaterfigur eine ikonographische Kanonisierung.[24]

Im Geistesleben hatten sich in den zwanziger Jahren zunächst liberale, konservative, sozialrevolutionäre, radikal-demokratische und nationale Nischen der kritischen Intelligenz, an den Universitäten oder den Künstlerverbänden erhalten können. Der Feldzug allerdings, den Stalin schließlich gegen die literarische, künstlerische und professionelle Intelligenz führen ließ, war auf auf "totale Unterwerfung und Verfügbarkeit"[25] ausgerichtet und trieb eine Gettoisierung der geistigen Eliten voran. Mit der Festlegung auf eine offizielle 'Reichsideologie', der man lediglich mit festen Begriffen von Antifaschismus, Sowjetpatriotismus, Sozialismus und Internationalismus entsprach[26], waren liberale oder demokratische Ideen endgültig in die Binnenräume des Dissens verwiesen. Mit dem Stalinismus war ein autoritäres, auf Personenkult ruhendes Herrschaftsmodell zum Durchbruch gelangt.

Der Sowjetpatriotismus, den Il'ja Ehrenburg als 'natürliche Fortsetzung des russischen Patriotismus' betrachtete, erlangte seit den 1930er Jahren als supranationale Integrationsideologie den Status eines staatsoffiziellen Nationalismus, dessen Nation das Sowjetvolk (*sovetskij narod*) war. *Heimat* und *Vaterland* wurden zu Schlüsselbegriffen der Zeit. Filmepen, wie 'Aleksandr Nevskij' (1938) oder 'Ivan der Schreckliche' (1944/46) symbolisierten

---

[24] Zum Stalinismus als Nationalbolschewismus siehe Allensworth: The Russian Question, op. cit., S. 145ff.; zum Stalinismus vgl. Stefan Plaggenborg (Hrsg.): Stalinismus. Neue Forschungen und Konzepte, Berlin 1998; hier v.a. die Beiträge von Benno Ennker und Jörg Baberowski.

[25] So Dietrich Beyrau: Intelligenz und Dissens. Die russischen Bildungsschichten in der Sowjetunion 1917-1985, Göttingen 1993, S. 256ff.

[26] Ebd.

den historischen und gegenwärtigen Machtanspruch. Der Große Vaterländische Krieg transzendierte den Sowjetpatriotismus gleichsam. Was zuvor Propaganda war, verfing jetzt im Bewußtsein der Bevölkerungsgruppen. Der sowjetpatriotische Nationalismus zog eine Nationalisierung der Sowjetvölker nach sich. Ukrainer und Weißrussen, die 1945 einen Sitz bei den Vereinten Nationen erhielten und die Russen, die von Stalin zum *primus inter pares* erkoren wurden, machten jetzt nationale Aspirationen geltend. Jetzt war auch von Nationen die Rede: Puschkin war 1947 wieder das, "was unsere Nation im Ergebnis des Sieges über Napoleon der Welt gegeben hat, worin die große russische Nation ihre heldenhafte historische Kraft gezeigt hat"[27]. Jetzt war es laut offizieller Diktion nicht mehr möglich 'nationslos' zu sein.

In der Sowjetunion der 50er bis 80er Jahre war die fortdauernde und zunehmende Russifizierung der Kultur und der Administration nichtrussischer Republiken ein deutlicher Ausdruck des großrussischen Nationalismus der Parteibürokratie. Nichtrussische Nationalitäten sahen ihre Sprachen und Kulturen zur ornamentalen Fassade verkommen. Hinzu kamen Dissidenten, die ihren Nationalismus aus der Distanz pflegten und auf Teile der russischen Bildungsschichten übertrugen. Bereits in den zwanziger Jahre hatten Stimmen von außen, wie der Philosoph Georgi Fedotow darauf verwiesen, daß Rußland 'keine Nation, sondern eine ganze Welt' sei. Als modifizierte Elemente des Nationalismus des *ancien régime* blieben bis zum Ende des Sowjetreiches und darüber hinaus der imperiale Geltungsanspruch, eine antiwestlichen Grundhaltung, die Alleinherrschaft eines Herrschaftszirkels mit einer Führerfigur, die quasireligiöse Sowjetideologie, der Kult des Russischen und der Antisemitismus erhalten.

Letzterer setzte sich in der Nachkriegszeit in der sogenannten Kosmopolitismus-Debatte durch, als Künstler und Schriftsteller jüdischen Glaubens verfolgt, ihre Werke nicht selten als 'entartet' betrachtet wurden. Wie die politische Welt wurde auch die Alltagswelt der Sowjetgesellschaft seit dem Spätstalinismus von konservativen Wertmustern durchdrungen. Die Rolle der orthodoxen Kirche wurde nach 1945 ebenso aufgewertet, wie die Familie. Die Frauen, die in der Frühzeit des Stalinismus in Emanzipationsdiskursen als Propaganda-Mittel gegenüber der westlichen Gesellschaft benutzt wurden, sahen sich jetzt auf die traditionelle Mutterrolle zurückverwiesen.

---

27 Golczewski / Pickhan, Russischer Nationalismus, op. cit., S. 238.

Patriotismus und Konservatismus wurden auch zu neuen Handlungsmaximen der Außenpolitik, die auf eine neoimperiale Konsolidierung gerichtet war. Die Einverleibung der ostpolnischen Provinzen, Finnlands, des Baltikums und schließlich die Errichtung des 'äußeren' sowjetischen Imperiums in den 'Volksdemokratien' Ostmitteleuropas oder auch die fernöstlichen (Koreakrieg) und später in Asien (Afghanistan) durchgeführten Interventionen folgten dem petrinischen Prinzip der Raumeroberung und Machtausdehnung.

Gorbačëv, der auf Černobyl noch 1986 im Stil der überkommenen Sowjetbürokratie reagiert hatte, erkannte die Auszehrung des wirtschaftlichen Potentials des Riesenreiches und setzte der imperialen Außenpolitik ein Ende. Mit der Einführung demokratischer Ordnungsprinzipien im Inneren, hob er das politische und administrative System aus den Angeln. Reformversuche waren gleichsam zum Scheitern verurteilt, hatte er doch die Wandlungsfähigkeit des Systems über- und seine Beharrungskräfte unterschätzt. Die Sowjetunion ging 1991 unter wie sie entstanden war: mit einem Putsch.

4. Großmacht auf Widerruf: Nationalkonservatismus im postsowjetischen Rußland

Das konservative Prinzip war für den Moment auf der politischen Ebene außer Kraft gesetzt, als Rußland sich dem Konstitutionalismus und einer liberalen Ordnung zuwenden wollte, jedoch in einer 'konstitutionellen Wahlautokratie' (Schewzowa) ankam. Auf der politischen Ebene blieben die grundsätzlichen Systemelemente erhalten, die "für die Herrschaft in Rußland über Jahrhunderte hinweg typisch waren"[28] - das Gefolgschaftselement, das Mobilisierungselement, das bürokratische Element, das ideokratische Element.

Ein Schriftsteller, der in großer Distanz zur politischen Klasse der Sowjetunion gestanden hatte, avancierte seither zur Leitfigur des russischen Nationalkonservatismus. Aleksandr Solženicyn, der 1994 - vom Westen enttäuscht - in El'cins Rußland zurückkehrte, knüpfte deutlich, wie es bereits in seinem Romanzyklus 'Das rote Rad' anklang, an die Traditionen sowohl des russischen Konservatismus wie auch des Nationalismus an. Es

[28] Schewzowa, Lilja: "Das neue Rußland. Von Jelzin zu Putin", in: Hans-Hermann Höhmann / Hans-Henning Schröder (Hrsg.): Russland unter neuer Führung. Politik, Wirtschaft und Gesellschaft am Beginn des 21. Jahrhunderts, Münster 2001, S. 33-43, hier S. 34.

waren moralische und nationale Erwägungen, die den Autor dazu veranlaßten, mit zahlreichen belehrenden Pamphleten an die russische und internationale Öffentlichkeit zu treten, um darzustellen, wie 'Rußland aufgebaut werden müßte'.

Wie schon bei Ščerbatov und Pobedonoscev waren für Solženicyn parlamentarische Demokratie und Parteiensystem auch Mitte der neunziger Jahre Irrwege, die Rußland nicht beschreiten dürfe: "Doch wählen wir die Demokratie, ruft er den spätsowjetischen Gesellschaftsstrategen zu, müssen wir uns ganz klar darüber sein, was wir wählen und um welchen Preis"[29]. Fast zum Kult sei die demokratische Staatsform heute geworden und in der konservativen Perspektive mithin desavouiert. Tocqueville und Mill werden bemüht, bei denen sich die Begriffe Demokratie und Freiheit gegeneinander ausschlossen und uneingeschränkte Demokratie die Gefahr der 'Tyrannei der Mehrheit' in sich berge. Im Gegensatz zur westlichen Demokratie vertraut er auf Instanzen, die aus den Tiefen der russischen Geschichte heraufgeholt werden. In seinem Verweis auf eine 'staatlich-landständische Ordnung', die von einer ethischen Kontrollinstanz beaufsichtigt werden müßte, griff Solženicyn auf das Modell des *Zemskij Sobor* aus der Zeit des Moskauer Staates zurück und knüpfte an die Traditionen der Slavophilen an.

Die Geschichte war in Rußland, wie andernorts im neuen Osteuropa, allgegenwärtig und Reservoir für unterschiedlichste Benutzer; die 'Sehnsucht nach Geschichte', die sich in der Außenwahrnehmung als 'Terror der Geschichte' (Confino) ausnahm, wurde in Zeitschriften wie 'Heimat' (Rodina) gestillt. Rußland war jetzt in den Augen der Nationalisten wieder das *Dritte Rom* oder aber Teil des geopolitisch-kulturellen Konstruktes Eurasien (Evrazija), das in den zwanziger Jahren noch gegen Europa in die Ideenwelt der Dissidenten und über Umwege auch in die Sowjetunion selbst eindrang. Heute wird hingegen die europäische Einheit gegen die USA angestrebt. Die 'Eurasische Plattform' Aleksandr Dugins ist zum Sammel-

---

[29] Solženicyn: "Außerdem sind Wahlkampagnen bei einer großen Anzahl stimmberechtigter Wähler so marktschreierisch, so eitel und die Massenmedien zumeist voreingenommen, daß ein beträchtlicher Teil der Bevölkerung von ihnen abgestoßen wird. Jede Wahlkampagne vulgarisiert den Staatsgedanken. Gedeihliche Macht erfordert Begabung und Kreativität. [...] Ein derartiges System nötigt Politiker nicht, über ihren persönlichen politischen Interessen zu stehen, eher ist das Gegenteil der Fall: Wer von moralischen Prinzipien ausgeht, kann leicht verlieren. [...] Der sich zu Wahl stellende Kandidat wird zum Volksvertreter." Zit. nach Lindner: Die Väter Solschenizyns, a.a.O. Zu Solženicyn vgl. Allensworth: The Russian Question, op. cit., S. 57 ff.

becken für die Verlierer des Wandels und die überzeugten Gegner des Westens geworden, die in allen Kreisen und Milieus der Gesellschaft anzutreffen sind.

Putins Rußland ist in einem Akt aufwendiger Symbolproduktion und des Symboltausches dem konservativen Prinzip vorläufig ganz verhaftet. Zu diesem Zeichen-Repertoire gehören erstens der 'endlose Raum', den der konservative Immigrant Ivan Il'in in den zwanziger Jahren gleichsam als 'Segen und Fluch' Rußlands bezeichnet hatte, der jedoch von Stalins Hofdichter Michajlkov in der für Präsident Putin neugefaßten Nationalhymne besungen wird. Zweitens gehört dazu die neue 'russische Idee', nach der bereits Präsident El'cin landesweit suchen ließ, getrieben von der Sorge, über keine staatssanktionierte Ideologie zu verfügen.[30] Drittens bedient sich der neue russische Staatskonservatismus einer neuen Staatssymbolik mit Zarenfarben, Doppeladler und neuen Integrationsprojekten wie der wiedererrichteten Moskauer Erlöserkathedrale; schließlich führt viertens die Krisenbeschwörung Solženicyns und anderer Autoren der nationalen Wiedergeburt die Konstante russischer Geschichte ebenso fort wie fünftens die Politik der Putinschen nationalen und autoritären Rekonsolidierung nach innen und außen.

Dabei erliegen die postsowjetischen Historiker häufig der Versuchung, die russische Vergangenheit in neuen nationalen Meistererzählungen umzudeuten, sie vom Ballast historischer Prägungen und Traumata zu befreien und im Glanz imperialer Größe neu erstrahlen zu lassen. Es kommt ihnen hierbei zugute, daß die Staatspolitik seit dem Amtsantritt Präsident Putins auf eine Wiedergeburt Rußlands als europäisch und global agierende Großmacht drängt, die die Macht wieder im Kreml zu konzentrieren sucht und die Irridenta-Bewegung wie in Tschetschenien brutal bekämpft. Putin drängt auf die 'Diktatur des Gesetzes', auf eine Verrechtlichung der Verhältnisse und der Stärkung der Autorität des Staates.

In Umfragen des Jahres 2000 sprachen sich immer noch 40%, in anderen Umfragen 60% aller Russen zwischen 15 und 75 dafür aus, daß ihr Land eigene Wege gehen müsse; 30% meinten, daß ein Mann an der Spitze stehen müsse und immerhin 25% verlassen sich bereits wieder auf den Glauben an Gott als Leitlinie. Keine 5% sehen im westlichen Modell

[30] Zur Vorgeschichte siehe Assen Ignatow: Die »russische Idee« in der gegenwärtigen Diskussion. Die russische Identität und die »Neuen Ideologien«. Berichte des Bundesinstituts für ostwissenschaftliche und internationale Studien, 42/1992.

einen Weg zur Regeneration Rußlands.[31] Dem entspricht auch der Tatbestand, daß Reformperioden in der heutigen russischen Öffentlichkeit überwiegend negativ wahrgenommen werden, wie unschwer an der Haltung gegenüber der Perestroika zu beobachten ist, die 70% der Menschen kritisch betrachten. Die Kritik richtet sich dabei nicht zuletzt auf die Auflösung der Sowjetunion und den Verlust des Großmachtstatus, auf dessen Wiederherstellung Putin heute setzt.

Die Gefahr der fortschreitenden territorialen, herrschaftsbezogenen und kulturellen Dekomposition Rußlands führte bereits seit den frühen neunziger Jahren zu zahllosen apokalyptischen Zukunftsbeschreibungen, aber auch zu Rollenzuweisungen an Rußland, die mit christlichen Heilserwartungen gleichgesetzt werden können. Die russische Intelligenzija, von Solženicyn bis zu dem bekannten Puschkin-Forscher Nepomnjašči, waren hier ebenso aktiv wie Valentin Rasputin ('Abschied von Matjora') in der Zeit der Perestroika Autoren. Schriftsteller und Regisseure widmen sich mit Vorliebe historischen Stoffen, die die Weite der russischen Geschichte ausloten und die Erinnerungskultur als nationales Pantheon einrichten.

Die antiwestliche Rhetorik der russischen Nationalisten liegt fraglos in einer gehemmten bürgerlichen Entwicklung und in der Vorherrschaft sinnstiftender Integrationsideologien wie der Orthodoxie oder der Autokratie, der 'Staatlichkeit' der Gesellschaft in der Zarenzeit und ihre Deformierung in der Sowjetunion begründet. Für die nachsowjetische Zeit kommt hinzu, daß die *Neuen Russen* und mafiöse Strukturen ein Zerrbild des Westens geliefert haben. Daraus erwächst die moralisierende Fundamentalkritik zahlreicher russischer Intellektueller am Westen, dem sie Gottlosigkeit, Kälte und eine Mechanisierung des Lebens vorwerfen.

Über die Zirkel der Intelligenz hat sich in der Elite des neuen Rußlands der Nationalkonservatismus als Handlungsmaxime etabliert. Vom rechten bis zum linken Rand des politischen (oder parlamentarischen) Spektrums besitzen nationale und konservative Denkmuster einen hohen Kurswert. Der *Lider* der Kommunistischen Partei, Gennadij Zjuganov, hatte sehr schnell das Personal der kommunistischen Urväter ausgetauscht. In seiner Dissertation ersetzte er die Vorläufer des Kommunismus (Hegel, Smith, Ricardo) durch K. Leont'ev, N. Danilevskij, I. Il'in wie auch Oswald Spengler. Als Nationalpatriot bezeichnete der Postkommunist Orthodoxie und

---

31 Tschepurenko, Alexander: "Die Russen über ihre Vergangenheit und ihre Erwartungen für das 21. Jahrhundert", in: Osteuropa 2/2001, S. 135-147.

Machtstaatlichkeit (*deržavnost'*) als Stützen der russischen Wesensart.[32] Der frühere Ministerpräsident und Gasmagnat Černomyrdin hält sich unterdessen ebenso für einen Konservativen wie der reformwillige Gouverneur von Nižnij Novgorod, Boris Nemcov.

Der Konservatismus erlebt eine Renaissance im postsowjetischen Raum, während der Liberalismus weniger als Gesellschaftskonzept, sondern hauptsächlich als Wirtschaftsordnung betrachtet wird und in der Wahrnehmung der Bevölkerungsmehrheit als Raubkapitalismus gleichsam diskreditiert ist. Lange Zeit hat die westliche Politik das Reformpotential innerhalb der russischen Gesellschaft deutlich überschätzt.

Die Tatsache, daß im ersten Transformationsjahrzehnt mentale Blockaden einem freien Verkauf von Grund und Boden im Wege standen und bis heute (etwa für ausländische Investoren) keine befriedigende Lösung gefunden werden konnte, steht in eigentümlicher Parallelität zur (gesamteuropäisch) späten Aufhebung der Leibeigenschaft 1861 und den sozialkonservativen Reaktionen des Adels auf diesen aus ökonomischen Beweggründen unternommenen Befreiungsakt. Im zweiten postsowjetischen Jahrzehnt wird das konservative Prinzip politischer Herrschaft und allmählichen wirtschaftlichen Wandels unter Präsident Putin fortdauern.

Der nationale Konservatismus ist hier als Grundzug der vorrevolutionären russischen Geschichte beschrieben worden, als eine komplexe Tradition, an die das nachsowjetische Rußland weiter anknüpfen wird.[33] Putin, den El'cin als 'Menschen neuen Typus' präsentierte, hatte den Bürgern Rußlands einen starken Staat als "Garanten der Ordnung und ... treibende Kraft jeden Wandels", die Rückkehr zu Patriotismus und Nationalstolz und den Kampf gegen den Terrorismus, der sich 'Großrußland' entgegenstelle, versprochen[34]. Er scheint sein Versprechen zu halten.

---

[32] Marcov, S.: "So what is Zyuganov?", in: Moscow Times, 30.3. 1996, S. 1; Zjuganov, G.A.: Deržava, Moskva 1994; vgl. bei Jutta Scherrer: "Das Erbe: Geschichte und Gesellschaftskultur", in: Höhmann / Schröder, Rußland, op. cit., S. 21-31.

[33] "Alle Macht dem Kreml? Autoritäre Tendenzen unter der Präsidentschaft Putins", in: Neue Zürcher Zeitung, 26.9. 2000, S. 5.

[34] Vladmir Putin: "Rossija na rubeže tysjačeletija", in: Rossijskaja gazeta, 31.12. 1999, S. 4.

Российская региональная элита в трансформирующемся обществе

Александр Дука

Исходные посылки

Институциональные изменения могут происходить эволюционно и революционно. В том и другом случае они могут носить как 'стихийный' характер, так и целенаправленный. При втором варианте основными субъектами целеполагания выступают властные группы (элиты). Их роль усиливается в условиях быстрых кардинальных институциональных изменений. Такова ситуация в современной России. Господствующие слои провозглашают реформы, определяют их направление и стремятся контролировать их ход.

Доминирующие социальные группы в любом обществе контролируют основные ресурсы страны и определяют способы взаимоотношений между социальными агентами и институтами. Тем самым, они способствуют снятию социетальной неопределенности и поиску оптимальных форм социального взаимодействия. Важным представляется, что деятельность элиты не только может выполнять стабилизирующую функцию в отношении всего общества или его подсистем, но может и дестабилизировать его состояние.[1]

Можно предположить, что в рамках своей стабилизирующей и дестабилизирующей функции элита институционально полагает пределы существования других институтов и индивидов. То есть она является институционализирующим институтом.[2] В большинстве случаев она (или ее доминирующая часть) выступает, скорее, в форме политической институции, использующей правовые механизмы.

---

[1] "More specifically we shall define the elite as those 200 to 500 persons, mainly Djakarta residents, who contributed actively to the decision making which produced political crises or ended them", ср. H. Feith: The Decline of Constitutional Democracy in Indonesia. Ithaca, N.Y.: Cornell Univ. Press, 1962. p.108.

[2] Эти представления восходят к идеям Charles Wright Mills и Hans Gerth. См.: Mills, C.W. / Gerth H.: The Character and Social Structure. N.Y.: Harcourt, Brace & World, Inc., 1953. Также см.: Mills, C.W.: The Power Elite. New York: Oxford University Press, 1956; Mills, C.W.: The Power Elite // Problems of Power in American Democracy / Ed. by A. Kornhauser. Detroit: Wayne State University, 1957.

Но это не означает, что возможен произвол. Существуют достаточно сильные институциональные ограничения деятельности элит. Более того, они институционально задают существования элит. Очень важен исторический и социальный фон: традиции, обычаи. Этот фон может быть назван 'общеинституциональным фоном', 'принципами институционального воспроизводства', или 'базовыми институтами'. Thorstein Veblen вполне справедливо утверждал, что "институты - это результат процессов, происходивших в прошлом, они приспособлены к обстоятельствам прошлого и, следовательно, не находятся в полном согласии с требованиями настоящего времени."[3] И далее он пишет еще более радикально: "Существующие в наши дни институты - принятая в настоящее время система общественной жизни - не совсем подходят к сегодняшней ситуации"[4].

Наряду с естественным запаздыванием развития институтов по сравнению с 'требованием времени', возможен и так называемый *хреодный* эффект (от греческого *chre* - предопределенный, обреченный и *odos* - путь), связанный с развитием по неоптимальному пути в силу некоторых случайных обстоятельств. Со временем изменить траекторию достаточно трудно. Кроме того, само развитие в данном направлении может создавать некоторую иллюзию оптимальности, идеологически оформленную в 'особый путь развития' и т.п. Таким образом, предопределенность прошлым становится основным фактором развития и институциональной, и институционализирующей деятельности элит,[5] могущей привести к институциональной дихотомии и институциональному неравновесию.

---

[3] Веблен, Т.: Теория праздного класса. М.: Прогресс, 1984, с. 202.

[4] Там же.

[5] Здесь вполне уместно будет привести слова Огюстена Жирара: "Намного легче понять процесс принятия политического решения через историю, чем через социально-экономические данные. Через историю и, в частности, через »ретроспективную социологию«, благодаря тому свету, который они бросают на генезис решений, мы способны идентифицировать типы политики, главные управленческие альтернативы и формы действия, которые в краткосрочном плане могут служить как модели для будущего." (Цит по: Ренни Р.: "История и ремесло политики" в: Международный журнал социальных наук 23, с. 166 (1998). (Girard A.: Sciences sociales et politiques culturelles. Politix 1993, V. 24).

Важной для институциональной деятельности элиты является согласованность ее членов. Эта проблема особо рассматривается исследователями элит. Классики элитологии подчеркивали, что элита внутренне однородна, едина и осознает себя как таковая.[6] James Meisel суммировал это положение следующим образом: "three C's - group consciousness, coherence, and conspiracy (in the sense of common intentions)"[7]. Глубинно это связано с существованием специфического для элиты смыслового подуниверсума (sub-universes of meaning)[8], придающего объективный смысл ее деятельности как специфической группе и, одновременно, создающего и задающего этой группе внутреннее единство. С представлениями о необходимости согласования основополагающих принципов деятельности в политической и экономической сферах связана и концепция конституционного выбора Джеймса Бьюкенена, в которой консенсус при принятии решения - норма, а остальные возможные правила рассматриваются лишь как его варианты.[9]

Вместе с тем, необходимо отметить, что часть исследователей рассматривает возможность существования типа элит, характеризующегося открытым конфликтом элитных фракций и рассогласованностью базовых интересов.[10]

---

[6] Весьма примечательны приводимые А. Коржаковым слова Б. Ельцина: "Да, я понимаю, Грачев у меня голоса потянет назад. Но как его снять? Ведь мы с ним в одном доме живем...". Коржаков, А.: Борис Ельцин: От рассвета до заката. Москва: Интербук, 1997, с. 384.

[7] Meisel, J.: The Myth of the Ruling Class: Gaetano Mosca and the 'Elite'. Ann Arbor: Univ. of Michigan Press, 1962, p. 4.

[8] Бергер П., Лукман Т.: Социальное конструирование реальности: Трактат по социологии знания. Москва: Медиум, 1995, с. 139-140. (Berger, Peter L. and Thomas Luckmann. The Social Construction of Reality: A treatise in the sociology of knowledge. Garden City, N.Y.: Doubleday & Company, Inc., 1967, p. 85).

[9] Бьюкенен Дж., Таллок Г.: "Расчет согласия: Логические основания конституционной демократии", в: Дж.М. Бьюкенен: Сочинения, с. 129. Москва: Таурус Альфа, 1997. (Buchanan, James McGill and Gordon Tullock. The Calculus of Consent: Logical Foundations of Constitutional Democracy. Ann Arbor: University of Michigan Press, 1962).

[10] См., напр.: Higley, J. / Field, G.L. / Groholt, K.: Elite Structure and Ideology: A Theory with Applications to Norway. Oslo: Universitetsforlaget; New York: Columbia UP, 1976; Field, G.L. / Higley, J.: Elitism. London, Boston: Routledge and Kegan Paul, 1980; Burton, M.G. / Higley, J.: "Elite Settlements", в: American Sociological Review 52, No. 3 (1987); Burton, M.

Поскольку институт репрезентируется в ролях, то с институциональной точки зрения персонифицированная совокупность ролей и представляет собой элиту в ее 'человеческом' измерении. Роли связаны с определенной закрепленностью и значимо коррелируют с формальными позициями. Другими словами, элита как институт актуализируется в деятельности персон, занимающих определенные позиции. Позиции связаны с различными функциями элиты. В этом отношении проблема идентификации элит в рамках институционального подхода, скорее всего, решается в пользу позиционной идентификации.[11]

Постановка проблемы

В процессе общественной трансформации в России происходит изменение властных групп: номенклатура замещается элитой. Особенности региональных элит связаны со спецификой региональной институциональной трансформации, контролируемыми ресурсами и легитимацией.

Происходящие в стране изменения имеют некие пределы, связанные с установками населения и элит на принятие тех или иных ценностей и готовности идти в направлении реформ. Прежде всего, это относится к элитам. Они создают институциональные границы реформам. Здесь вполне уместно будет привести слова Д. Норта: "even discontinuous changes (such as revolution and conquest) are never completely discontinuous [as] a result of the embeddedness of informal constraints in societies. Although formal rules may change overnight as the result of political or judicial decisions, informal constraints embodied in customs, traditions and codes of conduct are much more impervious to

---

/ Gunther, R. / Higley, J.: "Introduction: Elite transformations and democratic regimes", в: Elites and Democratic Consolidation in Latin America and Southern Europe, ed. by J. Higley and R. Gunther. Cambridge: Cambridge UP, 1992. Подробно об этом см.: Региональные элиты России: проблемы, подходы, гипотезы: (Программа исследования). Быстрова, А.С. / Горьковенко, В.В. / Даугавет, А.Б. / Дука, А.В. (рук. авт. колл.) / Корниенко, А.В. СПб.: СПбФ ИС РАН, 1999, с. 10-13.

[11] О проблеме идентификации элит см.: Parry, G.: Political Elites. London: George Allen and Unwin Ltd, 1969, p. 105-118. Clark, T.N.: "Community Power", в: Annual Review of Sociology 1. Ed. by A. Inkeles. Palo Alto 1975. Domhoff, G.W.: Who Really Rules? New Haven, New Brunswick, London: Transaction Books, 1978. Ch. 4: Methodology of power structure research. Региональные элиты России, с. 68-72.

deliberative policies. These cultural constraints not only connect the past with the present and future, but provide us with a key to explaining the path of historical change. They also assist us in explaining divergent paths of historical change across societies."[12]

Можно предположить, что институциональные границы реформ связаны с одной стороны с базовыми ценностными ориентациями представителей региональных элит. С другой стороны, с представлением о легитимности новых социетальных институтов у региональных властных групп. С этим связана проблема как устойчивости демократических преобразований (есть ли у них поддержка на уровне региональных элит), так и проблема характера и типа политического режима и элитных групп. В данном случае я остановлюсь на легитимности в политической сфере, имея в виду, что существует взаимосвязь между институциональными изменениями в политической, экономической, социальной и других сферах общественной жизни.

Определение пределов возможных общественных изменений, таким образом, оказывается связанным с исследованием субъекта трансформации, что может быть более существенным для прогноза, чем выявление 'объективных препятствий' реформам.

Эмпирические основания

Эмпирические данные основывается на результатах социологического исследования "Элита Санкт-Петербурга и Ленинградской области: политические и экономические ориентации", проведенного в 1998 г. (поддержан Фондом Фридриха Эберта) группой политической социологии С.-Петербургского филиала Института социологии РАН.[13] Для идентификации региональной элиты применялся *позиционный* подход.

---

[12] North, Douglass C.: Institutions, Institutional Change and Economic Performance. New York: Cambridge UP, 1990, p. 6.

[13] Помимо автора в исследовательскую группу входили А.С. Быстрова, А.Б. Даугавет и А.В. Корниенко. Математическая обработка данных выполнена В.В. Сафроновым.

На основании справочников, рейтингов субъектов финансовой и экономической деятельности и экспертных интервью было выделено 780 позиций в политической, экономической и административной сферах жизнедеятельности Санкт-Петербурга и Ленинградской области, которые идентифицировались нами как элитные. В ходе исследования было опрошен 171 человек, из занимавших элитные позиции. Для анализа было отобрано 163 анкеты. Поскольку структура выборки не вполне соответствовала структуре генеральной совокупности, была применена процедура взвешивания для сбалансирования групп политиков, администраторов и экономической элиты.

В процессе исследования весьма существенной была проблема репрезентативности. В такого рода весьма малых группах, как элиты, затруднительно использовать метод случайного отбора. В значительной степени мы опрашивали, конечно, доступных нам представителей элиты. Это могло внести некоторые перекосы в распределении ответов. Вместе с тем, в выборочной совокупности мы стремились отразить структуру региональной элиты, а также представительность различных политико-идеологических групп политической элиты, что нам удалось. Говоря о возможностях интерпретации и экстраполяции полученных результатов, можно вполне определенно говорить о зафиксированных нашим опросом важных тенденциях в ориентациях основных групп элиты Петербурга и Ленинградской области.

Идентификация России и пути развития страны

В связи с характеристикой зависимости / независимости политики страны представляется важной *идентификация* России, данная представителями элиты. Что такое Россия в мире, каков ее путь - весьма важные для выработки политической идеологии вопросы. С этим связана и возможная внешнеполитическая ориентация страны, ее роль и место в международных отношениях. Самобытность России отметило 47% респондентов. Чуть меньше (41%) считают нашу страну в одинаковой степени относящейся как к Европе, так и Азии (евразийской страной). К Европе относит Россию каждый десятый и всего 1% к Азии. Среди различных элитных групп в большей степени идентифицируют Россию с Европой политики (14%). На втором месте - администраторы (11% представителей этой группы). 9% экономической элиты также согласились с этим мнением. Среди экономической элиты большая часть тех, кто разделяет точку зрения о самобытности России (49%). В политической и административной элите этот вариант ответа выбрало чуть меньше - 48% и 45% соответственно.

Но если принадлежность к той или иной элитной группе существенно не влияла на выбор идентификации страны, то возрастные категории оказались существенно дифференцирующими ($p \leq 0,012$). В младшей возрастной группе (до 40 лет) пятая часть относит Россию к европейской стране, столько же отмечают ее самобытность и 60 % считает евразийской. Это существенно отличается от более старших возрастных групп, большинство которых указывает на самобытность России (55% в средней возрастной группе и 54% в возрасте 56-68 лет). Европейский характер страны отметило 8% представителей среднего возраста и 5% старшего.

Еще большие культурные отличия проявляются в зависимости от социального происхождения представителя элиты (различия статистически значимы на уровне $p \leq 0,005$). Идентифицирует Россию как европейскую страну 10% выходца из интеллигентов и высших служащих, 7% из смешанных семей и 2% из рабоче-крестьянских.

Определение России не является каким-то академическим упражнением. С ним связано представление о дальнейших путях развития страны и ее внешнеполитических ориентирах, поиск союзников.

Из представлений о том, что такое Россия, к какой цивилизации она принадлежит, логично следует выбор пути развития страны. Ранее говорилось об идентификации страны. С представлениями о самобытности страны сильно связано мнение об *особом пути* развития, которым должна следовать Россия. 24% респондентов выбрали этот ответ. Большая часть опрошенных считает, что наша страна должна использовать опыт, накопленных и Западом, и Востоком (70%). Западный путь развития предпочитает всего 5%. Если сравнивать по группам элиты, можно увидеть, что наиболее 'прозападной' является группа политических лидеров (8%). Политики в большей степени, чем другие группы видят будущее России в *особом пути* развития (35%). Среди представителей экономической элиты такого рода ориентации не очень распространены (18%). Административная элита дает 28% выбора особого пути. Среди возрастных групп наиболее западно-ориентированной, естественно, является молодежь (10% ответов против 3% в остальных группах).

Представления об особом российском пути возможно связано кроме мифов, основанных об особой роли России, и ее специфического географического положения с определенной историей страны. Долгое господство этатистских ценностей и значительная роль государства во всех сферах жизни общества способствовало формированию 'этатистски-смещенной' точки зрения. Так, при общей ориентации представителей элиты на развитие частной собственности и рыночной экономики, оптимальным все же для них представляется *нэповский* вариант, когда государство сохраняет командные позиции в тяжелой промышленности и значительное влияние в финансово-кредитной сфере.

Таб. 17: Вопрос: "Как, на Ваш взгляд, нужно строить экономику нашей страны, если действовать в интересах всего народа: на основе государственной или на основе частной собственности?" (в %; все кроме *; N=163; * N=159)

Строить экономику на основе ...	Тяжелая промышленность	Легкая промышленность	Сельское хозяйство	Финансово кредитная сфера (*)	Сфера услуг, торговля
Исключительно на основе государственной собственности	30	2	1	8	0
По преимуществу государственной собственности	32	6	7	26	0
Наравне государственной и частной собственности	23	24	37	44	12
По преимуществу частной собственности	13	42	32	19	35
Исключительно на основе частной собственности	2	26	23	3	53

Такая модель развития при всем ориентировании на капитализм оказывается не совсем западной. Вполне возможно, что такого рода ориентации являются следствием "*хреодного* эффекта". Таким образом, предопределенность прошлым становится основным фактором развития и институциональной, и институционализирующей деятельности элит. Это может привести к институциональной дихотомии (рассогласованию формальных требований и норм, на которые реально ориентированы политические и экономические субъекты) и институциональному неравновесию, когда часть социальных акторов постоянно стремится изменить правила игры или использовать нормы, не согласованные со всеми основными игроками. Проблема эта возникает в связи с официально заявленными федеральной центральной элитой ориентирами в экономическом развитии и ее политикой в области приватизации. Ориентация же региональной элиты может быть несколько иной.

Проблема легитимности

Как мы уже отмечали выше, происходящие в России изменения носят институциональный характер. (Пере)институционализации подвергаются почти все сферы общественной жизни. В этой связи возникает немаловажный вопрос о легитимности новых социетальных институтов у региональных властных групп. С этим связана проблема устойчивости демократических преобразований, есть ли у них поддержка на уровне региональных элит. Другой стороной вопроса является стабильность. Как отмечается исследователями, "[a] key to the stability and survival of democratic regimes is ... the establishment of substantial consensus among elites concerning rules of the democratic political game and the worth of democratic institutions"[14]. Поэтому в первую очередь нас будут интересовать ориентации связанные именно с демократическими институтами. Можно предположить, что степень согласованности позитивных установок представителей элиты по базовым демократическим ценностям и институтам в значительной степени определяет легитимность существующей власти и институтов. Одновременно, политические

---

14 Burton / Gunther / Higley, op. cit., p. 3.

элиты играют доминирующую роль в процессе роста и формирования демократической легитимности.[15]

Институциональная легитимность связана с признанием 'новой институциональности', сменившей советскую. Мы исходили из того, что институциональная легитимность может проявляться, во-первых, в негативном отношении к старой институциональной системе (обществу) и в положительном отношении к новой. Во-вторых, в определенной ориентации на структурирование политических институтов. Что касается негативного отношения к прошлому, то, как пишут Jose Ramon Montero и Leonardo Morlino, оно связано с предпочтением индивидами альтернативной системы установившемуся режиму и рассматривается ими как одно из важнейших измерений легитимности - "legitimacy-by-reaction-against-the-past"[16].

Неприятие старого порядка со стороны новых элит выполняет также важные функции идентификации и демаркации. Определенное время и пространство определяются как принадлежащие или непринадлежащие нам, политически своим. Тем самым происходит отделение своих и чужих, того, что определяется как наше наследство или как историческая случайность, или как отжившее и т.п. Кроме того, эмоционально-ценностная окрашенность усиливает разграничения и создает явную определенность для последователей и институционализирует прошлое.

Именно в этом смысле для нас интересно субъективное восприятие представителями элиты совсем недавнего прошлого нашей страны. Респондентам был предложен набор характеристик страны до перестройки, представляющий собой четырехбальные шкалы, один из полюсов которых был явно позитивен, а другой - отчетливо негативен.

Статистический анализ показал, что восемь индикаторов из девяти связаны между собой. Это позволило нам построить интегральный индекс: 'Негативного отношения к советской системе'.

---

15 Майер, Г. (Gerd Meyer) "Демократическая легитимность в посткоммунистическом обществе: концепции и проблемы", в: Легитимность и легитимация власти в России. Отв. ред. С.А. Ланцов и С.М. Елисеев. СПб.: 1995, с. 91.

16 Montero, J. R. and L. Morlino: "Legitimacy and Democracy in Southern Europe", в: Reis. Revista Española de Investigaciones Sociológicas. English edition. Madrid (1996), p. 15-16.

Он фиксирует количество негативных суждений выбранных респондентами. Слабой выраженностью негативного отношения к советской системе (выбравших до двух отрицательных позиций) обладают 24% представителя элит. Несколько больше оказалось индивидов со средней выраженностью негативного отношения (отметивших от трех до пяти негативных характеристик) - 29%. Остальные указали от шести до восьми отрицательных сторон СССР, то есть, проявили сильную выраженность негативного отношения к советской системе.

В наибольшей степени негативное отношение к советскому прошлому испытывают представители экономической элиты. Следом идут администраторы, потом - политики. Но различия эти не носят серьезного характера. Очень существенное различие в отношении к советской системе обнаружено в разных возрастных группах.

Таб. 18: Связь возраста респондентов с негативным отношением к советской системе (в %; $p \leq 0{,}003$; $N = 159$)

Возрастные группы	Негативное отношение к советской системе		
	Слабое	Среднее	Сильное
От 23 до 40 лет	7	33	60
От 41 до 55 лет	22	30	48
От 56 до 68 лет	46	22	32
Всего	24	29	47

Как видим, отношение к прошлому различно у разных возрастов. Надо иметь в виду, что в ответах содержалось не только отношение, но и образ страны в прошлом. Разные поколения имели различное прошлое. Индивидуальная история и история страны в значительной степени связаны. Время прохождения первичной социализации оказывает во многом определяющее влияние.

Детство старшей возрастной группы приходилось на войну и послевоенное восстановление страны. Советская власть продемонстрировала свою эффективность в борьбе с внешним врагом, достаточно быстро разруха была преодолена. Улучшение жизни чувствовалось с каждым годом. Поэтому неудивительно, что ощущение советского общества как гуманного характерно для пятидесяти восьми процентов опрошенных в этой группе (против тридцати восьми в младшей группе и тридцати девяти в средней). Также и восприятие у них советского государства как общенародного свойственно больше, чем половине. У молодежи только один из десяти согласен с такой характеристикой Советского Союза, а три пятых полностью согласны, что до перестройки у нас было тоталитарное государство.

Детство и юность у младшей возрастной группы пришлась на период позднего застоя и перестройки. Обострение национальных отношений, насилие на национальной почве, вооруженные попытки союзного центра предотвратить отделение национальных территорий, увязывание вопроса сохранения Союза с возможностью демократизации - все это создавало фон первичной и вторичной политической социализации. Почти две трети молодежи согласны с суждением, что советское государство проводило имперскую политику. Почти столько же в старшей группе считают, что советская страна была дружной семьей народов.

Если мы теперь посмотрим на такой фактор, как опыт работы в номенклатурных структурах, то увидим, что он является сильным дифференцирующим признаком. Имеющие такой опыт, в меньшей степени негативно относятся к советской системе. Индоктринация и профессиональный опыт в значительной мере определяют отношение к прежней общественной системе.

Структурирование политических институтов

Мы предположили, что для пост-советской России одним из ключевых индикаторов приверженности к демократическим институтам будет отношение к идее и практике разделения властей. Разрушение двух основных принципов структурирования советской политической системы - руководящей роли партии (КПСС) и демократического централизма - фактически означало возможное начало перехода к плюралистической демократической системе. Здесь лежит основа декоммунизации и десоветизации политической сферы.

Связывая отход от советской системы с переходом к демократии, мы не стремимся жестко связать эти процессы. Более того, было бы весьма опрометчиво исходить из единственно возможной модели демократии. Как, например, показал David Held, различные интеллектуальные традиции, исторические условия и политическая практика порождают разные представления о демократии и демократическом обществе.[17] Вместе с тем, мы можем, исходя из деклараций доминирующих политических групп и логики российской и восточно-европейской трансформации последнего десятилетия, предположить, что идеальной моделью демократии является ее либерально-плюралистический вариант. Это не означает, что он реализуется в практической деятельности основных политических агентов. Это означает, что он заявляется ими как приоритетный.

Можно предположить, что одной из важнейших институциональных черт современного демократического общества будет разделение властей. Отношение к этому институту в значительной степени определяет демократические ориентации и демократическую легитимацию.

В нашем исследовании мы спрашивали респондентов о целесообразности работников исполнительных органов одновременно быть депутатами законодательных. Менее трети ответивших считают это целесообразным. Любопытно, что для депутатов совмещение административных постов еще менее желательно. Положительно ответило всего одиннадцать процентов. Различные сектора элиты неодинаково отвечают на этот вопрос. Более демократично настроены политики. Среди них только шесть процентов склонны согласится с целесообразностью для депутатов непосредственно участвовать в работе административных органов власти. В то же время среди администраторов с этим согласно семнадцать процентов. В отношении администраторов, совмещающих свою работу с депутатством, политическая элита настроена несколько мягче - четырнадцать процентов считали бы такую практику целесообразной. Также настроены тридцать пять процентов бюрократов. Налицо явная асимметрия в представлениях о возможности совмещения позиций в структурах двух ветвей власти. Вместе с тем, можно определенно утверждать, что для большинства представителей региональной элиты разделение властей является позитивной ценностью.

---

17 Held, D.: Models of Democracy. Stanford: UP, 1987.

Возраст респондентов влияет на представления о возможности совмещения политических и бюрократических позиций. Молодежь более ригористична оказалась в отношении занятия депутатами бюрократических постов. Это не выбивается из общей тенденции. Важнее те различия, которые проявляются. В отношении политиков молодое поколение значительно чаще, чем другие выбирает крайнюю отрицательную позицию («безусловно, нет»): 71%, в то время как в старшей возрастной группе такой ответ дало 60%, а в средней - 52%.

Другим важным аспектом диверсификации власти при переходе от номенклатурного типа властных групп к элитному является отделение политической и административной деятельности от экономической. Институциональный дизайн советской системы предполагал политизацию экономики и экономизацию политики, которые в значительной мере регулировались административными мерами. Это было следствием не только 'социалистического проекта', но логики специфического индустриального развития. Безусловно, взаимопереплетение различных сфер в любом современном обществе достаточно сильное.

Надо отметить, что взаимопереплетение различных сфер социальной жизни в индустриальном обществе происходит на основе уже прошедшего на ранней стадии перехода от традиционности, отделения политики от социальной и экономической сфер. Для постсоветского общества задачи общественного переструктурирования оказываются во многом схожими с добуржуазными социумами - необходимость разгосударствления и деполитизации общественной жизни и становление гражданского общества. Но наличествуют и существенные отличия, связанные с тем, что социалистическое общество уже не было традиционным, и в этом отношении взаимосвязанность сфер общественной жизни является структурно-функциональным свойством индустриального общества. Таким образом, требования диверсификации общественных секторов и властных структур сосуществуют одновременно с необходимостью их взаимопереплетения. Эти сложности общественных задач отражаются на деятельности и установках властных элит всех уровней.

Существует еще одно обстоятельство. Приватизация, как один из краеугольных камней трансформации российского общества, не может не идти без определяющего влияния политической и административной сферы. Политико-административный ресурс активно используется. Выбранная стратегия разгосударствления, с одной стороны, создает возможность для политиков и администраторов включаться в экономическую деятельность с большой выгодой для себя, совмещая свои должности с работой в коммерческих структурах,[18] что явилось одним из оснований охарактеризовать проводимую в стране приватизацию как номенклатурную. С другой стороны, объективные условия толкают финансовую и бизнес-элиты в политическую сферу. В политическую элиту приходят члены финансовой и бизнес-элиты.[19] Происходит ее плутократизация.

В ходе опроса мы пытались выяснить ориентацию нашей региональной элиты на соединение властных позиций в экономической и политической сферах. На основе связанных между собой переменных, нами был построен *индекс плутократизма*, показывающий ориентацию респондентов на совмещение депутатских и предпринимательских позиций. Отсутствует такая ориентация у более чем половины опрошенных представителей элиты (55%). Пятая часть проявила слабую выраженность плутократизма. Умеренную ориентацию на соединение политических и экономических властных позиций показало всего 14%, а сильную - 12%.

Таким образом, второй аспект демократизации, связанный с институциональным структурированием политического пространства, в целом находит поддержку у большинства региональной элиты Северо-Запада.

Как известно, приватизация и развитие легального частного бизнеса в нашей стране, в основном, начинались с комсомольских структур. Опыт работы в комсомольских органах связан в конце перестройки с максимальным использованием политико-административных ресурсов для создания благоприятных условий отделяющимся от государственной экономики новым экономическим структурам. Парадокс заключался в том, что частнопредпринимательство фактически не могло успешно развиваться без патронажа

---

18 О массовой распространенности этого явления на всех уровнях см., напр. Филатов, С.: На пути к демократии, (Москва: Московский рабочий, 1995), с. 114-123.

19 Об этих тенденциях в масштабах всего общества в связи с характером экономического развития см. Исправников, В.О.: "»Теневая« экономика и перспективы образования среднего класса", в: Общественные науки и современность 6 (1998), с. 45.

представительных и исполнительных органов власти. Именно поэтому, скорее всего, плутократические ориентации бывших комсомольских работников отличаются от остальной выборки.

Таб. 19: Связь между опытом работы в комсомольских органах и ориентацией на плутократию (совмещение депутатской и предпринимательской деятельности) (в %; $p \leq 0,0404$; $N = 163$)

Опыт работы в комсомольских органах	Не выражена	Слабо выражена	Умеренно выражена	Сильно выражена
Отсутствует опыт	64	19	9	8
Есть опыт работы	46	16	22	16

Сформированные на ранних этапах развития ‘комсомольского’ бизнеса способы взаимоотношений политической власти и предпринимательства, могут оказаться существенными для эволюции экономических отношений, если отмеченные тенденции станут проторенными путями развития российской рыночной экономики.

Рис. 9: Связь между ориентацией на плутократию и негативным восприятием нынешних преобразований (в %; N = 163; p ≤ 0,03722)

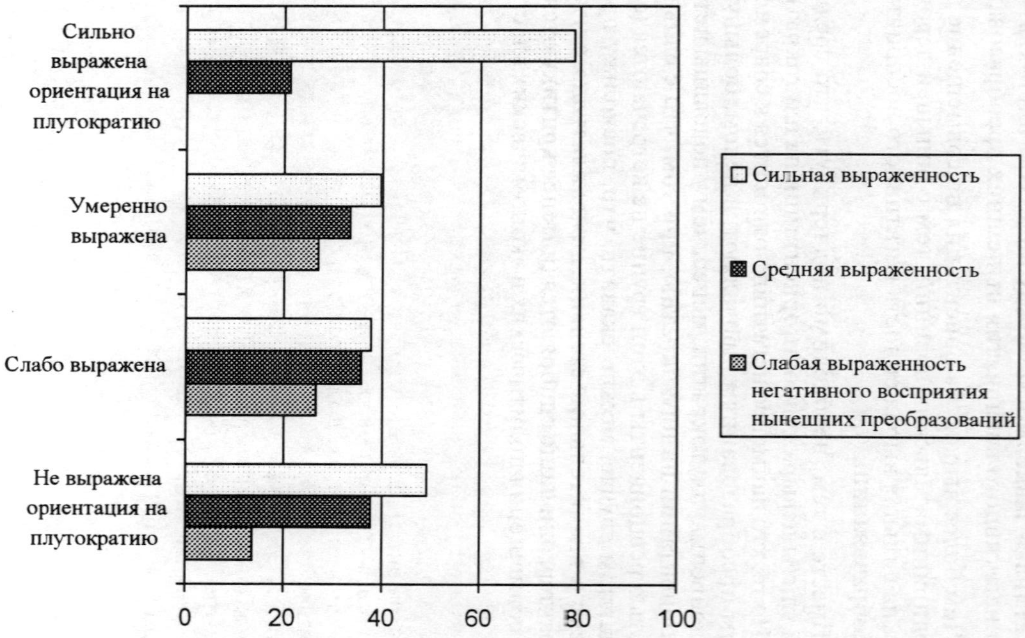

Можно предположить, что общие представления о реформировании и новом структурировании социального пространства в России тесно связаны с рассматриваемыми здесь принципами взаимоотношений различных сфер жизнедеятельности общества. Так, существует отчетливая зависимость между индексом плутократизма и индексом негативного восприятия нынешних преобразований.

Чем более выражена ориентация на совмещение депутатских и предпринимательских позиций, тем с большей вероятностью возможна сильная выраженность негативного восприятия нынешних преобразований.

Вместе с тем, необходимо подчеркнуть, что среди всех категорий элиты невыраженность ориентации на плутократию доминирует. Но те, кто наименее негативно относится к современным российским преобразованиям, проявляют, в целом, большую склонность к одобрению плутократии: менее, чем у половины нет выраженности ориентации на плутократию, при том, что с сильной выраженностью респонденты в этой группе не встречаются (см. рисунок 9). В данном случае, можно сказать, что, поскольку преобразования носят в значительной степени *номенклатурно-плутократический* характер, они чаще одобряются (и менее критикуются) сторонниками совмещения политических и экономических властных позиций.

Рис. 10: Связь между негативным восприятием нынешних преобразований и ориентацией на плутократию (в %; N = 163; $p \leq 0{,}03722$)

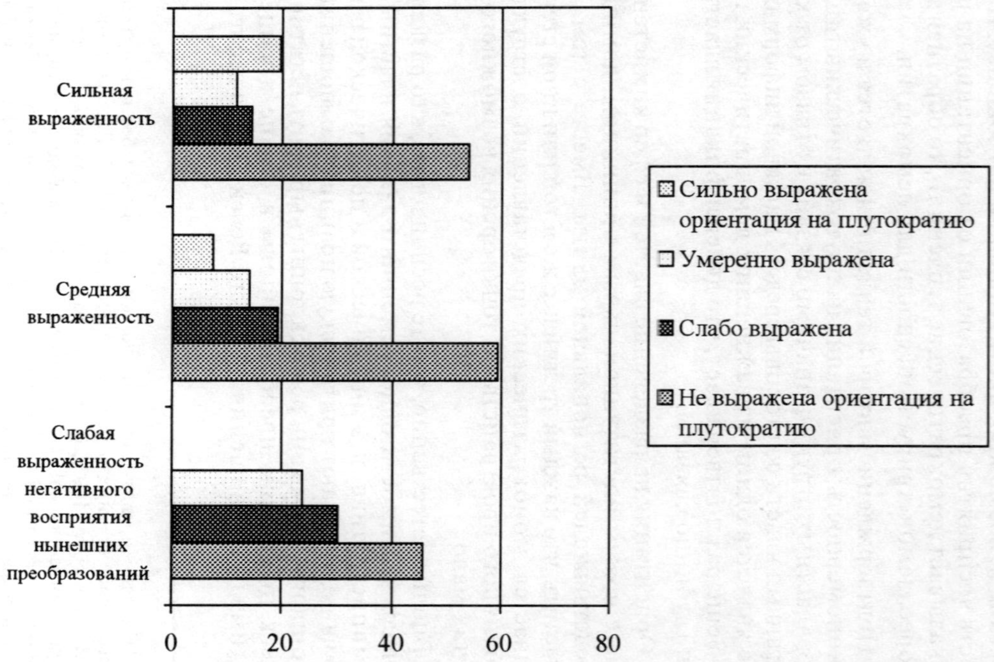

Можно ли из этого делать вывод о недемократичности преобразований и лиц, активно влияющих на них (элиты)? Думается, что это будет несколько преждевременно. Скорее всего, можно лишь утверждать о фиксируемой в сознании представителей региональной элиты определенной практике преобразований, становящейся нормой, и, возможно, институционализирующейся. И если зависимость восприятия преобразований от ориентации на плутократию показывает демократические тенденции, то обратная зависимость, скорее, демонстрирует опасности для демократии.

Подтверждением второй тенденции является и уже отмечаемая закономерность: ориентация на плутократический тип формирования властных структур значимо связана с отказом от контроля над органами власти со стороны средств массовой информации. Последнее является одним из важнейших демократических институтов.[20] Это еще раз подтверждает, что диверсификация власти и демократия глубинно связаны.

Ориентация на разделение властей и сфер компетенции, связанные с новым институциональным принципом, доминирует среди представителей региональной элиты. Вместе с тем, необходимо отметить, что каждый третий все же в той или иной степени придерживается монократических представлений о структурировании публичного пространства. С точки зрения возможного влияния это не так мало.

Вполне естественно, что те респонденты, кто разделяет взгляды о несовместимости одновременного занятия властных позиций в административной, экономической и политической сферах, значимо чаще занимают критическую позицию в отношении советского прошлого. Также они реже склонны выражать негативное отношение к нынешним преобразованиям в стране и чаще проявляют оптимизм в отношении будущего России через десять лет.

---

[20] "Ни одно правительство не должно оставаться без надзирателей, и там, где пресса свободна, никто без них не останется." Из Т. Джефферсон: О демократии, (СПб.: Лениздат, 1992), с. 166. См. также А. де Токвиль: "...люди в аристократическом обществе могут еще обходиться без свободы печати, но те, кто живет в демократическом обществе, обойтись без нее уже не могут. Гарантию их личной независимости я не могу доверить ни высоким политическим ассамблеям, ни власти парламента, ни провозглашенной власти народа." Из: Демократия в Америке, (Москва: Прогресс, 1992), с. 500.

Инструментальная легитимность базируется на представлении об эффективности политического руководства страны, его способности создавать условия, в которых индивиды и группы могут реализовывать свои интересы и удовлетворять потребности. Она связана с характеристикой ситуации в стране и ответственности власти за нынешнюю ситуацию.

Сегодняшняя ситуация в стране не удовлетворяет 93% опрошенных представителей региональной элиты. При этом, молодежь склонна несколько более оптимистично смотреть на вещи. В этой группе в два раза меньше, чем в старшей полностью не удовлетворенных ситуацией. И в шесть раз больше тех, кто 'скорее удовлетворен ситуацией'.

Таб. 20: Связь удовлетворенности ситуацией в стране с возрастом (в %; N = 159; $p \leq 0{,}00008$)

Возраст	Скорее удовлетворены	Скорее не удовлетворены	Полностью не удовлетворены
23-40 лет	19	46	35
41-55 лет	4	62	35
56-68 лет	3	27	71
Всего	7	50	43

Как видно, запас легитимности у политического руководства страны связан, прежде всего, с молодыми представителями региональной элиты, хотя и здесь он очень не велик.

Процедурная легитимность предполагает признание существующих правил игры в политическом поле. Политические субъекты в спорных и конфликтных ситуациях не предполагают выхода за рамки, очерченные законодательством, а также и молчаливым соглашением основных политических актеров. Индикатором процедурной легитимности в нашем исследовании была неприемлемость незаконных забастовок при разрешении конфликтов в экономической сферt и в трудовых конфликтах на предприятиях.

Таб. 21: Приемлемость незаконных забастовок (в процентах ответивших в каждой группе).

Сектор элит	Экономическая сфера (N = 159)	В трудовых конфликтах на предприятиях (N = 147)
Политическая элита	45	42
Экономическая элита	53	42
Административная элита	50	50
Всего	51	44

Значительная доля представителей региональной элиты, одобряющих достижение цели, действуя вне правового поля, свидетельствует о низкой ценности права. Такая ситуация неудивительна в условиях быстрых институциональных изменений. Для таких периодов весьма характерен *правовой нигилизм*[21] и институциональная неустойчивость.

Другим полюсом восприятия забастовки как средства разрешения конфликта является ее непризнание как института демократического общества. Треть представителей политической элиты считают забастовку совершенно неприемлемой в политической сфере. Администраторов, выбравших такой ответ, несколько меньше - 28%, а в экономической элите - 19%. Картина меняется в экономической сфере. Три процента политиков осуждают здесь забастовку, в то время, как среди 'капитанов' экономики аналогичную позицию занимает почти четверть, а у бюрократов каждый шестой.

---

[21] См. напр.: Драма российского закона. Отв. ред. В.П. Казимирчук, (Москва: Юридическая книга / ЧеРо, 1996), гл. VI., правовой нигилизм в постсоветской России: понимание, истоки, следствия. Конституция и закон: стабильность и динамизм. Отв. ред. В.П. Казимирчук, (Москва: Юридическая книга / ЧеРо, 1996), гл. V., дефекты законотворчества и правовой нигилизм. Горохов, П.А.: Социальная природа правового нигилизма, (Оренбург: Изд-во Оренбургского гос. ун-та, 1998).

Заключение

Результаты нашего исследования показывают, что нельзя утверждать о согласованности региональных элит по базовым политическим ценностям. Существуют определенные разногласия, касающиеся развития экономических институтов, конвенциональности политической активности, структурирования политической власти, оценки деятельности федеральных властей.

В определении развития страны значительно влияние уже существовавших ранее институциональных форм. Можно утверждать, что существует определенный дефицит легитимации федеральной власти, но одновременно вполне правомерно говорить и значительной легитимности базовых демократических институтов.

Перспективы развития России в рассматриваемом контексте зависят от развития описанных тенденций. Разногласия фракций элит по структурированию политического пространства затрудняет возможности согласованных действий по стабилизации политической, экономической и социальной ситуации. Кроме того, это снижает возможности кооперации различных групп, не способствует их взаимному доверию и социальному равновесию, что подрывает демократическое развитие. Следствием дефицита легитимации может быть усиление регионализации и возрастание конкуренции между федеральной и региональной элитами, а также и элитами различных регионов. При слабой процедурной легитимности межэлитные конкурентные взаимоотношения также могут тормозить становление демократических институтов. Позитивные тенденции, связанные с наличием разделяемых значительной частью элиты демократических ценностей могут уравновесить (или, по крайней мере, смягчить) вышеизложенные негативные тенденции.

Abstract

This paper is devoted to the regional elite's orientations towards institutional changes in Russia. Especially the problem of economic and political attitudes is discussed. The analysis is based on results of political, economic and administrative elite survey conducted in St. Petersburg and the Leningrad district (oblast'). The central idea of the paper is that Russian democratic reforms have its supports and limitations connected with regional elite's system of mentality, values and ideas.

Die ukrainische Transformation.
Rent seeking und andere Elemente institutionellen Reformstaus

Hans-Erich Gramatzki

A. Einleitung

Im folgenden wird auf 'institutionellen Wandel' in der Ukraine insgesamt Bezug genommen, sowohl auf die spezifisch ukrainischen Verzögerungen bei der institutionellen Transformation als auch auf diverse systemische Deformationen. Zentrale *Deformationen* sind hohe Korruption, eine große Schattenwirtschaft, *barter economy* (geldlose Transaktionen), Geldsurrogate ('Quasigeld'), 'Simulationen' in Politik und Ökonomie u.a.m. Häufig wird auch von "virtueller Ökonomie"[1] gesprochen. Das Institutionen-'Gemisch' aus altem und neuem Institutionen-System, aus informellen und formalen Elementen, aus Realitäten und Simulationen ist schwer durchschaubar. Entsprechend schwierig ist Politik, "bezogen sowohl auf ihre Konzipierung, als auch ihre Implementierung und ihre Wirksamkeits-Analyse bzw. Kontrolle. Der Externe hat es schwer, Politik 'in den Griff zu bekommen'. Was ist realitätsbezogen, was ist simuliert? Was ist Dichtung, was ist Wahrheit? Was ist echte Politik, was ist *show*. Wie viel glaubt der Internationale Währungsfonds, in welchem Umfang tut er nur so, als wenn er glaubt?"[2].

Viele dieser Deformationen sind im wesentlichen in allen postsowjetischen Transformations-Ländern vorhanden. Die Literatur über Russland ist daher für die Analyse der Ukraine anwendbar und *vice versa*. In Russland gab es länger schon eine intensive Diskussion über *Geldsurrogate*, bevor diese auch in der Ukraine Thema wurden. Trotz aller aktiven Bemühungen des Westens, rechtlichen und institutionellen Wandel nach seinen Vorstellungen voranzutreiben, trotz aller Bezüge auf das Transformations-Vorbild Polen, gab es aus der Ukraine doch einen starken Blick auch nach Russland. Die Ukraine machte, was die Grundstruktur der großen Privatisierung anbetrifft, zum Teil die gleichen Fehler, die Russland machte, nur später. Das gilt z.B. für die Möglichkeit der Unternehmens-Insider (Management + Belegschaft) die Aktien-Majorität (*insider control*) im Rahmen des Privatisierungsrechts zu erlangen.

---

1 Gaddy / Ickes 1999.

2 Gramatzki 2001.

In der Anfangsphase der östlichen Transformationsprozesse sowie in den ihr vorhergehenden Diskussionsprozessen hatten Institutionen nicht den ihnen gebührenden Transformations-Rang bekommen. Zweitens wurde falsch gesehen, worum es bei Institutionen eigentlich ging. Beim 'institutionellem Wandel' wurde zu sehr auf die formale Seite gesehen, viel zu wenig auf informelle Elemente, u.a. auf den Zeitbedarf des Wandels, auf die Entwicklung von 'Mischordnungen' alter und neuer institutioneller Bausteine sowie auf erhebliche Widerstände mentaler Art gegen institutionelle Veränderungen.

Musterbeispiel für diese falsche Sicht von Institution war die Ansicht, die man in postkommunistischen Staaten am Anfang der Transformationen hören konnte: Ihr in Deutschland-Ost habt es einfacher als wir, ihr könnt einfach das Institutionen-System von Deutschland-West übernehmen. Zum Teil war diese Ansicht richtig, soweit sie das Rechtssystem insgesamt betraf, mit der Verfassung an der Spitze. Sie war aber falsch in dem Sinne, dass der zeitliche und mentale Anpassungsbedarf stark unterschätzt wurde, bei Institutionen-Geber und Institutionen-Nehmer. Zum Teil führten politische und / oder ökonomische Interessen dazu, dass westdeutsche Institutionen Ostdeutschland aufgepfropft wurden.

Die Idee eines Institutionen-Transfers ging zum Teil von falschen Voraussetzungen aus: So wurde betrieblichen Schulden in Deutschland-Ost die gleiche Logik gegeben wie in der Markt-Wirtschaft. Unternehmen in der DDR und anderen Planwirtschaften mussten aber zum Teil hohe Gewinne abführen und dann Kredite für die neue Planperiode aufnehmen. Wir hatten es in der Planwirtschaft mit einer großen Umverteilungswirtschaft zu tun, so dass realiter gute Unternehmen buchmäßig relativ schlecht dastehen konnten. Bilanz bzw. Gewinn- und Verlust-Rechnung sagten also nur bedingt etwas über die Ertrags- und Investitions-Kraft aus. Dies wurde auch von vielen Transformations-'Experten' zu wenig berücksichtigt.

Zum Teil wurde durch das Kopieren des westdeutschen Institutionen-Systems auch Obsoletes übernommen.[3] Der Ausbreitungsdrang westdeutscher Institutionen und Organisationen gab aber wohl relativ geringe Chancen für eine Modernisierung westdeutscher Institutionen vor deren Übernahme durch Ostdeutschland. Der Rechts-Mantel des neuen Institutionen-Systems wurde auch benutzt, um durch und durch unseriöse Geschäfte zu legalisieren bzw. zu legitimieren. So wurden z.B. viele Immobilien weit unter Verkehrswert 'verkauft'.

Institutionelle Verzögerungen der Transformation haben in der Ukraine ihren quantitativen Ausdruck gefunden in einem für eine Friedenswirtschaft beispiellosen Rückgang des wirtschaftlichen Wachstums, einer extrem langsamen sektoralen Umstrukturierung der Volkswirtschaft, einem sehr bzw. zu langsamen Aufbau von Klein- und Mittel-Unternehmen (KMU), einer extremen Höhe der Schattenwirtschaft und vielem anderen mehr. Der geringe Anteil der KMU an verschiedenen Gesamt-Indikatoren und der hohe Anteil der Schattenwirtschaft am Brutto-Inlandsprodukt sind natürlich auch qualitative Kriterien von Transformation.

Einleitend sei - in aller Kürze - ein quantitatives Bild der Transformationsentwicklung in der Ukraine skizziert.[4] Die 'Jahre der ökonomischen Krise' (1991 bis 1999) brachten eine Reduktion des Brutto-Inlands-Produkts (BIP) um das 2,5fache, der Industrie-Produktion um das 1,9fache, der Agrar-Produktion um das 2,1fache und der Anlage-Investitionen sogar um das 4,5fache. Die Zahlen sind kurz zu interpretieren. Wir kommen auf der einen Seite auf 'zehn magere Jahre' (jährliche Rückgänge), was das BIP anbetrifft, da auch 1990 Industrie- und Agrar-Produktion schon rückläufig waren. Auf der anderen Seite sank das BIP von 1999 nur noch ganz knapp gegenüber 1998, da die Industrie-Produktion 1999 schon um 4% gewachsen war, nach ganz kleinen Rückgängen 1998 und 1997 von 1% und weniger, so dass man hier *de facto* schon von 'Talsohle' sprechen könnte. 2000 war das erste Jahr eines positiven BIP. Es wuchs offiziell bzw. in der 'offiziellen' Wirtschaft um 5,8%. Die ersten vier Monate von 2001 weisen sogar einen BIP-Zuwachs von 8,5% aus, bei erstmals steigender Agrarproduktion und einem Zuwachs der Industrieproduktion insgesamt von 18,4%.

---

[3] Darauf weisen zum Beispiel M. Streit und seine Mitarbeiter vom Max-Planck-Institut in Jena hin; siehe Streit / Mummert 1996.

[4] Urjadovij Kur'er (im weiteren UK) vom 25. 4. 2001, S. 1 und 5.

Hierbei ergibt sich auch industriestrukturell ein positives Bild. Die Verarbeitungs-Industrie stieg insgesamt um 24% und beträgt jetzt ungefähr 70% der gesamten Industrie-Produktion. Die konsumbezogenen Bereiche Ernährungs-Industrie und landwirtschaftliche Verarbeitung sowie die Leichtindustrie wuchsen um 23% bzw. um 26%.[5] Diese Zahlen drücken auch 'Importsubstitutionen' aus, d.h. ein mehr binnenwirtschaftlich getragenes Wachstum, was auch aus Arbeitsmarktgründen und Zahlungsbilanzgründen positiv ist. Die Exportwirtschaft in ihrer heutigen Struktur hat kein großes Wachstumspotential mehr. Das quantitative Bild wird getrübt durch die Investitions-Bilanz der letzten 10 Jahre und durch die extrem schlechte Bilanz bei den ausländischen Direktinvestitionen, die Ende 2000 (kumuliert) erst 3,9 Mrd. USD betrugen[6]und damit quasi ein Rinnsal waren, im Vergleich zu ostmitteleuropäischen ausländischen Direktinvestitionen.

Die Investitionsdaten sagen vor allem etwas aus über die zukünftige Innovationskraft der Ukraine und damit über die Nachhaltigkeit des heutigen Wirtschaftswachstums. Der Haupttenor dieses Beitrags ist, dass erstens diese schwache Investitionsbasis, zweitens eine ungünstige energieintensive Exportstruktur - bei einem Energie-Engpass und einer eher rückläufiger Weltkonjunktur - und drittens nicht schnell reduzierbare institutionelle Barrieren einen Nachhaltigkeits-Optimismus m.E. nicht rechtfertigen. Umso wichtiger ist jetzt ein Bündel aus institutionellen Reformen, eine verbesserte Wirtschaftspolitik und der Zufluss von Auslandskapital.

Eine gegenwärtig ablaufende Strategiereform bei IMF und Weltbank müsste der Ukraine auch helfen, von einer extremen Kurzfristigkeit der Wirtschaftspolitik wegzukommen. Denn eine 'Von-der-Hand-in-den-Mund'-Wirtschaftspolitik, das ist auch dem ökonomischen Laien unmittelbar einsichtig, kann keine Nachhaltigkeit des institutionellen Wandels und kein nachhaltiges Wirtschaftswachstum ergeben. Es hilft der Ukraine nicht, wenn sie beim IMF um jede Kredit-Tranche kämpfen muss und wenn sie die Tranche erhält, das Geld weitgehend für die Tilgung früherer IMF-Kredite verwenden muss. Der IMF ist in der Ukraine mitverantwortlich für den kurzen Zeithorizont der Wirtschaftspolitik. Die Hauptverantwortung soll damit der Ukraine nicht genommen werden.

---

5 Zu den Ziffern von 2001 siehe UK vom 24.5. 2001, S. 1 und 7.

6 UK vom 25.5. 2001.

Summarisch kann für die Ukraine festgestellt werden, dass die beiden Hauptziele der Transformation, *democratization* und *marketization*, im Vergleich zu Vorstellungen westlicher Institutionen und ukrainischer Reformpolitiker sowie im Vergleich mit anderen Transformationsstaaten mit einer großen Verzögerung angegangen worden sind. Allgemein gesprochen: Institutionelle Reformen wurden unterbewertet, neue formale Institutionen wurden nicht, zu spät, halbherzig eingeführt, informelle Institutionen dominierten über formale, ein kaum durchschaubares Gemenge alter und neuer Institutionen-Elemente entstand. Sanktionsmechanismen griffen nicht. Machtpolitik dominierte über einen erhofften Konsens, das politische System der Ukraine umzubauen.

Als 1996 die neue Verfassung verabschiedet wurde, gab es eine kurze Zeit politischen Konsens-Optimismus, der aber nicht lange anhielt. Ebenso erging es Reformen im wirtschaftlichen Transformationsbereich. Wirtschaftsreformen bekamen kurzzeitig nach der Wahl Kučmas zum Präsidenten im Sommer 1994 einen Schub, insbesondere durch ein gutes Reformprogramm, das im Oktober 1994 vorgelegt und international sehr positiv bewertet wurde. Der Reform-Impuls versandete jedoch relativ schnell, d.h. nach ca. zwei Jahren.

Der Verfasser konnte im Juni 1996 auf einer Konferenz in Kiev - gemeinsam veranstaltet von internationalen Beratern und ukrainischen Regierungsmitgliedern - noch eine überaus positive Bewertung der ukrainischen Entwicklung durch Egor Gajdar, den ehemaligen russischen Premier, hören. Andere waren halb-optimistisch, weitere, z.B. G. Sachs von der Harvard-Universität, ein Exponent der Transformations-Diskussion und -Politik Anfang der 90er Jahre, waren eher skeptisch. Sachs fragte, was die monetäre Stabilisierung erbringe, wenn keine zusätzliche monetäre Nachfrage (aus ihr) folge. Sachs forderte lapidar: Der Staat solle die Hände aus den Taschen seiner Bürger zu nehmen. Das konnte man als zu hohe 'Abgabenquote' definieren oder auch mit dem Modell des *kleptokratischen Staates* in Zusammenhang bringen, wie er von Josua Charap und Christian Harm für den Internationalen Währungsfonds analysiert wurde.[7]

[7] IMF Working Paper WP/99/91. Der Bericht wurde zwar im Zusammenhang mit 'institutionalisierter Korruption' geschrieben, primär bezogen auf Afrika und auf eine vorstaatliche Situation. Dennoch ist einiges, was dort z.B. über *rent seeking* und anderes gesagt wird, für die Ukraine passfähig. Ich denke, dass Sachs sich auf beide oben genannten Aspekte bezog.

Der ukrainische Staat bzw. die Hauptpersonen der politischen Elite und Wirtschaftselite schufen eine Staats- und Wirtschafts-Ordnung, in der - infolge verzögerter institutioneller Reformen in Politik und Ökonomie - neben den Phänomenen Kleptokratie, Korruption und *rent seeking* weitere Phänomene vor allem Ausfluss staatlichen Handelns wurden: Schattenwirtschaft, *barter economy*, Geld-Surrogate, Politik-Simulation. Eine extreme Kurzfristigkeit wirtschafts- und finanzpolitischen Handelns entwickelte sich mit dem Effekt, dass die Legislative in ihrem ureigenen Bereich, d.h. dem Haushalt, dezidiert geschwächt wurde. Der Fiskus machte *day-to-day-Management* im Rahmen eines hoch deformierten Budgets. Vom Parlament fixierte Prioritäten konnten durch die Exekutive umgestoßen werden.

Rent seeking ist einzentrales wissenschaftliches Thema, während *barter*, Schattenwirtschaft und Geld-Surrogate Themen vor allem der alltäglichen Wirtschaftspraxis und -politik sind. Der Gegenstand des *rent seeking* ist alt. Es geht darum, mit einem Einsatz von Ressourcen andere Ressourcen zu erlangen, ohne dafür eine *Wertschöpfung* zu erbringen. Daher wirkt sich *rent seeking* negativ auf die Entwicklung des Sozialprodukts aus. Es wird nicht oder nicht primär produziert, sondern verteilt. Es geht um Transfers, nicht um Leistung.

Die Regierung Juščenko hatte versucht, einer echten marktwirtschaftlichen Entwicklung näher zu kommen, *barter economy* und *rent seeking* zu reduzieren und die Haushaltsdisziplin zu verbessern. Die gesamtwirtschaftliche Transparenz und somit Effizienz wurden verbessert. Am 26.4. 2001 wurde die Regierung Juščenko jedoch gestürzt. Es ist zu diesem Zeitpunkt - Mitte Mai 2001 - offen, ob die Reformpolitik Juščenkos fortgeführt werden kann. Wichtige institutionelle Reformen stehen noch an (siehe den Nachtrag im Anschluß an Teil E).

Policy matters versus *institutions matter* ist eine paradigmatische Konfrontation in der Transformationsforschung, in der Institutionen-Theorie, wohl in der Sozialforschung generell. *Policy mattered* kann man sicherlich für die Zeit von Dezember 1999 bis April 2001 sagen. Sie war mit kurzfristigen institutionellen Verbesserungen verbunden. Kurzfristigkeit institutionellen Wandels kann man wohl eher als Ausnahme nehmen, aber es gibt sie eben. In der ersten Phase der Transformation wurde die Möglichkeit kurzfristigen institutionellen Wandels vielleicht eher überschätzt, mit dem Stärkerwerden institutionellen Denkens in der zweiten Phase - sagen wir, der zweiten Hälfte der 90er Jahre - vielleicht eher unterschätzt. Entschiedene Politik kann einiges erreichen im Hinblick auf die Durchbrechung des Teufelskreises: ‘schlechte institutionelle Reform - schlechte Wirtschaftsentwicklung -schlechte institutionelle Reform’.

Policy matters versus *institutions matter* ist eine zum Teil richtig beschriebene paradigmatische Kontroverse, zum Teil wohl eher eine falsche ‘Schlachtordnung’. Beide Prinzipien thematisieren m.E. vor allem auch Begrenzungen des Möglichkeitsfeldes von realer Politik: Institutionell Obsoletes ist nur durch entschiedene Politik aufzubrechen, deformierte Institutionen wirken sich aber stark negativ auf die laufende Politik aus. Ein ‘Politik-Transfer’ - Balcerowicz empfahl der Ukraine Ende der 90er den Weg, den Polen Anfang der 90er Jahre gegangen war - ist nicht weniger problematisch als ein ‘Institutionen-Transfer’. Beide berücksichtigen zu wenig die Pfadabhängigkeit jeder Landesentwicklung.

Institutionen sind Beschränkungen und limitieren auch Politikveränderungen. Die fehlende oder ungenügende Beachtung eines existierenden institutionellen Gefüges kann zu krisenhaften Politikentwicklungen führen, wie bspw. der Sturz Juščenkos. Das Angebot des Premiers an die Oligarchen im Parlament, an der Regierung beteiligt zu werden, kam offensichtlich zu spät. Es wurde nicht ernst genommen oder die Oligarchen glaubten, den Premier nicht mehr ernst nehmen zu müssen, weil sie weder beim Präsidenten noch im Parlament eine hinreichende Unterstützung für den Premier sahen.

Juščenko hatte wenig kooperativ mit wichtigen Oligarchen im Parlament zusammengearbeitet. Deren Nichtbeachtung durch den Premier wurde von einigen als richtige Konsequenz einer neuen Politik angesehen, von anderen eher als unkluge Konfrontation und als eine Ausrichtung von Politik, welche zu wenig auf die ukrainische Realität und auf den Nutzen von Politik für das gesamte Land ausgerichtet war.

Der Verfasser erinnert sich an Diskussionen im Dezember 1999 über mögliche Szenarien, die dieser Regierung *ab ovo* ‘drohten’. Die Rhetorik des Präsidenten betonte die hohe Eigenverantwortlichkeit der neuen Regierung und ihres Premiers. Wahrscheinlich aber dachte der Machtpolitiker Kučma nur bedingt an eine Modernisierung der Exekutive, d.h. an eine bessere funktionale Arbeitsteilung zwischen Präsident / Präsidialapparat und Premier / Regierung-Apparat. Der Hinweis auf die Eigenverantwortlichkeit der Regierung sollte wohl eher die präsidiale Legitimation erhöhen, die Regierung Juščenko bei gegebener Zeit entlassen zu können oder - wie am 26. April 2001- 'feuern' zu lassen.[8]

Kaum erwähnenswert ist, was in der zweiten Periode des Präsidenten zur Verbesserung des politischen Systems getan wurde. Und der Umgang mit den ukrainischen Medien hat vielen Analytikern die Hoffnung genommen, dass dieser Präsident noch einen wesentlichen Beitrag zur Entwicklung der ukrainischen Zivilgesellschaft leisten könnte. Es ist völlig inadäquat, wenn der Journalist A. Korab - ohne ein einziges Wort der Kritik an Kučma - von der "einseitigen Freundschaft Berlins mit Russland unter völliger Vernachlässigung der Ukraine" spricht und davon, dass "das Klopfen Kiews an den neuen Mauern Berlins" unbeantwortet bliebe oder wenn er fragt, "ob die deutsche Regierung die Partnerschaft mit der Ukraine auf dem Altar der deutsch-russischen Freundschaft opfern will"[9].

Formaliter wurde Premier Juščenko vom Parlament gestürzt, vor allem von den Oligarchen. Ob Präsident Kučma ihn hätte halten können, ist mindestens eine offene Frage. Offen ist auch, ob die neue Situation wieder mehr Raum für *rent seeking* schaffen wird bzw. kann, ob also der nicht bestreitbare Fortschritt der letzten anderthalb Jahre - mag dieser auch zu positiv beurteilt worden sein - wieder verloren gehen könnte oder ob sich durch die politische und ökonomische Situation der letzen anderthalb Jahre eine Opposition *in nuce* entwickeln konnte. Die Hauptrichtung des Denkens in der Ukraine ist immer noch: es wird sich nichts Grundlegendes ändern. Der Verfasser möchte aber weitergehende positive Veränderungen in Politik und Ökonomie nicht grundlegend ausschließen.

Im folgenden sei kurz skizziert, was in den Teilen B bis E dieses Beitrags behandelt werden soll. Teil B möchte Elemente institutionellen Wandels und institutioneller Deformationen in den Transformationsländern in gebotener Kürze behandeln sowie allgemeine und ukrainische Probleme untersuchen. Im Westen, wie in der Ukraine selbst, wird gern mit dem Vergleich Polen-Ukraine gearbeitet. Damit wird so getan, als ob beide Anfang der 90er Jahre die gleichen Ausgangsbedingungen gehabt hätten, was aber dezidiert nicht der Fall war.

---

8 Leser mögen dies als unsachlich-polemisch bezeichnen. Aber die Analyse der F.A.Z. vom 27.4. 2001 (S. 3) geht in die gleiche Richtung.

9 Siehe Berliner Morgenpost vom 17.1. 2000. Laut der FAZ vom 25. 4. 2001 hat Bundeskanzler Schröder Präsident Kučma angerufen und auf die Notwendigkeit hingewiesen, die Reformpolitik in der Ukraine beizubehalten.

Die Ukraine ist nicht nur ein post-sowjetisches Land unter mehreren. Denn sie war ein Perestrojka-Nachzügler: "Die Tatsache, dass die Ukraine bis zum Ende der achtziger Jahre unter alter Führung blieb, hemmte im Vergleich mit Russland Glasnost' und Perestrojka und damit auch die Entfaltung oppositioneller Bewegungen in der Ukraine."[10] Dennoch wurden auch in der Ukraine Nischen der Perestrojka genutzt, z.B. Akkumulationsmöglichkeiten in einem faktischen Eigentums-Umbruch, bei legal immer noch großen Beschränkungen, durch genossenschafliches Eigentum, durch Pacht, durch 'individuelles' Eigentum u.a.m.

Es ist wissenschaftlich sicherlich nicht verwegen, das Urteil zu wagen, dass sich das ukrainische Institutionen-System nicht sehr schnell ändern kann und dass institutionelle Barrieren auch zukünftig der ukrainischen Volkswirtschaft relativ hohe Transaktionskosten und damit Produktivitäts- und Wachstums-Verluste auferlegen werden. Hier gibt es eine eindeutige Beschränkung für nachhaltiges Wirtschaftswachstum.

Teil C wird das Thema *rent seeking* behandeln, und zwar wissenschaftliche Generalia sowie transformations- und ukrainebezogene Fragen. Hier sollen die Elemente von *rent seeking* beschrieben werden, die Möglichkeiten, welche eine unterentwickelte Staats- und Wirtschaftsordnung für *rent seeking* und *rent giving* schufen und immer noch schaffen. Teil D möchte die wirtschaftspolitische Situation der Regierung Juščenko ab Dezember 1999 analysieren sowie die positiven Erwartungen, die in der Ukraine und vor allem im Ausland mit dieser 'technokratisch' orientierten und nicht primär durch Macht, Geld oder Parteien bestimmten Regierung verbunden wurden.

Teil E schließlich soll ein Fazit ziehen und die Chancen nachhaltigen institutionellen Wandels in der Ukraine erörtern. Diese sind durch die Frage mitbestimmt, ob es zu einem nachhaltigen wirtschaftlichen Wachstum kommen wird, was einige Politiker schon für sicher halten. Dem Verfasser kommen hier eher Zweifel, wie auch einigen ukrainischen Analytikern und Politikern, die auf die schlechten institutionellen, strukturellen und finanziellen Rahmenbedingungen für nachhaltiges Wirtschaftswachstum hinweisen.

---

10 Kappeler 1994, S. 246.

B. Elemente institutionellen Wandels und institutioneller Deformationen

Institutionen sind "Beschränkungen menschlichen Verhaltens in wiederkehrenden Interaktionen"[11], die sich auf 'Gruppen' sehr unterschiedlicher Größe beziehen, d.h. auch Staaten oder Teil-Staaten umfassen können. Institutionen sind primär gekennzeichnet durch Regeln und einen Durchsetzungsmechanismus. Sie können sich spontan (evolutionär) oder politisch-planmäßig entwickeln bzw. gestaltet werden. Sie sind etwas Anderes als Organisationen, obgleich sowohl in der Umgangssprache als auch in der Wissenschaft Organisation und Institution immer wieder synonym benutzt werden. Nach Richter / Furobotn sind Institutionen Teil von Organisationen: "Institutionen einschließlich der daran beteiligten Personen nennt man Organisationen"[12].

Die Institutionen-Literatur spricht von externen und internen Institutionen. Bei *externen Institutionen* geht es um jene Regeln bzw. Verhaltensregeln, welche sich auf das staatliche Gewaltmonopol stützen. *Interne* sind solche, welche auf "privaten Sanktionsmechanismen"[13] basieren. Man kann Institutionen weiter spezifizieren nach den Begriffspaaren alt-neu, formal-informell, schnell und langsam veränderbar, schwacher und starker Durchsetzungsmechanismus bzw. schwache oder starke Beachtung von Regeln, Regelsystemen, Gesetzen, Sanktionsandrohungen etc. Und man kann allgemein eine eher positive und eine eher skeptische Bewertung von Institutionen erkennen.

Für die erste Position könnte man Arnold Gehlen nennen. Für ihn sind Institutionen "die Formen der Bewältigung lebenswichtiger Aufgaben oder Umstände" und sie sind "die stabilisierenden Gewalten: Sie sind die Formen, die ein seiner Natur nach riskiertes und unstabiles, affektüberlastetes Wesen findet, um sich gegenseitig und um sich selbst zu ertragen, etwas, worauf man in sich und den anderen zählen und sich verlassen kann."[14] Institutionen sind demnach 'Gestalten eigenen Gewichts', die 'schließlich den Individuen gegenüber etwas wie eine Selbstmacht gewinnen". Eine

---

[11] Streit / Mummert 1996, S. 3.

[12] Richter / Furobotn 1996, S. 8.

[13] Streit / Mummert 1996, S. 3.

[14] Gehlen 1995, S. 103-104.

eher skeptische Position finden wir bei Alexander Mitscherlich. Er thematisiert "die aktuellen Machtverhältnisse, das faktische Übergewicht der Bräuche ... und des kollektiven Zwanges ... Die passive Anpassung zur Konformität wird meist mit wenig Einfühlung in die Eigenwelt des anderen erzwungen ... Erziehung ist unendlich öfter Terror als Führung zur Selbständigkeit"[15]. Faktisch sind aber Wechselwirkungen zwischen Institutionen und Menschen zentral: "Institutionen prägen Menschen ... Menschen prägen Institutionen."[16]

Ein Teil der Ökonomen setzt stark auf Ordnungspolitik, erwartet von ihr - trotz schnellen politischen, ökonomischen, sozialen und wissenschaftlichen Wandels - vielleicht zu viel. Ein anderer Teil sieht extrem stark Beschränkungen durch Institutionen und bewertet Ordnungspolitik vielleicht zu negativ, zu sehr systemische Inflexibilitäten schaffend. Es gibt eine extreme Akzentuierung der evolutionären Entwicklung von Institutionen, so z.B. durch F. Hayeks *evolutionäre Ökonomie*, aber sicherlich auch eine Unterschätzung des Evolutionären. Letzteres kann man besonders gut erkennen, wenn man die Diskussionen über die Bedeutung der 'Vorläufe' in den ehemaligen Planökonomien Mittel- und Ost-Europas verfolgt. Das 'woher-wohin?' der Transformationsökonomie(n) wird immer wieder aufs neue diskutiert.

Diese kontroverse Diskussion hat in gewissem Sinne *sowjetologische* Vorläufe. Der eine Teil der Ostforscher sah von Zeit zu Zeit kleine 'Reformerfolge' in östlichen Ökonomiken, der andere sah immer wieder nur 'Reformen im System, aber keine Reformen des Systems', diskutierte also weitgehend vor dem Hintergrund eines 'klaren', wohl aber eher idealtypischen Referenzsystems. Man kann sagen, dass er also klar anti-institutionalistisch in dem Sinne eingestellt war, das er - um einen späteren Begriff aus der Transformationsdiskussion zu verwenden - damals auf einen *big bang* wartete, auf etwas, was die alten Systeme aber gar nicht hergeben konnten. Aber was war bei den alten Systemen Funktionslogik, was Fassade? Was machte z.B. die berühmte 'Ökonomie des Mangels' aus?

---

15 Mitscherlich 1995, S. 115.

16 Held / Nutzinger 1999, S. 8.

Als stärker institutionell-institutionalistisch denkender Ökonom neige ich dazu, dem *Vorlauf* als institutionellem Element und als positiver Voraussetzung für weiteren institutionellen Wandel eine stärkere Rolle zu geben, als jene dies tun, die immer wieder den 'harten Schnitt' am Anfang der Transformation in den Vordergrund rücken bzw. das Ausbleiben dieses Schnitts. Es sei daran erinnert, dass am Anfang der Transformation schocktherapeutisch denkende Ökonomen Häme bezüglich Ungarn entwickelten, als auch Ungarn stärkere Wachstumsverluste hinnehmen musste, die folgenden Wachstumsraten eher gering waren und auch schwankten. Es schien so, als ob die *Vorläufe* quasi *a fonds perdu* abgelaufen waren, diese also ganz evident für die Transformation wenig gebracht hatten.

Ich hielt dies Urteil damals für falsch und halte es immer noch für falsch. Der *Vorlauf* oder die Vorläufe hatten viele Komponenten: nicht nur schon tatsächlich veränderte Leitungsformen in Politik und Ökonomie, schon teilliberalisierte Eigentumssysteme, theoretisches Wissen und Erfahrungswissen über westliche Systeme, konkrete Zweifel, was die Reformen ihrer Reform-Modelle anbetraf (d.h. Erfahrungswissen über eigene Reformen), schon geänderte Mentalitäten u.a.m. Im übrigen ist 'hie Vorlauf' - da 'harter Schnitt' auch eine falsche Schlachtordnung. Sie ist es in dem Sinne, dass gerade das Zusammenwirken beider Elemente Erfolg in der Transformation ausmacht(e).

Die post-kommunistische Kapital-Akkumulation, vor allem die post-sowjetische, hatte unterschiedliche Quellen. Es gab erstens eine Nomenklatura-Privatisierung, welche Insider-Finanzen (Gelder von Partei, Staat, Komsomol u.a.) nutzte und Insider-Wissen. Enge persönliche Beziehungen zwischen Entscheidungsträgern aus Politik und Wirtschaft waren hier von zentraler Bedeutung. Die zweite Quelle der Akkumulation war die eines Transfers von Ressourcen aus staatlichen Unternehmen in private, zu sehr günstigen Preis-Konditionen (*asset stripping*). Der dritte Bereich ist jene Kapital-Akkumulation, welche mit extremem *rent seeking* und / oder großer krimineller Energie zustande gebracht wurde.

Da diese 'primäre post-kommunistische Akkumulation' nicht oder kaum mit Wertschöpfung verbunden war, war sie also - in anderen Worten - das Produkt von Umverteilung. Vor allem schuf diese Kapitalbildung nur bedingt Voraussetzungen für ein folgendes *profit seeking*, was dem vorhergehenden *rent seeking* vielleicht noch eine gewisse Legitimation hätte geben können: im Sinne von Effizienz, natürlich im Sinne von Verteilungsgerechtigkeit. Allerdings machte auch staatliche Politik, vor allem Geldpolitik (extrem hohe Realzinsen für Kredite) *profit seeking* sehr schwer möglich. Und *rent giving* des Staates (hohe Zinsen bei Staatsanleihen) 'verdrängte' potentielle Sachinvestitionen (Investitionen in die sogenannte Realsphäre der Wirtschaft) . Es war gleichsam ein doppeltes *crowding out*. Der Staat verdrängte die Wirtschaft und Finanzinvestitionen verdrängten Sachinvestitionen.

Daneben darf man nicht vergessen, dass die privaten Kapitalbilder der ersten Phase nur bedingt bereit oder nur bedingt qualifiziert waren, zu *profit seeking* überzugehen. Im ökonomischen Jargon: es entstand zwar eine *corporate governance*, aber eine weitgehend nur 'passive'. Eigentum wurde transformiert, es entstand daraus aber keine *entrepreneurship*, d.h. keine Neigung als produzierender Unternehmer tätig zu werden. Das Kapital war zwar bei einem 'Wirt' gelandet, aber keineswegs schon beim 'besten Wirt'. Das durch *rent seeking* gebildete Kapital sollte vor allem Zinsen bringen und weiterem *rent seeking* dienen, u.a. dem *empire building* von finanzindustriellen Gruppen.

Ein weiteres ukrainisches Phänomen ist die starke Begrenzung des Marktzugangs, also des zentralen Faktors *Wettbewerb* in der Transformation. Diesen Zugang blockieren nicht nur die zu erwartenden Schutzgelder, hohe Steuern, hohe Zinsen, sondern auch ein Lizensierungs-System gewaltigen Ausmaßes. Kapital und *entrepreneurship* sind vorhanden, die staatlichen Rahmenbedingungen und / oder zukünftige Abgaben an mafiose Strukturen behindern den Umstieg aus Finanz-Investititonen in Sach-Investitionen. Die Fülle von Lizenzen in den Vertikalen staatlicher Administrationen und von Funktional-Organen hat Wachstum verhindert, hat die Schattenwirtschaft favorisiert, hat eine umfangreiche *Bakschisch*-Ökonomie entstehen lassen, nur um den Marktzugang zu erreichen. Und die lange Zeit bis zum Marktzugang ist eben auch ein institutioneller Negativindikator. Daher ist der Punkt 'Reduktion der Lizenzen' ein zentrales Problem vieler Reform-Agendas internationaler Organisationen, ausländischer Berater und Unternehmer. Aber *Bakschisch*-Ökonomie hat einen zu großen institutionellen Tiefgang, als dass man sie von heute auf morgen beseitigen könnte. Lizenzen sind formale Institutionen, das Handaufhalten geht tiefer.

Das prinzipiell partizipatorisch ausgerichtete Privatisierungsmodell einer Aktienmajorität von Management und Belegschaft - das gilt sowohl für Russland als auch für die Ukraine - hat Möglichkeiten geschaffen, institutionelle und Wachstums-Entwicklung zu blockieren: durch Subventionen, durch *asset stripping*, durch die Verhinderung externer strategischer Investoren u.a.m. Strategische bzw. institutionelle Investoren hatten am Anfang der Diskussion über Eigentumstransformation (Privatisierung) eine größere Rolle gespielt. Die Realität entwickelte sich aber anders. Starke *insider control* durch Management und Belegschaft haben Umstrukturierungen - d.h. *profit seeking* - längere Zeit eher verhindert. Und mögliche Kostensenkungen oder Produktionserhöhungen im gesamtwirtschaftlichen Maßstab unterblieben durch Erhaltungs-Subventionen des Staates, direkter oder indirekter Art, welche an staatliche Unternehmungen gegeben wurden.

Thematisiert wurden im Westen in der Regel 'zu langsame Privatisierungen', die es natürlich gab. Zu wenig thematisiert aber wurden überhastete Privatisierungen. Überzogen waren die Erwartungen bezüglich des Eigentumstransfers vom Staatseigentum zu den 'echten' oder 'besten' Wirten. Hier gab es fachspezifische, aber nicht nur fachspezifische Deformationen. Juristen setzten sehr stark auf den schnellen Wechsel des Formaleigentums in private Hände, aber auch liberale Ökonomen. Der berühmte Slogan von Experten für Ostdeutschland, 'Privatisierung ist die beste Sanierung', galt vielen im Prinzip auch für die anderen Transformations-Ökonomien. Für den Autor dieser Zeilen hatte dagegen immer die Veränderung der wirtschaftlichen Anreizsysteme Primat.

In der zweiten Hälfte der 90er Jahre änderte sich das Denken. Ein Teil der Betrachter oder Analytiker fragte weiter nach dem Wachsen des Privateigentums und war weiter stark auf das formale Eigentum bzw. das statistische Bild der Eigentumsentwicklung fokussiert. Ein wachsender Teil beschäftigte sich aber zunehmend mit der Institution Marktwirtschaft, ging also von dem *Washington-Konsensus* ab und damit von einem zu engen Stabilitätsbegriff, der nicht nur (zu) stark ökonomisch orientiert war, sondern in dieser Orientierung auch noch zu sehr finanzwirtschaftlich (monetär oder budgetär) bestimmt wurde.

Die verzögerte Entwicklung zu einer modernen Staatsordnung hat in der Ukraine die Etablierung einer neuen Wirtschaftsordnung hinausgezögert, so wie das Ausbleiben von Wirtschafsreformen die Verquickung von Politik und Ökonomie herbeigeführt hat, die man mit Korruption oder Filz, Beraubung des Staates und / oder Beraubung durch den Staat, *rent seeking* und anderen Termini beschreiben kann. Man kann sagen, dass *rent seeking* mit der Unterentwicklung des Institutionen-Systems steigt, dass der Grad von *rent seeking* also Reflex des Standes der institutionellen

Umgestaltung des Landes ist, dass die Chancen von *rent seeking* von einer unzureichenden Umgestaltung sowohl der staatlichen Administration als auch unzureichenden Reformen des Unternehmenssektors abhängen, wobei Letztere wieder vom Grad der Monopolisierung auf der einen Seite, dem Grad der Realreformen auf der anderen Seite abhängen.

Mit Realreformen im Unternehmenssektor ist vor allem das gemeint, was nach erfolgter Privatisierung strategisch im Unternehmen passiert, d.h. ob modernisierungs-interessierte Externe Einfluss ausüben dürfen oder ob *insider control* praktiziert wird, d.h. ob das Management die strategischen Entscheidungen selbst stark bestimmen kann, häufig dann gegen die langfristigen Perspektiven der Unternehmung. Sowohl die staatliche Unternehmung als auch die schon privatisierte (aber weitgehend wie früher geführte Unternehmung) geben Möglichkeiten zur Rentenbeschaffung, zur Abzweigung betrieblicher Ressourcen, zur Subventionsbeschaffung u.a.m.

Verzögerter institutioneller Wandel kann eine Konnotation zu 'leichtem' bzw. 'weichem' Geld haben (*soft budget constraints*), aber auch zu stabilem Geld, wenn nämlich die Geldordnung *per se* zwar ein positives Transformationselement ist, der Aufbau einer umfassenden modernen Wirtschaftsordnung aber nicht simultan erfolgt. Es kommt dann zu Wachstumsfriktionen und man könnte sagen auch zu 'institutionellen Friktionen', wobei als Referenz hierfür eine 'Politik aus einem Guss' oder eine Politik gewählt werden kann, welche disziplinierende Elemente einer Teilpolitik für andere Teilpolitiken enthält. Wir haben z.B. in der EU eine kontroverse Diskussion darüber, ob die Geldpolitik der EU mit anderen Teilbereichen der Wirtschaftspolitik zu harmonisieren oder ob von der Geldpolitik der EZB Druck auf die anderen Bereiche der Wirtschaftspolitik auszuüben sei. Die EZB fühlt sich - in einem wirtschaftspolitisch viel weniger integrierten Raum als die USA dies darstellen - nur der Geldwert-Stabilität verpflichtet. Das Federal Reserve System hat auch Beschäftigungspolitik zu beachten. Vergleichen wir das im folgenden mit der Ukraine, einem wirtschaftlich wie wirtschaftspolitisch bislang nur schwach integriertem Raum.

Die Geldpolitik in der Ukraine, lange Zeit international weitgehend als einziges Positivum gelobt, hat m. E. ihren Anteil an der Wachstumsverzögerung und auch an der Verzögerung der institutionellen Umgestaltung der Wirtschaft. Man sieht dies vor allem im Zusammenhang mit der Entwicklung eines modernen Bankensystems. Die harte Hand der Notenbank machte die Bankenpolitik zur Magd der Geldpolitik in dem Sinne, dass wachstumsfördernde Zinssenkungen durch eine Politik extremer Wechselkursstabilisierung unmöglich gemacht wurden und die Politik einer hohen Reservehaltung der Geschäftsbanken (hohe Mindestreserven) eine höhere Rentabilität der Geschäftsbanken nicht möglich machte. Damit aber wurde die Möglichkeit der Banken für eine stärkere Kapitalbildung der Banken untergraben. Diese sind bis heute stark unterkapitalisiert.

Der Verfasser erinnert sich noch gut daran, wie Juščenko in einem Vortrag vor dem Deutsch-Ukrainischen Forum im Dezember 1999 in Berlin - er war damals noch Notenbank-Chef und Vorsitzender des Ukrainisch-Deutschen Forums - das ukrainische Bankensystem als gut entwickelt hinstellte. Aus seiner autoritären Sicht gegenüber dem Bankensystem war das vielleicht zu verstehen. Eine adäquate Beschreibung der Institution 'Ukrainisches Bankensystem' war es aber nicht. Bankiers in Kiev und Odessa bezeichneten den ukrainischen Notenbank-Chef in den Jahren 1998 und 1999 mir gegenüber als Diktator. Juščenko hat offensichtlich nicht begreifen können, dass für eine gute institutionelle Entwicklung des Finanzsystems Geldpolitik und staatliche Bankenpolitik zwei Dinge sind, die besser getrennt worden wären. Juščenkos hohen Ansprüchen an die Unabhängigkeit der Zentralbank war m.E. seine Behandlung des Geschäfts-Bankensystems nicht adäquat. An anderer Stelle habe ich darauf hingewiesen, das man deshalb auch kaum von einem echten "zweistufigen Bankensystem"[17] hätte sprechen können.

Untersuchen wir im folgenden einige der zentralen institutionellen Deformationen, welche für die postsowjetischen Staaten generell und für die Ukraine in hohem Maße systemcharakterisierend sind: die *barter econoy*, die Schattenwirtschaft, Simulation und die virtuelle Ökonomie, Korruption, den kleptokratischen Staat, die mafiose Unterwanderung von Staat und Unternehmen.

Beginnen wir mit *barter economy*. Was macht diese Institution aus, wodurch entsteht sie? Welche betrieblichen und / oder volkswirtschaftlichen Folgen hat *barter*? Kann man *barter* rechtlich oder wirtschaftspolitisch bekämpfen? Zunächst einmal handelt es sich teils um die andere Seite von Schattenwirtschaft, teils ist sie Folge einer Unterversorgung mit Liquidität oder sehr teurer Liquidität. Sie kann drittens auch deshalb gewählt werden, weil man nur durch den geldlosen Tausch überhaupt in der Lage ist, die Produktion fortzuführen. *Barter* perpetuiert dann volks- bzw. welt-

---

[17] Gramatzki 2001, S. 71.

wirtschaftlich falsche ukrainische Wirtschaftstrukturen, reduziert also Gewinnmöglichkeiten und damit Möglichkeiten volkswirtschaftlicher Kapitalbildung, Möglichkeiten für *profit seeking*. Bei *barter* sinkt die Transparenz des Wirtschaftens, die Wirtschaft wird - im Gegensatz zu einer entwickelten Geldwirtschaft - desintegriert. Der volkswirtschaftliche Rechnungszusammenhang ist nicht mehr gegeben. Schattenwirtschaft operiert zwar auch als Geldwirtschaft. Es gibt aber Vorteilhaftigkeiten, mit der Schattenwirtschaft in die *barter economy* abzutauchen. Gegenüber dem Fiskus und auch gegenüber mafiosen Strukturen (Schutzgeld-Zahlung) verschleiert *barter* eher die reale Ertragssituation einer Unternehmung und gestaltet dadurch die Abgabensituation bzw. die 'Fluchtmöglichkeiten' in Hinblick auf Abgaben jeglicher Art besser.

Nach Julia Timošenko, der ehemaligen Vize-Premierministerin, zuständig unter Juščenko für den Energiebereich, konnte der Anteil der *barter*-Geschäfte, welche Oligarchen reich gemacht hatten, stark reduziert werden: "Früher wurden nur sieben Prozent der Stromlieferungen auch bezahlt, der Rest wurde mit undurchsichtigen Gegengeschäften verrechnet. Als ich abgesetzt wurde, hatte der Anteil der bezahlten Lieferungen 70% erreicht."[18]

Aus dem Gesagten folgt zwingend, dass bei einer hohen Barterisierung und hohen Schattenwirtschaft die Eingriffs-Effizienz wirtschaftspolitischer Maßnahmen sinkt. Wie soll etwa geldwirtschaftlich instrumentiert werden, wenn so viel *barter* existiert? Wie hoch soll die Wirtschaft monetisiert werden, d.h. wie hoch soll die Geldmenge in Relation zum (steigenden) BIP wachsen? Eine wesentlich höhere Relation 'Geldmenge : BIP' in entwickelten Marktwirtschaften hat sicherlich nur eine ganz allgemeine Aussagekraft, d.h. in Richtung auf eine Untermonetarisierung der ukrainischen Volkswirtschaft. Aber der aktuelle konkrete Bedarf der heimischen Wirtschaft, im Kontext einer stärkeren Wachstumsdynamik und eines stärkeren institutionellen Wandels als in der reifen Marktwirtschaft, ist etwas Anderes. Die Grundlage für Geld(mengen)politik wackelt also kräftig. Was man auf jeden Fall sagen kann: sie wackelt umso mehr, je größer das *barter*- oder das schattenwirtschaftliche Element der Wirtschaft ist.

---

18 Zitiert nach einem Interview in: Der Spiegel vom 16.4. 2001, S. 148.

Vor dem Hintergrund dieser realwirtschaftlichen und institutionellen Gemengelage ist es erstaunlich, dass man eine einstellige Inflationsrate in der Ukraine erreichen wollte. Es stellt sich die Frage, ob nicht die Störungen volkswirtschaftlicher Rechnungszusammenhänge durch institutionelle Deformationen stärker sind als sagen wir durch 20% oder 30% Inflation. Polen hat mit diesen Inflationsraten sehr hohe Wachstumsraten erreicht. Und wenn diese Raten für Polen akzeptabel waren (für Wachstum und nicht im Sinne des Credos des IMF), warum konnten sie dies nicht umso mehr für die Ukraine sein? Hier gibt es noch wirtschaftswissenschaftlichen Diskussionsbedarf. 30% Inflation in Polen und in der Ukraine sind verschiedene Dinge, vor dem Hintergrund einer viel weiteren realwirtschaftlichen und institutionellen Entwicklung in Polen (hohes Wirtschaftswachstum, Eigentumswandel und strukturelle Veränderungen). Die Fokussierung auf extrem niedrige Inflationsraten, auf einstellige Raten, war in der Ukraine noch weniger berechtigt als in Polen.

Zwischen entwickelter Geldwirtschaft und *barter economy* liegt die Ökonomie der Geldsurrogate (Quasigeld). Es ist Geld, welches unterhalb der offiziellen Ebene (Notenbank) emittiert wird. Dabei handelt es sich um lokales, regionales oder auch branchenmäßiges Spezialgeld, welches in bestimmten professionellen Kreisläufen zirkuliert (z.B. in Wechselform). Quasigeld in Wechselform kann durch mehrfache Diskontierungen sehr teuer sein, etwa infolge hoher Diskonte (Abzüge) in Relation zur Nominal-Summe, die im Zeitpunkt der Fälligwerdung eines Wechsels gezahlt werden muss. Die hohen Diskontsätze sind Ausdruck der Knappheit von Geld und Ausdruck eines relativ großen Kreditrisikos. An dieser Stelle mag diese kurze Beschreibung genügen, da ja vor allem eine Form institutioneller Deformation vorgestellt werden soll. Wie bei *barter* segmentieren auch Geldsurrogate volkswirtschaftliche Zusammenhänge und den Gesamtmarkt.

Nicht nur durch hohe Inflation entsteht eine unzureichende Wirtschaftsrechnung, sondern auch dadurch, dass zu vieles im geldlosen Tausch abgewickelt wird und nicht über Geld. *Barter* und Geldsurrogate sind institutionelle Rückständigkeiten (Anachronismen) vor dem Hintergrund moderner Marktwirtschaften. Marktwirtschaft ist zunächst vor allem Geldwirtschaft und das große Transformationsziel der *marketization* hat *monetization* zu implizieren. Es ist absurd, dass in der Ukraine immer wieder von monetärer Stabilität gesprochen wurde - als der realwirtschaftlichen Instabilität gegenübergestellt - und die Ökonomie dann einen so extrem hohen Anteil von *barter economy* hat. Die Geldpolitik unterstellt eine monetäre Steuerbarkeit der Wirtschaft, die durch einen hohen Anteil von geldloser Tauschwirtschaft, durch Geldsurrogate und durch Nichtbezahlungen von Schulden bislang überhaupt nicht gegeben war. Die Trennung von solch einer Art 'monetärer Stabilität' und realwirtschaftlicher Stabilität war und ist wissenschaftlich wie politisch fragwürdig.

Schattenwirtschaft ist in allen Wirtschaftssystemen vorhanden, in jeder Entwicklungsphase und ist vor allem dort stark anzufinden, wo es Umbrüche gibt, vor allem in den Transformationen, wo diese Umbrüche stark verzögert ablaufen, wo Transformation mit einer extremen Steuerbelastung einhergeht, wo hohe Abgaben an mafiose Gruppen geleistet werden müssen (*state capture*), wo der Marktzugang durch eine Fülle von Lizenzen erschwert wird. Das ist das Bild der Ukraine. Das System der *state capture by private interests*, des *cleptokratic state*, der exzessiven Belastung vor allem der Klein- und Mittel-Unternehmen (KMU) durch Lizenzen haben zu einer Flucht in die Schattenwirtschaft gezwungen. Dabei wären es vor allem die KMU, welche eine postkommunistische Wirtschaft wieder flott machen bzw. installieren können.

Die ukrainische Wirtschaft ist - wie früher Ungarn im Osten und Italien im Westen - heute ein Vorzugs-Analyse-Objekt, wenn es um die Untersuchung von Schattenwirtschaft in Transformationsländern geht.[19] Polen mit seiner schnellen Förderung der KMU seit Anbeginn und die exzessive Behinderung der KMU in der Ukraine können als Gegen-Modelle der Transformation genommen werden. Der Verfasser hat an anderer Stelle[20] die KMU-Problematik referiert, gleiches gilt für die Schattenwirtschaft im allgemeinen.[21] Deshalb sei der Zusammenhang hier nur kurz skizziert.

Die Schattenwirtschaft in der Ukraine ist ein Kind der Not, eine Reaktion auf sehr schwierigen, zeitraubenden und teuren Marktzugang, auf hohe Abgaben an Staat und 'mafiose Gruppen', auf exzessive Ungerechtigkeiten, auf extrem teures Geld. Schattenwirtschaft war 'Schmieröl' auch in der Planökonomie. Schattenwirtschaft ist 'Stabilisator' der Transformationsökonomien, unersetzbar auf kurze Frist, eine praktisch notwendige

---

[19] Es muss hier auf die Analysen der Weltbank (D. Kaufmann u.a.), des Center for Economic Development (The Ukrainian Economic Monitor), auf das DIW, auf Publikationen der Deutschen Beratergruppe in Kiev, auf TACIS- Publikationen u.a. hingewiesen werden.

[20] Gramatzki 2001, S. 87.

[21] Ebd., S. 85-87.

institutionelle Deformation. Der hohe Umfang der Schattenwirtschaft in der Ukraine - die Schätzungen betragen 50% und mehr vom offiziellen BIP - zeigt, dass dieses konstitutive Element der ukrainischen Wirtschaftsordnung nicht schnell reduziert werden kann. Mit größerem Wachstum des (offiziellen) BIP wird zumindest der Anteil der Schattenwirtschaft am gesamten realen BIP wieder sinken, wie er vorher tendenziell gestiegen war. Nach einer TACIS-Analyse[22] ist der Anteil der Schattenwirtschaft am gesamten BIP von 12,3% im Jahre 1990 auf 41,7% im Jahre 1997 gestiegen. Die Schattenwirtschaft machte 1997 damit 71,4% der offiziellen Wirtschaft aus, wobei man hinzufügen müsste, dass die Kommata bei den Zahlen eher komisch wirken, angesichts der Schwierigkeit der Ermittlungen sowohl des offiziellen als auch des Schattenprodukts.

In der Ukraine wird viel von simulierter und / oder virtueller Ökonomie gesprochen, d.h. dass Anspruch bzw. offizielles Bild auf der eine Seite und Realität auf der anderen Seite weit auseinander gehen (können). Intensiv hat sich mit dem Thema Simulation vor allem A. Wittkowsky (1998) beschäftigt. Es geht in dieser Dissertation um das Auseinanderklaffen gesellschaftlicher Ziele und Möglichkeiten, um eine von der Realität abweichende Darstellung von Dingen, um dadurch wirtschaftliche oder politische Vorteile zu erzielen. Die Lektüre erinnert an das Verdikt des bekannten amerikanischen Ostforschers Naum Jasny, dass die sowjetischen Fünfjahrpläne 'weitgehend Fassaden' waren. Reflexartig denkt man an die Potemkinschen Dörfer.

Von mir wurde die *Simulation* mit den jährlichen Wirtschaftsprognosen der ukrainischen Regierung in den Jahren 1991-96 in Zusammenhang gebracht mit extremen Abweichungen zwischen 'Soll' und 'Ist' bei BIP, Industrieproduktion und anderen Indikatoren: "Nehmen wir das BIP, dann liegen die Abweichungen in diesen sechs Jahren zwischen 6,1% und 15,7% Punkten, wobei sie viermal zweistellig sind."[23] Die Abweichungen betrugen 1994 bei der Industrieproduktion insgesamt sogar 32,4% und bei der Konsumgüterproduktion 31,4% Punkte. Als Ursache dieser Abweichungen "sind sowohl die schlechte Wirtschaftspolitik (schlechte Prognostik infolge eines schlechten Verständnisses wirtschaftlicher Zusammen-

---

22 Ukrainian Economic Trends, Monthly update, August 2000, S. 4.

23 Gramatzki 2001, S. 69. Vgl. auch ders. 1997.

hänge) als auch Simulation unterstellt"[24]. Heute würde der Verfasser radikaler formulieren: So inkompetent kann eine Regierung nicht annähernd sein, dass sie so schlechte Prognosen macht.

Und die virtuelle Ökonomie? Lassen Sie mich dazu auf einen Aufsatz von Gaddy und Ickes über Russland rekurrieren, der auch für die Ukraine Anwendung finden kann. Hier heißt es: "Virtual economy distorts major economic indicators, as it does not operate with real money and real prices ... it is based on illusion, or pretense, about almost every important parameter of the economy: prices, sales, wages, taxes, and budgets ... The Virtual Economy presents the West with difficult choices regarding continued support of ... economic transition... The roots of the Virtual Economy lay in the largely unreformed industrial sector inherited from the Soviet period ... [die Unternehmen - H.E.G.] still produce goods but destroy value ... enterprises can operate without paying their bills ... value is redistributed to them from other sectors of the economy ('redistribution of value to value-subtractors') ... primarily the ressources sector"[25].

Ihnen zufolge gibt es eine "continuity with the past ... industry ... was subsidized by under-priced raw materials and insufficient charges for capital ... in fact manufacturing destroyed value, but this was masked by arbitrary pricing. The roots of the Virtual Economy lie in the maintenance of this pretense"[26].

Das Kapitel abschließend sei noch auf die Phänomene bzw. Konstrukte Korruption, kleptokratischer Staat und mafiose Unterwanderung (*state capture by private interests*) eingegangen. Der EBRD-Bericht von 1999 zur Transformation thematisiert die 'Unterwanderung' der Unternehmen durch den Staat und die Unterwanderung des Staates durch 'mafiose Unterwanderung', welche von der herkömmlichen organisierten Kriminalität zu trennen sei: "Bei der mafiosen Unterwanderung reicht der Einfluss der Delinquenz tief in die staatlichen Institutionen, ins Parlament, in die Regierungen und in die Gerichtssäle hinein."[27] Der Staat und seine 'Diener' bedienen sich also selbst. Und die Mafia unterwandert Staat und Wirtschaft. Der Transformationsbericht der EBRD enthält eine Befragung von

---

24 Gramatzki 2001, S. 69.

25 Gaddy / Ickes 1999, S. 31.

26 Ebd., S. 31-34.

27 Neue Züricher Zeitung vom 9.11. 1999, S. 9.

3000 Unternehmungen in 20 Transformationsländern über das Ausmaß staatlicher Unterwanderung (d.h. der Anteil besonders stark betroffener Unternehmer). Bei diesem *ranking* liegt die Ukraine auf Platz 19.[28]

Zitieren wir dazu aus Charap und Harm's *Institutionalized Corruption and the Kleptocratic State* und lassen das Fazit unkommentiert stehen: "Corruption patterns are endogenous to political structures. Thus corruption can be systemic and planned rather than decentralized and coincidental. In an economic system without law or property rights, a kleptocratic state may arise as a predatory hierarchy ... A dictator minimizes the probability of a palace revolution by creating a system of patronage and loyalty through corrupt bureaucracy. Efforts at public sector reform may meet resistance in countries featuring such systemic corruption."[29]

C. Rent seeking in der Ukraine.

Rent seeking wird als Gegenbegriff zu *profit seeking* gesehen. Bei der 'Rentensuche' geht es nicht um den dynamischen Unternehmer, nicht um eine durch Innovation zu erzielende Differentialrente, nicht um einen Differentialgewinn eines Produzenten, auch nicht um Renten durch Verschiebungen von Angebot oder Nachfrage, sondern um Einkommen, welche primär politisch bedingt sind. Sie entstehen aus staatlichem Handeln, aus politischen Prioritäten oder aus Druck auf die Politik bzw. auf einzelne politische Organe oder einzelne Politiker. *Rent seeking* als theoretisches Konstrukt und Phänomen der Praxis existiert aber nicht nur im staatlichen Bereich, also im Kontakt mit staatlichen Entscheidungsträgern, sondern auch im privaten Sektor, der aber in diesem Beitrag nicht thematisiert werden soll.[30]

Rent seeking kann mit einer relativ großen Spannweite anderer Phänomene verbunden sein: Lobbying, Interessengruppen, Korruption, Schattenwirtschaft. *Rent seeking* kann quasi eine Selbstverständlichkeit sein (so beim Lobbying und dem individuellen *rent seeking* gemäß J. Buchanan) und es kann auf die ganze Spannweite von *coloured markets* bezogen

---

[28] Ebd.

[29] Charap / Harm 1999, S. 1.

[30] Siehe dazu den Übersichtsartikel von Tollison 1982.

sein, d.h. auf alles, was ökonomisch leicht grau (leicht schmutzig) bis hoch kriminell ist.

Man muss bei *rent seeking* unterscheiden zwischen dem Phänomen, der wirtschaftswissenschaftlichen bzw. polit-ökonomischen Diskussion und dem Begriff selbst. Dieser ist - jedenfalls nach der *rent-seeking*-Literatur - das jüngste Element. Er wird relativ einhellig Anne O. Krueger zugeschrieben, einer bekannten amerikanischen Ökonomin.[31] Das wissenschaftliche Feld der *rent-seeking*-Analyse und -Literatur ist ein wenig älter, ca. 35 Jahre alt. Im Kontext wohlfahrtsökonomischer Überlegungen hatte Allan Tullock die Kosten des *rent seeking* für die Volkswirtschaft als Thema diskutiert: "The welfare analysis of rent seeking concerns the issue of how costly such activities are to the economy. Rents emanate from two sources. They arise naturally in the price system by, for example, shifts in demand and supply curves. The pursuit of rents under these circumstances is the sense in which rent seeking is equivalent to profit seeking. Rents can also be contrived artificially through, for example, government action."[32]

Rent seeking als Phänomen ist ein altes Thema bzw. Problem. Tollison erwähnte schon 1982 einige Forschungsfelder, die sich heute des Begriffs *rent seeking* bedienen - nicht zuletzt Felder geschichtswissenschaftlicher Art. Ganz generell spielt ja eine sozialwissenschaftlich orientierte Geschichtswissenschaft im *Neuen Institutionalismus* und der *Neuen Institutionen-Ökonomie* eine wichtige Rolle. Dabei kann diese Ökonomie in weiten Teilen schon als etwas Multi- oder Interdisziplinäres angesehen werden, als eine ökonomische Teildisziplin oder eine paradigmatische Richtung. Man kann auch mit einiger Bestimmtheit sagen, dass paradigmatische Meinungsunterschiede nur bedingt durch Fächergrenzen bestimmt sind. Nach Thomas Edeling werden "die Differenzen im Verständnis des Neuen Institutionalismus nicht entlang der Grenzen der Disziplinen gezogen", sie drücken "vielmehr theoretische Vorentscheidungen oder Leitperspektiven" aus, "die quer zu den Disziplingrenzen verlaufen"[33].

Rent seeking ist ein relativ neues und sehr großes Forschungsfeld. Was die Forschungsrichtungen anbetrifft, kann man danach unterscheiden, ob sie den staatlichen oder den privaten Sektor betreffen und zweitens da-

---

[31] Krueger 1974.

[32] Tullock 1967, S. 575.

[33] Edeling 1999, S. 7.

nach, auf welche Ebene sie sich beziehen: die Mikro- oder die Mezzo-Ebene. Was die Mikro-Ebene anbetrifft, so erleben wir jeden Tag viele Aktivitäten des *rent seeking*. Je größer der Ressourcen-Einsatz, vor allem durch den Einsatz für Informationen, desto mehr Vergünstigungs- bzw. Subventions-Töpfe können angezapft werden, legal oder illegal. Die Mezzo-Ebene betrifft Interessengruppen, Sektoren und Branchen, Regionen und Kommunen, Vereine. Staatliches Rentensuchen gibt es, wenn Politiker oder Oligarchen vom Ausland 'engagiert' werden. Nehmen wir den Fall eines koreanischen Autoproduzenten, der Monopolist in der Ukraine wurde und dort wenig an ukrainischer Wertschöpfung ermöglichte.

Es gibt eine politische Rente. Sie kann herrühren aus einer Rente der Lage, aus einer geostrategischen Position (Türkei, Ukraine), aus einer guten Versorgung mit wichtigen Ressourcen oder auch aus politischer Macht. Die Ukraine hat in der Vergangenheit versucht, politische Renten beim Westen oder bei Russland geltend zu machen. Spanien beabsichtigt eine politische Rente im Rahmen der EU-Erweiterung. Frankreich will seine politische Rente für die nationale Landwirtschaft behalten.

Es gibt Determinanten des *rent seeking*, welche aus dem Entwicklungsstadium des Landes folgen und zweitens systemische und systemspezifische Bestimmungsfaktoren. Die Grundstrukturen der staatlichen Administration sind von Bedeutung. In der Ukraine - und nicht nur dort - macht es einen Unterschied, ob man die Regierung stärker nach sektoralem oder nach funktionalem Prinzip gliedert. Starkes Sektoralprinzip bedeutet eine enge Verflechtung zwischen dem jeweiligen Ministerium und ihm zugeordneten Unternehmen. Es schafft eine Interessengemeinschaft, gemeinsames Lobbying, auch eine stärkere Tendenz, Erhaltensunwürdiges zu erhalten, und schafft also ein größeres Terrain für *rent seeking* . Diese große Rolle des Sektoralprinzips kommt vor allem aus der Ökonomie sowjetischen Typs.

Der Übergang vom Sektoralprinzip in der staatlichen Administration zum Funktionalprinzip westlicher Prägung war eine oft wiederholte Forderung des IMF gegenüber der Ukraine. Sie ist jetzt formaliter (eigentlich halbformal) erfüllt, denn Sektoralministerien wurden zwar abgeschafft, tauchen an anderer Stelle jedoch als Organisationseinheiten wieder auf (aus einem Ministerium wird ein Amt). Zum Teil wurden Ministerien auch nur fusioniert. Es handelt sich also um eine Umetikettierung. Wir hatten diese Art administrativer Reform schon unter Gorbačëv. Das ist eine Überbewertung des Faktors Organisation, ein altes sowjetisches Übel.

Eine Verwaltungsreform bringt aber nicht viel, wenn sie nicht weitgehende Korrelate im Umbau der Staats- und Wirtschaftsordnung, nicht die Erhöhung der Qualifikation der *civil servants*, höhere Einkommen, die Beseitigung des *kleptocratic state* oder des *rent seeking* zum Ziel hat. Die Verwaltungsorganisation der sowjetischen Wirtschaft war primär eine Folge der hohen und wachsenden Arbeitsteilung in der Wirtschaft. Sie war nicht primär Schöpfer, sondern Resultat der Veränderungen in der Produktion. Die klare Schlussfolgerung daraus ist, dass die Schaffung von Funktionalministerien und die Auflösung von 'Dinosauriern' der Produktion *uno actu* erfolgen muss, was nicht heißt: von heute auf morgen. Das kann nur ein Prozess sein, der bestimmt ist von guten Vorbereitungen großer Privatisierungen und nicht rein von fiskalischen Erwägungen oder gar von der Privatisierungs-Statistik. Dies *uno actu* in dem oben beschriebenen Sinne ist jedenfalls wichtiger als ein isolierter schneller Übergang zu Funktionalministerien, der m.E. eben wieder ein Stück Simulation von Politik wäre. Der Druck des Auslands im Hinblick auf die Verwaltungsreform ist sicherlich vernünftig. Ob jedoch die Beratungsqualität der Komplexität der Reform-Aufgabe angemessen ist, ist eine andere Frage.

Primär wäre daher die Liquidierung der 'Dinosaurier', d.h. jener Unternehmen notwendig, welche volkswirtschaftlich gesehen wenig oder gar keine Werte schaffen, sondern diese über Subventionen eher vernichten (d.h. die Wertschöpfungen anderer verzehren oder von der eigenen Substanz leben). Deshalb war die Intention der Regierung Juščenko, die Subventionen für diese Grossunternehmen zu reduzieren oder zu beseitigen, ein wichtiger Reformschritt.

Die angesprochene Mezzo-Ökonomie ist die Ökonomie von Interessengruppen, welche in der *rent-seeking*-Theorie eine ebenso zentrale Rolle spielen wie in der praktischen Politik. Sie werden im *rent seeking* dort wichtig, wo - wie in der Ukraine - 'Raumordnung' noch nicht einmal *in nuce* vorhanden ist, wo noch erhebliche Verfassungs- oder Institutionenlücken existieren, wo also Platz ist für extremen Bilateralismus, für exzessives *rent seeking* und *rent giving*. Trotz aller Versuche von Präsident Putin, das Rad des Föderalismus in seinem Land zurückzudrehen, hat Russland m.E. konstitutionell-institutionell immer noch wesentlich bessere Voraussetzungen für 'Demokratie im Raum' als die Ukraine. Föderalismus und Fiskalföderalismus sind in der Ukraine bislang noch eher ein wissenschaftliches als politisches Terrain. Zudem wird in der Ukraine eine zweite Kammer bislang nicht als institutionelles Positivum empfunden, sondern eher als ein neues Instrument in den Händen des Präsidenten gegen das Parlament (Verchovna Rada). Das heißt, dass zunächst das Zentrum institutionell in Ordnung gebracht werden müsste, bevor man an eine leistungsfähige 'Vertikale' herangehen könnte, die Aufgaben und Finanzen zwischen Zentrum und Peripherie ausbalanciert. Davon ist die Ukraine noch weit entfernt.

Gehen wir noch auf die wichtigen Determinanten 'Entwicklungsstand' und 'System' kurz ein. Frey und Kirchgässer betonen die *Rent-Seeking-Societies* von alten Staaten, von Staaten mit verkrusteten Strukturen. Dabei beziehen sie sich auf die Diskussion über die 'Eurosklerose'. Das war eine Diskussion, die meines Wissens von dem klugen Ökonomen Herbert Giersch ausgelöst wurde, die aber m.E. zu leichtfertig und zu wenig fundiert war. Vielleicht hoffte er auf eine *self-destroying prophecy* seiner These. Frey und Kirchgässer betonen jedoch, dass im Laufe der Zeit sich immer mehr Interessengruppen etablieren, "die erfolgreich Einfluss auf den politischen Prozess nehmen"[34].

In diesem Zusammenhang thematisieren sie steigende Staatsanteile am Sozialprodukt, ein Sinken des realen Wirtschaftswachstums und langfristig Stagnation. Den alten Staaten stellen sie die jungen gegenüber, bspw. Amerika, Japan und die Schwellenländer Südostasiens. Das war Mitte der 90er Jahre. Schon damals wurde aber die Verfilzung von Politik und Ökonomie, wurden die enormen institutionellen Friktionen Japans diskutiert und kritisiert. Und die USA? Dieser 'junge' Staat lebt mit seinen niedrigen Energiepreisen und seinen im Weltmaßstab extrem hohen Umweltbelastungen, aber auch seinem Lebensstandard hoch auf Kosten der anderen Erdbewohner, vor allem der armen. Die USA streichen gleichsam eine politische Rente ein. Sie lassen viel ärmere Länder für sich sparen, obwohl sie Kapitalexporteur ersten Ranges sein müssten.

Im Gegensatz zu Frey und Kirchgässer sieht der Verfasser daher in alten Staaten Europas viele *countervailing powers*: durch Konsens, autonome Teilsysteme der Gesellschaft, Freiheit der Medien, leistungsfähige Föderalismen und Partizipationen. Institutionelle Ausdifferenzierung ist die Sache langer Prozesse, welche neue institutionelle Adaptionen einschließen. 'Jung' und 'alt' sind daher nur bedingt brauchbare Kategorien, wenn man die institutionelle Erneuerbarkeit eines Staates und einer Gesellschaft bewerten will. Die Frage ist nicht die von Alter oder Unver-

---

34 Frey / Kirchgässer 1994, S. 212.

brauchtheit, sondern ob durch zu viel Ineffizienz oder durch zu viel Umverteilung in einem System großer Raum für *rent seeking* gegeben wird.

Vergleichen wir ein institutionell höher entwickeltes System mit der Ukraine, wo *rent seeking* ein Produkt von Unterentwicklung ist. Das gilt für die Staatlichkeit (mit Blick auf den Rechts- und Sozialstaat, die Raumordnung und kommunale Selbstverwaltung), die Wirtschaftsordnung (Schattenwirtschaft, *barter economy*, hohe Korruption) und die Gesellschaftsordnung (mit stark eingeschränkter Meinungsfreiheit, einer wachsenden Rolle der Sicherheitsorgane, einer schwachen Position der NGOs u.a.m.). Dieses ukrainische System ist zentralistisch-autoritär und ökonomisch gesehen eher paternalistisch. Denn viele Bilateralismen existieren an gesamtgesellschaftlichen Schnittstellen und öffnen dem *rent seeking* Tür und Tor. Der Staat teilt aus und verteilt um. Meines Wissens sind alle Regionen - fiskalisch gesehen - Netto-Empfänger. Die Reisen des Präsidenten in die Regionen erinnern an sowjetische Zeiten. Die gesamte Finanzverfassung macht(e) die Regionen und die Kommunen stark vom Zentrum in Kiev abhängig. Es gibt starke regionale *Clans* in der Ukraine. Das Wirtschaftssystem wird daher auch als *Clan-Kapitalismus* bezeichnet.

Rent seeking gab es natürlich schon in der Ökonomie sowjetischen Typs. In einer Ökonomie, welche starke Elemente des *bargaining* hatte und weit mehr als nur Kommandowirtschaft oder Verwaltungswirtschaft war, musste *rent seeking* eine große Rolle spielen. Es gab viele Schnittstellen des *bargaining* zwischen Organen der Wirtschaftsplanung: z.B. Politbüro / Regierung-Ministerium, Ministerium-Unternehmung, Region-Unternehmung u.a.m. Hier gäbe es noch viel zu untersuchen, ebenso wie die Plan-Ökonomie generell unter Aspekten der Neuen Institutionen-Ökonomie verstärkt zu untersuchen wäre, vor allem im Zusammenhang mit der Prinzipal-Agent-Theorie.

In den postsowjetischen Staaten ist *rent seeking* im großen Stil vor allem mit der Kategorie der Oligarchen verbunden. Über Oligarchen in Russland und in der Ukraine gibt es eine Fülle von Informationen, vor allem journalistischer, aber auch wissenschaftlicher Art. Oligarchen sind in Exekutive und Legislative sichtbar, in der Ukraine sind sie bedeutsam auch für die Interaktion zwischen diesen beiden Gewalten. Sie waren mit entscheidend oder sogar weitgehend entscheidend bei der Etablierung einer exekutiv- bzw. präsidentenfreundlichen 'Mehrheit' in der Verchovna Rada Anfang 2000 und bei dem Sturz der Regierung Juščenko im April 2001. Oligarchen sind in Russland und in der Ukraine das bedeutendste Phänomen bzw. die wichtigste Determinante, wenn es um die Verquickung von Politik und Ökonomie geht, die von zentraler für Bedeutung für das *rent seeking* im größeren Maßstab ist.

Rent seeking schafft *Rent giving* und umgekehrt. Es ist so, wie mit Angebot und Nachfrage. Nachfrage schafft Angebot, Angebot schafft Nachfrage. Es gibt angebots- und nachfrage-bestimmte Gegenstände in der Wirtschaftswissenschaft und Wirtschaftspolitik; es gibt ein 'Henne-und-Ei'-Problem bei Angebot und Nachfrage. Gelegentlich sind Angebots- und Nachfrage-Orientierung zwei Seiten einer Medaille. Entsprechend gibt es Zirkularitäten von *rent seeking* und *rent giving*, vor allem in der Ukraine, wo *rent seeking* von der Spitze des Staates bis an die politische und wirtschaftliche Basis des Landes reicht.

Darüber hinaus gibt es einen Wechselbezug zwischen systemisch determiniertem und individuell bestimmtem *rent seeking*. Individuelles *rent seeking* meint, dass es einen intrapersonalen Konflikt zwischen dem *rent seeker* und dem *constitutionalist* gibt, einen Konflikt, den man in der Verfassungs-Ökonomie des amerikanischen Nobelpreisträgers James M. Buchanan thematisiert findet. Nach Buchanan existiert ein "struggle between the rent-seekers and the constitutionalists, and ... almost all citizens will play, simultaneously, both of theses roles ... Each of us will seek to utilise the political process to further the privately determined and specialised interest that affects us most directly ... If I seek a special tax exemption for my industry, my profession, my region, I am rent-seeking ... I am seeking differential gains, that are not shared by the full constituency. In game theory terms, I am behaving non-co-operatively ... To the extent, that politics may be ... regarded as a competitive struggle among the rent-seekers, it will, in total, be a negative sum, or at best zero sum ... the aggregate losses will be larger than the aggregate gains."[35]

Bezogen auf die Ukraine heißt dies, dass hohe Subventionen, umfangreiche Steuerpräferenzen, hohe Zinsen, Nichtzahlungen (Schulden) dort intensives *rent seeking* und *rent giving* bedeuten, dass dies hohe soziale Kosten bewirkt, d.h. hohe direkte Kosten des *rent seeking* (Abzug von Ressourcen aus produktiven Verwendungen), und eine Fehlallokation von Ressourcen infolge falscher volkswirtschaftlicher Bepreisungen schafft. Die systemische Dimension von *rent seeking* belastet nicht nur die

---

[35] Buchanan 1991, S. 10-11.

(laufende) Wirtschaftspolitik, weil sie deren Möglichkeiten für Veränderungen einengt. Sie prägt auch das individuelle Denken und das Verhalten in der Zukunft. Um mit J. Buchanan zu sprechen: der *rent seeker* im Individuum hat übergroße, hat zu große Chancen, im Vergleich zum *constitutionalist*.

Ergo kann sich gutes Wissen über westliche Textbuch-Ökonomie nicht adäquat mit einer nicht kompatiblen nationalen Mentalität verbinden, welche zum Teil aus institutionellen Rahmenbedingungen der Planökonomie, wohl mehr noch aus den neuen Bedingungen der real existierenden Transformationen resultiert. Dass Wenige reich wurden und Viele in eine bittere Armut fielen, ist schlechter Politik zu verdanken, der Dominanz von Machtpolitik, wirtschaftspolitischer Unseriösität, aber auch westlichen Fehlern in der Transformationsberatung. Dabei wurde der westliche Transformationsdruck beeinflusst durch die extreme Dominanz angelsächsisch bestimmten Transformationsdenkens und durch zu schnelle Privatisierungen, durch eine Auffassung, die den Markt zu sehr als Mechanismus und zu wenig als Institution bzw. als Institutionen-Gefüge begriff, aber auch durch überzogene Ideen von Institutionen-Transfer.

Rent seeking ist auch Folge der Intransparenz von Entscheidungsprozessen. Hierbei kann man Elemente systemischer Gemeinsamkeiten feststellen. Denn auch bei uns ist 'mehr Transparenz' eine oft gehörte Forderung bezüglich vieler Politik- und Wirtschaftsprobleme. Intransparenz steht vor allem im Zusammenhang mit Überregulierung, mit einer zu starken 'Verrechtlichung' der Staats- und Wirtschaftsordnungen. Die Möglichkeiten des *rent seeking* steigen mit wachsender Intransparenz. Gleichzeitig aber ist *rent seeking* auch eine Folge fehlender Gesetze, realiter nicht implementierter oder nicht befolgter Gesetze, nicht hinreichend kontrollierter und / oder sanktionierter Gesetzesverstöße.

Wenn wir ein Gesamtsystem der Wirtschaft in Ordnungs-, Allokations-, Distributions- und Stabilitätspolitik segmentieren (es geht eher um gedanklich separierte funktionale Teilsysteme als um reale Segmentierungen) und *rent seeking* dem *profit seeking* gegenüberstellen, dann könnte man sagen, dass *profit seeking* den Bereichen Ordnung und Allokation zugeordnet ist. Durch *profit seeking* sollen - im Rahmen gut gestalteter *rules of the game* für die Wirtschaft - individuell legitimierte und gesamtwirtschaftlich notwendige Wohlfahrt bzw. Wohlfahrtsgwinne geschaffen werden. Ressourcen sollen tendenziell besser alloziert und damit die gesamtwirtschaftliche Produktitivtät und Produktion erhöht werden. *Profit seeking* wird also mit legitim erworbenem Einkommen und Vermögen konnotiert, mit Leistung, mit Leistungsorientierung. Jede staatliche wirtschaftliche Rahmenordnung und laufende Politik schaffen natürlich Nischen für *rent seeking*. Diese Nischen können und sollen aber nicht systemische Unterschiede zwischen primär auf *profit seeking* und stark auf *rent seeking* orientierten Ökonomien und Staaten verwischen, welche zwischen hoch entwickelten Marktwirtschaften und 'Nachzüglern' unter den Transformationsländern bestehen.

Rent seeking ist eine primär mit dem Distributionsbereich verbundene Kategorie, mit Distribution im weitesten Sinne, d.h. mit der Verteilung von Macht, Geld, monetären und nichtmonetären Ressourcen, vor allem auch mit Informationen, aus denen Macht, Geld oder anderes Vermögen gemacht werden kann. So gibt es in den Transformations-Ökonomien extreme Ungleichverteilungen von Einkommen und Vermögen, bedingt durch extreme Ungleichverteilungen von Wissen, Marktzugang und der Möglichkeiten von Ressourcenbeschaffung. Es gibt sehr ungleich verteiltes Erfahrungswissen, zumeist aus der Planökonomie herkommend, Möglichkeiten der Ressourcenaneignung in Rahmen des Privatisierungsprozesses und Bevorteilungen bei der Privatisierung vor allem dort, wo staatliche Vermögensobjekte für 'Apfel und Ei' weggegeben wurden.

D. Die wirtschaftliche Entwicklung der 90er Jahre und die Wirtschaftssituation der Jahre 2000 und 2001

Überblickt man die Hauptdeterminanten der wirtschaftlichen Negativentwicklung in der Ukraine der 90er Jahre, so waren und sind es erstens ungünstige Startbedingungen, zweitens Politikdefizite und drittens bleibende spezifische Ressourcenknappheiten, hier vor allem im Energiesektor. Die ungünstigen Startbedingungen beziehen sich sowohl auf die Situation der natürlichen Ressourcen, als auch auf die Gesamtheit dessen, was politisches und wirtschaftliches Top-Management ausmachte sowie auf die vorhandenen Institutionen.

Mit der Ukraine entstand eine mittelgroßer Staat in Ostmittel- und Osteuropa, der in der UdSSR weitgehend von Moskau geführt worden war, dem nicht nur theoretisches Wissen bei der Staatsgründung fehlte, sondern vor allem auch Erfahrungswissen in der politischen Leitung. Dieses Erfahrungswissen war ja in den großen Unternehmungen der Ukraine und auch in großen Forschungsinstitutionen der Wissenschaft durchaus vorhanden gewesen. Aber es gab eben ein großes Defizit an Erfahrungswissen nicht nur bezüglich der Leitung eines Staates sondern auch bezüglich des Umgangs mit dem Westen, bezüglich der Kenntnisse über das Funktionieren von Politik und Ökonomie im Westen. Die Außenpolitiker hatten in Moskau gesessen und ebenso die Leute des Sicherheitsapparates, die Bankiers, die Außenhandels-Experten, die Reisekader der Wissenschaft. Viele qualifizierte Ukrainer saßen in Russland und blieben dort. Russen in der Ukraine gingen nach Russland zurück. Ein weiterer *brain drain* in Wirtschaft und Wissenschaft folgte in Richtung Westen, aber auch in Richtung Russland.

Es war für die Ukraine also besonders schwer, westliche Institutionen oder Teile von Ihnen zu verstehen und zu adaptieren. Der Westen forderte mit großer Energie, dass politische Top-Manager in der Ukraine etwas einführen sollten, dessen Funktionieren sie selbst nicht beurteilen konnten. Sie adaptierten dann Schlagwörter und Losungen. In der ersten Hälfte der 90er Jahre entstanden in der Ukraine knapp ein Dutzend Wirtschaftsprogramme, deren politische Relevanz verständlicherweise eher gering blieb. Etwas überspitzt könnte man sagen, dass bei der berühmten Frage 'woher - wohin?' westliche Berater zu wenig Wissen über den ersten Teil hatten und die ukrainischen *Reformatoren* über den zweiten. Immer wieder hat man sehen können, dass die alte Garde der wirtschaftlichen Akademie-Institute zu wenig mit Ökonomen aus dem Westen ins Gespräch kam. Eine Schuldzuweisung soll hier nicht erfolgen.

Es hat ungefähr eine Dekade gedauert, bis sich das offizielle BIP der Ukraine positiv entwickelte. Es gab bis zu diesem Zeitpunkt allerdings - wie ausgeführt - eine sehr große Schattenwirtschaft, so dass realiter die Brutto-Inlandsprodukte in den letzten Jahren wesentlich größer waren als die statistisch ausgewiesenen Größen. Dennoch bleibt offizieller Standpunkt in der Wirtschaftspolitik, eine neue Zeitrechnung der Wirtschaftsentwicklung mit offiziellen statistischen Daten zu beginnen oder zu bestimmen. So könnte man vielleicht sagen, dass das Wachsen des offiziellen BIP bzw. das Wachstum in der offiziellen Wirtschaft (als Gegenstück zur Schattenwirtschaft) zumindest ebenso sehr eine qualitative als eine quantitative Aussage über Entwicklung beinhaltet, nämlich darüber, dass sich institutionell etwas wandelt, d.h. dass ein Teil der Volkswirtschaft aus der Untergrund-Ökonomie auftaucht.

Anfang der 90er Jahre gab es in der Ukraine bezüglich der Entwicklungs- und Wachstums-Chancen Optimismus und Euphorie, aber auch Skepsis. Diese Skepsis wird heute manchmal unterschlagen, wenn

Situationsanalysen vom Anfang der 90er Jahre mit der nachfolgenden Realentwicklung verglichen werden. Die Optimisten, die die Ukraine zu Beginn der 90er Jahre mit an die Spitze der sowjetischen Republiken oder der postsowjetischen Staaten stellten, haben zu sehr auf die natürlichen Ressourcen gesehen, dabei das Energie-Problem quasi vergessen, und zu wenig auf die organisatorischen und institutionellen Voraussetzungen geachtet.

Unter Management-, nicht unter Produktions-Aspekten, hatte die Ukraine gegenüber Moskau die Züge einer 'verlängerten Werkbank'. Die ganze Absurdität der Sowjet-Ökonomie zeigte sich daran, dass dieses Kernland der Industrialisierung, das ja auch eine bedeutende Quelle der sowjetischen Kapitalbildung war, weitgehend von Moskau geleitet wurde. Das war nicht nur negativ für die ukrainische Wirtschaftsstruktur und für die Investitionsmöglichkeiten der Ukraine. Es wirkte sich nachteilig vor allem für die Herausbildung eines eigenen Top-Managements aus und das in einem Land, das bedeutende Leistungen in Wissenschaft, Technik und Produktion erbrachte. Nirgendwo erkennt man besser als in der Ukraine, dass die sowjetische Nationalitätenpolitik eine große Farce war.

Zählt man also den Management-Faktor von Anfang zur Ressourcen-Ausstattung, dann war frühe Skepsis bezüglich der Entwicklungsmöglichkeiten der Ukraine angebracht. Weitere Negativfaktoren waren die schwerindustrielle Prägung, das Alter des Kapitalstocks (der industriellen und infrastrukturellen Anlagen) und vor allem die Erwartung höherer Energiepreise durch Russland. Es gab bezüglich dieser starken Energieabhängigkeit der Ukraine bis heute viel Rhetorik, z.B. in Richtung auf eine Diversifizierung des Bezugs. Aber das ukrainische Energiedefizit und die ukrainische Energiepolitik sind eine enorme Belastung für wirtschaftlichen Wandel in Binnenwirtschaft und Exportwirtschaft bis heute geblieben. Die hohen Energiekosten verhindern bzw. mindern volkswirtschaftliche Wertschöpfung und belasten die Beziehungen zu Russland. Eine fehlende Energiesparpolitik stand steigenden russischen Energiepreisen gegenüber. Man empfing zunächst implizite Subventionen Russlands, d.h. Preise, die unter den Weltmarktpreisen für Energie lagen. Auf steigende Preise bereitete man sich nicht annähernd adäquat vor. Es kam im Gegenteil zu einer Fülle von Negativfaktoren: schlechtes *debt management* und *rent giving* (an Oligarchen), zu niedrige Energietarife in der Ukraine und die Nichtbezahlung von Energie-Schulden, verzögerte Privatisierung, Fehlen einer Energie-Sparpolitik. Dieses Fehlerbündel der Vergangenheit ist heute nur schwer aufzuschnüren. Julia Timošenko hat es versucht. Das Ergebnis war ihre Entlassung als Ministerin.

Der politische Ausgangsoptimismus der Loslösung von einem zuletzt schlecht gelenktem Koloss hatte Anfang der 90er Jahre eine wirtschaftliche Euphorie geschaffen, die ihren Ausdruck in dem hohen Ja-Stimmen-Anteil für die ukrainische Unabhängigkeit im Referendum von Dezember 1991 gefunden hatte. Die kommende Hilfe aus dem Westen wurde überschätzt, ebenso die Möglichkeiten von Industrie und Wissenschaft. Die international ungünstige Produktionsstruktur und das relativ hohe Durchschnittsalter der ukrainischen Produktionsanlagen wurden zu wenig in Rechnung gezogen, und damit der hohe Erneuerungsbedarf (Investitionsbedarf) der Zukunft nicht adäquat bewertet.

Quasi als Zusammenfassung sei abschließend eine sehr prägnante transformationskritische Bewertung des ehemaligen Chef-Ökonomen der Weltbank, Prof. Joseph E. Stiglitz, zitiert: "I argue that the failures of the reforms in Russia and most of the former Soviet Union are not just due to sound policies being poorly implemented. I argue, that the failures go deeper, to a misunderstanding of the foundations of a market economy as well as a misunderstanding of the basis of an institutional reform process."[36] Die neoklassisch bestimmten Reformmodelle hätten dabei eine Reihe von Elementen unterbewertet, u.a. "social and organizational capital..., the institutional and legal infrastructure required to make an effective market economy ... at least part of the problem was an excessive reliance on textbook models of economics ... Textbook economics may be fine for teaching students, but not for advising governments ... especially since the typical American style textbook relies so heavily on a particular intellectual tradition, the neoclassical model, leaving our other traditions (such as those put forward by Schumpeter and Hayek)..."[37]. Informationsprobleme in einer Marktwirtschaft gingen weit über Preissignale hinaus:"Prices do not convey all the relevant information ... those advocating shock therapy, with its focus on privatization, similarly failed because they failed to understand modern capitalism"[38].

---

36 Stiglitz 1999, Abstract.

37 Ebd., S. 3.

38 Ebd., S. 4.

Stiglitz betrachtet die Transformation stark auf einer institutionentheoretischen Basis. Neben "narrow economic incentives“ spielten "norms, social institutions, social capital, and trust" eine kritische Rolle: "It is this implicit social contract, necessary to a market economy, that cannot be simply legislated, decreed, or installed by a reform government ... One of the most difficult parts of transformation ... is the transformation of the old »implicit social contract« to a new one. If *reformers* simply destroy the old norms and constraints ... without allowing for the time-consuming process of reconstructing new norms, then the newly legislated institutions may well not take hold. Then the reforms will be discredited and the *reformers* will blame the victims for not correctly implementing their ill-considered designs."[39] So kritisiert Stiglitz auch "the failure of the shock therapy reforms on corruption and rent seeking ... Moreover, corruption and rent seeking may itself have been increased by the manner in which reforms were conducted, which both destroyed the already weak social capital."[40]

E. Chancen nachhaltigen politischen und wirtschaftlichen Wandels

Die Chancen im politischen wie im ökonomischen System der Ukraine kurzfristig nachhaltigen Wandel zu erreichen, stehen, wie eingangs schon gesagt wurde, immer noch nicht gut. Die Ukraine hat eine zu kleine Gegenelite gegen die heute Herrschenden (Präsidialapparat, Oligarchen) geschaffen. Kritiker nennen die Ukraine ein 'Land ohne Opposition'. Die Bevölkerung ist seit längerem mit dem Überleben beschäftigt. Die Kommunistische Partei paktiert mit den Oligarchen und verliert damit weiter an Glaubwürdigkeit. Die Massenmedien befinden sich unter starker staatlicher Beeinflussung oder Repression. Wie in Russland ist aber die Unabhängigkeit der Medien auch in der Ukraine nicht nur eine politische sondern vor allem eine finanzielle Frage. Bei so geringer Kaufkraft wie in der Ukraine brauchen private Medien Sponsoren. Und diese finden sich nur, wenn politisch etwas zu 'gewinnen' ist.

---

[39] Ebd., S. 8-9.

[40] Ebd. Des weiteren zitiert Stiglitz 'einen Kollegen mit den Worten': "The institutional blitzkrieg destroyed without replacing the old social norms - removing the last restraints against society-threatening levels of corruption.“

Von der EU ist wenig zu erwarten. Die immer auf's Neue wiederholten Losungen über die Notwendigkeit einer ukrainischen Westorientierung - in Politik, Wissenschaft und Publizistik geäußert - wirken blutleer im Hinblick auf die großen Probleme der Ukraine und den steigenden Einfluss Russlands, auch wenn dieser zur Zeit eher durch wirtschaftliche als durch politische Ziele determiniert wird. Der ehemalige Premier Russlands Viktor Černomyrdin stand Mitte Mai 2001 in Kiev als Botschafter *ante portas*. Die Bewertungen über seine Wahl gehen natürlich auseinander. Kann die *économie dominante* Russland ihre Interessen an Ort und Stelle durch ihn vielleicht besser vertreten? Kann er die illegale Entnahme von russischem Gas aus der ukrainischen Pipeline stoppen? Kann es zu einer seriöseren Behandlung der ukrainischen Gasschulden kommen?

Die schwachen politischen Leistungen von Exekutive und Legislative haben in der Ukraine zu einer relativ großen politischen Passivität in der Bevölkerung und auch in den Gruppen geführt, welche einen Teil der Gegenelite darstellen könnten, z.B. in der Wissenschaft. Immer noch werden Heilmittel eher in starken staatlichen Strukturen gesehen. Die Bedeutung von Freiheit für Entwicklung wird gering, zu gering geschätzt. Je nach Position hatte in der Vergangenheit China, das Chile Pinochets, hatten die 'asiatischen Tiger' Positionen sogar in den Köpfen von Menschen mit allgemein hoher Intelligenz. Schlechte politische und ökonomische Leistungen haben sowohl den Markt als auch Freiheit 'desavuiert' und ganz entschieden die Verbindung von Markt und Freiheit. Die Endphase der Sowjetunion noch im Auge, vor allem das Chaos und die extreme Ökonomie des Mangels am Ende der Perestrojka, wünschen sich ehemalige Sowjetbürger in der Ukraine wieder die 'starke Hand'.

Der Verfasser schließt sich hingegen dem Denken von Amartya Sen an, der Entwicklung vor allem 'als Prozess der Erweiterung realer Freiheiten' versteht, die dem Menschen zukommen. Entwicklung werde, nach Sen, traditionell zu sehr mit dem Wachstum des Bruttosozialprodukts konnotiert, welches wohl 'Mittel zur Erweiterung der Freiheiten' sein kann. Aber 'Entwicklung als Freiheit' lenke den Blick auf die Zwecke und nicht auf die Mittel: "Entwicklung fordert, die Hauptursachen von Unfreiheit zu beseitigen: Armut wie auch Despotismus, fehlende wirtschaftliche Chancen wie auch systematischen sozialen Notstand, die Vernachlässigung öffentlicher Einrichtungen wie auch die Intoleranz oder die erstickende Kontrolle seitens autoritärer Staaten."[41] Was Sen hier primär zur Entwicklungspolitik sagt, kann auch auf die Transformationspolitik der Ukraine angewendet werden.

Nach einer Bevölkerungsbefragung vom Frühjahr 2001 standen bei den Prioritäten, die, ungeachtet der finanziellen Möglichkeiten, auf jeden Fall zu finanzieren wären: das Gesundheitswesen, Soziale Hilfe / Pensionen und Bildung mit 67%, 64% und 55% an der Spitze der Liste.[42] Nur 13% kannten das Wirtschaftsprogramm der Regierung Juščenko, nur 19% unterstützten es. Das Misstrauen in die Qualität der Wirtschaftspolitik und auch in die Transparenz dieser Politik ist immer noch sehr groß. Das für die Oligarchen erfolgreiche Misstrauens-Votum vom 26.4. 2001 wird aber weder den Oligarchen noch den Kommunisten noch dem Präsidenten viel bringen. Gab es unmittelbar einen Schritt zurück, so könnte mittelfristig ein positiver Effekt dadurch entstehen, dass die ukrainische Bevölkerung noch weniger Illusionen hat als vorher. Viele würden sagen, dass dies nicht mehr möglich sei. Ich schließe mit dem Optimismus, dass es möglich ist.

Nachtrag

In der Zeit vom Mai 2001 bis Juni 2002, über die dieser Nachtrag ein paar Sätze anfügen will, konnte in der Ukraine institutionell wenig geschehen bzw. 'nach vorn' bewegt werden, obwohl es natürlich immer wieder Reformrhetorik gibt, so im Zusammenhang mit den Ergebnissen der Wahl von März 2002 und den Strukturen des neuen Parlaments. Der präsidentennahe Parlaments-Block 'Za jedynu Ukrainy' (Für eine geeinte Ukraine) hatte im Wahlkampf in hohem Maße Ressourcen der Exekutive erhalten und die von diesem Block dominierte Parlamentsmehrheit hat im Hinblick auf das Parlaments-Präsidium - bei knappster Mehrheit - 'durchgewählt', d.h. alle drei Mitglieder des Präsidiums kommen aus dem Block. Der Oppositions-Block, in dem 'Naša Ukraina' (Unsere Ukraine) des vormaligen Premiers Juščenko die zentrale Position einnimmt, wurde nach harten Verhandlungen später mit Vorsitzenden der Parlaments-Komitees 'entschädigt'.[43] 'Unsere Ukraine' erhielt 10 von 24 Vorsitzenden, aber der Block 'Für

---

41 Sen 2000, S. 13.

42 Durchgeführt vom Ukrainskij centr ėkonomičeskich i političeskich issledovanij, (2037 Antworten), vgl. bei Sidenko 2001.

43 Deutsch-Ukrainische Rundschau, Nr.3/2002, S. 11.

eine geeinte Ukraine' bekam 13 von 24 stellvertretenden Vorsitzenden. Man fühlt sich an Sowjetzeiten erinnert und es ist schwer, darüber keine Satire zu schreiben. Der ehemalige Leiter der Präsidenten-Administration, W. Lytwyn, wurde neuer Parlamentspräsident, von der Exekutive quasi in die Legislative delegiert.

Die offizielle Ukraine hat am 22. Mai in Berlin bei einer Veranstaltung des Deutsch-Ukrainischen Forums in Gestalt des Stellvertretenden Premiers V. Semynošenko behauptet, "dass die ukrainische Demokratie eine hohe Qualität des Wahlprozesses demonstriert hat"[44]. Das ist die schon beschriebene 'Virtualität' ukrainischer Politik: die Ukraine offeriert Deklarationen statt realer Politik, der Westen tut so, als wenn er dies glaubt, zumindest wird es vom Deutsch-Ukrainischen Forum gedruckt. Wenn die Parlamentswahlen aber eins gezeigt haben, dann, dass im Zentrum des politischen Systems der Ukraine immer noch harte Machtpolitik steht, 'virtuell' verkleidet und als Reformpolitik offeriert. Jedenfalls schafft das letzte Jahr nach Ansicht des Verfassers nicht mehr Anlass für Reformhoffnungen als die Zeit davor.

Druck in Richtung auf mehr institutionelle Reformen könnte von außenpolitischer Seite kommen. Dies wird sowohl in der Ukraine als auch im Westen thematisiert. Aber: Anpassungen der Ukraine an das Rechtssystem der EU - induziert durch ukrainische Erwartungen, relativ bald den Status eines assoziierten Mitglieds der EU zu bekommen - haben harte Voraussetzungen. Zur Zeit sind die Verlautbarungen der EU von einem Assoziierten-Status der Ukraine noch weit entfernt. Außerdem kostet dieser institutionelle Wandel die Ukraine einiges. Ohne finanzielle und verstärkte personelle Hilfe der EU ist dieser 'Institutionen-Transfer' in die Ukraine nicht denkbar. Solange es keine stärkeren 'Avancen' der EU gibt, könnte die Ukraine mit Aufwendungen für institutionelle Modernisierungen ein Risiko eingehen. Das Argument, man müsse ohnehin institutionell reformieren, ist m.E. nicht besonders stark. Art und Tempo der Reformen könnten sich sehr unterscheiden, wenn die Ukraine einen 'Eigenweg' geht, der im übrigen ja auch immer wieder betont wird, u.a. in der letzten 'Botschaft' (poslannja) des Präsidenten an das Parlament vom Juni dieses Jahres.[45]

---

[44] Ebd., S. 10.

[45] Vgl. Interfaks-Ukraina, 18.6. 2002.

Diese Botschaft des Präsidenten mit dem Titel 'Europäische Wahl' betont zwar einerseits, dass Pragmatismus Ideologie in der Außenpolitik ablösen soll - offen bleibt, wen und was er meint - andererseits betont er ganz stark das ukrainische Interesse und dass die Ukraine "für sich selbst" bestimmen soll, wann und in welcher Form sie die "europäische Wahl realisieren"[46] will. Außerdem sind diejenigen, die mit leichter Hand institutionellen Transfer und die Schnelligkeit desselben propagieren, sich nicht bewusst, wie kritisch dies gerade von institutionalistisch orientierten Ökonomen und anderen Sozialwissenschaftlern dieser Ausrichtung gesehen wird, die der 'Pfadabhängigkeit' von Entwicklung zentrale Bedeutung beimessen. Pfadabhängigkeit hat aber eine Ressourcenseite und eine Institutionelle. Das Denken in Kategorien der Machtpolitik ist in der Ukraine gleichsam ein zentrales Element des Institutionen-Systems geworden (eine bestimmte Mentalität ist dessen konstitutives Element) und dies wird auch länger noch ein Hindernis bei der Reform der Staats- und Gesellschaftsordnung bleiben. Ebenso wie man das Element der Virtualität offensichtlich nicht so schnell aus vielen Köpfen herausbekommt. Das gilt m.E. auch für den ehemaligen Premier Juščenko, der im Ausland das Ergebnis seines Blocks schönredet, so am 19.6. 2002 bei der Deutschen Gesellschaft für Auswärtige Politik in Berlin. Denn die politische und ökonomische Macht sowie ein begrenztes Interesse an weitergehenden institutionellen Reformen liegt vor allem bei den Parlamentariern, die Direkt-Mandate erhalten haben. Viele davon figurierten als 'Unabhängige'. Jedoch steht eine große Anzahl, zurückhaltend formuliert, dem Kučma-Lytwyn-Block nahe.

Es gibt weitere Indikatoren für den Reformbedarf des Systems der politischen Institutionen. Eine Parlamentariergruppe betreibt weiter das *impeachment* gegen den Präsidenten. Dieser hingegen versucht, klare 'Mechanismen' zu finden, nach denen er das Parlament auflösen könnte, wenn sich keine 'Mehrheit' (bolšinstvo) ergibt, für die er sogar die Rolle des Parlaments bei der Regierungsbildung wesentlich erhöhen will. Es sei aber daran erinnert, das er dem Premier Juščenko nach dessen Berufung grundlegend andere Kompetenzen, eine viel größere Verantwortlichkeit zumessen wollte als seinen Vorgängern. Im Prinzip wurde dieser jedoch von der Präsidial-Exekutive genau so 'gefeuert' wie seine Vorgänger, wenn auch formal durch das Parlament: durch eine dem Präsidenten naheste-

[46] Ebd.

hende 'Mehrheit', in der sich Leute des Geldes mit den Kommunisten zusammengetan hatten.

Ein Indikator für fehlenden Konsens bzw. für eine starke politische Polarisierung ist auch die Regionalstruktur des Ergebnisses der Parlamentswahlen. Juščenko erzielte bei den Listen-Mandaten einen hohen Wahlsieg im Westen (über 50% in fünf Gebieten, über zwei Drittel in zweien davon), die Kommunisten siegten im Osten und Süden mit Ausnahme des Gebietes Donetsk, wobei die Wahlergebnisse in der Regel um den Wert von 30% oszillierten. Die Regionalisierung von Wahlergebnissen (bezogen auf die Präsidenten- wie auf die Parlaments-Wahlen) ist in der Ukraine nichts Neues. Diese Regionaliserung ist in hohem Maße personalisiert und nur zum Teil sozialstrukturell zu erklären, nämlich bei den Wahlsiegen der Kommunisten in den östlichen Industrie-Regionen.

In diesem politischen Kontext ist es schwierig, klare ordnungspolitische Entwicklungen in der Wirtschaft zu formulieren und dann durchzusetzen. Die Ukraine - Nachzügler bei der Perestrojka und den Transformationsreformen der postkommunistischen Staaten - traf auf eine Beratungsphilosophie des Westens, die eben sehr stark Kind ihrer Zeit war, also die Ausläufer von Reagonomics und Thatcherismus repräsentierte, das was Joseph Stiglitz, der institutionalistische Radikalkritiker des Währungsfonds, als 'Ideologie' und 'Marktfundamentalismus' bezeichnet. Man darf zu Recht annehmen, dass ein heutiger Transformationsbeginn in Osteuropa etwas Anderes als den *Washington Consensus* des Währungsfonds als wirtschaftspolitisches Credo hervorbringen würde: 'Schocktherapie' als generelles Tempomaß dürfte nicht mehr zentral sein. Bei 'Institutionen-Transfer' wäre man viel skeptischer und würde wohl auch die Entwicklungen im Nachkriegs-Europa viel stärker berücksichtigen, wo es beträchtliche staatliche wirtschaftspolitische Interventionen gab, nicht nur in Frankreich.

Es sei hier auf eine Reihe erstrangiger deutscher Wirtschaftshistoriker verwiesen, an dieser Stelle insbesondere auf Werner Abelshauser. Stiglitz spricht etwas salopp von einem 'partnerschaftlichen Verhältnis zwischen Staat und Markt'. Abelshauser aber betont, dass sich "die gegenwärtigen Auseinandersetzungen zwischen Wirtschaft und Politik um den Primat im ökonomischen Koordinierungssytem ... aus wirtschaftshistorischer Perspektive kaum rechtfertigen lässt. ... Zwischen Markt und Staat besteht in Wirklichkeit ebenso wenig ein funktionaler Gegensatz wie zwischen Markt und Unternehmen. ... Der unverzichtbare Kern jeder Wirtschaftspolitik liegt deshalb in der Ordnungspolitik, also in der Gestaltung des institutionellen

Rahmens, und nicht der Prozesspolitik, d.h. in Eingriffen in den wirtschaftlichen Ablauf ... mögen sie von Fall zu Fall auch noch so notwendig sein"[47]. Und Stiglitz unternimmt eine Ehrenrettung des Ökonomen, der von vielen Transformations-Experten geschmäht bis lächerlich gemacht wird: von John Maynard Keynes. Die Lehre von Keynes bleibe in ihren Grundzügen gültig, obwohl wir heute besser verstünden, "weshalb die Marktkräfte nicht so schnell wirken"[48]. Für den 'Schocktherapeuten' A. Aslund hingegen, einen schwedischen Ökonomieprofessor, der einige Jahre für die Soros-Stiftung die Ukraine beraten hat - vielleicht zu lange - ist ein "schnelles Transformationstempo" vor allem geeignet, die "Macht der alten Eliten zu brechen und eine breite Eigentumsbasis zu schaffen"[49]. Ein Ökonom wie Stiglitz, der Marktwirtschaft bei weitem nicht so 'unterkomplex' sieht wie Aslund, hätte der Ukraine als Top-Berater wohl besser getan. Wir haben gesehen, dass ein schnelles Tempo z.B. bei der Privatisierung mitnichten zu einer Entmachtung der alten Eliten geführt hat und dass das Gegenteil einer breiten Eigentumsbasis entstanden ist. Schließen wir mit Stiglitz: "Die Leitlinien des 'Washington Consensus' haben letztlich eine kleine Minderheit auf Kosten der großen Mehrheit, die Wohlhabenden auf Kosten der Bedürftigen, begünstigt"[50].

Ein ganz kurzer Nachtrag der quantitativen Entwicklung ergibt folgendes Bild. Das Boom-Jahr 2001 brachte ein Wachstum des Brutto-Inlandsprodukts von ca. 9% gegenüber dem Jahre 2000. Die Industrieproduktion stieg im gleichen Zeitraum um 14%. Dieses Wachstum wird man nicht fortschreiben können. Das zeigen schon die Strukturen der Entwicklung. Die verschlechterte Situation der Weltkonjunktur und der extrem harte Wettbewerb auf dem Welt-Stahlmarkt ließen die Produktion im Bereich Metallurgie und Metallverarbeitung in den ersten vier Monaten sinken. Der Anstieg der Industrieproduktion in den ersten vier Monaten des Jahres 2002 betrug ca. 4%. Wachstumsträger waren: Leichtindustrie, Landwirtschaft und Ernährungsindustrie und Maschinenbau, während neben der Metallurgie (s.o.) auch noch die chemische Industrie und der Energiebereich rückläufig waren. Das Brutto-Inlandsprodukt stieg in den ersten

---

[47] Abelshauser 2001, S. 117-119.

[48] Stiglitz 2002, S. 26.

[49] Aslund 1994, S. 22.

[50] Stiglitz 2002, S. 35.

vier Monaten von 2002 um 4%, ist also in Relation zu 2001 und auch zu 2000 stark rückläufig. Ein Wert zwischen 4% und 6% wäre aber immer noch beachtlich.[51] Die gesamten ausländischen Direktinvestitionen betrugen bis 1.4. 2002 lediglich 4.5 Mrd. US-$. Gemessen an den Investitionen in den ostmitteleuropäischen Ländern bleibt das ein Rinnsal. Es herrschte in den ersten vier Monaten nahezu totale Preisstabilität. Man kann sich darüber streiten, ob man darin eher eine positive oder eine negative Entwicklung sehen soll.

51 Vgl. bei Deutsch-Ukrainische Rundschau, Nr. 3/2002, S. 14-16.

Literatur

Abelshauser, A. (2001). 5. Markt und Staat. Deutsche Wirtschaftspolitik im "langen 20. Jahrhundert". In: R. Spree (Hg.). Geschichte der deutschen Wirtschaft im 20. Jahrhundert. München: Beck, S. 117-140.

Aslund, A. (1994). Transformationsprobleme in den Nachfolgestaaten der UdSSR und den Ländern Ostmitteleuropas. Münchener Gespräche über Osteuropa. MG4/1994. Osteuropa-Institut München et al.

Charap, J. / Harm, C. (1999). Institutionalized Corruption and the Kleptocratic State. Washington: International Monetary Fund, WP / 99 / 91.

Die ersten 365 Tage (2001). Die ersten 365 Tage. Ein konstruktiver Rückblick auf die Wirtschaftsreformen in der Ukraine im Jahr 2001. Kyjiw im Januar 2001: Deutsche Beratergruppe Wirtschaft bei der ukrainischen Regierung.

Durkot, J. (2001). Gefahr für die Unabhängigkeit der Ukraine. In: Wostok, Nr. 2 / 2001, S. 39-44.

Edeling T. / Jann, W. / Wagner, D. (Hg.) (1999). Institutionenökonomie und Neuer Institutionalismus. Überlegungen zur Organisationstheorie. Opladen: Leske + Budrich.

Eggertsson, T. (1990). Economic behavior and institutions. Cambridge et al.: Cambridge University Press

Frey, B. S. und Kirchgässner G. (1994). Demokratische Wirtschaftspolitik. 2. Aufl., München: Franz Vahlen.

Gehlen, A. (1995). Mensch und Institutionen. In: Keupp, H. (Hg), Lust an der Erkenntnis. Der Mensch als soziales Wesen. Serie Piper, Bd. 1975. München / Zürich: Piper, S. 101-111.

Göhler, G. (Hg.) (1997). Institutionenwandel. Leviathan. Sonderheft 16 / 1996. Opladen: Westdeutscher Verlag.

Gaddy, C.G. / Ickes, B.W. (1999). Beyond a Bailout: Time to Face Reality about Russia's Virtual Economy. In: Policy Studies. January 1999. Kiev: International Centre for Policy Studies, S. 31-44 (aus Foreign Affairs, October 1998).

Gramatzki, H-.E. (1988). Gesamtwirtschaftliche und regionalwirtschaftliche Beziehungen Und Konflikte zwischen der UdSSR und den osteuropäischen RGW-Staaten. In: Horn, H. Knobelsdorf, W. / Reiman, M. (Hg.). Der unvollkommene Block. Die Sowjetunion und Ost-Mitteleuropa zwischen Loyalität und Widerspruch. Frankfurt a.M. et al.: Peter Lang, S. 75-101.

Gramatzki, H.-E. (1993). Ukraine: Politische Souveränität und wirtschaftliche Selbständigkeit. In: Hausmann, G. / Kappeler, A. (Hg.). Ukraine: Gegenwart und Geschichte eines neuen Staates. Baden-Baden: Nomos, S. 292-310.

Gramatzki, H.-E. (1997). Wirtschaftliche Sicherheit in der ukrainischen Wirtschaftspolitik. In: Bock, S. / Schünemann M. (Hg.). Die Ukraine in der europäischen Sicherheitsarchitektur. Baden-Baden: Nomos, S. 63-80.

Gramatzki, H.-E. (1999). Bulletin 1999. Deutsche Assoziation der Ukrainisten e.V. Göbner, R. / Gramatzki, H.-E. (Red.), Berlin.

Gramatzki, H.-E. (2001). Wirtschaftliche Entwicklung und institutioneller Wandel in der Ukraine von 1994 bis 1999. In: Lindner, R. / Meissner, B. (Hg.). Die Ukraine und Belarus' in der Transformation. Eine Zwischenbilanz. Köln: Wissenschaft und Politik, S. 67-100.

Held, M. / Nutzinger, H. G. (Hg.) (1999). Institutionen prägen Menschen. Bausteine zu Allgemeinen Institutionenökonomik. Frankfurt / New York: Campus.

Hoffmann, L. / Möllers, F. (Hg.) (2001). Ukraine on the Road to Europe. Heidelberg / New York: Physika.

Kappeler, A. (1994). Kleine Geschichte der Ukraine. München: C. H. Beck.

Keupp, H. (Hg.) (1995). Lust an der Erkenntnis. Der Mensch als soziales Wesen. Serie Piper, Bd. 1975. München / Zürich: Piper.

Kiss, K. / Sidenko, V. R. (1991). Ukraine on the way towards economic stabilization and independence. Hungarian Academy of Sciences. Institute for World Economics. Working Papers No. 2 (December 1991).

Lewschin, A. (2001). Kutschmagate-Kampf für die Freiheit in der Ukraine. In: Wostok, Nr. 2 / 2001, S. 13-17.

Ludwig, M. (2001). Juschtschenko will kämpfen und entwickelt Charisma. FAZ vom 27. April 2001.

Moshes, A. (2000). Russia-Ukraine: Entering a New Phase. In: Hoffmann, L. und Möllers, F. (Hg.), a.a.O., S. 24-31.

Odling-Smee, J. und van Rooden. R. (1999). Grwoth in Ukraine-Lessons from Other Transition Countries. In: Siedenburg, A. und Hoffmann, L. (Hg.), a.a.O., S. 1-21 Ostmitteleuropa (2000). Ostmitteleuropa vor der Konsolidierung? Wirtschaftliche Lage und Wirtschaftspolitik in Ostmittel- und Südosteuropa sowie der Ukraine Mitte 2000. München: Osteuropa-Institut München. Working Paper Nr. 227.

Poznanski, K. Z. (1995). Institutional Perspectives on Postcommunist Recession in Eastern Europa. In: Poznanski, K. Z. (ed.), Boulder / Colorado: Westview Press, S. 3-30.

Richter, R. / Furubotn, E. (1996). Neue Institutionenökonomik. Tübingen: J.C.B. Mohr.

Rifkin, J. (2000). Access. Das Verschwinden des Eigentums. Frankfurt / New York: Campus.

Schneider-Deters, W. (2000 a). Präsident Kučma wiedergewählt. Neubeginn in der Ukraine. In: Osteuropa, 4 / 2000, S. 351-366.

Schneider-Deters, W. (2000 b). Die Wiederwahl des Präsidenten Kučma. In: Osteuropa, 5 / 2000, S. 504-519.

Schneider-Deters, W. (2001). Jahresbericht 2000. Teilprojekt: Ukraine. In: Regionalprojekt: und gewerkschaftspolitische Beratung in Osteuropa. Teilprojekt: Ukraine.

Sen, A. (2000). Ökonomie für den Menschen. Wege zu Gerechtigkeit und Solidarität. München / Wien: Carl Hanser.

Sidenko, V. (2000). Current Ukrainian Economic Policy: Taking Account of National Interests or Those of Entrepreneurial Clans. In: Political Thought, Nr. 1 / 2000. Kiev, S. 23-28.
Sidenko, V. (2001). God pravitel'stvennoj programmy "Reformy zaradi dobrobutu". Zerkalo Nedeli, 17.3.2001.
Siedenberg, A. / Hoffmann, L. (Hg.) (1999). Ukraine at the Crossroads. Economic Reforms in International Perspective. Heidelberg / New York: Physika.
Stiglitz, J.E. (2002). Die Schatten der Globalisierung. Berlin: Siedler.
Stiglitz, J. E. (1999). Whither Reform. Ten Years of the Transition. World Bank.
Streit, M. E. und Mummert, U. (1996). Grundprobleme der Systemtransformation aus institutionenökonomischer Perspektive. Jena: Max-Planck-Institut zur Erforschung von Wirtschaftssystemen. Diskussionsbeitrag 09-96.
Sundakov, A. (1999). Transition Crisis: Is Crisis Mangement Delaying Transition? In: Siedenberg, A. / Hoffmann, L. (Hg.), a.a.O., S. 111-118.
Thießen, U. (2000). Zum wirtschaftspolitischen Reformfortschritt der Ukraine und zur Konditionalität der westlichen Hilfe. DIW Berlin, Diskussionspapier Nr. 192.
Tollison, R. D. (1982). Rent Seeking: A Survey. In: Kyklos, Vol 35-Fasc. 4, 575-602.
Wittkowsky, A. (1998). Fünf Jahre ohne Plan: Die Ukraine 1991-96. Hamburg: LIT.

Polen - Eine Zwischenbilanz der Systemtransformation

Jochen Franzke

Das Bild Polens hat sich während der Transformation seit 1989 mehrfach grundlegend gewandelt. Unmittelbar nach 1989 wurde das Land von vielen Beobachtern als problematischer Reformkandidat betrachtet. Seit der tschechischen Finanzkrise von 1997 galt Polen lange Zeit unangefochten als Spitzenreiter der mittel- und osteuropäischen Reformstaaten, als ein 'mitteleuropäischer Tigerstaat'. Im März 1999 wurde es NATO-Mitglied. Seit Jahren wird es als einer der ersten Anwärter für einen EU-Beitritt gehandelt. Seit dem Jahr 2000 mehren sich wieder die Stimmen, die von einer Krise der konsolidierten Demokratie in Polen sprechen.

Wie lassen sich Erfolge und Misserfolge des Systemwechsels in Polen erklären? Der folgende Beitrag versucht, mittels einer Zwischenbilanz der bisherigen Resultate der Transformation auf einigen ausgewählten Politikfeldern (Regierungs- und Parteiensystem, Wirtschaftspolitik und politische Kultur) darauf eine Antwort zu finden. Dabei sollen Aspekte des spezifischen Entwicklungspfades der polnischen Transformation herausgearbeitet werden.

1. Transformationspfade

Trotz struktureller Gemeinsamkeiten variieren die Staaten Mittel- und Osteuropas aufgrund kultureller und historischer Besonderheiten sowie hinsichtlich ihrer institutionellen Ausgestaltung und ihrer makroökonomischen Situation bereits am Beginn der Transformation erheblich. Der Kollaps des realsozialistischen Systems hinterließ eben kein institutionelles Vakuum. Die historisch gewachsenen Institutionen konditionieren in bestimmtem Maße die Handlungen der politischen und wirtschaftlichen Akteure im Transformationsprozess.

Systemtransformation umfasst dabei die Gesamtheit der Wandlungen des politisch-administrativen Systems, des Wirtschaftssystems, der Gesellschaft sowie der Beziehungen zwischen ihnen.[1] Sie ist prinzipiell ergebnisoffen. Dabei dominierten allerdings von Anfang an Leitbilder wie Demokratie, Marktwirtschaft und Zivilgesellschaft.[2] Als Antithesen zum kommunisti-

---

1 Merkel 1999.

2 Buchowski 1997, S. 27.

schen Regime waren dies 'Leitbilder an sich', die kaum hinterfragt wurden. Welche Konsequenzen sie im Einzelnen haben würden, mit welchen - vorher kaum beachteten - sozialen Kosten deren Einführung verbunden sein würde, wurde erst später deutlich.

Der Transformationspfad bezeichnet also jenen spezifischen Wandlungsprozess, den ein Land beim Übergang vom kommunistischen Ein-Partei-Regime zur pluralistischen Demokratie, von der Zentralverwaltungswirtschaft zur Marktwirtschaft und von der gleichgeschalteten Gesellschaft zur Zivilgesellschaft durchläuft. Dabei können Institutionen erfolgreicher Modelle in anderen Staaten nachgeahmt, in der Vergangenheit des eigenen Staates bereits erfolgreiche Institutionen wiederhergestellt bzw. völlig neue Institutionen geschaffen werden.[3]

In allen Phasen der Transformation treten große länderspezifische Divergenzen bei der Umgestaltung auf.[4] Diese ergeben sich vor allem aus drei Gründen:

1. Aus den Interaktionen strategisch handelnder Akteure, die politische und gesellschaftliche Macht sichern bzw. erwerben[5] oder an den abnormen Transformationsrenditen teilhaben wollen. Der spezifische Institutionenwandel resultiert anfangs aus der Auseinandersetzung zwischen den Machterhaltungsstrategien des Apparates wie den Machterwerbsstrategien der neuen Eliten. Später differenzieren sich diese Akteure weiter aus, innerhalb der bisherigen Lager treten konkurrierende Akteure im Kampf um die Macht auf.
2. Aus dem Wirken der spezifischen vorkommunistischen und kommunistischen *Legacies*, die den Wandlungsprozess nicht determinieren, wohl aber konditionieren. Der Institutionenwandel dabei ist Ergebnis der Versuche der relevanten Akteure, ihre kognitiven und Wertorientierungen in den politisch-administrativen Institutionen symbolhaft zum Ausdruck zu bringen.[6] Wirksam werden dabei in unterschiedlicher Kombination und Ausprägung sowohl vor-kommunistische als auch kommunistische *Legacies*.

---

3 Stark / Bruszt 1998.

4 Havlik 1996, S. 31.

5 Moe 1991.

6 March / Olsen 1989, 1996.

3. Aus dem Wirken externer Einflüsse (z.B. durch westliche Berater). Eine große Rolle in der postkommunistischen Transformation spielen dabei jene Standards, die von einflussreichen internationalen Organisationen wie dem Europarat, der OECD, der NATO und der EU gesetzt werden. Da für die postkommunistischen Staaten Mitteleuropas der Erwerb der Mitgliedschaft in diesen Organisationen aus symbolischen oder praktischen Gründen hohe Priorität besaß oder besitzt, gelten sie als normative Vorbilder. Somit spielt der 'erzwungene Isomorphismus', die externe Setzung verbindlicher Standards, im Transformationsprozess eine besondere Rolle.[7]

Die Herausarbeitung nationaler Entwicklungspfade reicht allein zur Erklärung der Resultate der Transformation allerdings nicht aus.[8] Ausgetretene Pfade können durchaus verlassen werden, neue institutionelle Arrangements entstehen. Lernprozesse bei den beteiligten Akteuren und soziale Eigendynamiken können unter bestimmten Umständen Pfadabhängigkeiten überwinden. Grundsätzlich zeigt die Entwicklung der Transformation seit 1989, dass - zumindest partiell - eine erfolgreiche intentionale Steuerung des Wandels von Institutionen des politischen, ökonomischen oder sozialen Systems möglich ist.[9] Polen ist ein überzeugendes Beispiel dafür.

2. Entwicklungsetappen der Transformation in Polen

2.1 Ablösung des alten politischen Regimes

Polen gilt allgemein als Paradebeispiel eines "ausgehandelten Systemwechsels"[10]. Die Vorgeschichte des eigentlichen Systemwechsels reicht weiter als in anderen sozialistischen Staaten in die Geschichte zurück. In Polen begann diese Entwicklung bereits mit der Gründung der Gewerkschaft Solidarność im Jahre 1980. Mit ihr entstand ein mächtiger und einflussreicher zivilgesellschaftlicher Akteur, der zur institutionellen Konkurrenz mit dem Regime fähig und entschlossen war. Daneben hatte sich die katholische Kirche bereits Jahrzehnte vorher zu einem regimeunabhän-

---

[7] Di Maggio / Powell 1983.

[8] North 1992.

[9] Przeworski 1996; Wiesenthal 1995.

[10] Von Beyme 1994; Rüb 1994.

gigen Akteur entwickelt.[11] Die Existenz solch eigenständiger Akteure war im gesamten von der Sowjetunion beherrschten östlichen Block einmalig. Alle zwischen 1981 und 1987 unternommenen Versuche des Regimes, diese Situation rückgängig zu machen, scheiterten.

Zwischen Herbst 1988 und Frühjahr 1989 fanden die entscheidenden Verhandlungen am 'Runden Tisch' statt. Sowohl auf Seiten des Regimes als auch der Opposition verhandelten die kompromissbereiten, moderaten Kräfte, die schließlich einen Kompromiss erzielten.[12] Die Gewerkschaft Solidarność wurde wieder zugelassen, ein semipräsidentielles Regierungssystem etabliert (das eine Verlagerung von Kompetenzen von der Partei auf den Staat erleichtern sollte) sowie eine zweite Kammer des Parlaments geschaffen, die frei gewählt werden sollte. Ein absolutes Mehrheitswahlsystem mit Stichwahl im zweiten Wahlgang zwischen den stimmenstärksten Kandidaten wurde eingeführt. Dies galt allerdings für die wichtigere erste Kammer des Parlaments (der Sejm) mit einer grundlegenden Einschränkung. Der bisherigen Regierungskoalition aus der Polnischen Vereinigten Arbeiterpartei (PZRP), der Vereinigten Bauernpartei (ZSL) und der Demokratischen Partei (SD) wurden 65% der 299 Sitze garantiert.[13]

Der Kompromiss am 'Runden Tisch' kam nicht zuletzt dadurch zustande, weil beide Akteure ihre mittelfristigen Machtchancen falsch einschätzten. Das Regime überschätzte seine Macht und die Möglichkeiten, sein Konzept eines begrenzten Regimewandels durchzusetzen. Die bisherige Opposition unterschätzte ihre eigene Macht, insbesondere ihren Rückhalt in der Bevölkerung.[14] Allerdings begünstigte die internationale Lage in dieser Zeit einen solchen Kompromiss. Deren weitere dramatische Entwicklung konnte in Polen wie anderswo niemand vorhersehen.

Dieser erreichte Kompromiss scheiterte jedoch rasch: Die Wähler waren nicht bereit diesen - aus geopolitischer Rücksichtnahme auf die Sowjetunion - zu akzeptieren. Sie wollten keine Machtteilung, sondern die sofortige Beendigung der Macht der Kommunisten. Deren PZRP erlitt bei

---

[11] Luks 1993.

[12] Dieser spiegelte sich in der Verfassungsreform vom April 1989 wider.

[13] Weitere 5% waren für regierungsloyale christliche Gruppierungen vorgesehen (PAX u.a.). Die restlichen 161 Mandate (35%) sollten auf kompetativer Basis vergeben werden. Vgl. bei Ziemer 1998.

[14] Colomer / Pascual 1994, S. 291.

den ersten halbfreien Wahlen im Juni 1989 eine vernichtende Niederlage.[15] ZSL und SD kündigten daraufhin das Bündnis mit ihr auf.

Dies ermöglichte im September 1989 die Bildung der Regierung Mazowiecki, der ersten nichtkommunistischen Regierung Polens und im gesamten Ostblock. Allerdings verkörperte diese Regierung immer noch eine Art Machtteilung zwischen dem alten Regime und der bisherigen Opposition - wenn auch nunmehr unter umgekehrtem Vorzeichen. In ihr war die PZRP formell zwar nicht mehr vertreten, wichtige Posten (Vizepremier, Verteidigung, Inneres) wurden aber an deren Mitglieder vergeben.[16]

Jedoch scheiterte dieser zweite Versuch einer ausgehandelten Systemtransformation noch rascher als der erste. Im Spätherbst 1989 wandelten sich die internationalen Rahmenbedingungen für die polnische Transformation grundlegend. Die realsozialistischen Regime in Ungarn, der DDR und der Tschechoslowakei brachen zusammen. Die Ressourcen der bisherigen Hegemonialmacht Sowjetunion, die Entwicklung der Transformation in Polen zu beeinflussen, sanken rapide.

In der ersten freien Wahl (Gründungswahl) wurde im November / Dezember 1990 der Solidarność-Führer Wałęsa vom Volk direkt zum polnischen Präsidenten gewählt. Die ersten echten freien und gleichen Parlamentswahlen fanden vergleichsweise spät am 26. Oktober 1991 statt. Sie schlossen die erste Phase der Ablösung des alten realsozialistischen Regimes durch eine neue demokratische Ordnung ab.

Allerdings erwiesen sich gerade diese Parlamentswahlen in einem bestimmten Sinne als Fehlstart. Ursache dafür war das Wahlgesetz vom 28. Juni 1991, welches ein Verhältniswahlrecht mit stark proportionaler Wirkung einführte. 391 Mandate (85%) wurden in 37 Wahlkreisen mittlerer Größe und großen Wahlkreisen (zwischen 7 und 17 Mandaten) vergeben. In kleinen Wahlkreisen konnten somit 10% der Stimmen erforderlich sein,

---

15 Alle 161 frei gewählten Mandate des Sejm und 99 der 100 Mandate des Senats gingen bei den Wahlen im Juni 1989 an die Kandidaten der Bürgerkomitees. Die Zusammensetzung des Sejm spiegelte somit nicht den Willen der Wähler wieder.

16 Die Einbeziehung der PZPR-Mitglieder in diese Regierung erfolgte auf starken sowjetischen Druck hin. Dies zeigt, dass die sowjetische Führung unter Gorbačëv durchaus eigene Vorstellungen des Systemwandels in ihren Satellitenstaaten hatte. Sie war keineswegs bereit, diesen völlige Souveränität zu gewähren; siehe Franzke 1991, S. 470. Den Ausschlag für die Entscheidung, die kommunistischen Minister in der Regierung zu akzeptieren, gab schließlich offensichtlich die Position der USA, die einen solchen Kompromiss unterstützte.

um ein Mandat zu erhalten, in großen Wahlkreisen genügten 3% (natürliche Hürde). Die restlichen 69 Mandate (15%) wurden in einem nationalen Wahlkreis vergeben.[17] Bei der Verteilung dieser Mandate konnten nur Parteien partizipieren, die landesweit insgesamt 5% der Stimmen erhalten hatten bzw. mindestens in 5 Wahlkreisen Mandate erzielen konnten.[18]

Bei den Parlamentswahlen am 27.10. 1991 bewarben sich schließlich 37 regionale und 28 überregionale Parteien. In den Sejm gelangten Abgeordnete von 29 Parteien, wobei 11 nur über 1 Mandat verfügten.[19] Damit wies das polnische Parlament die mit Abstand höchste Fragmentierung in postkommunistischen Ländern Mittel- und Osteuropas aus.[20] Aufgrund eines falsch konstruierten Wahlsystem entstand ein 'atomisiertes Parteiensystem' (Satori). Die Entwicklung des postkommunistischen Parteiensystems in Polen begann also mit dessen *Pluralisierung*.[21]

Der polnische Transformationsweg zeigt, dass die Eigenschaften des vorausgehenden politischen Regimes maßgebend dafür sein können, welche Pfade des Überganges verfügbar und welche Aufgaben in den jeweiligen nationalen Kontexten bearbeitungsbedürftig sind.[22] Es erwies sich für Polen durchaus als Vorteil, dass eine ausgehandelte Machtübergabe überhaupt möglich war. Dieser Modus des Regimewechsels präjudizierte allerdings in starkem Maße das künftige politische System, insbesondere seinen parlamentarisch-präsidentiellen Charakter.

---

17 5.000 Unterschriften für eine Parteiliste auf Wahlkreisebene waren nötig, eine nationale Liste konnte aufgestellt werden, nachdem eine Partei in 5 Wahlkreise zugelassen worden war.

18 Nohlen / Kasapovic 1996.

19 So wurden z.B. im Wahlkreis I (Warschau) 10 verschiedene Parteien gewählt. Mit 1,8% der Stimmen konnte ein Mandat erzielt werden.

20 Überdies wechselten im ersten frei gewählten postkommunistischen Sejm (1991-93) 123 der 460 Abgeordneten wenigstens einmal ihre Fraktionszugehörigkeit, was zur Zunahme der ohnehin schon verbreiteten Parteienverdrossenheit in Polen beitrug. Veränderungen erfolgten in dieser Zeit sowohl innerhalb der parlamentarischen Clubs als auch außerparlamentarisch.

21 Wojtaszczyk 1998, S. 79.

22 Brie 1996; Linz / Stepan 1996.

2.2 Institutionalisierung der neuen Demokratie

Zwischen 1991 und 1997 wurde in Polen heftig um die Institutionalisierung der neuen Demokratie gerungen. Anfangs versuchte Solidarność, ein zivilgesellschaftliches Konzept der 'Demokratie ohne Parteien' umzusetzen.[23] Dies erwies sich rasch als nicht umsetzbar.

In den Mittelpunkt der politischen Auseinandersetzungen geriet nunmehr schnell die Ausarbeitung einer neuen Verfassung. Dies ging von der richtigen Vorstellung aus, ein konsequenter Bruch mit der Vergangenheit erfordere eine neue Verfassung. Auf eigene demokratische konstitutionelle Traditionen konnte man dabei - im Unterschied bspw. zur Tschechoslowakei - kaum zurückgreifen.[24] Stark war hingegen die Orientierung am französischen Verfassungsrecht.

Nach erheblichen Kompetenzstreitigkeiten zwischen den Verfassungsorganen wurde am 23. April 1992 die sog. *Kleine Verfassung* verabschiedet, die allerdings verfassungsrechtlich weiter an die realsozialistische Verfassung von 1952 anknüpfte.[25] Die faktischen Kompetenzen des Präsidenten wurden begrenzt, sein Einfluss auf die Regierungsbildung blieb jedoch erheblich. Der Sejm erhielt ein neues 'rationalisiertes' Verhältniswahlrecht und die Regierung wurde durch das neu eingeführte Misstrauensvotum gegenüber dem Parlament etwas gestärkt. Eine "prekäre Balance zwischen Präsident, Regierung und Parlament"[26] bildete sich heraus. Wesentliche Strukturdefizite des polnischen parlamentarisch-präsidentiellen Regierungssystems blieben jedoch bestehen.

Die Lernfähigkeit der politischen Akteure zeigt die Annahme des neuen Wahlgesetzes im Mai 1993, welches als Kompromiss aller größeren Parlamentsfraktionen zustande kam. Es wurde nunmehr das - heute noch gültige - reformierte Verhältniswahlsystem eingeführt. 391 Mandate des Sejm werden seither in 52 Wahlkreisen vergeben (zwischen 3 und 17 Mandaten), 69 Mandate wie bisher in einem landesweiten Wahlkreis. Die

---

[23] Ziemer 1998.

[24] In einigen Punkten konnte natürlich durchaus auf Verfassungstraditionen zurückgegriffen werden So kannte bereits die polnische Verfassung vom 3. Mai 1791 ein Zwei-Kammern-Parlament. Weitere Anknüpfungspunkte bot die demokratische Verfassung vom 17. März 1921.

[25] Die kommunistische Verfassung von 1952 war allerdings bereits Ende 1989 unter demokratischen Prämissen revidiert worden.

[26] Merkel 1999, S. 479.

Sperrklausel auf Wahlkreisebene beträgt 5% für Parteien und 8% für Wahlbündnisse. Die Sperrklausel auf Landesebene hat sich auf nunmehr 7% erhöht.[27]

Im Verlaufe der zweiten Phase der Transformation veränderte sich die politische Stimmungslage in Polen. Der *Honeymoon*-Effekt und die Siegeseuphorie von 1989 verloren nach 1991 rasch an Wirkung. Die Bereitschaft der Menschen, die unerwartet hohen sozialen Kosten dieser Reformen mitzutragen, sank rapide ab. Die sich an der Macht befindlichen Eliten trugen durch ihren technokratischen Regierungsstil sowie zunehmende innere Streitigkeiten zu dieser Entwicklung bei. Die Minderheitsregierung Suchocka spaltete sich in den Auseinandersetzungen über das Abtreibungsgesetz und den Haushalt, der schließlich nur mit Hilfe der Demokratischen Linksallianz (SLD) verabschiedet werden konnte. Sie stürzte im Mai 1993 über einen Misstrauensantrag der Solidarność-Gewerkschaftsfraktion.

Bei den vorzeitigen Parlamentswahlen vom 19.9. 1993 verringerte sich aufgrund des reformierten Wahlrechts die Zahl der Parlamentsparteien drastisch Es waren nunmehr nur noch sieben Parteien im Sejm vertreten. Allerdings fielen wegen der Zersplitterung in Solidarność-Lager 34% der Wählerstimmen insbesondere aus dem rechts-nationalen Lager unter den Tisch. Unter diesen Umständen kam es zum ersten Machtwechsel im postkommunistischen Polen. Ein solcher Regierungswechsel zwischen ideologisch unterschiedlichen Parteien bestätigte das Funktionieren eines demokratischen Systems.

Die neue Koalition aus der postkommunistischen SLD und der *Bauernpartei* (PSL) behielt die politischen Zielvorstellungen bezüglich der Demokratisierung, der Marktwirtschaft und der Europäisierung bei, verlangsamte aber in der Folgezeit das Reformtempo deutlich.

Zwischen dem klerikal-konservativen Staatspräsidenten Wałęsa und der neuen Parlamentsmehrheit entwickelte sich rasch ein konstitutioneller Dauerkonflikt, dessen tiefere Grundlage in den Strukturdefiziten des polnischen parlamentarisch-präsidentiellen Regierungssystems lagen. Erst die Abwahl von Wałęsa 1995 beendete diese konfiktreiche *cohabitation*. Die demokratische Konsolidierung in Polen wurde dadurch jedoch erheblich verzögert.

---

[27] Nohlen / Kasapovič 1996.

Die Auseinandersetzungen um eine postkommunistische Verfassung waren mit der *Kleinen Verfassung* nicht beendet und dauerten weiter an. Erst im April 1997 nahm nach zahlreichen gescheiterten Versuchen der Sejm mit 90% Zustimmung eine neue Verfassung an, die sich an europäischen Verfassungsstandards orientiert.[28] Diese wurde dann in einem Verfassungsreferendum am 25. Mai 1997 mit knapper Mehrheit legitimiert.[29]

Die Verfassung von 1997 weist Polen als ein semi-präsidentielles bzw. premier-präsidentielles Regierungssystem mit einer exekutiven Doppelspitze.[30] Im Vergleich zur Kleinen Verfassung von 1992 wurden die Kompetenzen des Präsidenten abgebaut, der Premier gestärkt und die Beziehungen zwischen beiden klarer definiert. Damit wurde ein Beispiel für die Lernfähigkeit der politischen Akteure in Polen gegeben.

Die Machtposition des Ministerpräsidenten wurde durch die neue Verfassung eindeutig gestärkt. Der Ministerrat leitet nunmehr die Innen- und Außenpolitik des Landes. Die Regierung kann nunmehr nur noch durch ein *konstruktives* Misstrauensvotum gestürzt werden. Der Präsident bleibt nicht ohne formellen und informellen Einfluss, da er durch seine Volkswahl über eine eigene Legitimität verfügt.

Ab 1995 begann sich das polnische Parteiensystem zu konsolidieren. Die beiden großen politischen Lager bildeten sich zu Wahlbündnissen um, im Sommer 1996 die Wahlaktion Solidarność (AWS) aus etwa 40 mitterechts einzuordnenden zumeist kleineren Organisationen mit dem Kern der Gewerkschaft Solidarność. Auf der anderen Seite festigte sich die bereits im Juli 1991 aus ca. 30 Organisationen gebildete SLD. Um beide große Bündnisse gruppieren sich kleinere Parteien als mögliche Koalitionspartner, Gewerkschaften und politische Clubs. Eine spezielle Rolle als Mehrheitsbeschaffer spielten die Freiheitsunion und die Bauernpartei. Exotische, populistische und radikale Parteien wurden infolge der Aggregation des Parteiengefüges marginalisiert. Politische Positionen spielen angesichts dieser scharfen Spaltung der Parteienlandschaft nach wie vor nur

---

28 Kritik an dieser Verfassung wurde - auch nach deren Verabschiedung - vor allem von der außerparlamentarischen Opposition und der katholischen Kirche geübt.

29 Freytag 1998.

30 Siehe Widmaier 1999, 119ff. bzw. Rüb 2001, S. 115.

eine untergeordnete Rolle. Koalitionen über diese festgefügten Grenzen ("my i oni") hinweg scheinen bislang unmöglich.

Die gesellschaftlichen Konfliktlinien prägen in immer stärkerem Maße die Strukturen des Parteiensystems. Dabei stehen folgende *cleavages* im Mittelpunkt:[31]

- Marktwirtschaft vs. Staatsinterventionismus;
- Demokratie vs. Autoritarismus;
- Integration in den Westen vs. Betonung nationaler Eigenständigkeit;
- laizistisches vs. fundamentalistisches Verständnis des Einflusses der katholischen Kirche im öffentlichen Leben;
- Schlussstrich vs. offener Umgang mit der kommunistischen Vergangenheit.

2.3 Konsolidierung der Demokratie

Nach den Parlamentswahlen von 1997 entstand erneut eine *cohabitation*-Situation, diesmal zwischen einer Mitte-Rechts-Regierung und dem zwei Jahre zuvor gewählten postkommunistisch-sozialdemokratischen Präsidenten Kwasniewski. Im Unterschied zu den Jahren 1993/95 trug diese *cohabitation* aber zur Konsolidierung der Demokratie bei. Zugleich endete (vorerst) die Zeit der instabilen Regierungen. Die sieben Regierungen, die Polen zwischen 1989 und 1997 regierten, hatten nur eine durchschnittliche Amtsdauer von ca. einem Jahr. Die Regierung Buzek, zwischen Oktober 1997 und Mai 2000 an der Macht, bildete mit 32 Monaten die am längsten amtierende polnische Regierung nach 1989.

Neue Ressourcen für die demokratische Konsolidierung schuf die Dezentralisierung des Staates durch die Territorialrefom vom 1.1. 1999 und die Bildung eines dreistufigen Staatsaufbaus. Auf regionaler Ebene wurden 16 Wojewodschaften gebildet. Die Kreisebene wurde wieder eingeführt. Dies zielt darauf ab, die subnationale Ebene zu stärken und neue Möglichkeiten für emanzipatorische und partizipatorische Potentiale zu schaffen.

---

[31] Ziemer 1998.

Zusammenfassend ist festzustellen, dass für das polnische Regierungssystem heute ein "hoher Grad an Gewaltenkontrolle und ein mittleres Niveau an Entscheidungstransparenz"[32] kennzeichnend ist. Die Entscheidungseffizienz - bezogen auf die Zeiträume, die nötig sind, um zu Entscheidungen zu kommen - ist hingegen 'ausgesprochen niedrig'. Insgesamt besitzt Polen damit heute im Vergleich zu anderen postsozialistischen Staaten günstige institutionelle und strukturelle Bedingungen für die demokratische Konsolidierung. Nur in Ungarn leistet das parlamentarische Regierungssystem mehr.

Die Einschätzung des Zustandes des polnischen Parteiensystems in der Phase der Konsolidierung der Demokratie seit 1997 ist hingegen äußerst widersprüchlich. Merkel geht davon aus, dass dieses System "von einer demokratiefördernden Konsolidierung"[33] noch deutlich entfernt ist. Wojtaszczyk spricht hingegen von einem "moderaten Parteiensystem"[34], welches sich in einer Stabilisierungsphase befindet.

Die gesellschaftliche Verankerung und Akzeptanz der politischen Parteien in Polen ist außerordentlich gering. Die Beteiligung an den Parlamentswahlen ist die niedrigste in allen postkommunistischen Staaten. Sie betrug 43% (1991), 52% (1993), 48% (1997) und 47% (2001). Von allen politischen Institutionen genießen die politischen Parteien in Polen mit nur 11% das geringste Vertrauen (noch hinter den postkommunistischen Gewerkschaften).[35] Dem polnischen Parteiensystem fehlt also bis heute eine ausreichende gesellschaftliche und soziale Verankerung.

Organisatorisch konsolidiert sich das polnischen Parteiensystem allerdings weiter. Aus beiden Wahlbündnissen entwickeln sich politische Parteien. Auf der linken Seite hat sich im Dezember 1999 aus dem bisherigen Wahlkomitee SLD ohne nennenswerte interne Widerstände die Partei Demokratische Linksallianz konstituiert. Die AWS ist zwar bestrebt, zu einer großen christlich-konservativen Volkspartei zu werden. Ihr gelang es aber bislang nur ansatzweise, ihre formalen Strukturen zu straffen. Sie befindet sich weiterhin "in der Phase einer polyzentristischen, programmatisch diffusen und organisatorisch heterogenen 'Allianz der Demokrati-

---

32 Merkel 1999, S. 493.

33 Ebd., S. 496.

34 Wojtaszczyk 1998, S. 79.

35 Plasser et al. 1997, S. 99.

schen Rechten'"[36]. Vor allem der konservativ-liberale und klerikal-nationale AWS-Flügel widersetzen sich einer weiteren Integration. Unter diesen Umständen kann sich die von der Gewerkschaft Solidarność in Aussicht gestellte Depolitisierung und künftige Konzentration auf die Vertretung von Arbeitnehmerinteressen verzögern.

3. Wirtschaftstransformation

Im Osten Europas ist ein *capitalism by design* oder *political capitalism* entstanden, der sich nicht auf evolutionär gewachsene kapitalistischen Strukturen wie in Westeuropa stützen kann. Das dabei auftretende Problem der Gleichzeitigkeit von wirtschaftlicher und politischer Transformation unterscheidet die mittel- und osteuropäischen Länder von allen anderen Transformationsgesellschaften (Offe). Die Konsolidierung demokratischer Institutionen hängt dabei in starkem Maße von als befriedigend wahrgenommenen Resultaten der Wirtschaftstransformation ab.

Drei Ziele prägen den Umbau von leistungsschwachen, deformierten Zentralverwaltungswirtschaften zu funktionierenden (sozialen) Marktwirtschaften:

1. Schaffung rechtlich-institutioneller Rahmenbedingungen (u.a. Einführung einer neuen Privatrechtsordnung, Trennung von Notenbank und konkurrierenden Geschäftsbanken, Neuordnung der staatlichen Haushaltsführung und reguläre Steuererhebung, Schaffung einer Verbandsstruktur für das Tarifsystem, Einrichtung von Arbeitslosen-, Alters- sowie Krankenversicherungen);
2. Gesamtwirtschaftliche Stabilisierung (u.a. restriktive Geldpolitik, Abbau von Subventionen, Öffnung der Märkte nach außen mit konformen Wechselkursen, aktive Sozialpolitik zur Abfederung der Transformationskosten);
3. Entflechtung und Privatisierung der bisherigen Staatsbetriebe.

---

[36] Lang 2000.

3.1 Ablösung der alten Wirtschaftsstrukturen

In Polen waren bereits im Realsozialismus bestimmte marktwirtschaftliche Elemente entstanden. Das Land hatte 1989 den höchsten Anteil des Privatsektors an der Volkswirtschaft (ca. 20%), insbesondere in der Landwirtschaft, in der die Kollektivierung bereits 1956 rückgängig gemacht worden war. Bereits 1987 begann die Nomenklatura, sich wirtschaftliches Eigentum übertragen zu lassen. Dies hatte - neben der umfangreichen Schattenwirtschaft - zur Konsequenz, dass bereits am Beginn des Umbruchs marktwirtschaftliche Mentalitäten in Polen weit verbreitet waren.

Polen entschied sich zu einem sehr frühen Zeitpunkt für eine Schock-Strategie der Wirtschaftsreform. Der nach dem Wirtschaftsminister der Mazowiecki-Regierung benannte 'Balcerowicz-Plan' trat als Paket von Gesetzesvorlagen bereits am 1.1. 1990 in Kraft. In dessen Mittelpunkt stand ein marktzentriertes Vorgehen, das dauerhaft Wirtschaftswachstum erzeugen sollte. Der Staat sollte sich weitgehend auf die Regulierung mittels seiner Finanzpolitik beschränken. Die rechtlich-institutionellen Rahmenbedingungen, die gesamtwirtschaftliche Stabilisierung sowie die Entflechtung und Privatisierung der Volkswirtschaft sollten gleichzeitig in Angriff genommen werden. Für notwendig erachtete 'sozialpolitische Grausamkeiten' sollten durchgreifend, so schnell wie möglich, aber nur für kurze Zeit begangen werden. Hohe soziale Kosten am Anfang des Prozesses wurden also bewusst in Kauf genommen. Langfristig sollte durch die Schaffung von Klein- und Mittelbetrieben eine dauerhaft hohe Arbeitslosigkeit verhindert und eine neue Mittelschicht geschaffen werden. Durch niedrige Löhne und eine unterbewertete Währung sollen auf dem Weltmarkt Standortvorteile gesichert werden.

Die mit dem 'Balcerowicz-Plan' verbundenen wirtschaftspolitischen Schlüsselentscheidungen haben sich - trotz zeitweiliger Rückschläge - langfristig positiv sowohl auf die Erhöhung des Niveaus der ökonomischen Performanz als auch auf die Stärkung der Legitimation des politisch-ökonomischen Institutionensystems ausgewirkt. Allerdings dominierte in den Jahren 1990-91 die zerstörerische Seite dieser Reform: Die Realeinkommen der Bevölkerung gingen drastisch zurück, Industrieproduktion und Bruttoinlandsprodukt sanken dramatisch. Erstmals tauchte das Gespenst der Arbeitslosigkeit auf. Polen versank in einer tiefen Rezession.

3.2 Take off-phase

Seit Sommer 1992 begann sich Polen aus der Wirtschaftsrezession herauszuarbeiten. Die wirtschaftliche Situation stabilisierte sich, ab 1993 verzeichnen alle wichtigen Wirtschaftsindikatoren Zuwächse. Die sozialen Kosten erwiesen sich jedoch als zu hoch; die Akzeptanzbereitschaft sanktionsfähiger sozialer Gruppen nahm weiter ab und beeinflusste die Parlamentswahlen im Oktober 1993 in starkem Maße.

Eine besondere Rolle bei dieser Entwicklung spielen paradoxe Erwartungen an den Staat. Sowohl unter den Eliten als auch in der Bevölkerung ist die Erwartung verbreitet, dass der Staat auf dem Weg zu einem sozial verträglichen Kapitalismus durch effiziente Steuerung nicht nur dasselbe, sondern sogar mehr leisten soll als der kommunistische Ein-Parteien-Staat mit seiner Zentralverwaltungswirtschaft. Dabei wäre aus ordnungspolitischen, finanziellen und psychologischen Gründen eine Beschränkung der Aufgaben und Interventionsmöglichkeiten des Staates gerade am Beginn des Transformationsprozesses besonders wichtig. Jedoch verstärken sich im Laufe der Transformation sowohl die paternalistischen Erwartungen der Menschen an den Staat als auch die bürokratisch-zentralistischen Problemlösungsstrategien der Eliten. Dabei sieht sich der Staat gezwungen, immer mehr Aufgaben zu übernehmen und oft größere soziale Kompensationsleistungen zu erbringen, als dies selbst in betont staatsinterventionistischen westeuropäischen Modellen der Fall ist. Gleichzeitige Stärkung und Zurücknahme staatlicher Verantwortung für Wirtschaft und Sozialleistungen sind kaum miteinander vereinbar. Ein solches Dilemma führt zu Enttäuschung, Resignation und Protest. Es bildet ein nicht zu unterschätzendes Potential für eine latente bzw. manifeste Legitimationskrise der neuen Demokratien sowie für die Überforderung des Regierungssystems.

Im Ergebnis des Machtwechsels von 1993 zu einer Mitte-Links-Regierung kam es zu einer deutlichen Bremsung des Reformprozesses, ohne allerdings dessen Grundlagen zu zerstören. In den folgenden vier Jahren bis zum erneuten Machtwechsel im Herbst 1997 herrschte nunmehr ein eher gradualistisches Vorgehen vor. Die Regierung verlangsamte zumindestens in einigen Bereichen die notwendigen weitergehenden Strukturreformen und verfestigte (durch Drosselung der Privatisierungsaktivitäten bei den Großbetrieben) den verbleibenden großen Staatssektor in der Wirtschaft.

Zugleich wurden - paradoxerweise - die positiven wirtschaftlichen Folgen des 'Balcerowicz-Planes' in dieser Zeit immer deutlicher. Auf dieser Grundlage konnte die Mitte-Links-Regierung bis 1997 die insgesamt erfolgreiche Wirtschaftspolitik fortsetzen. Das Wirtschaftswachstum blieb hoch und erreichte 1995 mit 7% BIP-Wachstum seinen bisherigen Höhepunkt. Der Anstieg der Realeinkommen und der Produktivität setzte sich fort. Die Inflationsrate konnte von 34% auf unter 14% gesenkt werden. Es gelang, auch das Haushaltsdefizit auf unter 3% zu senken und die Staatsschulden auf knappe 50% des BIP zu reduzieren.

3.3 Konsolidierung der marktwirtschaftlichen Transformation

Das nach dem Machtwechsel im Oktober 1997 an die Macht gekommene Mitte-Rechts-Kabinett Buzek versprach den 'Beginn einer zweiten Etappe der Transformation' mit tiefgreifenden Strukturreformen. Garant dafür war insbesondere der nunmehr zum Finanzminister gewählte 'Vater der polnischen Wirtschaftsreform' - Balcerowicz. Es gelang der Regierung Buzek jedoch nicht, die zentralen Ziele

- Beibehaltung des hohen Wirtschaftswachstums von 7-8%,
- Senkung der Inflation auf ein Niveau von fünf Prozent,
- Beseitigung des Haushaltsdefizites zu realisieren.

Positiv ist zu vermerken, dass die meisten Kapitalverkehrshemmnisse beseitigt und das Bankensystem privatisiert worden sind. Unter diesen Umständen haben die Auslandsinvestitionen stark angezogen. Deutschland ist mit sechs Milliarden USD heute an der Spitze der Investoren in Polen.

Die Haushaltslage verschlechterte sich wie die wirtschaftliche Lage dramatisch, das Wirtschaftswachstum sank seit 1995 stetig und die Arbeitslosigkeitsrate stieg über 16%. Wesentliche Strukturprobleme der Wirtschaftsreform sind bis heute ungelöst:

- Der generelle Entwicklungsrückstand Polens ist weiterhin beträchtlich. So betrug das BIP pro Einwohner 1997 nur 7.500 Dollar bzw. 40% des EU-Durchschnitts.[37]

---

[37] Gemessen in Kaufkraftparität nach Schätzung von Eurostaat, zitiert nach Juchler 2000, S. 199.

- Die Reform der polnischen Landwirtschaft ist völlig offen. Noch immer arbeiten dort ein Fünftel aller Beschäftigten mit einem Beitrag von lediglich ca. fünf Prozent zum BIP.
- Auch die Umstrukturierung des Bergbaus, der Energiewirtschaft und der Schwerindustrie blieb bis heute aus.
- Das Leistungsbilanzdefizit wächst seit 1996 wieder an und hat sich seither auf 12,5 Mrd. Dollar erhöht. Es hat damit eine kritische Dimension erreicht. Diese Entwicklung droht das Vertrauen ausländischer Investoren in die Stabilität der Wirtschaft zu vernichten. Der Crash in der Republik Tschechien 1997 zeigt, wie schnell eine solche Entwicklung vor sich gehen kann.

Zu den Defiziten der sozioökonomischen Transformation in Polen gehörte lange Zeit die Reform der sozialen Sicherungssysteme. Es mangelte dabei nicht an Ideen oder Programmen. Was fehlte, waren die notwendigen technischen, finanziellen und personellen Kapazitäten, diese Sozialreformen in Angriff zu nehmen. Die jeweils regierenden Koalitionen hatten nicht den politischen Mut, schwierige Entscheidungen zu treffen, die möglicherweise die eigene Klientel zur Änderung ihres Wahlverhaltens bewegen könnten.[38]

Erst die Regierung Buzek nahm 1998 einen Anlauf, die soziale Rentenversicherung zu reformieren und eine soziale Krankenversicherung einzuführen. Die entsprechenden Reformgesetze sind am 1.1. 1999 in Kraft getreten. Die Wirkungen dieser Reformen sind in Polen allerdings bislang ausgesprochen strittig. Weitere wichtige soziale Reformen, wie die des Bildungssystems und des Familienlastenausgleiches, stehen noch aus. Im Gegensatz zur Konsolidierung des politischen Systems ist eine vergleichbare Entwicklung im wirtschaftlichen Bereich bis heute offensichtlich nicht abgeschlossen.

4. Politische Kultur

Auch die politische Kultur in Polen hat sich im Transformationsprozess - wenigstens teilweise - positiv verändert. Traditionelles Denken über die Nation und den Staat verringert sich, pragmatische Einstellungen zu den politischen Institutionen und den Reformen sowie zur europäischen In-

---

[38] Sowada 1998.

tegration nehmen zu. Das für Polen bislang so charakteristische romantische Ethos verschwindet langsam und wird vom pragmatischen Denken und Handeln abgelöst. So schreibt Bodio: "In diesem Prozeß muß die 'einfache Ethik der Suche nach den Schuldigen' zugunsten einer 'praktischen Verantwortungsethik' aufgegeben werden"[39]. Diese Veränderungen im Denken der Menschen sind jedoch territorial, nach sozialen Schichten und nach Generationen unterschiedlich ausgeprägt. In bestimmtem Sinne kann man daher von einer gespaltenen politischen Kultur in Polen sprechen.

Mildenberger stellt dazu die These auf: "Es herrscht Demokratie ohne demokratische politische Kultur"[40]. Das nur langsame Wachstum pluralistischer intermediärer Strukturen und einer handlungsfähigen Bürgergesellschaft erschwert zweifellos die Entwicklung einer demokratischen politischen Kultur. Die großen Hoffnungen, die anfangs in die Entwicklung einer Zivilgesellschaft gesetzt wurden, haben sich so nicht realisiert.

Die politische Kultur der Eliten ist stark geprägt vom vielfach fehlenden politischen Verantwortungsbewusstsein über Parteiangelegenheiten hinaus. Es gibt keinen Konsens über den Begriff des Gemeinwohls, der jeweils parteipolitisch definiert ist und daher gegen andere 'verteidigt' werden muss. Die politische Auseinandersetzung wird daher oftmals als 'Kampf' betrachtet. Entsprechend ist die konfrontative Rhetorik ausgeprägt. Der Meinungspluralismus wird von Teilen der Elite nicht respektiert und es mangelt an Dialog- wie Kompromissbereitschaft. Die Hemmschwelle zur Infragestellung demokratischer Institutionen und Gepflogenheiten ist vielfach ausgesprochen niedrig. Unter diesen Umständen ist das politische Leben stark ideologisiert. Kritik an diesen Zuständen kommt meist von den Medien.

Die politische Kultur der Massen wiederum zeichnet sich vor allem durch ein weitgehend passives Verhalten aus (niedrige Wahlbeteiligung, geringe Partizipation an politischen Parteien, Gewerkschaften und Vereinigungen). Das Misstrauen der Gesellschaft gegenüber den politischen Eliten hat wieder stark zugenommen. All dies schwächt die zivilgesellschaftliche Kontrolle der politischen Eliten.

---

[39] Bodio 1998, S. 19.

[40] Mildenberger 1998, S. 78.

Diese Entfremdung gegenüber den politischen Institutionen und ihren Akteuren hat zum "Rückzug in begrenzte entpolitisierte Räume"[41] geführt. Mildenberger spricht sogar von einer apolitischen Gesellschaft. Diese Entwicklung wird durch sozio-ökonomische Unsicherheiten und soziale Traumata verstärkt. Bislang hat allerdings die negative Perzeption demokratischer Institutionen und repräsentativer Organisationen sowie die negative Einschätzung der eigenen wirtschaftlichen Lage im Kapitalismus gegenüber der früheren ökonomischen Lebenssituation im kommunistischen Wirtschaftssystem nicht auf die Bewertung des demokratischen Systems übergegriffen. Schon die mittelfristige wirtschaftliche Entwicklung wird von der Mehrheit der Bevölkerung optimistisch gesehen. Diese Fähigkeit, "Gratifikationen aufzuschieben"[42] - wie Linz und Stephan diesen Prozess beschreiben - trägt zur Stabilisierung der demokratischen Verhältnisse und zur Konsolidierung der Bürgergesellschaft bei. Sie ist aber bislang nur in einen Teil der Gesellschaft anzutreffen.

Die soziale Fragmentierung und Atomisierung der polnischen Gesellschaft hat zu einer deutlichen Entsolidarisierung geführt: "Kollektives Handeln wird durch soziale und regionale Bindungslosigkeit erschwert"[43]. Wichtige soziale Trägerschichten sind nach wie vor zu schwach ausgeprägt, um eine bislang kaum gebändigte Ellenbogengesellschaft sozialstaatlich stabilisieren zu können.

Gesellschaftlicher Protest zeigt sich in Polen oft im nationalen Gewand. Dies bietet für extreme politische Strömungen weitgehende Möglichkeiten zur Manipulation. So wird der Ausschluss politisch Andersdenkender aus der Nation gefordert, der politische Gegner als unpolnisch oder nur polnischsprachig diffamiert. Dahinter verbirgt sich "die Vision einer geschlossenen Gesellschaft und einer Nation, deren Begriff nationalistisch verengt ist auf Reinheit, Religionszugehörigkeit und ähnliche Prinzipien"[44]. Dem steht ein anderes Modell gegenüber, das "eine offene, rechtsstaatlich verfasste Gesellschaft und eine offene, zivilisierte Nation (anstrebt). Eine Nation, die fremde Kulturen und Glaubensrichtungen assimilieren kann, die offen ist für fremde Modelle. Diese Vorstellung basiert auf der Achtung der

---

41 Ebd., S. 75.

42 Linz / Stephan 1996, S. 442.

43 Mildenberger 1998, S. 77.

44 Michnik 1992, S. 117.

Menschen- und Bürgerrechte."[45] Beide Modelle ringen gegenwärtig in Polen um die Ausweitung ihres Einflusses in der Gesellschaft.

5. Krise der konsolidierten Demokratie?

Am 23. September 2001 wurde in Polen ein neues Parlament gewählt.[46] Die Ergebnisse dieser vierten demokratischen Parlamentswahlen seit dem Umbruch von 1989 haben das polnische Parteiensystem von Grund auf verändert. Die Sammlungsbewegung AWS und die liberale UW, die bis Juni 2000 eine Mitte-Rechts-Regierung stellten, verloren 38,5% gegenüber den Parlamentswahlen von 1997 und verpassten damit den Wiedereinzug in den Sejm. Stärkste Partei wurde mit 41% der Stimmen der SLD, der seither - wie schon von 1993 bis 1997 - einer Koalitionsregierung mit der früheren Blockpartei PSL (9%) vorsteht. Alle weiteren - der insgesamt sechs - vertretenen Gruppierungen schafften zum ersten Mal den Einzug ins Parlament.

Nach 1993 ist es bereits das zweite Mal, dass eine Post-Solidarność-Regierung dem postkommunistischen 'Lager' aus SLD und der ehemaligen Blockpartei PSL nicht nur unterlegen ist, sondern sogar so stark verloren hat, dass sie sozusagen direkt von der Regierungsbank in die außerparlamentarische Opposition verwiesen wurde.

Wie dieses Wahlergebnis zeigt, ist das polnische Parteiensystem erneut erheblich in Bewegung geraten, nachdem es von vielen Beobachtern nach der Gründung der AWS im Juli 1996 und ihrem klaren Wahlsieg bei den Parlamentswahlen 1997 bereits für weitgehend konsolidiert erklärt worden war. Diese Einschätzung war insbesondere durch die Entstehung

---

45 Ebd.

46 Abgehalten wurden die Wahlen nach einer leicht veränderten Wahlordnung, deren wesentlichste Änderungen gegenüber der Wahlordnung von 1993 darin bestanden, dass die d'Hondtsche Auszählungsmethode gegen die Methode Saint League ersetzt wurde, was die großen Formationen nicht mehr so stark wie bisher bevorteilt. Weiter wurde die Möglichkeit zur Aufstellung nationaler Listen abgeschafft, so dass nun auch die bisher den Landeslisten vorenthaltenen 15% der Mandate in den - nach der Verwaltungsreform von 1999 neu gestalteten - Wahlkreisen vergeben werden. Beibehalten wurden die Hürden von 5% für Parteien und 8% für Wahlbündnisse. Strenger als bisher ist die Wahlkampffinanzierung geregelt. Es gilt nun eine absolute Obergrenze von 29 Mio. Złoty (ca. 8 Mio. Euro) jährlich, die anteilig an alle Organisationen abgegeben werden, die bei den Parlamentswahlen mindestens 3% der Stimmen auf sich vereinigen konnten, also unabhängig davon, ob sie den Einzug in das Parlament geschafft haben oder nicht.

der AWS als großer Sammlungsbewegung der christlich-konservativen Mitte motiviert, die als das Gegenstück zum SLD, dem Bündnis der Linken, angesehen wurde und nach Meinung verschiedener Beobachter sogar die Entwicklung eines "tendenziell ... bipolare[n] Parteiensystem[s] mit einem liberalen Zünglein an der Waage"[47], also einem Parteiensystem nach westeuropäischem Muster bedeutete. Anders als der SLD, dem es 1999 gelang, sich von einem Parteienbündnis in eine Partei umzuwandeln, konnte die AWS jedoch aufgrund der extremen Heterogenität der in ihr organisierten Gruppierungen nicht lange bestehen.

Es zeigte sich, dass die AWS eher ein Hindernis für die Konsolidierung war, denn ein Zeichen derselben. Ihr Zerfall bedeutet, dass der Versuch, die Solidarność politisch wiederzubeleben, endgültig gescheitert ist. Somit bestätigt das Auseinanderbrechen der AWS eher die Konsolidierungsthese. Zwar hat das Ergebnis der Wahlen das gesamte Parteiensystem erneut in Bewegung gebracht und auch scheinbar etablierte Parteien wie die liberale Freiheitsunion vor ernste Zukunftsprobleme gestellt, doch zeigt sich zugleich, dass das politische System nach wie vor in der Lage ist, neue Parteien zu integrieren.

6. Fazit

Ein Fazit zu ziehen, fällt schwer. Auch die polnische Transformation ist keine unendliche Erfolgsgeschichte, bei der die Akteure von einem Sieg zum anderen eilen. Der politische Strukturwandel in Polen weist einige Brüche und paradoxe Verläufe auf, verläuft aber überwiegend evolutionär, inkrementalistisch und mit friedlichen Mitteln. Einige Vorteile gegenüber anderen postsozialistischen Staaten sind jedoch unübersehbar. Sie erklären - wenigstens zu einem gewissen Grade - warum Polen heute zu einem der erfolgreichsten Transformationsstaaten gerechnet werden muss.

- Die in Polen dominierenden kognitiven und Wertorientierungen und die auf ihnen basierenden politisch-administrativen Institutionen haben sich stärker als in anderen postsozialistischen Staaten als kompatibel mit den neuen demokratischen und marktwirtschaftlichen Institutionen erwiesen. Der *bottom up*-Charakter der polnischen Transformation mit der außergewöhnlich langen Vorphase des Sy-

47 Ziemer 1999, S. 343.

stemwechsels von fast 10 Jahren ermöglichte desweiteren einen Zeitgewinn gegenüber anderen postsozialistischen Staaten.

- Angesichts ungünstiger wirtschaftlicher und sozialer Rahmenbedingungen ist das institutionelle Design die *entscheidende Variable*, die über Erfolg oder Misserfolg der demokratischen Konsolidierung entscheidet. Das in Polen geschaffene parlamentarisch-präsidentielle Regierungssystem ist offenbar - trotz mancher Defizite - besser als die Regierungssysteme anderer postsozialistischen Staaten in der Lage, institutionelle oder konstitutionelle Konflikte zu minimieren bzw. die Spannung zwischen Konsens und Konflikt in der Gesellschaft zu überbrücken. Dieses System hat bereits einen doppelten Machtwechsel ermöglicht und bindet alle politischen Gruppen weitgehend an den konstitutionellen und parlamentarischen Charakter der Austragung politischer Konflikte.

- Bereits zu Beginn der Transformation bildete sich zwischen allen relevanten politischen Gruppen ein antitotalitärer Konsens heraus, der durch die Verfassung von 1997 auch verfassungsrechtlich festgeschrieben wurde. Der demokratische Charakter des polnischen Transformationsweges ist unbestritten. Eine Rückkehr zum Realsozialismus ist ebenso ausgeschlossen wie die Errichtung eines neuen autoritären oder totalitären Regimes. Unterschiedliche Auffassungen gibt es allerdings bezüglich des Tempos und der Methoden der Reform. Damit kann Polen heute - trotz weiter bestehender Defizite vor allem im Parteiensystem und in der politischen Kultur - als konsolidierte Demokratie betrachtet werden. Es ist dies nicht mehr und nicht weniger als viele westliche Staaten.

- Der eingeschlagene, bislang - trotz zeitweiliger Rückschläge - erfolgreiche Weg der Wirtschaftstransformation hat sich langfristig positiv sowohl auf die Erhöhung des Niveaus der ökonomischen Performanz als auch auf die Stärkung der Legitimation des politisch-ökonomischen Institutionensystems ausgewirkt. Weitere Ressourcen in diese Richtungen könnte der anvisierte EU-Beitritt mobilisieren.

- Polen nutzte und maximierte bestimmte geopolitische Vorteile, die es im Unterschied zu anderen postsozialistischen Staaten besaß: Die klare Westorientierung der Eliten ('Rückkehr nach Europa') wandelte die geopolitische Zwangslage zwischen Deutschland und Russland in einen positiven Faktor zur Aquirierung zusätzlicher Ressourcen für den Transformationsprozess um. Als Mittelmacht mit strategischer

Relevanz für Mittel- und Osteuropa, als großer Binnenmarkt sicherte sich Polen im Prozess der Erweiterung der westlichen bzw. westeuropäischen Sicherheits- und Wirtschaftsintegration nach Osten einen Platz in der ersten Reihe.

Literatur

Bodio, T.: Psychology of transformation: from romanticism to pragmatism; in: Poland in Transition, Warsaw 1998, S. 9-44.

Brie, M: Staatssozialistische Länder Europas im Vergleich: Alternative Herrschaftsstrategien und divergente Typen, in: Wiesenthal, Helmut (Hg.): Einheit als Privileg. Vergleichende Perspektiven auf die Transformation Ostdeutschlands, Frankfurt / M. / New York 1996, S. 39-104.

Buchowski, M.: Neue kollektive Identitäten in Mittel- und Osteuropa, in: Welt Trends, Nr. 15 (Sommer 1997).

Colomer, J. M. / Pascual, M.: The Polish Games of Transition, in: Communist and Post-Communist Studiens (27) (1994), H. 3, S. 275-294.

Commission: Commissions opinion on Poland's Application for Membership of the European Union, July 16, 1997.

Commission: Report on progress towards accession by Poland, November 4, 1998.

Commission: Report on progress towards accession by Poland, October 13, 1999.

Di Maggio, P. J. / Powell, W. P.: The Iron Cage Revisited: Institutional Isomorphism and Collective Rationality in Organizational Fields, in: American Sociological Review, 48 (1983), S. 147 ff.

Franzke, J.: Sowjetische Osteuropapolitik vor und nach 1989, in: Initial 5 (1991), S. 465-476.

Franzke, J.: Probleme postsozialistischer Demokratien. Eine Osteuropaübersicht; in: Blätter für deutsche und internationale Politik, (1992), H. 4., S. 453-460.

Franzke, J. (Hg.): Polen. Staat und Gesellschaft im Wandel. Beiträge zur Debatte. Berlin.

Freytag, G. 1998: Die Verfassung der Republik Polen vom 2. April 1997 im Spiegel des gesamteuropäischen Verfassungsstandards, in: Recht in Ost und West, (1998), H. 1, S. 1-14.

Havlik, P.: Stabilization und Prospects for Substainable Growth in the Transition Economies, in: Knell, M. (Hg.): Economics of Transition: Structural Adjustments and Growth Prospects in Eastern Europe, Cheltenham / Brookfield 1996, S. 25-48.

Linz, J. J. / Stepan, A. C.: Problems of Democratic Transition and Consolidation. Southern Europe, South America and Post-Communist Europe. Baltimore, London 1996.

Luks, L.: Katholizismus und politische Macht im kommunistischen Polen: 1945-1989. Die Anatomie einer Befreiung, Köln / Weimar / Wien 1993.

Juchler, J.: Zehn Jahre Transformationsprozeß in Polen, in: Osteuropa (2000), H. 2, S. 190-200.

March, J. G./ Olsen, J. P. 1989: Rediscovering Institutions. The Organizational Basis of Politics. New York: Free Press.

March, J.G./Olsen, J. P. 1996, Institutional Perspectives on Political Institutions, in: Governance 9, S. 247 ff.

Merkel, W.: Systemtransformation. Eine Einführung in die Theorie und Empirie der Transformationsforschung, Opladen 1999.

Michnik, A.: Im Schatten des Sokrates. Nationale Identität und moderne Gesellschaft, in: Transit (1992), H. 4, S. 117ff.

Mildenberger, Markus 1998: Die polnische Rechte und Europa; in: Osteuropa, 4, S. 382-391.

Nohlen, D. / Kasapovič, M.: Wahlsysteme und Systemwechsel in Osteuropa: Genese, Auswirkungen und Reform politischer Institutionen. Opladen 1996.

North, D. C.: A Transaction Cost Approach to the Historical Development of Polities and Economies, in: Journal of Institutional and Theoretical Economics (ZgS) 145 (1989), H. 4, S. 661-668.

North, D. C.: Institutionen, institutioneller Wandel und Wirtschaftsleistung, Tübingen 1992.

Plasser, Fritz / Ulram, Peter U. / Waldrauch, Harald (Hrsg.) 1997, Politischer Kulturwandel in Ost-Mitteleuropa. Theorie und Empirie demokratischer Konsolidierung, Opladen.

Przeworski, A.: Sustainable Democracy, Cambridge 1996.

Rüb, F., 2001: Schach dem Parlament!: Regierungssysteme und Staatspräsidenten in den Demokratisierungsprozessen Osteuropas, Opladen.

Sowada, Ch.: Zur Lage der sozialen Sicherungssysteme in Polen seit 1989, in: Franzke, Jochen (Hg.): Polen. Staat und Gesellschaft im Wandel. Beiträge zur Debatte, Berlin 1998, S. 145-170.

Stark, D. / Bruszt, L.: Postsocialist Pathways, Cambridge 1998.

Wiesenthal, H.: Die Krise holistischer Politikansätze und das Projekt der gesteuerten Systemtransformation, in: Berliner Journal für Soziologie 5 (1995), H. 4, S. 515-532.

Ziemer, K. 1999: Wie konsolidiert ist Polens Demokratie? In: Busch, Andreas / Merkel, Wolfgang (Hrsg.): Demokratie in Ost und West. Frankfurt am Main. S. 332-360.

Die Rückkehr der Slowakei nach Europa

Silvia Miháliková

Einführung

Zehn Jahre Reformpolitik bieten Anlaß, Zwischenbilanz zu ziehen, wenngleich es noch zu früh für eine komplexe Analyse der Prozesse ist, die zwischen 1989 und 1999 zur Umverteilung des Eigentums und zu einer grundsätzlichen Umwandlung der rechtlichen wie staatlichen Szenerie geführt haben. Zu umfassend ist dafür der Wechsel der Lebensmodelle, zu tief sind die Einschnitte in die Gewohnheiten der Menschen.

Die Ausgangssituation in der Slowakei war ähnlich der anderer postkommunistischer Länder: die sozialistische Planwirtschaft führte die wirtschaftliche Entwicklung in die Stagnation. Einschränkungen im Konsumbereich sowie begrenzte bürgerliche Freiheiten gehörten zum Alltag. Das politische System wurde durch den kommunistischen Machtapparat dominiert. Dabei wahrte die Existenz so genannter Parteien der Nationalen Front - die 'Marionetten'-Parteien (zwei in der Tschechischen und zwei in der Slowakischen Republik) - das Image eines politischen Pluralismus in der Tschechoslowakei. Eine unabhängige Außenpolitik war nicht möglich, weil Moskau bis zur Ära Gorbatschow den Weg bestimmte.

Die namhafte *Samtene* Revolution von 1989 änderte diesen Zustand grundsätzlich. Es wurden die Grundlagen für Markwirtschaft und parlamentarische Demokratie gelegt, obschon diese jeweils spezifische Wege nahmen, die sich aus den Traditionen, dem Wirtschaftsniveau und den politischen Entwicklungen ergaben.

Schon nach den ersten freien Wahlen in Juni 1990 wurde klar, dass die politische Lage sowie die Erwartungen von Öffentlichkeit und Elite in beiden Teilen der Tschechoslowakischen Föderation unterschiedlich waren. Argumente von Trägerschichten und Presse sollten binnen kurzem zeigen, dass die Föderation keine Chance zum Überleben hatte. Ein gemeinsames Motiv bestand in der Überzeugung, dass jeder auf Kosten des anderen lebe. Das heißt, dass Tschechen wie Slowaken davon überzeugt waren, die andere Seite zu subventionieren.

Dazu kam auf Seiten der tschechischen Bevölkerung der Wille, so schnell wie möglich in westeuropäische Strukturen einzutreten. Problemen mit einer neuen Verteilung der Kompetenzen zwischen den zentralen und nationalen Organen der Föderation wollte man aus dem Wege gehen. Auf slowakischer Seite stand hingegen der Wunsch im Vordergrund, einen unabhängigen Staat zu gründen, ohne Kontrolle aus dem Westen (ČR) oder Osten (Russland).

Die zweiten und letzten freien, föderalen Wahlen nach dem Kollaps des Kommunismus haben zwei Politiker an die Macht gebracht, deren Vorgehensweisen und Zukunftspläne derart unterschiedlich waren, dass der Zerfall des gemeinsamen Staates voraussehbar wurde. Obwohl es kein Referendum gab, signalisierten die Umfragen, dass die Mehrheit der Bevölkerung in beiden Ländern gegen die Teilung war. Auch hatten sich die siegreichen Parteien in ihren Programmen kaum zu einer möglichen Separation geäußert. Im Herbst 1992 fanden zahlreiche Verhandlungsrunden zwischen slowakischen und tschechischen Repräsentanten statt, bei denen das Datum der *Samtenen* Scheidung auf den 1. Januar 1993 festgelegt wurde.

Viele der ausländischen Beobachter waren erstaunt: Wie war es möglich, dass zwei einander so nahe stehende Völker mit mehr als siebzigjähriger gemeinsamer Geschichte sich in einer Zeit zunehmender europäischer Integration für die Auflösung des gemeinsamen Staates entschieden, zumal die zu erwartenden ökonomischen Konsequenzen kaum entscheidungsrelevant waren? In der Tschechei sprach man gar von Erleichterung. Der frühere Dissident Ludvik Vaculik hat ganz klar gesagt, daß die Zeit für die Trennung gekommen sei und man die Slowaken gehen lassen solle. Und auf slowakischer Seite war zu hören: Endlich! Jetzt können wir unsere eigene Politik formulieren, und kein großer Bruder wird uns sagen, was wir wie machen sollen.

Die verschiedenen Motive und der komplexe Hintergrund des Zerfalls sind bereits zum Teil analysiert worden und haben recht unterschiedliche Interpretationen gefunden. Eine oft wiederholte, aber simplifizierende Meinung beschränkt sich auf die Behauptung, dass die slowakischen Nationalisten hierfür die Verantwortung allein trügen, dass die slowakische Bevölkerung, das Land und die Industrie nicht genügend modernisiert seien, um bei Tschechien zu verbleiben. Es lassen sich auch Analysen finden, die verschiedene Faktoren der politischen Kultur der Slowakei - etwa die Neigung zu Autorität und nicht demokratischen Lösungen - der Entscheidungsdimension hinzuzählen.

Nach Aufteilung des Staates ist die ökonomische Reform in Tschechien, unter Führung von eindeutig die Transformation unterstützenden Kräften, umgesetzt worden. Im allgemein werden die Ergebnisse als Erfolg betrachtet. Wirtschaftlich besehen, war die Tschechei bis 1995 Musterschüler, während sich Ungarn, Polen und die Slowakei in Krisen wiederfanden. Heute wird die damalige Situation Prags anders bewertet: Die Regierung von Václav Klaus hatte sich zwar einer radikalen Reform-Rhetorik verschrieben, diese jedoch nicht realisiert. Hieraus erklärt sich die unter postkommunistischen Ländern niedrigste Arbeitslosigkeit, die seltenen Konkurse bei großen Firmen und Fabriken, die erfolgreiche Kupon-Privatisierung usw. Eine sozialdemokratische Politik wurde als rechtsliberal verkauft und im Ausland auch als solche akzeptiert!

In der Slowakei kamen mit den Wahlen von 1992 und erneut nach den vorgezogenen Wahlen von 1994 Kräfte an die Macht, die eine Mäßigung des Reformtempos, eine Respektierung der slowakischen Spezifika und einen schmerzlosen Übergang zur Markwirtschaft versprachen. Für die Ökonomie bedeutete dies u.a. eine Verlangsamung des Privatisierungsprozesses, einen geringeren Zufluss ausländischen Kapitals, eine komplizierte Situation im Importsektor und den Verfall der Währung.

Wie auch immer, jede demokratische Transformation hat ihre Eigenheiten. So bietet die Slowakei ein gutes Beispiel einerseits für die friedliche Teilung eines Staates. Andererseits gibt es eine Vielzahl von negativen Faktoren, die als typische Probleme des Postkommunismus auftreten: Nationalismus, Fremdenhass und Autoritarismus. Doch stellt sich die Frage, welcher Vergangenheit unserer politischer Kultur diese Elemente entstammen? Und läßt sich daraus ein Verständnis für die gegenwärtigen Entwicklungen in der Slowakei gewinnen?

Die slowakische Gesellschaft geht mittlerweile ins dreizehnte Jahr ihrer postkommunistischen Transformation und ins zehnte Jahr ihrer staatlichen Unabhängigkeit. Um das gegenwärtige Situation und die grundlegenden Konflikte der Republik zu verstehen, ist es notwendig, die politische Entwicklung in engem Zusammenhang mit dem gesellschaftlichen Systemwechsel zu sehen. Der bedeutendste Faktor, mit dem die Slowakei seit 1989 konfrontiert wurde, ist die Errichtung der parlamentarischen Demokratie und die Formierung eines pluralistischen Parteiensystems.

Verfassungsgebung im gesellschaftlichen Diskurs

Die Problematik des Konstitutionalismus ist hinsichtlich zweier Dimensionen zu prüfen. Die erste ist die rechtliche Dimension. Hierzu gehören Fragen nach dem allgemeinen Rechtsdiskurs, nach den Inspirationsquellen der Verfassung, nach dem 'Rechtsdesign' des legislativen Prozesses. Die zweite Dimension ist die politische und umfasst die Haupttrends der innenpolitischen Entwicklung. Hierzu gehören der Aufbau demokratischer Institutionen, die Konstituierung der Slowakei als selbständiger Staat, die Entwicklung des politischen Systems einschließlich der politischen Parteien und die Funktionsweise der Staatsorgane.

Ein besonderes Merkmal war der seit 1993 um die Verfassung hart geführte Kampf rivalisierender politischer Kräfte. Dennoch wurde sie nach ihrer Verabschiedung im September 1992 erst im Februar 2001direkt novelliert. Die Stabilität erklärt sich daraus, dass die im Parlament für Verfassungsänderungen erforderliche Mehrheit von drei Fünftel der Abgeordneten in diesem Zeitpunkt gegeben war. Die im Nationalrat vertretenen Parteien und Rechtsexperten verwiesen zwar unablässig auf sogenannte 'Schwachstellen' der Verfassung.[1] Der erste Entwurf einer vollständigen Novellierung wurde jedoch erst im Juni 2000 in zweiter Lesung vom Parlament verabschiedet.

Nach den bisherigen Erfahrungen hat die Verfassung auf zweierlei Weise Einfluss auf die Innenpolitik und die Entwicklung des Rechtssystems ausgeübt. Zum einen hat sie offensichtlich zur Destabilisierung beigetragen, was auf die erwähnten 'Schwachstellen' zurückgeführt werden kann. Andererseits haben die Bedingungen ihrer Novellierung verhindert, dass autoritären Methoden zuneigende Kräfte Verfassungsänderungen durchsetzen konnten, die nur zur Stärkung ihrer Position geführt hätten.

Das Verabschiedungsprocedere allein wirft ein bezeichnendes Licht auf die politische Lage. Unter Leitung von Professor Karol Plank war 1990 eine Arbeitsgruppe beauftragt worden, die Verfassung der Slowakischen Republik vorzubereiten. Die Gruppe bestand aus Juristen, Experten verschiedener Fachinstitutionen und Vertretern der Parlamentsparteien. Sie erstellte einen Entwurf, der Ende 1991 publiziert, dem Slowakischen Nationalrat jedoch weder zur Diskussion noch zur Verabschiedung vorgelegt

---

[1] I. Šimko: Kritické miesta Ústavy Slovenskej Republiky, Nr. 460/1992 der Gesetzessammlung, Bratislava 1996.

wurde. Als dann die 'Bewegung für eine demokratische Slowakei' (HZDS) als stärkste parlamentarische Kraft aus den Wahlen vom Juni 1992 hervorging und unter Vorsitz von Vladimír Mečiar die Regierung stellte, nahm die HZDS die Arbeit am Verfassungstext als Regierungspartei wieder auf, ohne jedoch die Oppositionsparteien daran zu beteiligen.

Die neue Version des Verfassungstextes unterschied sich von der obengenannten Fassung, obwohl auch sie auf vorangegangene Entwürfe und auf die allgemeine Verfassungsdiskussion während der Zeit der Föderation zurückgriff. Doch wurde der Entwurf auch von Rechtsexperten der Opposition bezüglich der Grundprinzipien, der Stellung der höchsten Staatsorgane und der Selbstverwaltungsorgane sowie der Grundrechte und Grundfreiheiten als 'systemgemäß gut vorbereitetet' bezeichnet. Nach Diskussionen im Regierungslager aber wurden Änderungen eingearbeitet, die die ursprüngliche Kohärenz des Dokumentes verletzten.[2]

Beispielsweise wurde für den Fall, dass bei der Präsidentschaftswahl keiner der Kandidaten die erforderliche Mehrheit erhält, eine Übertragung gewisser Kompetenzen des Präsidenten auf die Regierung vorgesehen und nicht - wie in der früheren Fassung - auf den Vorsitzenden des Parlaments. Im Parlament stießen die Vorschläge auf scharfe Kritik, weshalb nicht alle Änderungen durchgesetzt werden konnten. Einige Kompetenzen wurden ganz ausgeklammert und werden faktisch von niemandem wahrgenommen. Offen ist bspw. die Ernennung der Regierung für den Fall, dass die Präsidentschaftswahl kein gültiges Ergebnis erbringt.

Die Verfassung der Slowakischen Republik wurde am 1. September 1992 noch im Rahmen des gemeinsamen Staates verabschiedet, obwohl sie doch die Verfassung eines selbständigen Staates war. Es stellt in der Tat ein Kuriosum auf dem Gebiet des Rechts dar, dass die Verfassung in Kraft trat, nachdem sie im Gesetzbuch der Tschechoslowakei (ČSFR), jedoch nie im Gesetzbuch der neuen Slowakischen Republik veröffentlicht wurde. Denn schließlich ist hier doch das vollständige System der obersten Staatsorgane mit allen Kompetenzen auf dem Gebiet der Gesetzgebung, der Exekutive, der Gerichtsbarkeit, der Außenpolitik, der Verteidigung, der Währung, der Zölle u.ä. festgeschrieben.

---

2 M. Galanda: Cesta k slovenskej ústave. Fakty a udalosti sprevádzajúce prípravu a schválenie ústavy Slovenskej Republiky, Bratislava 1997.

Ein besonderes Gewicht erlangte die Frage der Verfassungsänderung mittels eines Referendums. Denn der nicht eindeutige Text ermöglicht verschiedene Auslegungen, die sich die politischen Akteure in unterschiedlicher Weise zu Eigen gemacht haben. Einerseits ist der Nationalrat laut Verfassung das einzige gesetzgebende Organ der Slowakischen Republik. Andererseits heißt es dort, dass 'über wichtige Fragen des öffentlichen Lebens' durch ein Referendum entschieden werden kann, ohne dass - wie in Verfassungen anderer Staaten üblich - ein Referendum zwecks Änderung oder Ergänzung der Verfassung selbst in ihr verankert wurde. Dennoch beinhaltet sie keine Bestimmungen, die ein solches Verfahren verbieten würden.

Für den Abschluss und die Ratifizierung von internationalen Verträgen legt die Verfassung ein kompliziertes Verfahren fest. Verträge, die der Ratifizierung durch den Nationalrat unterliegen, müssen vom Präsidenten abgeschlossen werden, der diese Kompetenz nicht an die Regierung übertragen darf. Es wurden jedoch einige Verträge, darunter der historische slowakisch-ungarische Vertrag, von der Regierung unterzeichnet. Ihr Zustandekommen steht damit im Widerspruch zur Verfassung.

Große Bedeutung erhielt 1993-98 die Konfrontation zwischen den höchsten Verfassungsrepräsentanten des Staates: Präsident Michal Kováč und Premier Vladimír Mečiar. Vor dem Hintergrund ungleicher Kräfteverhältnisse war die Konfrontation zwischen Präsident und Premier einerseits, der Regierung und dem von der Regierungskoalition beherrschten Parlament andererseits in erster Linie den unterschiedlichen Auffassungen von Demokratie geschuldet. Verfassungsrechtliche Fragen, wie die der Kompetenz des Staatsoberhauptes und seiner Stellung im System der Staatsmacht, spielte eine sekundäre Rolle. Vor allem strebte die Regierungskoalition mit der HZDS an der Spitze nun eine Beschneidung präsidialer Vollmachten an, scheiterte jedoch weitgehend an den Beschlüssen des Verfassungsgerichts.

Nach den Parlamentswahlen vom September 1998 wurde das Gesetz über die Direktwahl des Präsidenten verabschiedet. Kurz darauf folgten Präsidentschaftswahlen, aus denen im Frühjahr 1999 der Karpatendeutsche Rudolf Schuster als erster direkt gewählter Staatspräsident hervorging.

Regierungen und Parteienlandschaft

In ihrer noch jungen Geschichte zählt die Republik schon sieben Regierungen. Drei Mal übte Vladimír Mečiar seit 1989 das Amt des Premierministers aus. Die erste Regierung nach der *Samtenen* Revolution - oft als 'Regierung der nationalen Verständigung' bezeichnet - wurde unter der Führung des ehemaligen Kommunisten Milan Cic gebildet und bestand sowohl aus antikommunistischen Reformern wie aus Repräsentanten der unterlegenen Kommunistischen Partei. Hauptaufgabe dieser Regierung war es, das Land zu den ersten freien Wahlen zu führen.

Nach den Wahlen im Juni 1990 kam es zu einer - erstmals von Vladimír Mečiar geführten - Regierungskoalition, bestehend aus 'Öffentlichkeit gegen Gewalt' / 'Ungarische Unabhängige Initiative' (VPN / MNI), 'Christdemokratischer Bewegung' (KDH) und der Demokratischen Partei (DS). Bereits im März 1991 wurde die Regierung Mečiar durch ein Misstrauensvotum gestürzt. Obwohl die Abwahl des Kabinetts auf Grundlage der zu diesem Zeitpunkt geltenden Gesetzeslage - durch ein Votum des Präsidiums des Slowakischen Nationalrates und nicht des Plenums - legal erfolgt war, bezeichneten Mečiar und seine Anhänger den Vorgang als undemokratisch. Mečiar wurde schließlich durch den "veteran dissident"[3] Jan Čarnogursky ersetzt. Auch in der grundlegenden Frage der radikalen gesellschaftlichen Reform konnten die Koalitionspartner keinen Konsens finden. Damit befand sich die Regierung Čarnogursky in Übereinstimmung mit der Regierung der Föderation der SFR. Man kann hieraus schließen, dass diese Regierung nicht nur den Grundstein für den Transformationsprozess legte, sondern die Rückkehr zum ehemaligen System unmöglich machte.

Nach den Parlamentswahlen bildete Vladimír Mečiar 1992 abermals die Regierung, fast ausschließlich zunächst aus Mitgliedern der HZDS, später in Koalition mit der 'Slowakischen Nationalpartei' (SNS). Im Frühjahr 1993 kam es erneut zur Teilung innerhalb der HZDS, wobei sich zwei Parlamentariergruppen von der HZDS trennten. In der Folge vereinigten sich diese zur 'Demokratischen Union der Slowakei' (DU). Im März 1994 wurde die Regierung Mečiar (II) durch ein parlamentarisches Misstrauensvotum gestürzt. Obwohl in Einklang mit der Verfassung erfolgt, diesmal durch ein Votum des Plenums, versuchten Mečiar und seine Sympathisanten ihren

---

3 So von Judy Batt bezeichnet in: "The New Slovakia. National Identity, Political Integration and the Return to Europe", Discussion paper 65, Royal Institute of International Affairs (1996).

Sturz als Verfassungskrise darzustellen. Charakteristisch für die Regierung Mečiar (II) waren wirtschaftlicher Fortschritt und wachsende politische Spannungen.

Die von Jozef Moravčik neu gebildete Regierungskoalition bestand aus fünf ideologisch recht unterschiedlichen Parteien: der 'Partei der demokratischen Linken' (SDL), der aus drei Parteien formierten 'Demokratischen Union' (DU) und der 'Christdemokratischen Bewegung' (KDH). Zudem hatte sie die Unterstützung der im Parlament vertretenen ungarischen Parteien. In ihrer Programmatik stimmten alle Regierungsparteien in einem Punkt überein: in der Ablehnung des Politikstils der HZDS. Trotz der Kürze ihrer Amtsperiode von nur sieben Monaten gelang es der Koalition, demokratische und wirtschaftliche Reformen in Gang zu bringen und somit an die Reformbewegungen von 1990 und 1992 anzuknüpfen. Dabei bemühte sie sich um allgemeinen Konsens, der auf gemeinsamen Werten und dem Bekenntnis zu einer demokratischen politischen Kultur basierte.

Als Siegerin der vorverlegten Parlamentswahlen von 1994 bildete schließlich wiederum die HZDS mit der SNS und der 'Arbeitervereinigung der Slowakei' (ZRS) eine Koalition, die Nationalisten und Populisten sowie ehemalige Kommunisten umfasste. Zwar bestanden zwischen den Koalitionspartnern Differenzen sowohl in der Programmatik wie in den politischen Zielen. Dennoch überwogen die Gemeinsamkeiten, bspw. das autoritäre Politikverständnis, die Betonung der Mehrheitsdemokratie, die Unterminierung des Konstitutionalismus, aber auch die Priorität von persönlichen und Parteiinteressen. Die bis Herbst 1998 regierende Koalition verfügte über die relative Mehrheit im Parlament, aber nicht über die für eine Verfassungsänderung notwendige Dreifünftel-Mehrheit.

Die Parlamentswahlen vom September bedeuteten erneut eine politische Kehrwende von der Regierung Mečiar. Die vier Oppositionsparteien (SDK, SDL, SOP, SMK) erzielten 1998 die absolute Mehrheit im Parlament. Zwar ging Mečiars HZDS als stimmenstärkste Partei aus den Wahlen (27%) hervor, doch konnte die Opposition mit ihren Bündnis eine neuerliche Machtübernahme Mečiars verhindern. Im Vergleich zu westlichen Verhältnissen lag die Wahlbeteiligung mit 84,24% sehr hoch. Großen Einfluss auf den Wahlausgang nahmen junge Menschen und vor allem Erstwähler (so erschienen acht von zehn Erstwählern an den Wahlurnen). Allgemein anerkannt ist, dass die Nichtregierungsorganisationen (NGOs) eine entscheidende Rolle bei der Information und Aufklärung der Wähler, aber auch bei der Wahlbeteiligung und Wahlüberwachung spielten.

Monatelange Verhandlungen der 'Slowakisch-demokratischen Koalition' (SDK)[4], der 'Partei der Demokratischen Linken' (SDL), der 'Partei der Ungarischen Koalition' (SMK)[5] und der 'Partei des zivilen Verstehens' (SOP) haben schließlich zu einer Koalitionsvereinbarung geführt. Damit hat die neue Regierung die Unterstützung von 93 Abgeordneten und die absolute Mehrheit.[6] Bereits jetzt hat sie eine Reihe ernst zunehmender Signale an die internationale Gemeinschaft gerichtet, auf den europäischen Weg zurückkehren zu wollen.

Tatsächlich gehört die europäische Integration zu den wichtigsten Herausforderungen der neuen politischen Führung. Das Wahlergebnis hat nicht nur die Unzufriedenheit mit dem *Mečiarismus* gezeigt, sondern es unterstreicht auch die Bemühungen der Regierungsparteien, die Slowakei wieder auf den Kurs demokratischer Konsolidierung und Westintegration zu bringen (zwei eigentlich identische Ziele). EU- und NATO-Sprecher haben daher die politischen Veränderungen in der Slowakei begrüßt und die Meinung vertreten, dass das Land sein Image schon bald verbessern werde und ein ernst zunehmender Beitrittskandidat für beide Organisationen würde. Die Gemeindewahlen vom Dezember 1998 haben - bei einer Wahlbeteiligung von 53,95% - den landesweiten Reformtrend bestätigt: die Kandidaten der neuen Vier-Parteien-Koalition[7] gingen in vier der acht Großstädten als Sieger hervor.

Nach den Parlamentswahlen vom September 1998 kam es durch die Koalition von Ungarn und Slowaken einerseits, von früheren Kommunisten und rechten Reformern andererseits zu einem *patchwork government*, das schon kurz nach der Regierungsübernahme erste Anzeichen innerer Uneinigkeit zeigte. Sichtbare Spannungen innerhalb der SDK - Oppositionspolitiker sprachen sogar von einem Zusammenbruch der Partei - hatten zur Folge, dass Mitglieder der SDK vehement institutionelle Reformen forderten.

---

[4] Die SDK wurde vor den Wahlen des Jahres 1998 von fünf Parteien gegründet: der Christdemokratischen Bewegung (KDH), der Demokratischen Union (DU), der Demokratischen Partei (DS), der Sozialdemokratischen Partei (SDSS) und der Partei der Grünen (SZ).

[5] Die Partei der Ungarischen Koalition bestand aus drei Gruppierungen.

[6] In der Zwischenzeit hat sich Robert Fico (SDL) zum unabhängigen Abgeordneten erklärt und eine neue Partei gegründet - SMER (Richtung).

[7] J. Rupnik hat diese Koalition eine "Koalition der Koalitionen" genannt, weil sowohl SDK als auch SMK aus mehreren Parteien hervorgegangen sind.

Die Öffentlichkeit erfuhr von den Problemen der SDK, als Justizminister Jan Čarnogursky dem eigenen Regierungsprogramm die Unterstützung versagte, weil es konfessionellen Schulen nicht die gleiche Unterstützung wie den staatlichen zugestand. Čarnogurskys Kollegen versuchten, seine ablehnende Haltung herunterzuspielen, indem sie diese als 'unglücklich' bezeichneten, und es sich letztlich nur um "interne Angelegenheiten der SDK handle"[8].

Der Kern des Problems liegt in der Tatsache, dass das gemeinsame Programm der SDK keine der fünf Koalitionsparteien völlig befriedigt, spannt sich deren Bogen doch von Konservativen - die den freien Markt propagieren - über frühere Kommunisten bis hin zu Umweltaktivisten. SDK-Vertreter Vladimir Palko zufolge liegt die größte Schwäche der SDK in dem Umstand, dass sich keines ihrer fünf Mitglieder bis dato aufgelöst hat. Die Mitglieder der SDK bleiben so in erster Linie Mitglieder ihrer jeweiligen Partei. Das führt zu Doppelloyalitäten und zu Problemen, so etwa Carnogurskys Entscheidung, das Regierungsprogramm nicht zu unterstützen. Starke Initiative geht auch von den Abgeordneten der SDK aus, die die SDK als parteiähnliche Dachorganisation erhalten möchten, in der jede der fünf Parteien ihre politische Identität pflegt.

Die Spannungen der SDK spielen sich sowohl unter den großen und kleinen Mitgliedsparteien ab, wie zwischen der Gruppe progressiv-liberaler Politiker (der Premierminister Dzurinda verpflichteten Demokratischen Unionspartei und den Christdemokraten) und der Gruppe konservativer Abgeordneter (Čarnogurskys christdemokratische Anhängern und die Demokratischen Partei). Meinungsumfragen zeigen, daß es es enorme Unterstützung für eine stabile Regierungskoalition gibt. Das aber impliziert, dass die internen Probleme der SDK erst nach Ablauf der vierjährigen Regierungsperiode gelöst werden können.

Die Entwicklung des slowakischen Parteiensystems ist, neben der Instabilität, durch die Formierung von Blöcken charakterisiert, die auf den ersten Blick weder nach ideologischen noch programmatischen Begriffen sinnvoll erscheint. Beide Gruppen umfassen Parteien oder Bewegungen, die das gesamte Spektrum von Links und Rechts abdecken. Es liegt daher nahe, daß die Spaltung auf den personellen Faktor zurückzuführen und durch die Unterstützung bzw. Ablehnung von Vladimír Mečiar bestimmt ist,

---

[8] S. Danko: "Tensions rise within largest government party", in: The Slovak Spectator, International Weekly, vol. 4/30, Dezember 1998.

der als zentrale politische Figur der postkommunistischen Slowakei gilt.[9] Auch kann die Spaltung nicht auf Alternativen der Wirtschaftspolitik reduziert werden, gehen doch die unterschiedlichen Auffassungen hierzu quer durch beide Lager. Die HZDS vertritt offiziell eine Strategie der graduellen Transformation, eine langsame Privatisierung und die Notwendigkeit staatlicher Intervention.

Die Polarisierung des slowakischen Parteiensystems zeigt Unterschiede auch in der Intensität der internationalen Beziehungen und im Europäisierungsgrad der politischen Gruppierungen. Die Christdemokraten (KDH), die Demokratische Union (DU), die Partei der Demokratischen Linken (SDL), die Sozialdemokraten (SDSS), die Grünen (SZS) sowie die Parteien der ungarischen Koalition haben intensive grenzüberschreitende Kontakte auf Grund ihrer Mitgliedschaft in diversen internationalen Parteienorganisationen.[10] Dagegen verfügen weder die HZDS noch die Arbeitervereinigung (ZRS) über ausgeprägte internationale Verbindungen. Unterdessen aber hat die Slowakische Nationalpartei (SNS), ein früherer Koalitionspartner der Regierung Mečiar, mit dem Aufbau enger Kontakte zu den Führern 'nationalistischer' Parteien in ganz Europa begonnen, insbesondere mit Jörg Haider und der Freiheitlichen Partei Österreichs, Jean-Marie Le Pen vom französischen Front National und Vojislav Šešelj von der Serbischen Radikalen Partei.

Die Meinungsumfragen der Jahre 1993-99 dokumentieren den geringen Vertrauensgrad in die politischen Institutionen und in die Eliten. Die Bevölkerung ist mehrheitlich (ca. 70-80%) der Meinung, dass die Politiker sich um ihre eigenen Interessen bzw. die ihrer Förderer zuerst kümmerten. Etwa zwei Drittel der Befragten vertraten die Ansicht, die Politik werde von Nepotismus, Utilitarismus und Karrierestreben dominiert. Es sei daher notwendig, über Beziehungen und Kontakte zu den Regierungsparteien oder zur Opposition zu verfügen.

---

9 Ähnliche Argumente werden beispielweise verwendet von J. Batt: "The New Slovakia. National Identity, Political Integration and the Return to Europe", in: Discussion Paper 65, Royal Institute of International Affairs, London 1996. M. Carpenter: "Slovakia and the Triumph of Nationalist Populism", in: Communist and Postcommunist Studies, vol. 30/2 (1997), hier S. 215-219. S.P. Ramet: "Whose Democracy?", in: Nationalism, Religion, and the Doctrine of Collective Rights in Post-1989 Eastern Europe, New York 1997, hier S. 111-139.

10 Unter anderem in der Europäischen Demokratischen Union, in der Liberalen Internationalen, in der Sozialistischen Internationalen, in der Partei der Europäischen Sozialisten, in der Europäischen Volkspartei sowie in der Europäischen Föderation der Grünen Parteien.

Das Vorherrschen solcher Einstellungen wird durch die weit verbreitete Meinung, "the rich buy democracy, they have always done so and they always will"[11], illustriert. Nach einer nur kurzen Periode der Euphorie während der *Samtenen* Revolution, ist die politische Kultur der Slowakei damit wieder von der für das alte Regime typischen Einstellung dominiert: 'Politik ist ein schmutziges Geschäft'. Die bis 1999 von verschiedenen Agenturen[12] durchgeführten Meinungsumfragen zeigten eine wachsende Unzufriedenheit mit dem Zustand der Demokratie in der Slowakei, der in der Regel auf das Verhalten von Regierung und Opposition zurückgeführt wurde. Eine Mehrheit der Bevölkerung (ca. 60%) setzte daher ihre Hoffnung in neue, nicht diskreditierte Politiker.

Die politische und rechtliche Stellung nationaler Minderheiten

Wie sieht heute die Situation der nationalen Minderheiten in der Slowakei aus? Nach der Desintegration der Tschechoslowakischen Republik am 1.1. 1993 änderten sich die Proportionen der einzelnen Nationalitäten, die auf slowakischem Staatsgebiet leben. Heute zählen sich 15% der Bevölkerung zu den nationalen Minderheiten. Die zahlenmäßig stärkste ist die ungarische Minderheit, deren Angehörige vorwiegend im Süden und Südosten der Slowakei leben. Während der Volkszählung von 1991 belief sich ihre Zahl auf 566.741, das sind 10,3% der Gesamtbevölkerung der Slowakei. Die zweitstärkste Minderheit stellen die Roma, deren Anteil an der Bevölkerung laut offizieller Statistik mit ca. 80.600 Personen etwa 1,5% beträgt, wogegen die Roma-Vereinigungen sowie die lokalen Selbstverwaltungsorgane ihre Zahl zwei bis dreimal so hoch einschätzen.

Nach dem Zerfall der Tschechoslowakei entstanden auf dem Gebiet der ehemaligen Föderation neue Minderheiten: in Tschechien eine slowakische Minderheit von rund 300.000 Personen, in der Slowakei eine rund 100.000 Personen umfassende tschechische Minderheit. Deren Angehörige gewöhnen sich allmählich an den neuen Status, lösen die Frage der Staatsbürgerschaft und suchen nach Formen nationaler Identifikation und Artiku-

---

11 S. Mihalikova: "Socio-political, Economic and Axiological Orientation and Changes of Central European Societies (Comparison of Czech, Slovak and Roumanian Societies)", in: Report on International Sociological Research, Bratislava 1995-99.

12 Vgl. dazu exemplarisch die regelmäßigen Analysen, publiziert in: FOCUS, MVK, SU SR (Statistische Behörde der Slowakischen Republik), AISA, GfK.

lation. Eine Reihe neu gebildeter Kulturassoziationen, verschiedene Vereine sowie Clubs und Zeitschriften sind Ausdruck wachsenden nationalen Selbstbewusstseins.

Ruthenen und Ukrainer, die 0,3% bzw. 0,26% der Bevölkerung der Slowakei bilden, leben überwiegend im Nordosten des Landes. Der Volkszählung von 1991 zufolge gibt es außerdem eine zahlenmäßig kleine deutsche (0,1%) und polnische (0,05%) Minderheit sowie einzelne Gruppen von Kroaten und Bulgaren. Juden, die eher im ethnisch-religiösen Sinn als Minderheit zu betrachten sind, tauchen in den offiziellen Statistiken nicht auf. Den Schätzungen zufolge liegt ihre Zahl unter fünftausend.

Die Minderheitenrechte werden in 'Kapitel II, Grundrechte und Grundfreiheiten' der Verfassung der Slowakischen Republik garantiert. Definiert werden die Rechte nationaler und ethnischer Minderheiten im vierten Absatz in den Paragraphen 33 und 34 in Übereinstimmung mit der Europäischen Konvention zum Schutz der Menschenrechte und Grundfreiheiten.

Probleme der ungarischen Minderheit in der Slowakei

Die Beziehungen der Slowakischen und der Ungarischen Republik sind dadurch belastet, dass die slowakische Seite jegliche Autonomie für die in der Slowakei lebende ungarische Minderheit kategorisch ablehnt. Befürchtungen rufen insbesondere Forderungen nach territorialer Autonomie sowie gelegentliche Äußerungen über eine mögliche Änderung der heutigen Staatsgrenze hervor. Aus diesem Grund knüpften die internationale Gemeinschaft und die Bürger beider Länder große Hoffnungen an die Unterzeichnung des slowakisch-ungarischen Grundlagenvertrags am 19.3.1995 in Paris. Dieser Vertrag garantiert die Unverletzlichkeit der Grenzen beider Staaten und definiert die Stellung der nationalen Minderheiten.

Die Rahmenvereinbarung des Europarats zum Schutz nationaler Minderheiten ratifizierte die Slowakische Republik im Jahre 1995. Doch stellt die mangelnde Bereitschaft der Slowakei, die Stellung der Minderheiten entsprechend den EU-Normen zu gewährleisten, eins der Haupthindernisse für Gespräche über einen Beitritt des Landes zur EU dar, trotz der in der Verfassung garantierten Rechte sowie einer Reihe anderer Gesetze zum Schutz der nationalen Minderheiten.[13] Die fehlende Eindeutigkeit der Regierungspolitik bezüglich der Garantien von Minderheitenrechten wird in der Stellungnahme der EU-Kommission zum Beitrittsantrag der Slowakei explizit aufgeführt.[14]

Im Januar 1996 trat das im November zuvor verabschiedete Gesetz über die Staatssprache in Kraft, das im Vergleich zum Sprachengesetz von 1990 deutliche Einschränkungen beinhaltet.[15] Es legt (§ 3) fest, dass die Staatssprache im offiziellen Kontakt auch in den Gebieten zu benutzen ist, in denen Angehörige einer Minderheit die Bevölkerungsmehrheit bilden. Die Kategorie des 'offiziellen Kontakts' wurde zudem auf öffentliche Einrichtungen wie Krankenkassen und solche in Verkehr und Telekommunikation ausgedehnt. Alle öffentlichen Bediensteten sind verpflichtet, im Kontakt miteinander die Staatssprache zu benutzen. Auch darf der Schriftverkehr der Bürger mit öffentlichen Einrichtungen ausschließlich in der Staatssprache geführt werden. Zudem ist hier die Verpflichtung formuliert, alle geographischen Bezeichnungen einschließlich der Katasterkarten, in denen bisher auch ungarische Namen verwendet wurden, in der Staatssprache anzuführen.

Nach der Verabschiedung des Gesetzes verpflichteten sich die slowakischen Organe gegenüber der EU und dem Hohen Kommissar für nationale Minderheiten der OSZE, ein neues Gesetz über die Minderheitensprachen zu erarbeiten. Die Erklärung des Gemeinsamen Parlamentsausschusses der Europäischen Union und der Slowakei vom Juni 1997 enthält die Forderung nach einem solchen Gesetz, das zu den Kriterien von Kopenhagen gehört, die vor einem Beitritt in die EU zu erfüllen sind. Nach dem Urteil des Verfassungsgerichts vom 26.8.1997 widerspricht das Gesetz über die Staatssprache nicht der Verfassung der Slowakischen Republik. Als verfassungswidrig wurde nur die Bestimmung bezeichnet, die alle Bürger im schriftlichen Kontakt mit den Behörden zur Benutzung der

---

[13] Vgl. das Gesetz Nr. 300/1993 über Namen und Vornamen im Wortlaut des Gesetzes Nr. 154/1994 der Gesetzessammlung; das Gesetz Nr. 154/1994 über das Personenstandsbuch im Wortlaut des Gesetzes Nr. 222/1996 der Gesetzessammlung; das Gesetz Nr. 191/1994 über die Bezeichnung von Ortschaften in der Sprache einer Minderheit.

[14] Agenda 2000. Posudok Komisie k žiadosti Slovenska o členstvo v Európskej únii, Bruxelles, Doc/97/20, (slowakische Übersetzung 15.7. 1997).

[15] Das Gesetz zur Stellung und Benutzung der Staatssprache Nr. 270/1995 trat an Stelle des Gesetzes Nr. 428/1990 der Gesetzessammlung zur Amtssprache in der Slowakei in Kraft.

Staatssprache verpflichtet. Nach diesem Beschluss haben die Bürger das Recht, sich auch in anderen Sprachen an die Staatsorgane zu wenden. Die Verhängung von Strafen im Fall einer Verletzung des Gesetzes ist unzulässig.[16] Im Anschluß an die Wahlen von 1998 verabschiedete das slowakische Parlament das Gesetz über die Minderheitensprachen, was von der EU-Kommission als Fortschritt bei der Erfüllung der oben genannten Kriterien bezeichnet wurde.

Auf die Durchsetzung der dominanten Stellung der slowakischen Ethnie zielt auch das Gesetz über die Staatssymbole. Es regelt und beschränkt unter anderem das Abspielen der Hymnen fremder Länder bei Anlässen mit ausländischen Gästen sowie das Hissen der Fahnen fremder Länder im öffentlichen Raum. Die Angehörigen der ungarischen Gemeinschaft klagen, dass sich dieses Gesetz in erster Reihe gegen sie und das Abspielen der Nationalhymne des ungarischen Staates richte, die für sie ein wichtiges Symbol ihrer religiösen Identität darstelle.[17]

Auch die Frage der Restitutionen an die ungarische Minderheit[18] verlief nicht ohne Kontroversen. Problematisch war insbesondere der Stichtag berechtigter Ansprüche, bei denen es sich im wesentlichen um die von Bürgern ungarischer und deutscher Nationalität handelte, deren Besitz die Nachkriegsregierungen nach dem Prinzip der Kollektivschuld konfisziert hatten. Die Restitutionsgesetze, die den Besitz von Liegenschaften und die Rückgabe von Grund und Boden an die ursprünglichen Besitzer regeln, beziehen sich nur auf Entscheidungen aus der Zeit des kommunistischen Regimes, das am 28.2. 1948 an die Macht gekommen war.

Die Vertreter der ungarischen Minderheit beschwerten sich, dass ein so formuliertes Gesetz ihre offizielle rechtliche Diskriminierung in der Zeit zwischen 1945 und 1948 bekräftige. In keiner Weise beinhalte es eine Widergutmachung für die Ungerechtigkeiten, die unmittelbar nach dem Zweiten Weltkrieg an der ungarischen und der deutschen Minderheit begangen wurden. Die verabschiedeten Nachträge zum Gesetz über das Grundeigentum ermöglichen eine Entschädigung der Angehörigen der

---

16 Die Feststellung des Verfassungsgerichts in Sachen Verfassungsmäßigkeit des Gesetzes Nr. 270/1995 über die Staatssprache der Slowakischen Republik wurde unter Nr. 260/1997 der Gesetzessammlung veröffentlicht.

17 Vgl. das Gesetz Nr. 240/1994 der Gesetzessammlung.

18 Vgl. das Gesetz Nr. 86/1994 der Gesetzessammlung.

ungarischen Minderheit bis zu einer Maximalfläche von 150 Hektar, während an Angehörige der slowakischen Nationalität Flächen bis 250 Hektar zurückgegeben werden.

Der Rechtsstreit um das Kraftwerk und Staustufensystem Gabčíkovo-Nagymaros, der lange Zeit die Beziehungen zwischen Ungarn und der Slowakei belastete, wurde im Oktober 1997 durch einen Beschluss des Internationalen Gerichtshofs in Den Haag gelöst. Beide Parteien wurden aufgefordert, mit Hilfe von Experten einen akzeptablen Kompromiss zu finden, der Umfang und Art des Ausgleichs für gegenseitig zugefügte Schäden festlegt. Der Internationale Gerichtshof erklärte den Vertrag über das Kraftwerksystem Gabčíkovo-Nagymaros von 1977 für gültig und empfahl, in bereits fertiggestellte Bauten keine Eingriffe vorzunehmen. Beide Seiten sollten innerhalb von sechs Monaten im Geist der Empfehlungen von Den Haag Vereinbarungen zu allen strittigen Punkten treffen. Also schien der Suche nach einem akzeptablen Kompromiss eigentlich nichts mehr im Wege zu stehen. Knapp sechs Monate später war man jedoch in den Verhandlungen noch immer nicht vorangekommen. Der von beiden Seiten zu einem Politikum hochstilisierte Rechtsfall wurde sowohl in Ungarn als auch in der Slowakei erneut Bestandteil des Wahlkampfs.

Die Minderheit der Roma

In der slowakischen Minderheitenpolitik ist das Verhältnis zu den Roma ein wichtiges Element. Schon das kommunistische System hatte verschiedene, allerdings erfolglose Versuche unternommen, die Probleme dieser Minderheit zu lösen. Im März 1991 erhielten die Roma zum ersten Mal die Möglichkeit, sich frei zu ihrer ethnischen Herkunft zu bekennen, als sie im Rahmen der Volkszählung den anderen Minderheiten der ehemaligen Föderation gleichgestellt wurden. Mit hoher Arbeitslosigkeit, niedrigem Bildungsstand und weitgehender politischer Zersplitterung bilden die Roma bislang keine bedeutende politische Kraft.

Nach Gewalttaten von radikalen Skinheads gegen die Roma wuchs deren Interesse an der Wahrung der eigenen Identität und der Verteidigung ihrer Rechte. Vor den Parlamentswahlen in den Jahren 1994 und 1998 waren die politischen Parteien der Roma nicht in der Lage gewesen, sich auf eine gemeinsame Kandidatenliste zu einigen, so dass sie im Parlament nicht vertreten waren. Eine relativ hohe Kriminalitätsrate bestätigt weit verbreitete Vorurteile und Aversionen der großen Mehrheit der slowakischen Bevölkerung, unabhängig von Alter, Bildung, Geschlecht, Beruf, politischen Präferenzen und religiöser Orientierung. Kompliziert wird die gesellschaftliche Stellung der Roma darüber hinaus durch ihre katastrophale soziale Lage. In manchen Regionen erreicht ihre Arbeitslosigkeit 100%. Die Geburtenzahlen steigen unverändert bei sinkendem Alter erstgebärender Mädchen und die hygienischen Bedingungen lassen viele der über 300 Roma-Siedlungen zu Infektionsherden werden.

1997 beschloss ein Teil der Roma, die Probleme durch Ausreise aus der Slowakei wie auch aus Tschechien zu lösen. Im Sommer setzte eine aufsehenerregende Migrationwelle nach Kanada, im Herbst nach Großbritannien ein. Die Weltöffentlichkeit begann, sich für die Lebensweise der Roma zu interessieren. Die Vereinigung 'Roma-Intelligenz für ein Zusammenleben' und andere Organisationen der Roma sehen den Grund für die Emigration eindeutig in der Rassendiskriminierung und den unerträglichen sozialen Verhältnissen. Ein Regierungsbevollmächtigter erklärte jedoch: "Es entspricht nicht der Wahrheit, dass die Regierung nichts zur Verbesserung der Lage der Roma-Gemeinschaft unternimmt."[19] Dabei verwies er auf das Konzeptionspapier "Absichten der Regierung der SR zur Lösung der Probleme der Roma unter den derzeitigen gesellschaftlich-ökonomischen Bedingungen" vom November 1997. Das gerade aber war von 'Roma-Intellektuellen' kritisiert worden. Ihre Vertreter warfen der Regierung vor, die Roma weiter an die Peripherie der Gesellschaft zu drängen, ohne ihnen die Möglichkeit zu eröffnen, sich an der Lösung ihrer eigenen Probleme zu beteiligen.

Anlässlich einer sich ankündigenden neuen Emigrationswelle im April 1998 machte das Außenministerium auf die ernsten Probleme und das komplizierte Verfahren der Asylerteilung in Großbritannien aufmerksam. Es wies darauf hin, dass innerhalb der vorangegangenen sechs Monate mehr als 6.000 der aus Tschechien und der Slowakei stammenden Asylbewerber aus Großbritannien in ihre Heimatländer abgeschoben wurden.[20] Der Zustrom mehrerer Hundert Roma nach Finnland, Norwegen, Dänemark und Belgien hat im Herbst 1999 bzw. in Frühjahr 2000 zur Visumspflicht für Bürger der Slowakei geführt. Aufgrund der Abwanderung slowakischer Roma haben - nach Großbritannien - damit weitere EU-Länder die

---

[19] "Rok 1997 bol pre Rómov rokom migrácie", in: SME, 7.1. 1998, Beilage Slovensko 1997, S. 3.

[20] "Prípady priznania azylu cudzincom sú výnimočné, preto si odchod treba zvážiť", in: SME, 15.4. 1998.

einseitige Visumspflicht verhängt. Die massenhafte Auswanderung der Roma vor allem aus der östlichen Slowakei trug alle Anzeichen einer organisierten Aktion. Es gibt jedoch keine Anhaltspunke dafür, dass die Auswanderung organisiert worden sei, etwa um die Bemühungen der Slowakei um Integration in die EU zu torpedieren. In jedem Fall schadet die Auswanderungswelle den Beziehungen der Slowakei zur EU. Der Exodus ist in erster Linie aus wirtschaftlichen, nicht aus politischen Gründen erfolgt.

Der Nationalkongress der Roma hat eine Position eingenommen, die die Emigrationswelle nach West- und Nordeuropa als internationales, nicht als spezifisch slowakisches Problem charakterisiert. Eine Lösung müsse auf übernationaler Ebene gefunden werden, beispielsweise durch finanzielle Unterstützung der EU für Bürgervereinigungen, Initiativen oder Stiftungen der Roma. Entschieden wies der Kongress die Ansicht zurück, der Exodus sei von interessierter Seite organisiert worden. Angesichts der Tatsache, dass die Asylgesetze und das System der Sozialhilfe in der EU garantieren, dass Asylbewerber ein um vier bis fünf Mal höheres monatliches Unterstützungsgeld bekommen als in der Heimat (und dies manchmal sogar für einen Zeitraum von ein bis zwei Jahren), kann man nicht ausschließen, dass es eine weitere Auswanderungswelle nach West- und Nordeuropa sowie nach Kanada und in die USA geben wird.

Die uneinheitliche Haltung der politischen Parteien und Bewegungen sowie der kulturellen und religiösen Vereinigungen der Roma zur eigenen ethnischen Identität stellt in der Tat ein schwerwiegendes Problem dar. In Programmdokumenten und Erklärungen werden zwei gegensätzliche Auffassungen deutlich. Die Vereinigung 'Bürgerinitiative der Roma' verfolgt das Ziel, Rechte für die Roma durchzusetzen, die auch Angehörigen anderer Minderheiten garantiert werden. Des weiteren verlangt sie die offizielle Anerkennung der Bezeichnung *Roma* als Ersatz für *Zigeuner*, die sie für abwertend hält. Diametral entgegengesetzt sind die Ziele der 'Roma-Partei der Einheit', die statt Bildung und Vertiefung einer selbständigen nationalen Identität "die möglichst schnelle Assimilation der Ethnie der Roma"[21] anstrebt. Vom Standpunkt der Minderheitenpolitik

---

[21] Vgl. A. Mann: "Formovanie etnickej identity Rómov na Slovensku", in: Minority v politike. Kultúrne a jazykové práva. Európska kultúrna nadácia, S. 237-245, hg.v. J. Plichtová, Bratislava 1992.

handelt es sich hierbei um den ungewöhnlichen Fall des Verzichts auf die eigene nationale, politische, kulturelle und sprachliche Identität.

Mit ihrer Minderheitenpolitik war die von 1994 bis 1998 bestehende Regierungskoalition also nicht in der Lage, die internationalen Institutionen von der Erfüllung der 1990 in Kopenhagen getroffenen KSZE-Menschenrechtsvereinbarungen zu überzeugen. Ebenso wenig gelang ihr dies bezüglich der Rahmenvereinbarung des Europarats zum Minderheitenschutz, die in der Slowakei im Februar 1998 in Kraft getreten war. In einer offiziellen Einschätzung aus Brüssel heißt es denn unter anderem über die Slowakische Republik: "Verbesserungsbedürftig ist auch der Umgang mit der ungarischen Minderheit, der immer noch kein allgemeines Gesetz über die Minderheitensprachen zur Verfügung steht, obwohl sich die slowakischen Organe dazu verpflichteten und die Verfassung der SR ein solches Gesetz vorsieht. Des weiteren sollten die staatlichen Organe ihre Aufmerksamkeit auf die Stellung der Roma lenken."[22]

Neun politische Parteien und Bewegungen der Roma von insgesamt zwanzig in der Slowakei registrierten Gruppierungen schlossen sich zu einer Roma-Koalition zusammen. Ihr Ziel ist ein einheitliches Auftreten und die Teilnahme bei den nächsten Wahlen. Die Vertreter der Roma-Parteien wiesen auch darauf hin, dass die regierende SDK ihre Vor- und Nachwahlvereinbarungen mit den Roma noch nicht erfüllt habe, das Potenzial der Roma zur Verbesserung ihrer sozialen Lage innerhalb der slowakischen Gesellschaft zu nutzen.[23]

Bilanz der Regierung Mikulas Dzurinda

Ihr wichtigstes Ziel hat die Regierung erreicht: Sie setzte die Direktwahl des Staatspräsidenten durch und erhielt eine Einladung zu den EU-Beitrittsverhandlungen. Des weiteren wurden Untersuchungen von Privatisierungsfällen der Regierung Mečiar eingeleitet und die Arbeit staatlicher Organe untersucht, vor allem der Nachrichtendienste. Der Kabinett trennte sich im ersten Jahr seiner Regierung von zwei Ministern. Beide waren in den Verdacht unsauberer Machenschaften bei der Leitung ihrer Ressorts

---

[22] Agenda 2000. Stellungnahme der Kommission zum Antrag der Slowakei auf Mitgliedschaft in der Europäischen Union, Bruxelles, Doc/97/20, 15.7. 1997, S. 15.

[23] SME, 6.5. 1999.

gekommen und reichten ihren Rücktritt ein - wertvolle Präzedenzfälle in der slowakischen Politik.

Der Regierung Dzurinda standen schwere Aufgaben bevor. Die Erklärungen zur Eröffnung von bis zu zehn Kapiteln der EU-Beitrittsgespräche mußte sehr ernst genommen werden. Die slowakische Wirtschaft befindet sich in schlechtem Zustand, und zur Einleitung entscheidender Maßnahmen braucht es neben gutem Willen auch eine gewisse Rasanz. Zunächst muss die Privatisierung abgeschlossen werden, bei der es um ausgesprochen lukrative Unternehmen geht, etwa die slowakische Telekom und die Gasindustrie. Notwendig ist auch eine Reform des Bankenwesens. In diesem Zusammenhang steht die Regierung vor der Auszahlung staatlicher Schuldscheine in Höhe von 30 Milliarden slowakischer Kronen (rund 0,9 Milliarden Euro).

Dies alles sind sachliche Probleme, die die Regierung im Dienst des Bürgers lösen muss. Sie zu benennen ist bereits der erste Schritt zur Lösung. Aber eine Verwirklichung der Reformen kann nur gelingen, wenn die Regierung den entsprechenden politischen Willen aufbringt. Letzteres jedoch ist mehr als zweifelhaft. Anders ausgedrückt: Obwohl das Land darum weiß, was auf es zukommt, werden die Änderungen kaum noch in die Regierungszeit Dzurindas fallen. Denn Priorität haben andere Probleme, die dem Kabinett wertvolle Zeit rauben. Hierzu gehört auch, dass Dzurinda eine neue Partei gegründet hat, mit der er 2002 bei der Parlamentswahl antreten will.

Im Unterschied zu Tschechien, Polen und Ungarn, befindet sich die Slowakei noch immer am Scheideweg. Während der Transformationsprozess noch nicht abgeschlossen ist und der Kampf um die Spielregeln andauert, existieren bereits demokratische Institutionen und Prozeduren, auch wenn ihre Implementierung immer wieder in Frage gestellt oder sogar blockiert wird. Das Ergebnis dieses Prozesses kann sowohl eine mehr oder weniger konsolidierte Demokratie oder eine neue Art von autoritärem Regime sein. Die Konfiguration der politischen Kräfte, wie sie sich nach dem Ausgang der Parlamentswahlen von 1998 darstellt, wird durch die 'demokratisch' orientierten Parteien der Regierungskoalition gekennzeichnet, während sich die Opposition aus systemfeindlichen Parteien mit autoritären Tendenzen zusammensetzt. Doch unterbindet das Fehlen einer systemkonformen Opposition den üblichen Wechsel von Regierungskoalitionen, die aus Parteien bestehen, welche sich ausschließlich zur Demokratie bekennen. Ob die Slowakei und die politische Führung den

Weg fortsetzen werden, den die Wähler im Herbst 1998 vorgegeben haben oder ob sich eine Kehrtwendung in Richtung politischer Instabilität und unvollendeter Demokratie vollzieht, hängt von der Verantwortlichkeit der politischen Eliten und ihrer Fähigkeit ab, einen landesweiten Konsens zu bilden.

Mitteleuropäische Lage und politische Stabilität in Tschechien. Zivilgesellschaft und demokratische Konsolidierung[1]

Emil Voráček

Seit der Implosion des staatssozialistischen Systems in den Länder Ost- und Mitteleuropas ist gut eine Dekade vergangen. Ob aber die Transformation zur demokratischen Gesellschaft als abgeschlossen gelten kann, ist fraglich. Die politische Stabilität ist im Vergleich mit den Demokratien westeuropäischer Länder selbstverständlich von anderer Qualität. Die ostmitteleuropäischen Gesellschaften sind empfindlicher und reagieren sensibel auf alle Impulse. Am Beispiel der Republik Tschechien soll dies an wichtigen Faktoren der innenpolitischen Stabilität illustriert werden: an der demokratischen Konsolidierung, der Formierung von Zivilgesellschaft, an der politischen Kultur und teilweise an den Eliten. Neben diesen endogenen Faktoren werden wir am Beispiel des Konfliktes in Jugoslawien auf äussere Anlässe eingehen.

Die tschechische Gesellschaft wurde im Verlauf des 20. Jahrhunderts mehrmals stark mit der geopolitischen Lage des Staates konfrontiert, der 1918 erst seine Selbständigkeit als Tschechoslowakische Republik erhalten hatte. In dem historischen *Tiefengedächtnis* der Bevölkerung überdauerte ein bestimmtes Bewusstsein und ein Misstrauen darüber, dass wir uns immer an der Peripherie entweder des westlichen oder des östlichen, i.e. russländischen Zivilisationskreises befunden haben.[2]

Die Empfindlichkeit gegenüber der geopolitischen Lage des Landes gehört zu den bedeutendsten Elementen des *Tiefengedächtnis*. Es sind dies langzeitige Erfahrungen, die indirekt der Vergangenheit entsteigen und an der Bildung der nationalen Identität, des nationalen Charakters und der Mentalität beteiligt sind. Weil es sich hierbei um schwer feststellbare Momente handelt, werden sie oft unterschätzt. Daher sind es eher philosophisch denkende Schriftsteller (J. Holeček) oder Soziologen (E.

---

[1] Der Beitrag ist in Zusammenarbeit mit Zdenka Mansfeldová entstanden.

[2] Jiří Rataj: O autoritativní stát: Ideologické proměny v druhé republice 1938-1939, Praha 1997. Jan Gebhart / Jan Kuklík: Dramatické i všední dny protektorátu, Praha 1996. Tomáš Pasák: Český fašismus 1922-1945 a kolaborace 1939-1945, Praha 1999.

Chalupný, M. Havelka), die sie zu problematisieren versuchen.[3] Der Historiker greift die Materie nur mit Schwierigkeit auf, ist ihr gegenüber skeptisch und akzeptiert die Einflussgrösse nur ungern.

Das Bestreben der ersten tschechoslowakischen Präsidenten - Tomáš Masaryk und Eduard Beneš - bei Gründung des souveränen Staates und in der Zwischenkriegszeit war auf eine dauerhafte internationale Sicherheitsverankerung und eine demokratische Entwicklung konzentriert. Dieser Staat erwuchs aus der engen Zusammenarbeit mit westlichen Verbündeten. Dass die Tschechoslowakei nach 20 Jahren ihrer Existenz auch unter Mitwirkung unserer westlichen Verbündeten kollabierte, hat sich tief in das Bewusstsein der Bevölkerung eingeprägt. Die Grundlagen von Staat und Nation waren damals ernsthaft bedroht.

Die Ergebnisse der zweiten Weltkrieges hatten vorübergehend eine Erneuerung des Staates mit sich gebracht, der nach seiner *Auto-Trabantisierung* im Februar 1948 für vier Jahrzehnte auf die Rolle eines Frontstaates der sozialistischen Gemeinschaft reduziert wurde, in der die Sowjetunion - der Hegemon dieser Einheit - keinen Dissens zuliess. Der Zusammenbruch des staatssozialistischen Systems im November 1989, mit seinen Folgen für den Ostblock und die Sowjetunion, hat die ganze Tiefe des Überdruss unseres Volkes an den östlichen Verbündeten gezeigt sowie den Wunsch im Westen fest verankert zu sein.

Die geopolitische Lage

Vom Gesichtspunkt der geopolitischen Lage in Europa könnte es scheinen, dass das Territorium der Republik Tschechien keinen wichtigen Teil ausmacht. Denn wie bekannt, verläuft die Hauptachse in Europa entlang der Linie Paris - Berlin - Warschau - Moskau.

Doch verdeutlicht der militärische Angriff der NATO auf Jugoslawien, der nicht ganz drei Wochen nach dem Beitritt Tschechiens, Polens und Ungarns zur Allianz stattfand, die reale Bedeutung des tschechischen Territoriums. Mit Blick auf die Regionalkonflikte in Südosteuropa zeigt sich, dass die Schweiz und Österreich aufgrund ihrer Neutralität Transporte oder

---

[3] Jiří Holeček: Národní moudrost, Praha 1919. Emanuel Chalupný: Národní povaha československá. Vydání čtvrté, rozšířené úvodní studií o povaze jiných národů se zvláštním ohledem na národní povahu německou, Praha 1935 (tj. díl 1. Národní filosofie československé). Miloš Havelka (Hg.): Spor o smysl českých dějin 1895-1938, Prag 1995, S. 7-43.

Flüge über ihr Territorium nicht gestattet haben. Durch Tschechien führen wichtige Flugkorridore, Eisenbahn- und Strassenverbindungen. Die Slowakei ist in Nord-Süd-Richtung mit der Bahn eigentlich nicht durchgängig zu befahren, die Strassenverbindung ist nicht hinreichend.

Die tschechische Gesellschaft reagierte auf die internationale Entwicklung begreiflicherweise empfindlich. Das exogene Moment und zudem die noch lebendige Erfahrung von 1968 haben das Unbehagen der Bevölkerung sowohl zur NATO-Mitgliedschaft, wie zu den Truppentransporten und den NATO-Luftangriffen auf Jugoslawien vom Frühling 1999 erhöht. Hierzu muss man wissen, dass selbst zum Zeitpunkt der NATO-Erweiterung nahezu 50% der Bevölkerung nicht mit dem Beitritt einverstanden waren.

Dieses Moment der Spaltung kann bei der Transformation der tschechischen Gesellschaft zu einer Grösse werden, die man nicht unterschätzen sollte. Auf der anderen Seite darf man die Bedeutung der politischen Stabilität Tschechiens für Mitteleuropa nicht überschätzen.

Politische Stabilität und Zivilgesellschaft. Gestaltung von krisenresistenter Demokratie

Die Besonderheiten der Transformation postsozialistischer Gesellschaften sind vielfach betont worden. Sie befinden sich einmal im Gegensatz zu den Transitionen in Südeuropa und Lateinamerika, andererseits in der Gleichzeitigkeit von vier unterschiedlichen Prozessen: die Nationalstaatsbildung, die politisch gewollte Einführung der Marktwirtschaft, die Demokratisierung des politischen Systems und die Herausbildung einer Zivilgesellschaft.[4] Die Konsolidierungsphase der neuen Demokratien ist grundsätzlich durch eine doppelte Unsicherheit charakterisiert. In ihr verbinden sich durch den politischen Prozess notgedrungen noch unsichere institutionelle Verfahren und Strukturen mit der Produktion unsicherer Ergebnisse.

Philipp Schmitter hat in der politikwissenschaftlichen Transformationsforschung eine einflussreiche Phasenaufteilung von Prozessen des Systemwechsels vorgelegt. Im Falle eines erfolgreichen Wechsels von einem

---

[4] Claus Offe: Der Tunnel am Ende des Lichts. Erkundungen der politischen Transformation im neuen Osten, Frankfurt / Main 1994, Kap. 4.

autoritären zu einem demokratischen System unterscheidet er idealtypisch zwischen Liberalisierung, Demokratisierung und Konsolidierung.[5]

Man kann theoretisch über das Ende der Transformationsprozesse sprechen, wenn "die im Regimeübergang ad hoc entstandenen Verhaltensmuster in stabile Strukturen überführt worden sind, wenn die Zulassung von politischen Akteuren und der Ablauf von politischen Entscheidungen nach a priori festgelegten und demokratisch legitim gesatzten Verfahren verläuft"[6]. Wie sich dieser Prozess entwickelt, welche Pfade die Konsolidierung nimmt, wie lange sie dauert und ob sie erfolgreich abgeschlossen werden kann, hängt von einem Bündel innerer wie äusserer Faktoren ab:

"Zu den wichtigsten *endogenen* Faktoren zählen: Auf welche vorautoritären Demokratieerfahrungen kann ein Land zurückgreifen; welchen Charakter und welche Existenzdauer hatte das vorherige autoritäre System? Wie verlief der Zusammenbruch des alten Systems, wie die Phase der Transition? Welche Strategien verfolgen die Entscheidungseliten in der Transitions- und Konsolidierungsphase und wie werden diese von den Massen wahrgenommen. Wichtige *exogene* Faktoren sind: die demokratische Stabilität der Nachbarstaaten, die Einbindung in supra- und internationale wirtschaftliche und politische Zusammenschlüsse, internationale Unterstützungsleistungen, die Art der Einbindung in die internationale Arbeitsteilung und wirtschaftliche Konjunkturzyklen."[7]

Der Heidelberger Politologe Wolfgang Merkel geht davon aus, dass die Konsolidierung der Demokratie erst dann völlig abgeschlossen ist, wenn die folgenden vier Ebenen einer demokratischen Herrschaftsordnung in sich selbst konsolidiert sind:[8]

---

5 Philippe C. Schmitter: The Consolidation of Political Democracy in Southern Europe (and Latin America). Unveröf. Manuskript, Florenz 1985.

6 Wolfgang Merkel: "Theorien der Transformation", in: Politische Theorien in der Ära der Transformation, S. 36. Hg. K.v. Beyme, C. Offe, Opladen 1996.

7 Schmitter 1985, op. cit., S. 64. Zitiert nach Merkel 1996, op. cit., S. 36.

8 Wolfgang Merkel: Zivilgesellschaft und Transformation. Überlegungen zum demokratietheoretischen Potential von Zivilgesellschaft im Transformationsprozess. Unveröf. Manuskpript, Heidelberg 1996, S. 3. Vgl. ders.: Systemtransformation. Eine Einführung in die Theorie und Empirie der Transformationsforschung, Opladen 1999, S. 57-68.

1. Die *konstitutionelle* Konsolidierung der grossen Verfassungsorgane, wie Staatsoberhaupt, Regierung, Parlament und Gerichte.
2. Die *repräsentative* Konsolidierung, d.h. die Konsolidierung der territorialen (Parteien) und funktionalen (Verbände) Interessenrepräsentation.
3. Die *integrative* Konsolidierung, d.h. dass Anreize zu extrakonstitutionellem, gegen die Demokratie gerichteten Handeln potentieller Vetomächte, wie Militär, Grossgrundbesitzer, Unternehmer, radikale Bewegungen, soweit gemindert sein müssen, dass die genannten Gruppen in die Demokratie insofern integriert sind, dass sie ihr zumindest kein denkbares anderes System vorziehen.
4. Die *zivilkulturelle* Konsolidierung schliesst die gesamtsystemische Konsolidierung mit der Herausbildung einer demokratiefundierenden *civic culture* ab.

Erst wenn alle vier Ebenen bzw. Phasen konsolidiert sind, kann von einer weitgehend *krisenresistenten Demokratie* gesprochen werden. Weil hier der Entwicklung von Zivilgesellschaft, der politischen Kultur und den Eliten eine grosse Rolle zukommt, werden wir diese Phänomene kurz problematisieren.

Der Beitrag der Zivilgesellschaft zur Konsolidierung

Die in der Transformationstheorie verbreitete These, dass die in der Endphase des autoritären Regimes wieder erwachte Zivilgesellschaft sich explosionsartig verstärken werde,[9] hat sich im Falle der Tschechoslowakei nicht bewahrheitet:

“Das verschwundene individuelle Handlungsrisiko und die veränderten Handlungsmöglichkeiten in der neuen politischen Arena haben nicht zu einem weiteren Erstarken der Zivilgesellschaft geführt. Gründe für das mangelnde Interesse an zivilgesellschaftlichem Engagement sind sowohl in Tschechien als auch in der Slowakei im abnehmenden Interesse an öffentlichen Problemen zu sehen. Die individuelle Anpassung an die ver-

---

9 Vgl. Guillermo O'Donnell / Philippe Schmitter: Transitions from Authoritarian Rule. Tentative Conclusions About Uncertain Democracies, Baltimore 1986, S. 49.

änderten Lebensbedingungen, d.h. vor allem die Sicherung der eigenen wirtschaftlichen Existenz, schob sich in der Vordergrund."[10]

"Ein weiterer Grund für das ausbleibende Wiedererstarken der Zivilgesellschaft im demokratischen Konsolidisierungsprozess liegt sowohl für die Slowakische als auch die Tschechische Republik in der etatistischen Hinterlassenschaft ihrer umfassenden Staatssektoren. Denn anders als in Polen und Ungarn waren in der kommunistischen Tschechoslowakei alle Wirtschaftssektoren verstaatlicht. Damit war der Mittelstand, der traditionell als Rekrutierungsreservoir für die Zivilgesellschaft gilt, nahezu verschwunden. Deshalb wird die Revitalisierung der Zivilgesellschaft, die nach Ralf Dahrendorf bis zu 60 Jahre in Anspruch nehmen kann, an die Herausbildung der Mittelschichten gebunden sein."[11]

Empirische Daten belegen, dass nach einer Phase aussergewöhnlicher Mobilisierung nun eine Phase der tendenziellen Demobilisierung eingetreten ist.[12] Als Ergebnis kann man in Tschechien ein gesunkenes Interesse der Bevölkerung an politischen Angelegenheiten beobachten. Unter Demokratie versteht die Bevölkerung vor allem persönliche Freiheit und weniger die Chance politischer Partizipation.[13]

In der Republik Tschechien sind alle zentralen demokratischen Institutionen formiert worden. Die anti-demokratischen Akteure sind neutralisiert und werden von der Macht ferngehalten. Dagegen kann man in der Slowakei nicht von voller institutioneller Konsolidierung sprechen, wegen der unbefriedigenden Stabilität demokratischer Institutionen[14] und mancher Versuche, die Verfassungsrechte durch Novellierungen zu verletzen und abzubauen.

---

10 Zdenka Mansfeldová: "Zivilgesellschaft in der Tschechischen und Slowakischen Republik", Aus Politik und Zeitgeschichte, B 6-7 / 1998, S. 18.

11 Ebd., vgl. Ralf Dahrendorf: Betrachtungen über die Revolution in Europa, Stuttgart 1991.

12 Fritz Plasser / Peter A. Ulram / Harald Waldrauch: Politischer Kulturwandel in Ost-Mitteleuropa. Theorie und Empirie demokratischer Konsolidierung, Opladen 1997, S. 160-161. Siehe auch Lubomír Brokl: "Pluralitní demokracie nebo neokorporativismus?", in: L. Brokl (Hg.), Reprezentace zájmů v politickém systému ČR. Pluralitní demokracie nebo korporatismus? Praha 1997.

13 Plasser, op. cit., S. 101.

14 Soňa Szomolanyi (Hg.): Slovensko. Problémy konsolidácie demokracie, Bratislava 1997, S. 5.

Die Konsolidierung der Repräsentationsstrukturen Tschechiens, der Parteien und Interessenorganisationen, hat sich vollzogen. Eine allgemeine Unterstützung der Demokratie als Regierungsform setzt die Akzeptanz eines Mehrparteiensystems voraus, wofür sich die überwiegende Mehrheit der tschechischen Bürger ausspricht.[15] In der Republik Tschechien kann man von einem relativ klar strukturiertem Parteienspektrum und einer autonomen Zivilgesellschaft sprechen, die den Parteien gegenüber abgegrenzt ist, keine Verbindung mit ihnen hat und die gesellschaftlichen Trennungslinien nicht widerspiegelt. Die zivilgesellschaftlichen Akteure haben im allgemeinen zum gesellschaftlichen Konsens beigetragen.

Die gegenwärtige Entwicklung der Zivilgesellschaft ist durch einen Rückgang der Mobilisierung nach der Umbruchsphase gekennzeichnet, und zwar nicht nur in der Tschechischen oder Slowakischen Republik, sondern in allen vier Ländern Ostmitteleuropas. Das politische Interesse ist stark rückläufig oder stagniert - wie in Ungarn und Polen - auf niedrigem Niveau.[16] Die demokratischen Spielregeln sind von der Mehrheit der Bevölkerung als *the only game in town* akzeptiert geworden. Die Zivilgesellschaft befindet sich in einer Phase der Selbstorientierung und im Kampf ums Überleben.

Was die Öffentlichkeit anbetrifft, so sehen die Bürger ihre Interessen zuerst in den Gemeinden, dann in der Staatsverwaltung und erst danach in den Parteien vertreten. In Ungarn und Polen tritt hingegen der zentrale Wert der Freiheit etwas zurück. Er wird durch ein an sozialer Gerechtigkeit und gesellschaftlicher Fairness orientiertes Demokratieverständnis überdeckt.[17] Man findet eine geringere Identifikation mit politischen Parteien und eine mangelnde Einbindung in institutionelle Netzwerke. In Tschechien gibt es Anzeichen für eine lineare Dynamik der demokratischen Konsolidierung. In Slowakien treten dagegen disruptive Schwankungen auf, die unverkennbar von ökonomischen bzw. innenpolitischen Zuspitzungen ausgelöst werden. Dennoch haben sich in Slowakien demokratische Haltung und Akzeptanz demokratischer Spielregeln bei einer großen Mehrheit der Bevölkerung verbreitet.[18] Dies kann auf eine im Vergleich zu Tsche-

---

15 Plasser, op. cit., S. 125-126.

16 Ebd., S. 160-161.

17 Ebd., S. 100-101.

18 Ebd., S. 133.

chien höhere Aktivität der Zivilgesellschaft hindeuten, die angehalten ist, die Öffentlichkeit ständig gegenüber einer wachsenden Kontrolle des Staates zu mobilisieren und zu schützen.

"In der Tschechischen Republik ist das Funktionieren der Zivilgesellschaft von zwei konkurrierenden Konzeptionen in der politischen und politikwissenschaftlichen Diskussion beeinflusst. Man kann sie als normative und pragmatische Erfassung, als Zivilgesellschaft als Akteur und Zivilgesellschaft als Handlungssphäre bezeichnen."[19] Die erste hat ihre Wurzeln in der Konzeption Václav Havels, dass man Demokratie verbessern kann, wenn die Bürger sich unmittelbar an der Politik und der Ausübung der Macht beteiligen. Die zweite Konzeption - durch Václav Klaus verkörpert - sieht die Zivilgesellschaft als ein Rekrutierungspotential für das politische System und als eine demokratische Gesellschaft, wo sich die Bürger frei assoziieren können.[20]

Eine Partizipation der Bürger an der Politik, anders als durch gewählte Repräsentanten, erscheint bei ihm als Gefahr für die Demokratie! Dagegen wird mit der Legitimitätsdifferenz zwischen repräsentativen Demokratieinstanzen und der Zivilgesellschaft argumentiert. Doch hat eine konsistente Diskussion über pluralistische und korporatistische Demokratie erst angefangen. Bei dieser Diskussion steht die Zivilgesellschaft als institutionalisierte Form im Mittelpunkt, nicht die mobilisierende Funktion einer sozialen Bewegung.[21] Es scheint, dass sich die Zivilgesellschaft in der Republik Tschechien eher im komplementären Sinne von Tocqueville entwickelt.

---

19 Mansfeldová, op. cit., S. 18.

20 Václav Havel / Václav Klaus / Petr Pithart: "Civil Society After Communism. Rival Vision", in: Journal of Democracy 1, pp. 12-23, (1996).

21 Radim Marada: "Civil Society: Adventures of the Concept before and after 1989", in: Czech Sociological Review 5/1, S. 17.

Elitenwechsel und Dynamik im politischen Prozess[22]

Mit Ausnahme der Verhandlungen am 'Runden Tisch' kam es zwischen alter und neuer Elite zu keiner Kooperation. Im November 1989 schon begann der komplette Austausch politischer Eliten, teils durch die Rückkehr der 68er Reformer in politische Positionen, teils durch den Eintritt der Dissidenten und schon zum Teil durch 'neue Leute' einer jüngeren Generation. Der Wechsel verstärkte sich mit den Wahlen von 1990 und erreichte den Gipfel nach den Wahlen von 1992. Ein Teil der alten Eliten hat das Einsetzen der Wirtschaftsreform für sich genutzt und damit die Hypothese von der Umwandlung des politischen Kapitals in ein ökonomisches gewissermassen bestätigt.

Durch den Wahlsieg der rechtsorientierten Parteien von 1992 und mit dem Verschwinden der politischen Mitte ist es zu einem letzten, umfassenden Austausch der Eliten gekommen. Von der politischen Bühne traten somit die 68er Reformer, die Dissidenten und ein grosser Teil von 'Revolutionären' der *Samtenen* Revolution ab. Einzelne fanden Aufnahme in der Sozialdemokratischen Partei.

Nach 1989 wurde unsere politische Szene durch drei verschiedene Eliten dominiert. In den Jahren 1989-92 war es eine moralische und charismatische Elite. In der Öffentlichkeit legitimierte sie sich insbesondere durch den Status des Dissidenten und Mitgliedes der Charta 77, Václav Havel. Nach den Wahlen von 1992 dominierte eindeutig eine durch Fachkenntnisse und *Leistungswissen* getragene Führungsschicht, personifiziert durch Premier Václav Klaus. Nach den Wahlen von 1996 trat eine dritte Gruppe auf. Es ist dies eine neue demokratische Elite, die bereits über politische Erfahrung verfügt.

Der demokratische Wettbewerb hat zum Austausch der Eliten beigetragen. So zeigt eine Analyse der Wahlen von 1990-98, dass sie sehr empfindlich auf den Verlauf des Transformationsprozesses reagiert und eine zentrale Rolle bei der Herausbildung des politischen Systems gespielt haben. Die Entwicklung war nicht frei von Überraschungen. Markante Erscheinungen der einen Wahl konnten bei der nächsten schon völlig bedeutungslos sein, wie bspw. das Phänomen des mährischen Patriotismus, des *Moravismus*. Schnell entstanden andere Trennlinien, die sich um

---

22 Mansfeldová, unver. Manuskript: "Transformationsstaaten in Europa 1989-1999. Die Tschechische Republik, Praha 1999, S. 7-8.

sozio-ökonomische Konflikte gruppierten. Vier Wahlen im Verlauf von nur acht Jahren (1990/92/96/98) führten zu einer Konzentration des Parteiensystems, zur Verringerung der Parlamentsparteien und liess die kleineren Gruppierungen nach möglichen Koalitionen suchen.[23]

Gewählt wurde nach dem Verhältniswahlrecht, mit einer Parteien-Sperrklausel von 5% und in acht relativ grossen Wahlkreisen. Die Entwicklung zeigte den widersprüchlichen Einfluss des Wahlsystems und führte wiederholt zu Modifizierungsdiskussionen. Ein Wechsel des Wahlsystems wurde von Politikern wie Politikwissenschaftlern vorgeschlagen, die auf Komplikationen bei der Bildung einer stabilen Regierungskoalition oder einer grossen Koalition hinwiesen.[24]

Schlüsselmomente der Transformation

Die tschechische Gesellschaft sucht ihre moderne Identität noch. Nach der Wende haben sich zwar positive Änderungen (Staatssouveränität, Demokratie, Zivilgesellschaft, Marktwirtschaft, Pluralität, tschechisch-deutsche Versöhnung) ergeben. Dennoch bleiben negative Tendenzen erhalten, in Ermanglung einer neoliberalen Strategie und wegen der Persistenz von Stereotypen aus der Zeit vor 1989. Will man die Transformation einer Bilanz unterziehen, sind folgende Punkte wichtig:

- Bedrohung des Wirtschaftswachstums und Schwächung der sozialen Sicherheit
- Schwankung und Auflösung historischer Kontinuitäten, bei geringer Eigenerfahrung von Beziehungen in einer modernen demokratischen Gesellschaft
- Entwertung und Entfremdung - schwindende Emphatie gegenüber ethischen Normen von Nation und Gesellschaft
- Unübersichtlichkeit der gesellschaftliche Lage, Stress durch Unsicherheit und Unverständniss
- *unnatürliche* Entstehung politischer Eliten und Diskreditierung von Politik - Legitimationsprobleme

---

23 Die voranschreitende Verdichtung erinnert an den Prozess der Parteienkonzentration im Nachkriegsdeutschland, allerdings in beschleunigter Form.

24 Miroslav Novák: "Volby do Poslanecké sněmovny, vládní nestabilita a perspektivy demokracie v ČR", in: Sociologický časopis 32/4, S. 420 (1996).

- schwieriger sozialer Aufstieg von Begabten, Arbeitsamen und *Ehrlichen*, Teilung der Gesellschaft in Transformationsgewinner und -verlierer - soziale Mobilität, Chancengleichheit, Transparenz
- Traumatisierung des Alltags durch hohe Kriminalität, durch die Mangelhaftigkeit der öffentlichen Dienste und den Verlust sozialer Sicherheit
- ungenügende Aufdeckung negativer Erscheinungen, Rechtsunsicherheit, Korruption
- Desorientierung durch die Massenmedien und die Boulevardpresse
- ideologischer Rückzug in die Vergangenheit (Idealisierung des Kommunismus), Flucht in die Irrationalität von Heilserwartungen (Astrologie) und Nationalismus (Xenophobie).

Die Zivilgesellschaft wächst zwar, doch nicht vermittels der politischen Parteien, die wenige Mitglieder haben. Pavel Machonin, einer der bedeutendsten tschechischen Soziologen, meinte dazu, "dass wir uns besser den *hybriden* Charakter der Gesellschaft bewusst gemacht hätten, bevor sich die Politiker mit ihren Vorstellungen als grossartige Gewinner darstellten."[25]

In Tschechien offenbarten sich im Krisenjahr 1999 neben schwerwiegenden Fehlern im Transformationprozess seitens der Regierung Klaus (1992/96) auch eine allgemeine Erschöpfung der politischen Eliten. Weder die Veteranen der *Samtenen* Revolution noch die Postkommunisten waren fähig, neue Gedanken zu generieren. Die Politik hatte sich in endlosen Personal- und Machtkämpfen verfangen. Es zeigt sich, dass die Republik grossen Mangel an politischen Eliten hat und die Gesellschaft sich als ganzes nur langsam vom Trauma der Normalisiserung erholt. Das Jahr war kritisch für Regierung wie Gesellschaft und auch die Wirtschaft befand sich in einer tiefen Krise, "was sich im Rückgang des BSP und der Reallöhne zeigte"[26].

---

25 P. Machonin am Seminar "Modernisierungstheorie als Bezugrahmen zur Interpretation gesellschaftlicher Transformationen" des Soziologischen Instituts der Akademie der Wissenschaften der Tschechischen Republik, Prag 9.12. 1999.

26 "Zpráva o stavu realizace Programového prohlášení a o činnosti vlády ČR", in: Hospodářské noviny, Dokument, S. 1 (28.6. 2000). Zu den Krisenursachen siehe: Oskar Krejčí: Povaha krize, Praha 1998.

Politische Kultur.
Mentale Prägung und Einstellung zu den Institutionen

Die Meinung der Bürger zur Erneuerung der Demokratie und der unterschiedlichen Lebensbereiche zeigt, dass die demokratischen Grundlagen gelegt sind und die weitere Entwicklung sich im Rahmen des Wettbewerbs der Parteien abspielen wird. Die Institutionalisierung der Repräsentationsstrukturen, von Parteien und Interessensorganisationen ist beendet. Die demokratische Konsolidierungsphase hat begonnen.

Das nach der Wende gestiegene Interesse am politischen Geschehen ist in den Jahren darauf gesunken und man kann beobachten, dass den Werten der privaten Sphäre grössere Bedeutung beigemessen wird. Dem Fakt, dass Politik im Leben unbedeutender wurde, entspricht ein Desinteresse am politischen Geschehen, das eben nicht allein als Normalisierung, sondern als Folge grosser politischer Enttäuschung zu interpretieren ist.

Dieser Verschiebung entspricht auch die Entwicklung bezüglich der Verfassungsinstitutionen. Das 1990 von den Bürgern demonstrierte, hohe Vertrauen erklärt sich daraus, dass die Politiker zunächst wenig differenzierte und von der allgemeinen Euphorie getragene Bürgerinteressen repräsentierten. Während des letzten Jahrzehnts aber ist es zur Differenzierung in den Einstellungen und Erwartungen gekommen. Vertrauen wie Missvertrauen werden nun mit einer Leistungsbewertung verbunden.

Tab. 22: Vertrauen in die Verfassungsinstitutionen Tschechiens, 1993-99 (in %)

	III. 93	XII. 93	VI. 94	XII. 94	VI. 95	XII. 95	VI. 96	XII. 96	VI. 97	XII. 97	III. 98	VI. 98	IX. 98	XII. 98	III. 99	VI. 99
Präsident	72	69	72	74	78	73	77	84	68	64	62	61	63	54	49	48
Regierung	58	56	56	54	53	56	53	51	22	14	47	39	44	38	36	31
Parlament	34	20	28	24	29	31	27	33	19	12	13	19	30	27	23	22
Senat	-	-	-	-	-	-	-	-	20	13	12	17	22	11	11	16

Quelle: Institut pro výzkum veřejného mínění (Institut zur Erforschung der öffentlichen Meinung, Prag (im weiteren IVVM), Nr. 99/04, S. 8, und andere Forschungen des IVVM der Jahre 1993-99

Im September 1999 vertrauten dem Staatspräsidenten 55% der Befragten. Ein sinkendes Vertrauen in sein Amt war erst im Lauf der letzten zwei Jahre zu beobachten. Es hat sich aber im Februar 1999 gefangen und hielt sich seit Herbst 1999 bei 50-55%. Die Gründe der Verbesserung sind nicht völlig klar. Doch steht zu vermuten, dass sich mit wachsender Unzufriedenheit an der Effizienz anderer Institutionen das Bild des Präsidenten günstiger abhebt. Das Vertrauen ist grösser unter der Generation der 15-19jährigen, bei Studenten und Respondenten mit Hochschulbildung, bei Unternehmern, Intellektuellen und den Gönnern von ODS[27], US[28] und KDU-ČSL[29]. Negative Stellungnahmen sind häufig von Seiten der Rentner und Arbeitslosen, von Schichten mit niedrigem Einkommen und Sympathisanten der KSČM[30] zu vernehmen.[31]

Der Regierung sprachen im September 1999 nur 21% das Vertrauen aus, im Dezember waren es schon 25%. Langfristig besehen, hat das Kabinett von Milos Zeman seine Position um 8 Prozentpunkte verschlechtert. Während der Vertrauensanteil um 23% sank, stieg der Anteil der Unzufriedenen um 30 Prozentpunkte. Zuspruch erhält die Regierung seitens der ČSSD-Wähler[32] und von Schichten mit höherem Einkommen. Kritisch äussern sich dagegen Arbeiter und Wählerschichten der US und KSČM.[33]

Dem Parlament vertrauten 19% der Befragten. Die Kontrollgruppe (76%) begründet ihr Misstrauen "mit den schlechten Arbeitsergebnissen der Abgeordneten (31%), der mangelnden Effizienz (22%), der Durchsetzung privater und parteilicher Interessen, mit in der Persönlichkeit von Gesetzgebern liegenden Mängeln (9%) und Vorbehalten gegenüber einzelnen Parteien. Respondenten mit besserem Einkommen, Hochqualifizierte im Alter von 20-29 Jahren, Studenten und Wähler der ODS und ČSSD schenken dem Parlament mehr Vertrauen. Kritische Stimmen vernimmt man bei den unteren Einkommensschichten, bei Arbeitslosen, KSČM-Wählern und in Nordböhmen."[34]

---

27 Občanská demokratická strana (Bürgerlich-Demokratische Partei)

28 Unie svobody (Union der Freiheit)

29 Křesťansko demokratická unie - Československá strana lidová (Christlich-Demokratische Union - Tschechoslowakische Volkspartei)

30 Komunistická strana Čech a Moravy (Kommunistische Partei Tschechiens und Mährens)

31 IVVM, Nr. 99/09, S. 1.

32 Česká strana sociálně demokratická (Tschechische Sozialdemokratische Partei)

33 IVVM, Nr. 99/09, S. 2.

34 IVVM, Nr. 99/04, S. 8; Nr. 99/09, S. 3.

Dem Senat vertrauten nur 12% der Befragten (Misstrauen 76%). Doch genoss der Senat nie eine hohe Popularität unter der Bevölkerung. Älteren Untersuchungen zufolge, lag das Vertrauen im März 1997 bei 23%, wobei es sich um das beste Ergebnis handelt. Positiv eingestellt sind auch hier Schichten mit höherem Einkommen, Intellektuelle, Hochqualifizierte, Städter (Prager) und Wähler von ODS und US. Ein niedriges Ansehen hat der Senat bei den mittleren und unteren Schichten, den Arbeitslosen, Mittelschulabsolventen und Wählern der KSČM.[35]

Abgesehen davon, wächst das Vertrauen in die staatliche Verwaltung (Polizei, Armee) und in Institutionen der öffentlichen Sphäre, wie Kirche, Gewerkschaften, Presse, Fernsehen, ökologische Bewegungen und Frauenbewegungen, in die EU, UNO usw.[36]

Haltung zur Reformentwicklung

Der Grundkonsens in der Bevölkerung zur Transformation ist relativ stabil geblieben, auch wenn der Prozess heute kritischer bewertet wird. Während 1994 etwa 63% der Bürger überzeugt waren, dass sich die Gesellschaft auf dem richtigen Weg befindet, waren es Ende 1998 nur noch 45%. Trotzdem waren 62% Anfang 1999 der Meinung, dass die wirtschaftlichen und politischen Veränderungen ihren Kindern eine bessere Zukunft bringen wird, als zu Zeiten des Vor-Wende-Regimes. Wichtigstes Ziel der Bürger bleibt ein schnelles Wirtschaftswachstum, gefolgt von dem Wunsch, Angelegenheiten des öffentlichen Lebens beeinflussen zu können.[37] Ein genaues Bild über die Zufriedenheit mit der Transformation in verschiedenen Gesellschaftsbereichen zeichnet die anschliessende Tabelle.

---

35 IVVM, Nr. 99/09, S. 3.

36 L. Brokl / Z. Mansfeldová: Civil Society and Democratic Orientation in Central Europe, Manuskript 1999, S. 8-16.

37 World Value Survey. Tschechische Republik 1998.

Tab. 23: Transformationsakzeptanz in Tschechien, 1993-99 (zufrieden bis sehr zufrieden in %)

	XI. 93	VI. 94	XI. 94	VI. 95	XI. 95	VII. 96	XI. 96	VII. 97	XI. 97	VII. 98	XI. 98	VII. 99
Innenpolitik	45	44	41	38	43	47	29	12	10	21	23	20
Aussenpolitik	58	60	61	60	56	63	56	50	53	54	37	39
Wirtschaft	35	37	35	35	37	36	25	8	8	10	8	6
Kultur	34	39	39	44	42	50	48	55	57	54	58	64
Lebensstandard	25	26	25	27	33	34	31	25	24	30	31	21
Soziale Sicherheit	20	19	20	20	23	25	22	17	17	19	20	17
Demokratie	47	51	49	52	52	58	51	46	45	62	49	48
Marktwirtschaft	41	42	40	41	40	41	31	21	22	25	20	18

Quelle: IVVM, Nr. 99/07 vom 10.8. 1999

Die Wirtschaftsreform erhielt nur in den ersten Jahren das Verständnis und die Zustimmung der Bürger. Waren 1993 noch 59% der Meinung, dass die Koupon-Privatisierung eine gute Sache sei, so teilten 1998 nur noch 31% diese Meinung. Die gewandelte Einstellung hat Auswirkungen für die Systemakzeptanz, besonders in wirtschaftlicher Hinsicht. Die Ergebnisse der Privatisierung, Korruption und fehlende Transparenz in der unternehmerischen Tätigkeit sowie die Folgen der Wirtschaftsreform werden von der Öffentlichkeit als besondere Mängel wahrgenommen.[38]

Der soziale Wandel hat zwar einigen Gruppen neue Tätigkeitsfelder und Möglichkeiten gebracht, anderen aber eine Verschlechterung ihrer Lebenslage. Daraus resultiert die Frage, ob die 'Reichen' sich ihr Eigentum verdient haben und die 'Armen' ihre Lage selbst verschuldeten oder ob das System verantwortlich ist. Den Umfragen zufolge, halten 80% der Bürger den neuen Reichtum für nicht gerechtfertigt. Vom Gesichtspunkt sozialer Gerechtigkeit wird die Legitimität der Privatisierungsergebnisse bezweifelt.[39] Die Bewertungen der Transformation und ihrer Auswirkungen auf das Individuum sind in hohem Masse sozial bedingt, vor allem wegen der voranschreitenden vertikalen Differenzierung der Gesellschaft und der ihr entsprechenden sozialen Mobilität.[40]

---

[38] Pavel Machonin / Milan Tuček: Česká společnost v transformaci. K proměnám sociální struktury. Praha 1996, S. 52.

[39] Jiří Večerník: "Sociální struktura a spravedlnos. Přerozdělování a jeho legitimita", in: Pohledy. Revue pro politiku, ekonomii, sociologii a historii VII/3 (1999), S. 4.

[40] Machonin / Tuček, op. cit., S. 260.

Die politische Lage während der kritischen Jahre 1997-99

Die wirtschaftspolitische Lage und die Stimmung verschlechterten sich in den letzten Jahren der Regierung Klaus.[41] Nach den Wahlen von 1998 spitzte sich die Krise 1999 zu, als die sozialdemokratische Regierung versuchte, die Lage zu ändern. Die wirtschaftliche Frustration wuchs, da die Arbeitslosigkeit in Nordböhmen und Nordmähren durchschnittlich bei 20% lag. Zudem wuchs die Differenz zwischen Erwartung und Realität. Präsident Havel selbst charakterisierte die Atmosphäre mit den Worten: bei uns herrscht eine *blbá nálada* (Blödsinn) Stimmung.

Zufrieden mit der politische Lage waren im April 1999 etwa 23%, unzufrieden 74%. Schon nach den Wahlen von 1996 schwankte die Zufriedenheit bis zum Frühling 1997 zwischen 33% und 40% und sank dann stufenweise um 15 Prozentpunkte ab. Trotz gewisser Schwankungen hat sich die Stimmung auf diesem Niveau bis zum Fall des Kabinetts Klaus gehalten. Die Analyse zeigt, dass die Zustimmung vor allem in Abhängigkeit vom Alter sinkt. Sie nimmt in der Altersgruppe der 15-19jährigen (38%) und 20-29jährigen (30%) zu. Demgegenüber befindet sich die unzufriedene Gruppe der 45-59jährigen (85%) und derjenigen, die älter als 60 Jahre sind (81%).[42]

Angestellte (27%), Studenten bzw. Lehrlinge (36%) und ČSSD-Wähler (32%) drückten deutlich mehr Zustimmung aus, wogegen Unzufriedenheit vor allem auf Seiten der Arbeiter (80-90%) und der KSČM-Wähler (88%) geäussert wurde. Die stärkste Kritik kam traditionell von den Rentnern. Die Stimmung reflektiert den allgemeinen Vertrauensrückgang in die Schlüsselinstitutionen von Staat und Parteien und erklärt den Bedeutungszuwachs unabhängiger Politiker.

---

[41] Zpráva o stavu české společnosti po šesti letech vládnutí liberálně-konzervativních stran. »Modrá kniha« (analyticko-kritický pohled na dosavadní vývoj ČR), Praha 1998.

[42] IVVM, Nr. 99/04.

Tab. 24: Politisches Stimmungsbarometer in Tschechien, 1999 (in %)

	April 1999	Oktober 1999
Sehr zufrieden	2	1
Eher zufrieden	21	13
Eher unzufriden	49	48
Sehr unzufrieden	25	35
Weiss nicht	3	

Quelle: IVVM, Nr. 99/04; IVVM, Nr. 99/10

Bei den Kommunalwahlen am 13.-14. November 1998 konnten unabhängige Kandidaten die besten Ergebnisse erzielen. In der Hauptstadt Prag zeigten sich selbstverständlich gegenläufige Resultate. Hier gewann die ODS mit 34,93%, ihr folgten - sehr schwach - die Sozialdemokraten mit 14,6%. Die Vereinigung Unabhängiger Kandidaten kam nur auf 11,02%.

Tab. 25: Ergebnisse der tschechischen Kommunalwahlen, 1998 (in %)

Vereinigung der Unabhängigen Kandidaten	41,2%
Unabhängige Kandidaten	13,31%
KDU-ČSL	11,36%
KSČM	9,19%
ODS	9,12%
ČSSD	6,17%

Quelle: L. Brokl / Z. Mansfeldová: Czech Republic 1998. Manuskript 1999, S. 27-28

Die Revitalisierung der Zivilgesellschaft zeigte sich auch in der Belebung von unabhängigen politischen Bewegungen, wie 'Impuls 99', 'SOS' und anderen. Sie war eine Reaktion auf die Blockade jedweder politischer wie ökonomischer Aktivität, die durch den sogenannten Oppositionsvertrag verursacht worden war, mit dem die sozialdemokratische Minderheitenregierung toleriert wurde (Beschluss nach vorzeitigen Wahlen in Juni 1998). Im zehnten Jahr der *Samtenen* Revolution brachte die tiefe Unzufriedenheit der Bevölkerung im ganzen Land eine Welle rechts gefärbter Versuche zur Aktivierung der Gesellschaft mit sich, selbst in der ODS.

Selbst- und Fremdbilder

Die tschechische Gesellschaft, ursprünglich homogen und isoliert, ist nach der Wende bunter geworden. Es ist zu grösseren Migrationen, zu einem Zufluss an Ausländern gekommen, die Arbeit oder Asyl suchen, worauf die die Bürger nicht vorbereitet waren. Die Tschechen haben nun eigene Erfahrungen mit einem fremden, multikulturellen Milieu machen können. Manche Themen, wie Homosexualität oder Prostitution, sind enttabuisiert und werden offen diskutiert. Bessere Informiertheit und Erfahrungszuwachs bezüglich anderer Kulturen und ethnischer Gruppen bewirken eine Änderung der alten Einstellungen.

Die Öffentlichkeit hat traditionell sehr gute Beziehungen zu Slowaken, Deutschen und Polen. Auch gegenüber den Juden ist sie positiv eingestellt: Antisemitismus ist nicht bemerkbar und hat in Tschechien auch keine besondere Tradition. Weniger positiv eingestellt ist man gegenüber Vietnamesen und Bürgern der ehemaligen Sowjetunion sowie Südosteuropas. Die öffentliche Meinung ist hierbei durch eine Medienberichterstattung über Kriminalität und organisiertes Verbrechen beinflusst. Zu den Roma hat ein grosser Teil der Bevölkerung aus unterschiedlichen Gründen immer noch eine negative Beziehung, auch wenn hier eine Verbesserung spürbar ist. Trotz Anzeichen von Xenophobie und Rassismus fühlen im Vergleich zu 1990 weniger Bürger eine Behinderung darin, Menschen anderer Rasse oder Roma als Nachbarn zu haben.[43]

Aussenpolitische Krisenmomente. Der Luftangriff der NATO auf Jugoslawien im Frühling 1999

Die Stellungnahmen von Regierungen und Öffentlichkeit einzelner Staaten zu den Luftangriffen wird von Kriterien bestimmt, die in Spannung zueinander geraten können. Dazu gehören "politische Kriterien, die den Blick auf die eigenen staatlichen Realitäten lenken; - ethnische, kulturelle und religiöse Kriterien von Solidarität, das politische Verhalten gegenüber internationalen Ordnungstrukturen nach der Aufhebung der Bipolarität,

---

43 World Value Survey. Tschechische Republik 1998.

insbesondere gegenüber der NATO und der Weltmachtstellung der USA; die Haltung gegenüber kontroversen völkerrechtlichen Prinzipien (Staatssouveränität und territoriale Integrität einerseits, ethnische Selbstbestimmung andereseits) und andere Kriterien."[44]

Katalysator oder Indikator der politischen Spaltung?

Der Konflikt zwischen den Kosovo-Albanern und dem Jugoslawischen Staat hat in Tschechien sehr unterschiedliche und gegensätzliche Reaktionen hervorgerufen. Die Linien des Meinungsstreits verliefen quer durch alle politischen Parteien. Es gab keine soziale Gruppe, die in der Einschätzung der Lage zu Jugoslawien einig gewesen wäre. Der Ton der politischen Diskussion verschärfte sich sowohl in der Öffentlichkeit wie unter Politikern, bspw. bei den Verhandlungen im Parlament über Sanktionen gegen Jugoslawien, und besonders in den Massenmedien.

Stellungnahmen der Presse und eines bedeutenden Teils rechtsorientierter Politiker wurden von dem Gedanken geleitet, 'wenn wir schon Mitglied der NATO sind, so sollten wir auch den NATO Entscheidungen ohne jeden Zweifel zustimmen'. Eine solche Einforderung von Loyalität erinnert allerdings an frühere Haltungen von Journalisten und Politikern der sozialistischen Tschechoslowakei, dem treuesten Mitglied des Warschauer Paktes. In demokratischen Gesellschaften aber bedeutet Loyalität nicht bedingungslose Unterwerfung unter die Mehrheitsmeinung.

Differenziert wurde die Entwicklung auf dem Balkan durch den Parlaments- und Parteivorsitzenden der ODS Václav Klaus gesehen, der von Anfang an sehr kritisch Stellung bezog. Die Regierung hatte sich eindeutig gegen die Beteiligung der tschechischen Armee an einem eventuellen Einmarsch in Jugoslawien geäussert. Mehrmals wurde dies durch den sozialdemokratischen Ministerpräsidenten Milos Zeman während der Reden zum 1. Mai 1999 bekräftigt. Am 2. Mai besuchte Aussenminister Jan Kavan Präsident Václav Havel, um den Streit zwischen Regierung und Präsident beizulegen. Dieser hatte die Regierung beschuldigte, dass ihre ablehnende Haltung zum Einsatz tschechischer Soldaten das Renommee der Republik beschädigt habe. Bei einem früheren Besuch in den Ver-

---

[44] Uwe Halbach: "Pro und contra Luftangriffe gegen Jugoslawien. Fallbeispiele aus der Nachbarschaft Russlands", in: Aktuelle Analysen 16, Bundesinstitut für ostwissenschaftliche und internationale Studien, Köln 1999, S. 1.

einigten Staaten schon hatte Havel die Politik der Regierung als unermesslich peinlich und unglaubwürdig bezeichnet.

Laut Kavan brachte das Treffen eine Übereinstimmung der Ansichten in 95% der diskutierten Themen. Die Bürger waren jedoch anderer Meinung, ihre Zufriedenheit mit der NATO-Mitgliedschaft und den Angriff auf Jugoslawien betreffend.

Tab. 26: Frage: "Die bewaffneten Kräfte der NATO haben mit dem Angriff auf Jugoslawien begonnen. Sind sie damit einverstanden?"[45]

Entschieden ja	12%
Eher ja	20%
Eher nein	24%
Entschieden nein	32%
Ich weiss nicht	12%

Quelle: IVVM, Nr. 99/04

Der bewaffnete Einsatz der NATO in Jugoslawien fand bei knapp einem Drittel der Öffentlichkeit Unterstützung, mehr als die Hälfte war dagegen. Ein Drittel der Männer, aber nur ein Viertel der Frauen sprachen sich dafür aus. Die Zustimmung lag bei allen Altersgruppen um ein Drittel (mit Ausnahme der älteren), stieg aber mit dem Bildungsniveau: bei Grundschulbildung waren es 26%, ohne Abitur 30%, mit Abitur 37% und mit Hochschulausbildung 42%. In regionaler Hinsicht ist ebenfalls eine klare Differenzierung zu erkennen. In Westböhmen unterstützten 42% den Einsatz, in Südböhmen 26% und Nordmähren 27%. In Unternehmerkreisen (44%) und den höheren Einkommensschichten (43%) lag die Zustimmung weit höher als bei der Gruppe mit niedrigem Einkommen (12%). Nach der politischen Ausrichtung der Befragten ergibt sich folgendes Bild:[46]

---

45 Die Befragung wurde am 1.-4. April 1999 durchgeführt. 1024 Personen (Bürger der ČR, älter als 15 Jahre) wurden befragt.

46 IVVM, Nr. 99/04, S. 10.

- US (Union der Freiheit) 69%
- ODS (Bürgerlich-Demokratische Partei) 59%
- KDU-ČSL (Christlich-Demokratische Union) 26%
- ČSSD (Tschechische Sozialdemokratische Partei) 18%
- KSČM (Kommunistische Partei Tschechiens und Mährens) 4%

Die Einstellung zur NATO-Mitgliedschaft korrelierte eng mit der Haltung zum Militäreinsatz. Von April bis Mai änderte eine Viertel der Bürger ihre Meinung zu den Aktionen der NATO. Selbst die Befürworter (40%) zweifelten, ob die NATO den Konflikt lösen wird. Die Zahl der Bürger, die einer Mitgliedschaft Tschechiens in der NATO zustimmten, sank auf 48%. Die Gegnerschaft wuchs auf 38%, während es im Winter 1998 nur 25-30% gewesen waren.[47] Beide Lager bezogen ausführlich Stellung in Beantwortung der Frage: "Mit welcher Begründung stimmen Sie zu, stimmen Sie nicht zu?"

Tab. 27: Frage: "Aus welchen Gründen stimmen Sie dem NATO-Einsatz in Jugoslawien zu?" (N=325)

Er wird die Gewalt stoppen	43%
Es gab keinen anderen Ausweg	19%
Man stimmt der Politik von Miloševič nicht zu	15%
Er wird Frieden bringen	10%
Aus Hilfe für die Schwächeren	7%
Der etnische Konflikt könnte sich ausrbreiten	3%
Andere Antworten	3%

Quelle: IVVM, Nr. 99/04, S. 11

Die Meinung, dass der militärische Eingriff zur Beilegung der Gewalt führe, fand sich bei 51% der Jugendlichen unter 19 Jahre, bei der mittleren Altersgruppe der 30-44jährigen (50%), unter Befragten mit Grund- und Hochschulbildung (49% und 48%) sowie in Nordböhmen (53%). In Prag war man der Überzeugung (30%), dass es keinen anderen Ausweg gebe.

47 "Nespokojenost s politickou situací roste", in: Haló noviny, 19. 5. 1999, S. 1.

Dass der Militäreinsatz zum Frieden beitragen werde, konnte in Nordmähren häufig vernommen werden (21%)."[48]

Tab. 28: Frage: "Aus welchen Gründen stimmen Sie dem NATO-Einsatz in Jugoslawien nicht zu?" (N=564)

Überflüssige Tötungen	26%
Innere Angelegenheit Jugoslawiens	16%
Es ist Aggression	13%
Man hätte weiter verhandeln sollen	12%
Ich bin grundsätzlich gegen Krieg	11%
Durch Krieg wird kein Konflikt gelöst	8%
Der Konflikt könnte sich ausweiten	7%
UNO-Mandat fehlt	3%
Andere Antworten	4%

Quelle: IVVM, Nr. 99/04, S. 11

Aus den Antworten spricht hauptsächlich der Widerstand gegen das Morden des Krieges. Besonders Frauen und Jugendliche unter 19 Jahre argumentierten gegen das Töten (33% bzw. 44%) und den Krieg (11% bzw. 21%) überhaupt. Die Meinung, es handele sich um 'überflüssige Gewalt', nahm bei zunehmendem Bildungsgrad ab: ohne Abitur 33%, Abitur 21%, Hochschulbildung 15%. Die Überzeugung, dass man verhandeln sollte, verstärkte sich dagegen mit dem Grad der Bildung: Grundschulbildung 6%, ohne Abitur 8%, Abitur 18%, Hochschulbildung 23%.[49]

---

48 IVVM, Nr. 99/04, S. 11.

49 Ebd.

Der politische Diskurs über die Balkankrise

Eine Analyse der Stellungnahmen zum NATO-Einsatz in Jugoslawien zeigt, dass die Standpunkte unserer Politiker von der Mehrheit der Befragten kritisch betrachtet wurde.

Tab. 29: Frage: "Wie würden Sie die Haltung tschechischer Politiker zum NATO-Einsatz in Jugoslawien einschätzen?"

Kritisch	42%
Uneinheitlich	14%
Schwer zu beurteilen	8%
Positiv	7%
Den Einsatz befürwortend	5%
Den Einsatz ablehnend	2%
Andere Antworten	3%
Weiss nicht, kein Interesse	19%

Quelle: IVVM, Nr. 99/04, S. 12

Mit ihren Stellungnahmen haben die Politiker die Gesellschaft nicht für sich einnehmen können. Die Mehrheit der Befragten hat deren Standpunkte kritisch bewertet, bzw. ihre Uneinheitlichkeit bemerkt. Die stärkste Kritik kam von Männern (47%), der Altergruppe der 45-49jährigen (48%), von Leuten mit Fachbildung ohne Abitur (46%), Hochschulbildung (55%), und aus dem Westböhmerland. Der Anteil kritischer Stimme verteilte sich auf die Parteien wie folgt: ČSSD 36%, KDU-ČSL und ODS 43%, KSČM 49%, US 50%. Mit gewissen Abweichungen entspricht das Meinungsbild der Republik Tschechien damit in etwa dem seiner Nachbarstaaten.

Reaktion der politischen Parteien

Den Angriff der NATO auf Jugoslawien haben nur die Kommunisten und Republikaner, die im Frühling 1998 noch im Parlament vertreten waren, entschieden abgelehnt. Sie lagen damit auf einer Linie mit dem zuvor gefassten Beschluss, dem Eintritt der Republik Tschechien in die NATO nicht zuzustimmen. Das militärische Eingreifen eindeutig unterstützt hat die Union der Freiheit.

Resümee

Festzuhalten ist, dass an der Kosovo-Krise eine Spaltung der öffentlichen Meinung sichtbar wird, die in einem Verhältnis von 2 : 1 den Einsatz der NATO ablehnte. Es stellt sich nun die Frage nach den Auswirkungen dieser Meinungsbildung auf andere Standpunkte des politischen Handlungsfeldes. Mit Jan Herzman gesprochen, handelt es sich bei der Meinungsverschiedenheit zu den NATO-Luftangriffen um eine Anomie der tschechischen Gesellschaft, die eine mehrheitliche Befürwortung der Allianz nicht kippen konnte.[50] Allerdings sank die Zahl der Bürger, die die Rolle der NATO im serbisch-albanischen Konflikt positiv bewerteten, mit Beginn der Bombardierung Jugoslawiens ganz erheblich.

Der Schluss liegt nahe, dass der Mechanismus des Gruppenkonfliktes, der die Bürger zu extremen Positionen zwingt, die innenpolitische Spannung verschärft. In einer bestimmten Phase der demokratischen Konsolidierung kann dies in eine Bedrohung der politischen Stabilität insgesamt umschlagen. Auch aus diesem Grunde ist es wichtig, dass der Konflikt eine nachhaltig friedliche Lösung findet.

Seit dem Zusammenbruch des staatssozialistischen Systems in den Länder Ostmittel- und Südosteuropas sind mehr als zehn Jahre vergangen. Trotzdem kann man nicht feststellen, dass der Übergang zur demokratischen Gesellschaft abgeschlossen wäre. Die politische Stabilität unserer Gesellschaft ist unbestritten anderer Qualität. Vor allem reagiert sie sensibler auf endogene wie exogene Impulse.

---

50 Jan Herzman: "Kosovo zaryté hluboko pod kůží", in: Hospodářské noviny, 5.5. 1999, S. 6.

Die Republik Makedonien - Eine balkanische Erfolgsstory

Stefan Troebst

Die Tatsache, dass der Titel dieses Beitrags kein Fragezeichen aufweist, stellt bereits die Kurzfassung seiner Hauptthese dar: Unter den Nachfolgestaaten der Sozialistischen Föderativen Republik Jugoslawien ist die 1991 gegründete Republik Makedonien - gemeinsam mit Slowenien - zweifelsohne eine politische *success story*. Dies betrifft sowohl den schwierigen Prozess der Stabilisierung nach außen, also die Regelung des durchgängig gespannten Verhältnisses zu den vier Nachbarstaaten Griechenland, Albanien, Rest-Jugoslawien und Bulgarien, wie die Stabilisierung im Inneren. Hier hat eine tiefgreifende Demokratisierung stattgefunden, die an dem insgesamt geordnet vonstatten gegangenen Machtwechsel von den Post-Kommunisten zum liberal-konservativen Lager ablesbar ist.

Bereits zuvor wurde ein Ausgleich zwischen den beiden großen ethnischen Gruppen des Landes in Gang gesetzt - also zwischen den südslawischsprachigen, christlich-orthodoxen Makedoniern und der großen albanischsprachigen und muslimischen Minderheit -, ein Ausgleich, der schließlich in einer inneren Stabilisierung der Vardarrepublik resultierte. Der Kosovo-Krieg der Jahre 1998 und 1999, hier vor allem die Flüchtlingskrise vom Frühjahr 1999, waren dafür der Lackmustest. So günstig die genannten Entwicklungen im politischen Bereich allerdings sind, so negativ fällt die wirtschaftliche Bilanz makedonischer Eigenständigkeit aus.

Die Privatisierung des Staatssektors hat zu keinen neuen Impulsen geführt, und entsprechend sind Wirtschaftswachstum, Produktivität und Durchschnittseinkommen niedrig. Mit einer Rate von über 35% herrscht in Makedonien weiterhin Massenarbeitslosigkeit, wie dieses mit 26.000 Quadratkilometern und einer Einwohnerzahl von etwas über zwei Millionen in doppelter Hinsicht kleine Land derzeit unter Überbevölkerung leidet. Die positiven Faktoren wie minimale Inflation, relative hohes Bildungsniveau, funktionierende Sozial- und Gesundheitssysteme, gute Infrastruktur, zufriedenstellende Umweltbedingungen sowie günstige Transitlage auf dem Balkan haben hier noch zu keiner Trendumkehr geführt. Erhoffte ausländische Investitionen im großen Stil sind daher trotz der vielversprechenden politischen Rahmenbedingungen ausgeblieben.

Der Aspekt der inneren Konsolidierung dieses Landes soll im Folgenden im Mittelpunkt stehen. Dabei gilt besondere Aufmerksamkeit den bereits genannten und ineinander verschränkten Demokratisierungsprozessen auf der Ebene des Parteiensystems und der interethnischen Beziehungen. Dass Demokratie weder eine parteipolitisch noch ethnisch geschlossene Veranstaltung ist - diese Erkenntnis hat sich in Makedonien, ganz ähnlich wie in den anderen Balkanstaaten, nur sehr allmählich durchgesetzt.

Von entscheidender Bedeutung waren hierbei äußere Einflüsse - an erster Stelle der Kosovo-Krieg, der mit gravierenden Veränderungen der parteipolitischen Tektonik in Makedonien zusammenfiel, ja diese zum Teil erst bedingte. Neben dem Regierungswechsel von 1998 ist hier auch der Ende 1999 erfolgte Wechsel in der Präsidentschaft zu nennen. In beiden Fällen wurde die post-kommunistische Nomenklatura durch oppositionelle 'neue' Kräfte abgelöst. Zugleich hat der Krieg die interethnischen Beziehungen zwischen den durch einen tiefen kulturellen Graben getrennten Teilgesellschaften von Makedoniern und makedonischen Albanern entscheidend verändert: Der albanischen Minderheit, zumal ihrer politischen und wirtschaftlichen Elite, hat der Krieg die zuvor als gering eingeschätzten Vorteile der Zugehörigkeit zu Makedonien deutlich vor Augen geführt. Und die makedonische Mehrheit hat erkannt, dass auch ihren albanischen Mitbürgern Friede, Freiheit, Wohlstand und Bildungschancen wichtiger sind als Selbstbestimmung um jeden Preis - sei es in Form von Autonomie, Eigenstaatlichkeit oder Anschluss an Albanien und / oder Kosovo. Die 'Geschäftsgrundlage' des gemeinsamen multiethnischen Staates Makedonien hat sich, so paradox das auch klingen mag, durch Kosovo-Krieg und Flüchtlingskrise deutlich verbessert - auch wenn der genannte kulturelle Graben dadurch noch um keinen Zentimeter aufgefüllt worden ist.

Der Zerfall des föderalistischen Jugoslawien hat einige der großen Territorialfragen des Balkans wiederbelebt, wie sie die *Orientalische Frage* des 19. Jahrhunderts charakterisierten. Mit militärischer Macht stellte Belgrad erneut die *Serbische Frage*, also den Anspruch auf ein ethnisch und territorial konsolidiertes Großserbien, woraus Beobachter auf eine baldige Wiederkehr auch der Makedonischen Frage schlossen: Wenn Serbien seine Prätentionen auf Vardar-Makedonien bzw. 'Südserbien' realisiere, so diese Sichtweise, dann könnten auch die übrigen Akteure der *Makedonischen Frage* und Anrainer der neuen Republik Makedonien, also

Bulgarien, Griechenland und Albanien, ihre Aspirationen mit machtpolitischem Druck durchzusetzen versuchen.[1]

Diese Prognose hat sich nicht bewahrheitet, da die Makedonische Frage, wie sich durch die Staatsgründung von 1991 zeigte, durch die Republiksgründung von 1944 nicht lediglich eingefroren, sondern regelrecht beantwortet worden war.[2] Allerdings kam es im Zuge des 1989 serbischerseits vom Zaun gebrochenen Kosovo-Konflikts zu einer dramatischen Aktualisierung der *Albanischen Frage* samt erheblichen Reperkussionen auf Makedonien. Ja, die erste Runde des Krieges um Kosovo im Jahr 1998 und mehr noch die zweite von 1999 ließen augenfällig werden, dass beide Fragen - die beantwortete Makedonische und die noch offene Albanische - kommunizierenden Röhren gleich miteinander verbunden sind: Zum einen definieren sich die makedonischen Albaner in ethnischem Sinne als Diaspora der Titularnation der benachbarten Republik Albanien, und zum anderen verstehen sie sich in einem kulturellem Sinne als Peripherie von Kosovo.[3]

Der genannten Verschränkung der Makedonischen und der Albanischen Frage wegen ist Makedonien in deutlich höherem Maße als die übrigen Anrainer Kosovos in den Kosovo-Konflikt involviert bzw. von dessen

---

1 Stefan Troebst: "Krieg auf dem Balkan - »Wiederkehr der Orientalischen Frage«"? in: Arbeitspapiere Geschichte und Kultur des Osteuropa-Instituts der Freien Universität Berlin 2/1999, S. 47-52.

2 Stefan Troebst: "Makedonische Antworten auf die »Makedonische Frage« 1944-1992: Nationalismus, Republiksgründung und nation-building in Makedonien", in: Südosteuropa 41, 1992, H. 7-8, S. 423-442. Siehe auch ders.: "Yugoslav Macedonia, 1943-1953: Building the Party, the State and the Nation", in: State-Society Relations in Yugoslavia, 1945-1992, S. 243-266, eds. Melissa K. Bokovoy, Jill A. Irvine, Carol S. Lilly, New York 1997. Ders.: "IMRO + 100 = FYROM? The Politics of Macedonian Historiography", in: The New Macedonian Question, S. 60-78, ed. James Pettifer. London, New York 1999.

3 Stefan Troebst: "Szenenwechsel: Von der Makedonischen Frage zur Albanischen Frage - und wieder zurück?", in: Krieg im Kosovo, S. 177-194. Hg. Thomas Schmid, Reinbek 1999. Ders.: "Von der »Makedonischen Frage« zur »Albanischen Frage«: Der Balkan am Ende des 20. Jahrhunderts. Vier vorläufige Schlußfolgerungen", in: Der Balkan. Friedenszone oder Pulverfaß?, S. 127-138. Hrsg. von Valeria Heuberger / Arnold Suppan / Elisabeth Vyslonzil, Wien 1998. Vgl. auch Jacques Rupnik: "Die Welt im Balkanspiegel: das Agieren der Großmächte", in: Der Jugoslawien-Krieg. Handbuch zu Vorgeschichte, Verlauf und Konsequenzen, S. 463-477. Hrsg. von Dunja Melčić, Opladen 1999. Stefan Troebst: "Politische Entwicklungen in der Neuzeit", in: Südosteuropa. Gesellschaft, Politik, Wirtschaft, Kultur. Ein Handbuch, S. 73-102. Hrsg. von Magarditsch Hatschikjan / Stefan Troebst, München 1999.

Auswirkungen betroffen, ja, man könnte hier von einem regelrechten 'Fluch der Nachbarschaft' sprechen. An aktuellen wie strukturellen Bestimmungsfaktoren sind hierbei zu nennen:

- Die gemeinsame, im Terrain nicht markierte und in ihrem Verlauf teilweise umstrittene 158 Kilometer lange Grenze zwischen Makedonien und dem Protektoratsgebiet Kosovo mit den beiden Grenzübergängen Jažince und Blace, die auf ihrer gesamten Länge beidseitig albanische Siedlungen aufweist.
- Die zentrale Funktion, die Makedonien als einzig sicherer Nachschubbasis einschließlich Bahn- und Straßenverbindung für das internationale Protektorat über Kosovo zukommt.
- Der hohe Grad wirtschaftlicher Verflechtung von Bergbau und Industrie Makedoniens mit Rumpf-Jugoslawien im Allgemeinen und mit Betrieben in Kosovo im besonderen.
- Die eklatante militärische Unterlegenheit Makedoniens mit seinem 11.000-Mann-Wehrpflichtigenheer gegenüber der noch immer schlagkräftigen Armee Jugoslawiens.
- Die Funktion Makedoniens als mit periodisch bis zu 15.000 Mann wichtigster zentralbalkanischer Basis für NATO-Truppen, wie sie *de facto* seit dem Juli 1993, *de jure* seit dem November 1998 besteht.
- Der hohe Anteil von autochthonen Albanern am Staatsvolk Makedoniens, der gemäß der letzten - international überwachten - Volkszählung von 1994 22,9% (gegenüber 66,5% Makedoniern) betrug.
- Die Anwesenheit von immer noch ca. 19.000 mehrheitlich albanischen Flüchtlingen, die die Nachhut der 335.000 Personen starken Flüchtlingswoge der Monate März - Juni 1999 aus Kosovo darstellen und die bislang nicht repatriiert wurden bzw. sich - wie die Roma innerhalb dieser Gruppe - aus gutem Grund gegen eine Rückführung sperren.
- Die Infrastruktur unbekannter Dichte, welche die UÇK mittels ihrer mutmaßlichen west- und nordmakedonischen Sympathisanten in ihrer "Zone 2", d.h. Makedonien, unterhält.
- Die Präsenz einer 39.000 Personen starken (2%), teils autochthonen, teils zugewanderten serbischen Minderheit in Makedonien, die partiell im Grenzgebiet zum Kosovo siedelt - hier vor allem im nahe der Hauptstadt gelegenen Gebirge Skopska Crna Gora.

- Die Anwesenheit einer mehrere zehntausend Personen umfassenden makedonischen Minderheit in der Teilrepublik Serbien, die allerdings nur zu einem geringen Teil unmittelbar nördlich der 105 km langen serbisch-makedonischen Grenze, überwiegend jedoch in den großen serbischen Städten sowie in der Vojvodina siedelt.
- Das panslawische, 'jugo-nostalgische' und partiell pro-serbische Sentiment der vormaligen Parteielite des in mehreren post-kommunistischen Parteien aufgegangenen ' Bundes der Kommunisten Makedoniens', d.h. des älteren Teils der makedonischen städtischen Bevölkerung.
- Die abschreckende Wirkung, die die geographische Nähe des noch immer nicht befriedeten Kosovo auf ausländische Investitionen in Makedonien sowie auf den internationalen Tourismus in dem in der Außensicht daher gleichfalls als Krisengebiet geltenden Land hat.

Um die Möglichkeiten und Chancen Makedoniens zur Bewältigung der direkten wie indirekten Folgen des Krieges um Kosovo beurteilen zu können, erscheint ein Blick auf die bisherige Problemlösungsbilanz im Verhältnis zwischen makedonischer Titularnation und Nationalstaat auf der einen Seite und dem albanischen Bevölkerungsviertel auf der anderen angebracht. Über die Lage der albanischen Minderheit in Makedonien gibt es mittlerweile eine umfangreiche Literatur. Vereinzelten Hervorbringungen von 'Berufsoptimisten'[4] stehen dabei zahlreiche Publikationen gegenüber, welche die albanische Minderheit als 'eingepflanztes Selbstzerstörungs-Gen' des neuen Makedonien sehen[5] und mehrheitlich zu entsprechend düsteren Zukunftsprognosen gelangen.[6]

---

[4] Wolf Oschlies: Republik Makedonien, Teile I-III. Berichte des Bundesinstituts für ostwissenschaftliche und internationale Studien, 48(1993), 10(1994), 14(1994), Köln 1993-94. Risto Lazarov: "The Albanians in Macedonia: Co-Citizenship or ...?", Balkan Forum 3(1995), H. 2/11, 19-47. Slavko Milosavlevski / Mirče Tomovski: Albanians in the Republic of Macedonia 1945-1995, Skopje 1997. Klaus Schrameyer: "Makedonien: Friedlichkeit, Maß und Vernunft - mit balkanischem Charme", in: Südosteuropa 46(1997), S. 661-694. Vasil Tupurkovski: "The Balkan Crisis and the Republic of Macedonia", in: Crises in the Balkans. Views from the Participants, S. 135-152. Hrsg. von Constantine P. Danopoulos / Kostas G. Messas, Boulder 1997. Ljubomir D. Frčkoski: Model of the Interethnical Relations in Macedonia, Skopje 1998.

[5] So Walter Mayr in: Der Spiegel Nr. 13 vom 29. März 1999, S. 214-217, hier S. 216.

[6] Vgl. stellvertretend James Pettifer: "The new Macedonian question", in: International Affairs 68(1992), S. 475-485. Hugh Poulton: "The Albanians of Macedonia", in: Minority Rights Group International: The Southern Balkans, S. 25-31. London 1994. Spyridon Sfetas / Kyriakos Kentrotis: Oi Albanoi ton Skopion. Themata ethnikis ziniparchis, Thessaloniki 1995. Misha Glenny: "The

Allerdings stehen diese negativen Einschätzungen nicht selten auf schwachem Quellenfundament.[7] Auf aktuellen Informationen basierende gründliche Analysen, die sämtlich zu partiell günstigeren Schlüssen gelangen, sind die Ausnahme.[8] Gemäß dieser letztgenannten Gattung herrscht seit der Staatsgründung 1991 zwar durchgängig interethnische Spannung mittlerer Intensität, doch funktioniert selbst in Momenten krisen-

---

Macedonian question: Still no answers", in: Social Research 62(1995), S. 143-160. Sabrina Petra Ramet: "All quiet on the southern front? Macedonia between the hammer and the anvil", in: Problems of Post-Communism 42(1995), H. 6, S. 29-36. Thomas Buck: "Fear and loathing in Macedonia: Ethnic nationalism and the Albanian problem", in: State and nation building in East Central Europe: Contemporary perspectives, S. 243-261. Hrsg. von John S. Micgiel, New York 1996. Isa Blumi: "The question of identity. Diplomacy and Albanians in Macedonia: Has the rain come?", in: International Journal of Albanian Studies 1(1997), H. 1, S. 55-68. Mirjana Maleska: Etničkiot konflikt i prilagoduvanjeto (Makedonija 1991-1997) [Ethnischer Konflikt und Einfügung, Makedonien 1991-1997], Skopje 1997. Irena Stawowy-Kawka: "Die Albaner in Makedonien - Vergangenheit und Gegenwart", in: Makedonien. Geographie, ethnische Struktur, Geschichte, Sprache und Kultur, Politik, Wirtschaft, Recht, S. 115-130. Hrsg. von Walter Lukan / Peter Jordan, Wien 1998. Natacha Andonovski: Les Albanais de Macédoine: "Perspectives et limites d'une double identité", in: La République de Macédoine. Nouvelle venue dans le concert européen, S. 65-73. Hgg. Christophe Chiclet / Bernard Lory, Paris-Montreal 1998. Sophia Clement: "Macedonian Albanians and Kosovo Albanians: Towards the Bosnian model?", in: Kosovo: Avoiding another Balkan war, S. 357-387. Hrsg. von Thanos Veremis / Evangelos Kofos, Athen 1998. Gordana Icevska: "Macedonia's open wound", in: Transitions 5(1998), H. 5, S. 47-48. Elmar F. Pichl: "Die »albanische Frage« in Mazedonien", in: Gordischer Knoten Kosovo: Durchschlagen oder entwirren. Völkerrechtliche, rechtsvergleichende und politikwissenschaftliche Analysen und Perspektiven zum jüngsten Balkankonflikt 5, S. 7-73. Hg. Joseph Marko, Baden-Baden 1999. Ognyan Minchev: "Macedonia: Will Miloshevich Play His Last Trump?", in: Südosteuropa 48(1999), S. 316-320. Biljana Vankovska: "The Way from »Powder Keg« to the »Oasis of Peace« - and Back: Macedonia after the Kosovo War", in: Romanian Journal of International Affairs 5(1999), H. 4, 164-180. James Pettifer: "The Albanians in Western Macedonia after FYROM independence", in: The new Macedonian question, S. 137-147. Hrsg. von James Pettifer, London 1999. Mirjana Najčevska / Violeta Petroska-Bečka: "Between Political Solutions and Reality: Inter-Ethnic Relations in the Republic of Macedonia", in: Helsinki Monitor 10(1999), H. 3, S. 8-14.

7 Zu einer Kritik dieses publizistischen Krankbetens vgl. Stefan Troebst: "Macedonia: Powder keg defused?", in: Radio Free Europe / Radio Liberty Research Report, 3(1994), H. 4, S. 33-41.

8 Robert Austin: "Albanian-Macedonian relations: Confrontation or cooperation?", in: Radio Free Europe / Radio Liberty Research Report 2(1993), H. 42, S. 21-25. Robert W. Mickey / Adam Smith Albion: "Success in the Balkans? A case study of ethnic relations in the Republic of Macedonia", in: Minorities: The new Europe's old issue, S. 53-98. Hrsg. von Ian M. Cuthbertson / Jane Leibowitz, New York 1993. Matthias Rüb: "Ausgeliefert im Herzen des Balkans. Ein unwahrscheinlicher Staat: die Republik Makedonien", in: Frankfurter Allgemeine Zeitung (FAZ) Nr. 289 vom 12. Dezember 1998, Beilage: Bilder und Zeiten, S. III. Michael Schmidt-Neke, "Makedoniens Albaner: Konfliktpotential oder Stabilisierungsfaktor?", in: Südosteuropa 48(1999), S. 191-212.

hafter Zuspitzung das Krisenmanagement von Makedoniern und Albanern. Belegt wird dies mit der erfolgreichen Bewältigung einer ganzen Serie von mittelschweren bis gravierenden Konflikten und Zusammenstößen zwischen Vertretern der albanischen Minderheit auf der einen Seite und dem die makedonische Titularnation vertretenden Staat und seinen Organen:

- Das Unabhängigkeitsreferendum in der Sozialistischen Republik Makedonien innerhalb des zerfallenden Jugoslawien vom 8. September 1991 wurde von einem Teil der albanischen Minderheit boykottiert, um die Option eines Anschlusses Westmakedoniens an das gleichfalls nach Unabhängigkeit strebende Kosovo oder an die Republik Albanien offen zu halten - beide Themen sind mittlerweile vom Tisch.
- Auf albanische Proteste stieß auch die Präambel der am 17. November 1991 verabschiedeten Verfassung der neuen Republik Makedonien, derzufolge diese "als ein Nationalstaat des makedonischen Volkes konstituiert ist, in dem eine vollständige bürgerliche Gleichberechtigung und dauerhafte Koexistenz des makedonischen Volkes mit den Albanern, Türken, Walachen, Roma und anderen Minderheiten, die in der Republik leben, gesichert ist"[9] - dennoch ging die parlamentarische Arbeit unter Beteiligung der albanischen Abgeordneten weiter.
- Als Reaktion auf die Einstufung nicht als 'konstituierende Nation', sondern 'bloß' als nationale Minderheit organisierten am 11. Januar 1992 albanische Radikale im Westen Makedoniens ein Referendum über eine autonome *Republik Ilirida*[10] - ein Schritt, der seitens Staat und Titularnation zwar als Verrat gewertet wurde, indes keine strafrechtlichen Folgen hatte.
- Im November 1992 kam es auf dem offenen Markt der Hauptstadt Skopje zu einem schweren Zusammenstoß zwischen jungen Albanern und makedonischer Polizei, der in einer polizeilichen Racheaktion in einem nahegelegenen Albanerslum sowie im Tod von drei Albanern

---

9 Verfassung der Republik Makedonien. Übers. Valentin Stojanovski und Barbara Utevska, Skopje 1992, 3.

10 Duncan M. Perry: "The Republic of Macedonia: Finding its way", in: Politics, power, and the struggle for democracy in Southeastern Europe, S. 226-281. Hrsg. von Karen Dawisha / Bruce Parrott, Cambridge 1997, hier S. 253. Der Kunstbegriff *Ilirida* stellt eine Kombination der historischen albanischen Landschaftsnamen Illyrien und Dardanien dar.

und einer Makedonierin resultierte[11] - der rasch aufgedeckten wirtschaftskriminellen Hintergründe wegen konnte eine Eskalation vermieden werden.

- Im November 1993 wurde eine Verschwörergruppe albanischer Offiziere der Armee Makedoniens aufgedeckt, die elektronische Personaldaten sowie einige Waffen zum Aufbau einer 'All-Albanischen Armee' entwendet hatte[12] - der Fall wurde staatlicherseits auf bloßen Waffenschmuggel heruntergespielt.
- Im Februar 1995 kam es im Zusammenhang mit der Gründung einer privaten, aber staatlicherseits nicht genehmigten albanischen Universität in Tetovo zu Zusammenstößen zwischen albanischen Demonstranten und makedonischer Polizei, bei denen ein Albaner getötet wurde[13] - dank intensiven internationalen Engagements seitens der US-Diplomatie und der OSZE wurde das Problem auf die lange Bank geschoben.
- Im Juli 1997 verstießen die albanischen Bürgermeister von Gostivar und Tetovo bewusst gegen das rigide makedonische Flaggengesetz, indem sie die albanische Adlerflagge unvorschriftsmäßig ohne die makedonische Sonnenflagge aufzogen; beim folgenden massiven Polizeieinsatz wurden in Gostivar drei Albaner getötet[14] - nach anfänglichen Anlaufschwierigkeiten griff das Krisenmanagement innerhalb der makedonisch-albanischen Koalitionsregierung.

---

[11] Zu einem Augenzeugenbericht vgl. Stefan Troebst: "Präventive Friedenssicherung durch internationale Beobachtermissionen? Das Beispiel der KSZE-Spillover-Monitormission in Makedonien 1992-1993", in: Minderheiten als Konfliktpotential in Ostmittel- und Südosteuropa, S. 282-331, [= Untersuchungen zur Gegenwartskunde Südosteuropas, 31]. Hrsg. von Gerhard Seewann, München 1995, hier S. 308-311.

[12] Stefan Troebst: "An ethnic war that did not take place: Macedonia, its minorities and its neighbors in the 1990s", in: War and ethnicity: Global connections and local violence, S. 77-103. Hrsg. von David Turton, Rochester 1997, hier S. 88-92.

[13] Human Rights Watch / Helsinki: A threat to »stability«. Human rights violations in Macedonia, New York 1996, S. 42-43.

[14] ICG-Report: The Albanian question in Macedonia: Implications of the Kosovo conflict for inter-ethnic relations in Macedonia. Skopje, 11 August 1998. (http://www.crisisweg/projects/sbalkans/reports/mac03rep.htm).

Staat und Gesellschaft im in mehrfacher Hinsicht ungeschützten Makedonien sind also in den kritischen Jahren seit 1991 in auffälligem Maße zur konstruktiven Bearbeitung von Spannungen und Konflikten der beschriebenen Art fähig gewesen. Dies deutet auf einen hohen Grad an *common sense* der politischen Eliten sowohl von Makedoniern wie Albanern in der Republik hin - ein Umstand, der um so höher zu bewerten ist, als gerade die Ausgangssituation im Wendejahr 1991 alles andere als günstig gewesen war. Denn in der von Tito 1945 begründeten jugoslawischen Föderation war die makedonische Teilrepublik sowohl auf staatlicher und wirtschaftlicher Ebene wie vor allem auf der Leitungsebene der Partei *de facto* eine Filiale der serbischen Teilrepublik, ihrer Wirtschaft und ihrer Parteiorganisation.

Dies schlug sich nicht zuletzt in einem serbisch-makedonische Komplizenverhältnis in der repressiven Politik gegenüber den jeweiligen albanischen Minderheiten nieder. Bis 1966 war hier eine völlige Synchronisierung zwischen Skopje und Belgrad festzustellen, die im Zuge des steigenden Autonomiegrades Kosovos 1968 bzw. 1974 einer vorübergehenden Differenzierung wich.[15] Doch Mitte der achtziger Jahre kam es zur Wiederannäherung, die dann im März 1989 mit der Aufhebung des Autonomiestatuts für Kosovo in der Teilrepublik Serbien in neuerliche Synchronisierung umzuschlagen drohte.[16] Der Machtwechsel samt Demokratisierungsschub innerhalb der makedonischen Partei vom selben Jahr verhinderte dies zwar, doch schwappten die heftigen Unruhen in Kosovo der Jahre 1989-91 auch auf die albanischen Siedlungsgebiete Makedoniens über.[17] Bereits 1987 war hier die interethnische Spannung zwischen Makedoniern und Albanern in den albanischen Siedlungszentren Gostivar und Tetovo in der Polog-Ebene deutlich angestiegen, als die makedonische Miliz großflä-

---

15 Jens Reuter: Die Albaner in Jugoslawien [= Untersuchungen zur Gegenwartskunde Südosteuropas 20], München 1982.

16 Eine Schlüsselrolle hierbei spielte der am 17. Mai 1989 zum Vorsitzenden des jugoslawischen Staatspräsidiums gewählte und aus dem westmakedonischen Debar stammende Makedonier Milan Pančevski. Vgl. Milan Andrejevich: "Macedonian elected new party president", in: Radio Free Europe / Radio Liberty Yugoslav Situation Report 7, 26. Mai 1989, S. 29-32.

17 Milan Andrejevich: "The Yugoslav Army in Kosovo: Unrest spreads to Macedonia", in: Radio Free Europe / Radio Liberty Report on Eastern Europe 3, 23. Februar 1990, S. 8-39.

chig die albanische Häuser und Höfe traditionell umgebenden hohen Begrenzungsmauern einriss.[18]

Wie ist angesichts dieser konfliktträchtigen Vorgeschichte der gegenwärtige spannungsarme Zustand zu erklären? Als Faktoren für den - von außen betrachtet überraschend hohen - 'Zufriedenheitsgrad' der makedonischen Albaner im neuen Staat Makedonien sind vor allem die folgenden anzuführen:

- Die beträchtliche Attraktivität Makedoniens als ein Staat, der Albanern politische Partizipationsrechte sowie Handlungsfreiheit im wirtschaftlichen Bereich gewährt und dessen Pass leidliche Reisemöglichkeiten auf dem Balkan und im übrigen Europa bietet.
- Die niedrige Attraktivität der albanischen 'Mutternation' in Gestalt der Republik Albanien, verursacht durch die im Kalten Krieg von Tirana herbeiregierte Rückständigkeit und Isolation sowie anschließend notorischen Parteienhader, blutleere staatliche Strukturen und politische Anarchie.
- Die abschreckende Wirkung des Kosovo-Beispiels bezüglich innerer Selbstbestimmung, d.h. der 1974 von Belgrad gewährten und 1989 kassierten Autonomie, wie auch der noch unvollendeten äußeren Selbstbestimmung, deren Preis ethnische Säuberungen gigantischen Ausmaßes, Massenmord und Zerstörung der Infrastruktur, wenn nicht gar der Lebensgrundlagen war.
- Die gleichfalls hochgradig abschreckende Wirkung des Bosnienkrieges der Jahre 1992-95, die überdies den nationalistisch gesinnten Teil der makedonischen Mehrheitsbevölkerung zusammenschrumpfen ließ und damit die interethnischen Beziehungen im Lande (auf niedrigem Niveau) konsolidierte.
- Der geringe Relevanzgrad religiöser Differenz zwischen muslimischen Albanern und orthodoxer Titularnation in Makedonien, der durch den generell geringen Religiösitätsgrad der großen Mehrheit der Bewohner des Landes bedingt ist.
- Der nur mittlere Relevanzgrad sprachlicher Differenz zwischen albanischsprachigen Albanern und ostsüdslawischsprachigen Makedoniern,

---

[18] Milan Andrejevich: "Macedonia: A republic in crisis", in: Radio Free Europe / Radio Liberty Yugoslav Situation Report 12, 18. Dezember 1987, S. 19-23.

der dem Umstand geschuldet ist, dass makedonischen Albanern neben dem eigenen Grund- und Mittelschulwesen bis 1991 und erneut wieder seit 1999 die Universität Prishtina offen steht und dass - anders als seit 1989 in Kosovo - die südslawischen Sprachkenntnisse sämtlicher Altergruppen zumindest der in Städten wohnenden makedonischen Albaner relativ hoch waren und weiterhin sind, entsprechend ein Großteil der Palette von Verdienst- und Karrieremöglichkeiten im neuen Makedonien auch dieser Minderheit zugänglich ist.

In diesem Zusammenhang erscheint auch ein Blick auf das Koordinatensystem der politischen Parteien des Landes hilfreich. Das Parteiensystem Makedoniens besteht, wie gesagt, aus den beiden großen politischen Lagern der Post-Kommunisten und der liberal-konservativen 'Post-Nationalisten', die beide von der ethnischen Trennungslinie Makedonier / Albaner durchschnitten werden. Entsprechend wird die politische Landschaft von vier Parteien bzw. Parteigruppierungen bestimmt: Erstens durch das post-kommunistisch-makedonische Lager mit dem 'Sozialdemokratischen Bund Makedoniens' an der Spitze, der im Zeitraum 1992-98 als Seniorpartner einer makedonisch-albanischen Koalitionsregierung die dominierende Kraft im Lande war. Zweitens durch das anfänglich explizit nationalistische konservative makedonische Lager, welches mit der 'Inneren Makedonischen Revolutionären Organisation - Bewegung für Nationale Einheit Makedoniens' (VMRO-DPMNE) - seit dem Wahlsieg vom Oktober 1998 die stärkste Regierungspartei in einer Koalition mit der liberalen makedonischen 'Demokratischen Alternative' und mit der ursprünglich ebenfalls nationalistischen, mittlerweile gemäßigten albanischen 'Demokratische Partei der Albaner' stellt. Drittens ist die post-kommunistisch-albanische 'Partei der Demokratischen Prosperität' seit den Wahlen von 1998 gemeinsam mit ihrem makedonischen Gegenstück und langjährigen Regierungspartner, dem 'Sozialdemokratischen Bund', in der Opposition. Und viertens hat die genannte 'Demokratische Partei der Albaner' 1998 innerhalb des albanischen Wählervolkes den Post-Kommunisten erfolgreich den Rang abgelaufen und sich im Zuge des Kosovo-Kriegs von 1999 Respekt auch unter den nicht-albanischen Wählern verschafft.

Das albanische Parteienspektrum in Makedonien entwickelte sich 1990 gleich dem zeitlich parallel entstehenden makedonischen durch Ausgliederung aus dem 'Bund der Kommunisten Makedoniens'. Anders als im Falle der Makedonier, deren zahlreiche neugebildete Parteien von Anfang an in ideologisch-programmatischer Hinsicht klar unterscheidbar waren, war dies bei den Parteien der Albaner erst seit 1993 der Fall. Die Hauptforderung des albanischen Koalitionspartners unter der Führung des Journalisten Arben Xhaferi war dabei eine Verfassungsänderung, durch die Makedonien als 'Staat seiner Bürger', d.h. nicht länger als Nationalstaat der makedonischen Titularnation definiert wird. Weitere Kernpunkte sind Proporzregelungen für den öffentlichen Dienst, die Ausweitung des albanischen Bildungswesens einschließlich der Anerkennung der Universität Tetovo, Regelungen zum Gebrauch der albanischen Sprache im öffentlichen Leben einschließlich des Parlaments sowie die Stärkung kommunaler Selbstverwaltung.

Ungeachtet der Tatsache, dass bislang keine dieser Forderung erfüllt ist, gestaltete sich das Krisenmanagement der Regierungsparteien im Zeichen der Flüchtlingskrise von 1999 nachgerade harmonisch. Bereits unmittelbar zu Beginn der zweiten Kriegsrunde wurde Makedonien mit voller Wucht von den Kriegsfolgen getroffen. Allein in der ersten Kriegswoche, also vom 24. bis zum 31. März, strömten 115.000 Flüchtlinge über die Grenzen.[19] Am 2. April begann dann die serbische Soldateska mit der Deportation ganzer Stadtteile Prishtinas, deren Einwohner mit Zügen zum makedonischen Grenzübergang Blace transportiert wurden bzw. mit eigenen Fahrzeugen dorthin getrieben wurden.[20] Circa 65.000 Albaner wurden so am Osterwochenende über die Grenze nach Makedonien abgeschoben. Auf der nur vermeintlich sicheren Seite kampierten die Flüchtlinge unter strenger Abriegelung der makedonischen Polizei im "Dreck-Schlamm-Urin-Loch"[21] Blace mehrere Tage unter verheerenden Bedingungen.

Der eigentliche Härtetest für die interethnischen Beziehungen in Makedonien war indes nicht die Flüchtlingskrise an sich, sondern deren innenpolitische wie wirtschaftliche und soziale Weiterungen. So demonstrierten am 25. März ca. 3.000 pro-serbische Demonstranten, darunter Angehörige der serbischen Minderheit im Lande, aber auch zahlreiche Makedonier, in

---

[19] Stefan Krause: "Weathering the Storm: Macedonia and the Kosovo Conflict", in: Analysis of Current Events 11(1999), H. 5-6, S. 1 + 3-5, hier S. 3. Vgl. auch Stefan Troebst: "Chronologie einer gescheiterten Prävention. Vom Konflikt zum Krieg im Kosovo, 1989-1999", in: Osteuropa 49(1999), S. 777-795, hier 791-792, und Verica Spasovska: "Auswirkungen der Kosovo-Krise auf Mazedonien", in: Südosteuropa-Mitteilungen 39(1999), H. 2, S. 92-98.

[20] Milena Georgievska: "Kosovo se seli vo Makedonija" [Kosovo übersiedelt nach Makedonien], in: Večer [Skopje] Nr. 11.061 vom 3./4. April 1999, S. 4-5.

[21] Rupert Neudeck: "Ostern in Blace oder Der Sündenfall der humanitären Hilfe", in: Krieg im Kosovo, S. 123-140. Hg. Thomas Schmid, Reinbek 1999, hier S. 127.

gewalttätiger Form gegen die Nato-Luftschläge auf Serbien. Ende April hat dann die makedonische Polizei ein Waffenlager mit 4,5 Tonnen Minen, Handgranaten, Gewehren und Munition ausgehoben. Aufgrund der chinesischen Herkunft der Waffen wurde auf einen Zusammenhang mit der UÇK geschlossen.[22] Doch der bei weitem dramatischste unter den Langzeitschäden, die der Kosovo-Krieg in Makedonien verursacht hat, ist der Rückgang des Bruttoinlandsprodukts. Statt einer für 1999 prognostizierten Zunahme um ca. sechs Prozent wird es ersten pessimistischen Schätzungen zufolge um vier bis zehn Prozent sinken.

Dennoch fällt eine vorläufige Bilanz der internen Aspekte makedonischer Eigenstaatlichkeit positiv aus, was ursächlich auf fünf Faktoren zurückzuführen ist:

1. Sowohl die Gefahren, die sich durch die zwangsläufige Einbeziehung des Landes in den heraufziehenden militärischen Konflikt zwischen der jugoslawischen Teilrepublik Serbien und der NATO ergaben, als auch die Risiken der aus eben diesem Konflikt resultierenden gewaltigen Flüchtlingswelle wurden gemeistert. Die unmittelbaren *Spillover*-Effekte des Kosovo-Kriegs auf Makedonien sind erfolgreich eingedämmt, ja minimal gehalten.
2. Den beiden politischen Hauptakteuren in Makedonien, also den Parteien von Makedoniern und Albanern, ist es gelungen, die Extremisten im jeweils eigenen Lager unter Kontrolle zu halten. Dies galt für die UÇK-Sympathisanten innerhalb der Minderheit ebenso wie für die teils 'orthodox-slawisch', teils 'jugo-nostalgisch' argumentierenden Milošević-Sympathisanten im Mehrheitslager.
3. Die bislang erfolgreiche Bewältigung von Auswirkungen und Folgen des Kosovo-Kriegs kommt, so kann mit Fug und Recht behauptet werden, einer Feuertaufe der Republik Makedonien, ja, einer zweiten, 'inneren' Staatsgründung gleich. Sowohl die politischen Eliten der beiden ethnischen Großgruppen des Landes als auch große Teile ihrer Gefolgschaft haben den Misstrauensmalus gegenüber der jeweils anderen Seite deutlich reduziert. Aus Sicht der Mehrheit hat sich die Minderheit dem gemeinsamen Staat gegenüber loyal verhalten, indem sie den Kosovo-Krieg und die sich abzeichnende Protektoratslösung

[22] Iso Rusi: "Macedonia unravels", in: IWPR's Balkan Crisis Report 24, (http://www.iwpr.net), 23. April 1999.

nördlich der Staatsgrenze nicht zum Anlass für autonomistische oder gar separatistische Forderungen nahm. Und in der Perspektive der Albaner sind die makedonische Titularnation und der makedonische Staat - ungeachtet gewisser Schwankungen - ihren Nachbarschaftspflichten gegenüber Kosovo und seiner albanischen Bevölkerungsmehrheit umfassend nachgekommen. Der bis 1999 überaus bescheidene Grad an Vertrauen zwischen Albanern und Makedoniern in Makedonien ist im Zuge des Kosovo-Krieges deutlich gestiegen. Dieser innermakedonische Vertrauensschub wird auf subregionaler Ebene durch zwei weitere Folgen der Protektoratslösung für Kosovo verstärkt:

4. Durch die Wiedereröffnung der albanischen Universität Prishtina im August 1999 ist die Makedonien und seine interethnischen Beziehungen seit 1994 so stark belastende Frage der Universität Tetovo wenn nicht gelöst, so doch ihrer akuten Brisanz beraubt. Wie vor 1991, dem Jahr der Schließung der Kosovo-Alma Mater, können albanische Studierende aus Makedonien wieder nach Prishtina zum Studium gehen, wie auch das damals nach Makedonien geflohene Lehrpersonal in die Kosovo-Kapitale zurückkehren konnte. Das konfliktträchtige Provisorium in Tetovo hat damit seine Schuldigkeit getan. Diese Entschärfung der Universitätsfrage wiederum ermöglicht es der makedonischen Mehrheit, ohne Gesichtsverlust einen großen Schritt auf die albanische Minderheit zuzugehen, etwa durch die Gründung einer gemischt international-albanischen Universität in Tetovo oder durch Ausweitung der albanisch(sprachig)en Untergliederungen der Universitäten in Skopje und Bitola.

5. Der Skopjoter Machtwechsel von den Post-Kommunisten zu den 'Post-Nationalisten' zwischen den beiden Runden des Kosovo-Kriegs hat das Lager der pragmatisch denkenden "jungen politischen Führer auf dem Balkan" um Ilir Meta in Albanien und Milo Djukanović in Montenegro bzw. des - heute sicher noch illusorisch klingenden - Projekts eines "Benelux auf dem Balkan"[23] gestärkt. Die Herstellung direkter Kontakte zwischen dem jugendlichen makedonischen Regierungschef Ljubčo Georgievski zu dem noch jüngeren UÇK-Führer Hashim Thaçi kann gleichfalls in diesem Zusammenhang gesehen werden. Ungeachtet

---

[23] Valentin Nešovski: "Benelux in the Balkans - Macedonia, Montenegro and Kosovo?", in: Alternativna informaciona mreža (AIM), Skopje, 6. Juli 1999.

ihrer ethnischen, sozialen und ökonomischen Zerissenheit, so scheint es, gewinnt die Balkanregion an politischem Profil.

All dies ändert natürlich nichts an der Tatsache, dass der Kosovo-Krieg Makedonien, seine instabile, da sozial wie ethnisch zerklüftete Gesellschaft und seine gebeutelte Wirtschaft schwer getroffen hat. Dennoch: "Every cloud", so der makedonische Journalist Iso Rusi im Krisensommer 1999, "has a silver lining"[24]. Denn paradoxerweise hat der Krieg die Voraussetzungen zur Lösung des Hauptproblems dieses Landes, nämlich anhaltenden Spannungen in den Beziehungen zwischen den beiden großen ethnischen Gruppen von Makedoniern und Albanern, deutlich verbessert. Der Vertrauensvorschuss, den die albanischen Wähler dem maßgeblich mit ihren Stimmen gewählten neuen makedonischen Präsidenten Trajkovski gewährt haben, ist ein deutlicher Beleg dafür, auch wenn der eigentliche Härtetest, die Lösung des Problems der albanischen Universität Tetovo, noch aussteht.

Jedenfalls ist mit gutem Grund zu konstatieren, dass nach der äußeren Konsolidierung der Republik Makedonien - von der Souveränitätserklärung 1991 über die Aufnahme in die Vereinten Nationen 1993 und den Kompromissen mit Griechenland 1995 und Rest-Jugoslawien 1996 bis zur Beilegung des Sprachenstreits mit Bulgarien 1999 - nun deren innere Konsolidierung eingesetzt hat. Es bleibt zu hoffen, dass die - diesmal positiven - Spillover-Effekte des ökonomischen und infrastrukturellen Wiederaufbaus von Kosovo durch die internationale Gemeinschaft Makedonien bei der Überwindung seiner tiefen wirtschaftlichen Krise samt sozialen Weiterungen helfen. Dann - und erst dann - wäre nicht nur in politischer, sondern auch in ökonomischer Hinsicht von der Republik Makedonien als einer balkanischen Erfolgsstory zu sprechen.

---

24 Iso Rusi: "Political Panorama of Macedonia: On Division of Macedonia and Greater Albania Again", in: Alternativna informaciona mreža (AIM), Skopje, 15. Juli 1999.

Epilog 2001

Die im Januar 2000 geäußerte Hoffnung auf positive ökonomische Spillover-Effekte vom Kosovo auf Makedonien hat sich zwar bezüglich Wirtschaftsbranchen wie der makedonischen Bauindustrie bewahrheitet. Zugleich jedoch hat die höchst schleppende Behandlung der Frage nach dem künftigen staatsrechtlichen Status des internationalen Protektoratsgebietes Kosovo seitens der Staatengemeinschaft negative Spillover-Effekte politischer, gar militärischer Art gezeitigt: Diejenigen Teile der kosovo-albanischen UÇK, die im Sommer 1999 ihre Entwaffnung verweigert haben und erneut in den Untergrund gegangen sind, haben sich die Forderung nach einem *Gross-Kosovo* zu eigen und sich mit Waffengewalt an deren Umsetzung gemacht.[25] Ende 2000 haben sie die Bodensicherheitszone an der Grenze zu Serbien als Operationsgebiet erschlossen und sind im Februar 2001 ins Grenzgebiet zu Makedonien übergewechselt.

Mitte März 2001 erhob die um Tetovo, Kumanovo und Skopje operierende 'Armee zur Nationalen Befreiung', die gleichfalls mit UÇK abgekürzt wird, erstmals ihre - gemäßigte - Forderung nach innerer Selbstbestimmung für die albanischspachigen Makedonier. Parallel dazu versuchte sie jedoch, mit militärischen Mitteln einen ethnischen Bürgerkrieg zu provozieren. Dies wiederum haben makedonische Hardliner im Sicherheitsapparat und in der Armee der Republik Makedonien sowie in einigen politischen Parteien genutzt, um parallel zur militärischen Kampagne gegen die Guerillabewegung einen von rassistischer Hassprache geprägten Propagandafeldzug gegen die albanischen Makedonier zu unternehmen. Die Folge war ein neuerlicher Polarisierungsschub der Gesellschaft des Balkanstaates entlang ethnischer Trennungslinien, eine beträchliche Radikalisierung samt Mobilisierung an den Rändern der beiden Teilgesellschaften sowie ein partieller Verlust des Deutungsmonopols politischer Parteien zugunsten von Populisten innerhalb der beiden Bevölkerungsteile.

---

25 Stefan Troebst: "»Groß-Kosovo« oder unabhängiges Kosovo? Je länger der Status der Unklarheit währt, desto mehr Zulauf erhalten die albanischen Extremisten", in: Frankfurter Allgemeine Zeitung Nr. 139 vom 19. Juni 2001, S. 10.

Allerdings gelang es unter dem starken Druck von EU und NATO sowie aufgrund der konstruktiven Politik des makedonischen Staatspräsidenten Boris Trajkovski, am 13. August 2001 ein Abkommen über die Entwaffnung der Rebellen einerseits sowie über eine grundlegende Verfassungsänderung zugunsten des albanischen Bevölkerungsteils zu schließen. Dessen Umsetzung oder aber Nicht-Umsetzung wird darüber entscheiden, ob die balkanische Erfolgsstory der Dekade 1991-2000 eine Fortsetzung findet.[26]

---

[26] Zum Gang der Ereignisse vgl. Stephan Lipsius: "Die neue UÇK in Makedonien und die politische Entwicklung in Kosovo", in: Südosteuropa 50(2001), 1-16, sowie die Berichte der International Crisis Group: (1) The Macedonian Question: Reform or Rebellion. Skopje, Brussels, 5 April 2001 (= ICG Balkans Report 109); (2) International Crisis Group: Macedonia: The Last Chance for Peace. Skopje, Brussels, 20 June 2001 (= ICG Balkans Report 113); (3) Macedonia: Still Sliding. Skopje, Brussels, 27 July 2001 (= ICG Balkans Briefing); und (4) Macedonia: War on Hold. Skopje, Brussels, 15 August 2001 (= ICG Balkans Briefing). (http://www.crisisweb.org/projects/balkans/macedonia/reports).

Verzeichnis der Tabellen und Abbildungen

Tabellen

1. Wachstum in ausgewählten Transformationsländern, 1989-2002 14
2. Reales BSP / NMP in ausgewählten Transformationsländern, 1989-98 18
3. Typologie der Staats-Desertation 24
4. Typologie postkommunistischer Regimes nach dem Grad ihrer Demokratisierung bzw. wirtschaftlichen Liberalisierung 26

5. Real GDP / NMP in transition economies, 1980-98 42
6. Real total consumption expenditure in transition economies, 1980-98 47
7. Real gross capital formation in transition economies, 1980-98 50
8. Registered unemployment in transition economies, 1990-2000 52
9. Consumer prices in transition economies, 1989-2000 56
10. Merchandise exports of transition economies, 1980-2000 59
11. Foreign direct investment in transition economies, 1989-99 63

12. Exit options in the adult and active population, 1997 78
13. Voice options in the adult and active population, 1997 79
14. The connection of labour and capital market position, income and wealth with action potential, 1997 80
15. The connection of cultural and social resources with action potential, 1997 82
16. The connection of demographic, primordial and health conditions with action potential, 1997 85

17. Вопрос: "Как, на Ваш взгляд, нужно строить экономику нашей страны, если действовать в интересах всего народа: на основе государственной или на основе частной собственности?" 214
18. Связь возраста респондентов с негативным отношением к советской системе 217
19. Связь между опытом работы в комсомольских органах и ориентацией на плутократию (совмещение депутатской и предпринимательской деятельности) 222
20. Связь удовлетворенности ситуацией в стране с возрастом 227
21. Приемлемость незаконных забастовок 228

22. Vertrauen in die Verfassungsinstitutionen Tschechiens, 1993-99 330
23. Transformationsakzeptanz in Tschechien, 1993-99 333
24. Politisches Stimmungsbarometer in Tschechien, 1999 335
25. Ergebnisse der tschechischen Kommunalwahlen, 1998 335
26. Frage: "Die bewaffneten Kräfte der NATO haben mit dem Angriff auf Jugoslawien begonnen. Sind sie damit einverstanden?" 338
27. Frage: "Aus welchen Gründen stimmen Sie dem NATO-Einsatz in Jugoslawien zu?" 339
28. Frage: "Aus welchen Gründen stimmen Sie dem NATO-Einsatz in Jugoslawien nicht zu?" 340
29. Frage: "Wie würden Sie die Haltung tschechischer Politiker zum NATO-Einsatz in Jugoslawien einschätzen?" 341

Abbildungen

1. Wachstumsraten nach Ländergruppen 16

2. Begriffe aus dem Produktionsweisenansatz 93
3. Wirtschaftskreislauf in der arbeitsteiligen Ökonomie 95
4. Wirtschaftskreislauf in der Klassengesellschaft 96
5. Wirtschaftskreislauf in der Klassengesellschaft mit kapitalistischer und familienwirtschaftlicher Produktionsweise 99
6. Wirtschaftskreislauf in der Klassengesellschaft mit realsozialistischer Produktionsweise 103
7. Vermögensrechungen 107
8. Vermögensrechnungen in der Geldwirtschaft mit Zentralbank und Ausland 110

9. Связь между ориентацией на плутократию и негативным восприятием нынешних преобразований 223
10. Связь между негативным восприятием нынешних преобразований и ориентацией на плутократию 225

Personenregister

Abelshauser, W. 268
Ady, E. 139
Aksakov, A. 193
Alexander II. 170, 196
Alexander III. 198
Aliev, H. 184, 185
Arendt, H. 157
Åslund, A. 17, 169
Babajan, S. 188
Baberowski, J. 200
Bahro, R. 94, 102
Balcerowicz, L. 236, 286, 288
Bauer, R. 160
Beneš, E. 320
Berdjaev, N. 132
Bíró, A. 72
Bloch, E. 147
Bodio, T. 290
Bognár, K. 72
Borkenau, F. 131
Brežnev, L. 161
Brunetti, A. 21
Buchanan, J. 209, 251, 257, 258
Buzek, J. 283, 288, 289
Čaadaev, P. 193
Caesar, J. 130
Čarnogursky, J. 304, 307
Castro, F. 115
Černomyrdin, V. 159, 206, 264
Chalupný, E. 320
Charap, J. 234, 251
Chomjakov, A. 193
Chručëv, N. 12
Čic, M. 304
Čičerin, B. 197
Confino, A. 203
Constantinescu, E. 61
Córdoba, A. 93
Coudenhove-Kalergi, R. 134
Dahrendorf, R. 76, 86, 324
Danilevskij, N. 193, 205
Djukanović, M. 356
Dugin, A. 190, 203
Dzurinda, M. 58, 307, 316, 317
Edeling, Th. 252
Ehrenburg, I. 200
Eisenstadt, Sh. 29
El'cin, B. 23, 32-35, 158, 202-204, 206
Engels, F. 167
Esterházy, P. 139
Fagin, A. 153, 156
Fedotow, G. 201
Fine, R. 155
Fischer, S. 17
Ford, H. 100
Frey, B. 255
Furobotn, E. 239
Gaddy, C. 250
Gagyi, J. 72
Gajdar, E. 234
Gaulle, Ch. de 135
Gehlen, A. 239
Georgievski, L. 356
Geyer, D. 196
Giersch, H. 255
Glazunov, I. 190
Gorbačëv, M. 33, 163, 172, 183, 202, 253, 298
Gorčakov, A. 167
Greskovitz, B. 54
Grigoriev, V. 157
Gukasjan, A. 188
Habermas, J. 154, 157
Haider, J. 308
Harm, Ch. 234, 251
Haushofer, K. 146
Havel, V. 326, 327, 334, 337, 338
Havelka, M. 320
Hayek, F. 240, 262
Hegel, G. 131, 151, 153, 205
Held, D. 218

Herzman, J. 342
Hildermeier, M. 199
Hirschhausen, U. von 192
Hirschman, A. 70, 71, 73, 97
Holeček, J. 319
Ickes, B. 250
Il'in, I. 204, 205
Inkeles, A. 160
Ivan IV., d. Schr. 137, 166
Jasny, N. 249
Juščenko, V. 235-238, 245, 246, 254, 256, 265, 267, 268
Kant, I. 111
Karamzin, N. 193, 195, 196
Kasjanov, M. 55
Katharina II., d. Gr. 166, 167, 195
Kavan, J. 337, 338
Keynes, J. 108, 109, 269
Kirchgässer, G. 255
Kireevskij, I. 193
Klaus, V. 17, 300, 326, 327, 329, 334, 337
Kočarjan, R. 184, 185
Konrád, G. 135
Korab, A. 237
Kornai, J. 17, 18, 102
Kováč, M. 303
Kováts, A. 72
Krueger, A. 252
Kučma, L. 49, 234, 236, 237, 267
Kuczi, T. 72
Kundera, M. 135
Kwasniewski, A. 283
Laitin, D. 177
Lebovitz, M. 94, 103
Lengyel, G. 179
Lenin, V. 163, 170, 172
Leonhard, J. 192
Leont'ev, K. 193, 197, 205
Le Pen, J.-M. 308
Linz, J. 291
Lockwood, D. 11
Luhmann, N. 111
Lynch, A. 27
Lytwyn, W. 266, 267
Machonin, P. 329
Mannheim, K. 191
Marcuse, H. 153
Markov, N. 194
Marx, K. 92-94, 109, 124, 131, 151, 167
Masaryk, T. 320
Matthias I. Corvinus 137
Mazowiecki, T. 278, 286
McKinnon, R. 122
Mečiar, V. 302, 304, 305, 307, 308, 316
Meisel, J. 209
Merkel, W. 322
Meta, I. 356
Metternich, Fürst K. 144
Mildenberger, M. 290, 291
Mill, J. 203
Miločević, S. 355
Miłosz, C. 135
Mitscherlich, A. 240
Montero, J. 216
Moravčik, J. 305
Morgan, L. 167
Morlino, L. 216
Murav'ëv, M. 194
Nagy, B. 72
Napoleon, B. 196
Naumann, F. 133, 139
Nemcov, B. 206
Nepomnjaščij, 205
Nietzsche, F. 132, 147
Nikolaus I. 166, 193
Nohlen, D. 93
North, D. 210
Nuscheler, F. 93
Offe, C. 15
Oláh, S. 72
Orbán, V. 17
Őrszigethy, E. 72
Palko, V. 307

Parson, T. 11, 30
Peter I., d. Gr. 132, 137, 166, 167, 192, 193, 195
Pipes, R. 195
Plank, K. 301
Pobedonoscev, K. 197, 203
Poznański, K. 23
Primakov, E. 55
Puschkin, A. 201
Putin, V. 34, 49, 55, 190, 204, 206, 254
Rasputin, V. 205
Renner, A. 197
Revenga, A. 185
Rey, P.-Ph. 94
Ricardo, D. 205
Richter, R. 239
Riese, H. 102, 108
Ritter, C. 130
Rusi, I. 357
Sachs, G. 234
Sahay, R. 17
Sakwa, R. 153, 157
Satori, 279
Ščerbatov, M. 193, 195, 196, 203
Schacht, H. 139
Scheffler, Th. 180
Schewzowa, L. 202
Schmitter, Ph. 321
Schumpeter, J. 109, 113, 119, 262
Schuster, R. 303
Seligman, A. 150, 154
Semynošenko, V. 266
Sen, A. 264, 265
Šešelj, V. 308
Smith, A. 205
Solženicyn, A. 202-205
Soto, H. de 112
Spengler, O. 132, 205
Speranskij, M. 196
Spinoza, B. de 147
Stalin, J. 170, 183, 200, 201, 204
Stepašin, S. 55
Stephan, A. 291
Stieglitz, J. 262, 263, 268, 269
Struve, P. 195
Szabó, M. 78
Szekfű, G. 139
Temkina, A. 157
Ter-Petrosjan, L. 185
Thaçi, H. 356
Tichomirov, L. 197
Timošenko, J. 246, 262
Tito, J. 351
Tjučev, F. 193
Tocqueville, A. de 153, 203
Tóth, L. 72
Trajkovski, B, 357, 359
Troebst, S. 180
Tudjman, F. 61
Tullock, A. 252
Uvarov, S. 193, 194
Vaculik, L. 299
Veblen, T. 208
Vollmer, L. 111
Voltaire, F. 147
Waldmann, P. 176
Wałęsa, L. 278, 281
Walicki, A. 193
Weber, M. 76, 159
Wittkowsky, A. 249
Wittvogel, K. 94, 102
Wojtaszczyk, K. 284
Xhaferi, A. 354
Zeman, M. 331, 337
Žirinovskij, V. 189, 190
Zjuganov, G. 205

Autorenverzeichnis

Prof.Dr. László Csaba, Central European University (Budapest - Warsaw); Budapest University of Economic Sciences and Public Administration; Universitas Debrecen; Co-Chair of the Committee on Economics of the Hungarian Academy of Sciences

Dr. Alexander Duka, Institute of Sociology, Russian Academy of Sciences, St. Petersburg

Dr.rer.pol.habil. Jochen Franzke, Lehrstuhl für Politikwissenschaft, Verwaltung und Organisation, Universität Potsdam

Dr. Hans-Erich Gramatzki, Osteuropa-Institut, Freie Universität Berlin

Prof.Dr. Vladimir Gutorov, Faculty of Philosophy, State University St. Petersburg

Prof.Dr. L. Ferenc Lendvai, Philosophische Fakultät der Universität Miskolc; Chefredakteur (1983/84-2000/01) der Zeitschrift *Magyar Filozófiai Szemle*

Prof.Dr. György Lengyel, Dept. of Sociology, Budapest University of Economic Sciences and Public Administration

Dr. Rainer Lindner, Universität Konstanz, Fachbereich Geschichte / Soziologie (Osteuropa)

Dr. Silvia Miháliková, Associate Professor, Department of Political Science, Bratislava University

PD Dr. Klaus Müller, Osteuropa-Institut, Freie Universität Berlin

Prof.Dr. Manfred Nitsch, Volkswirtschaftslehre / Politische Ökonomie Lateinamerikas am Fachbereich Wirtschaftswissenschaft und am Lateinamerika-Institut der Freien Universität Berlin

PD Dr. Dittmar Schorkowitz, Osteuropa-Institut, Freie Universität Berlin

Prof.Dr. Stefan Troebst, Institut für Slavistik der Universität Leipzig und Geisteswissenschaftliches Zentrum Geschichte und Kultur Ostmitteleuropas, Leipzig

PhDr., DrSc. Emil Voráček, Historisches Institut der Akademie der Wissenschaften der Tschechischen Republik, Prag; Präsident der Tschechischen Gesellschaft für die Erforschung Ost- und Mitteleuropas

Gesellschaften und Staaten im Epochenwandel

Herausgegeben von Klaus Meyer /
Dittmar Schorkowitz / Stefan Troebst

Mitbegründet von
René Ahlberg / Lawrence Krader

Band 1 René Ahlberg: Sowjetgesellschaft im Epochenwandel. Studien zur Selbstaufklärung der sowjetischen Gesellschaft in der Zeit der Perestroika 1985-1990. 1992.

Band 2 Lawrence Krader: Die Anfänge des Kapitalismus in Mitteleuropa. 1993.

Band 3 Brigitte Heuer / Milan Prucha (Hrsg.): Der Umbruch in Osteuropa als Herausforderung für die Philosophie. 1995.

Band 4 Christian Kennert: Paul Cassirer und sein Kreis. Ein Berliner Wegbereiter der Moderne. 1996.

Band 5 Tatjana Eggeling / Wim van Meurs / Holm Sundhaussen (Hrsg.): Umbruch zur „Moderne". Studien zur Politik und Kultur in der osteuropäischen Transformation. 1997.

Band 6 Lev S. Klejn: Das Phänomen der sowjetischen Archäologie. Geschichte, Schulen, Protagonisten. Aus dem Russischen von D. Schorkowitz. 1997.

Band 7 Heinrich Härke (ed.): Archaeology, Ideology and Society: the German Experience. 2000. 2nd, revised edition. 2002.

Band 8 Dittmar Schorkowitz (Hrsg.): Transition - Erosion - Reaktion. Zehn Jahre Transformation in Osteuropa. 2002.